LabVIEW

LabVIEW로 시작하는
임베디드 시스템

myRIO를 이용한 하드웨어 실습

LabVIEW

LabVIEW로 시작하는 임베디드 시스템

myRIO를 이용한 하드웨어 실습

| 장현오 지음 |

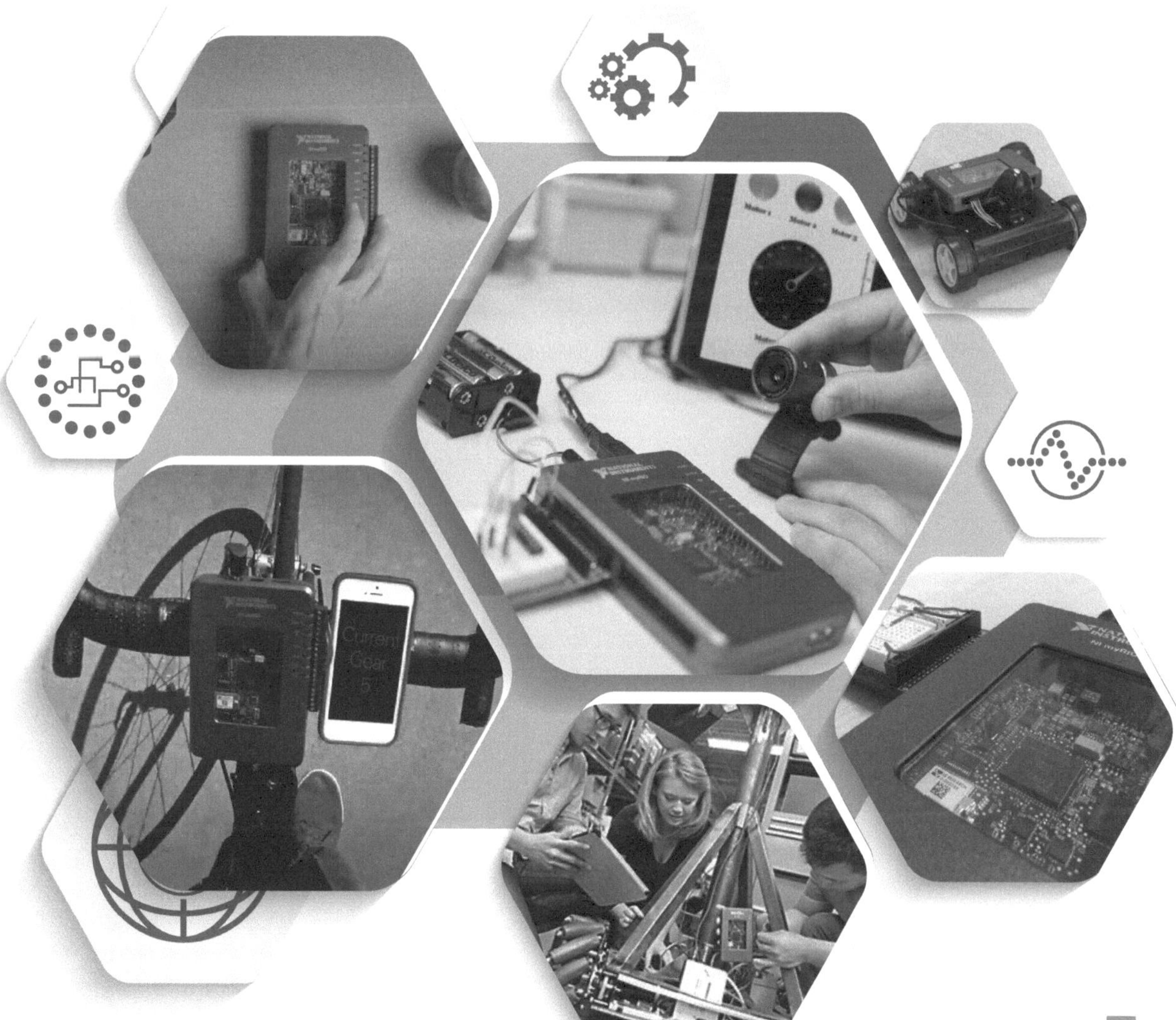

INFINITY BOOKS

책 머리에

LabVIEW는 1983년 National Instruments 사에서 고안된 프로그램으로, 그래픽으로 프로그램을 하는 프로그램 언어입니다.

LabVIEW는 직관적인 그래픽 아이콘 및 흐름 차트를 사용하며, 고급 측정, 테스트 및 컨트롤 시스템을 개발하기 위한 하드웨어를 제어할 수 있는 입, 출력 드라이버 및 분석 함수를 그래픽 환경에서 제공합니다. LabVIEW는 데이터 수집, 모듈형 계측기, 임베디드, 산업용 통신 등에 매우 광범위하게 사용됩니다.

이 책은 풍부한 예제를 중심으로 LabVIEW의 기본적인 이론을 먼저 습득합니다. 다음 단계로는 사용자가 직접 사용된 센서의 기본 원리를 이해하고 이를 프로그램으로 체험할 수 있게 구성하였습니다.

아날로그 및 디지털 시스템의 기본적인 내용을 그래픽 환경에서 실습하고, 온보드 디바이스를 프로그래밍함으로써, 다양한 센서들과 통합할 수 있습니다. LabVIEW의 강력한 기능을 임베디드 어플리케이션과 접목할 수 있기에, 직관적으로 시스템을 이용할 수 있습니다.

응용 실습 분야에서는 National Instruments 사에서 공급하는 myRIO 하드웨어를 기본으로 설명하였습니다. 듀얼 코어 ARM® Cortex™-A9 리얼타임 프로세싱과 Xilinx FPGA 지접 설정 기능한 I/O를 LabVIEW로 체험할 수 있습니다.

LabVIEW와 myRIO를 이용하면, 그래픽 환경에서 손쉽게 어플리케이션을 작성할 수 있습니다. 이러한 이유로 컨트롤, 로봇, 메카트로닉스 및 임베디드에 대한 이해 및 어플리케이션에 많은 도움이 되리라 봅니다. 여기에 사용된 예제는 현장에서 많이 필요로 하는 어플리케이션을 기준으로 작성하였습니다.

장현오(hojang@smartin.co.kr)

목차

CHAPTER 01 LabVIEW 프로그램 소개 1

1-01 프런트패널(Front Panel) 2
1-02 블록다이어그램(Block Diagram) 3
1-03 아이콘(Icon)과 커넥터(Connector) 5
1-04 LabVIEW의 3가지 팔레트 6
1-05 LabVIEW의 도구 바 9
예제 1-01 **LabVIEW의 기본 팔레트를 이용해서 간단한 연산하기** 10
1-06 LabVIEW 프로그램의 디버깅 기법 14

CHAPTER 02 LabVIEW의 데이터 타입 19

2-01 숫자형(Numeric) 컨트롤/인디케이터 20
2-02 불리언(Boolean) 컨트롤/인디케이터 28
예제 2-01 **불리언 함수 연산** 30
2-03 문자열(String) 컨트롤/인디케이터 32
예제 2-02 **문자열과 문자열 함수** 35
예제 2-03 **숫자형 데이터를 문자열로 변환하기** 42
2-04 배열(Array) 44
예제 2-04 **For 루프를 이용한 배열 만들기** 46
예제 2-05 **배열 함수를 이용한 기본 예제** 53
2-05 클러스터(Cluster) 56
예제 2-06 **클러스터의 연산 이해 및 클러스터의 기본 함수 연습** 61
2-06 배열과 클러스터 데이터의 교환 63

CHAPTER 03 SubVI 만들기 67

3-01 SubVI의 기본 아이디어 68
예제 3-01 SubVI의 커넥터 할당 및 아이콘창을 이용한 SubVI 작성 연습 69
예제 3-02 선택한 영역을 SubVI로 만들기 71
3-02 VI 스니핏 74
3-03 VI 프로퍼티 76
3-04 VI 재귀(Recursion) 78
예제 3-03 VI 프로퍼티 및 VI 재귀(Recursion) 연습 79

CHAPTER 04 LabVIEW의 구조 83

4-01 For 루프 84
4-02 While 루프 88
예제 4-01 난수 발생 및 일치되는 실수 값 찾기 88
예제 4-02 시프트 레지스터 만들기 92
4-03 Timed 루프 93
예제 4-03 While 루프와 Timed 루프의 타이밍 94
4-04 케이스(Case) 구조 96
예제 4-04 불리언 조건 입력의 케이스 구조 97
예제 4-05 케이스 구조와 로컬 변수 100
4-05 복잡한 수식 연산 101
예제 4-06 수식 노드를 이용해 A=tanh(X)+cos(X); Y=A**3+A; 작성 103
4-06 이벤트(Event) 구조 105
예제 4-07 사용자 인터페이스 이벤트 106

4-07 시퀀스(Sequence) 구조 110
예제 4-08 **시퀀스를 이용해서 특정 숫자를 찾을 때까지 필요한 시간을 측정** 111
4-08 로컬 변수(Local Variable)와 글로벌 변수(Global Variable) 115
예제 4-09 **1개의 컨트롤로 2개의 루프 제어** 116
예제 4-10 **글로벌 변수를 이용한 데이터 입, 출력** 119

CHAPTER 05 차트와 그래프 121

5-01 웨이브폼(Waveform) 차트 122
예제 5-01 **차트에 여러 개의 데이터 그리기** 124
5-02 웨이브폼 그래프 125
5-03 XY 그래프 127
예제 5-02 **For 루프를 이용한 원 그리기** 127
5-04 차트와 그래프의 구성요소 128

CHAPTER 06 LabVIEW 프로젝트 131

6-01 프로젝트에 VI 추가하기 133
6-02 공유 변수 추가하기 133
예제 6-01 **공유 변수** 135
6-03 LabVIEW 배포하기 138

CHAPTER 07 파일 입, 출력 작업 139

7-01 문자열 타입 데이터 쓰기/읽기 140
예제 7-01 텍스트 데이터의 저장 및 읽기 142
7-02 Binary 타입 데이터 쓰기/읽기 144
예제 7-02 난수를 Binary 파일로 저장하고 읽기 146
7-03 스프레드시트 147
예제 7-03 스프레드시트 파일 입, 출력 연습 147

CHAPTER 08 myRIO 소개 151

8-01 디지털/아날로그 신호의 이해 152
8-02 myRIO 하드웨어 구성 156
8-03 myRIO의 아날로그 및 디지털 입출력 158
8-04 myRIO 프로그램 시작하기 160

CHAPTER 09 myRIO를 이용한 임베디드 어플리케이션 실습 171

예제 9-01 myRIO를 이용한 LED 출력 172
예제 9-02 DIP SW를 이용한 디지털 입, 출력 179
예제 9-03 FND(7-Segment LED) 구동하기 184
예제 9-04 FND 배열 동적 구동하기 190

예제 9-05 8x8 DOT 매트릭스 구동하기 196
예제 9-06 4x4 키 패드 구동하기 204
예제 9-07 16x2 문자 LCD 구동 208
예제 9-08 릴레이 구동하기 220
예제 9-09 엔코더를 이용한 어플리케이션 225
예제 9-10 써미스터를 이용한 온도 측정 231
예제 9-11 CdS 센서를 이용한 조도 측정 238
예제 9-12 OP AMP(연산증폭기)의 응용 243
예제 9-13 버저/스피커의 응용 252
예제 9-14 555 타이머 IC를 이용한 4비트 디지털 카운터 만들기 256
예제 9-15 555 타이머의 PWM으로 LED 배열 컨트롤하기 262
예제 9-16 서보 모터 구동 266
예제 9-17 DC 모터 제어 271
예제 9-18 스테핑 모터 구동 278
예제 9-19 포토 다이오드 및 포토 트랜지스터의 응용 285
예제 9-20 포토 인터럽터(Photo Interrupt)의 응용 295
예제 9-21 인체 감지 센서의 응용 300
예제 9-22 거리 측정 어플리케이션(적외선 근접 센서) 308

Index 316

CHAPTER

01

LabVIEW 프로그램 소개

CONTENTS

1-01 프런트패널(Front Panel)

1-02 블록다이어그램(Block Diagram)

1-03 아이콘(Icon)과 커넥터(Connector)

1-04 LabVIEW의 3가지 팔레트

1-05 LabVIEW의 도구 바

예제 1-01 LabVIEW의 기본 팔레트를 이용해서 간단한 연산하기

1-06 LabVIEW 프로그램의 디버깅 기법

LabVIEW의 3가지 구성요소인 프런트패널, 블록다이어그램, 아이콘/커넥터의 동작 원리를 설명한다. 3가지 구성요소를 적절히 사용하면 VI를 독립적으로 운용 또는 LabVIEW 프로그램에서 SubVI로 사용할 수 있다. 또한, LabVIEW의 풀-다운 메뉴와 팝업메뉴, 이동할 수 있는 팔레트와 보조 팔레트, 툴 바, Help를 이용하는 방법을 습득한다.

또한, 이 장에서는 LabVIEW의 기본 원리를 이용해서 간단한 프로그램을 작성하는 방법을 이해한다. 다양한 형태의 데이터를 사용하는 방법 및 VI를 작성, 변환, 실행하는 방법을 습득하게 된다. 또한 개발 시간을 단축하기 위한 유용한 단축키를 사용하는 방법 및 프로그램을 디버깅하는 방법 등을 습득하게 된다. 이러한 기본 사항들은 LabVIEW 프로그램을 이해하는 데 중요하므로 확실한 이해가 요구된다.

1-01 프런트패널(Front Panel)

간단히, **프런트패널(Front Panel)**은 사용자가 작성한 프로그램을 운용 또는 표시하는 곳이다. VI는 실행할 때, 오픈할 프런트패널이 있어야 한다. 프런트패널은 프로그램을 실행하기 위한 데이터를 입력하는 곳이며, 동시에 프로그램의 결과를 표시하는 곳을 의미하기에 프런트패널이 절대적으로 필요하다. 다음의 그림은 LabVIEW로 작성한 일반적인 프런트패널의 예이다.

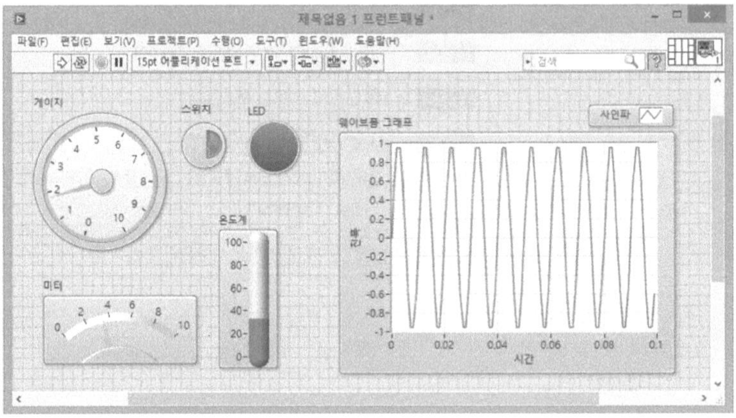

1-01-1 컨트롤(Control)과 인디케이터(Indicator)

프런트패널은 **컨트롤**(Control)과 **인디케이터**(Indicator)의 조합으로 구성된다. **컨트롤**은 고전적인 계측기에 있는 노브, 스위치 등의 기능을 갖는 일반적인 오브젝트를 말한다. 컨트롤로 사용자는 데이터를 입력할 수 있고, 이 데이터는 VI의 블록다이어그램으로 전송된다. **인디케이터**는 블록다이어그램 내부의 프로그램에 의해 처리된 데이터를 출력하는 곳이다. 앞의 프런트패널에서 스위치, 노브 등은 사용자가 설정 값을 입력할 수 있으므로 컨트롤이라 한다. 또는 컨트롤을 신호의 소스라 부르기도 한다. 반면에, 그래프와 같은 인디케이터는 측정한 결과 또는 계산된 값을 표시하기만 하고 사용자가 값을 변경할 수 없다. 일반적으로, 컨트롤과 인디케이터는 기능을 혼합해서 사용할 수 없으므로, 이들의 차이점을 명확히 이해한다.

1-02 블록다이어그램(Block Diagram)

블록다이어그램(Block Diagram) 윈도우에는, 그래픽 언어로 작성한 LabVIEW VI의 그래픽 소스 코드가 입력되어 있다. LabVIEW의 블록다이어그램은 고전적 언어인 C, BASIC의 소스 코드와 동일하게, 그 자체가 실행되는 코드이다. 블록다이어그램의 작성은 특정한 기능을 하는 오브젝트를 와이어로 서로 연결한다. 이 장에서는 블록다이어그램의 구성 요소인 **터미널**(Terminal), **노드**(Node), **와이어**(Wire)를 설명한다.

다음의 VI는 2개의 컨트롤 A와 B를 연산하는 VI이며, A+B, A-B는 계산된 결과를 출력하는 인디케이터이다. 블록다이어그램에서는 프런트패널의 오브젝트에 대응하는 터미널, 노드, 와이어를 관찰할 수 있다.

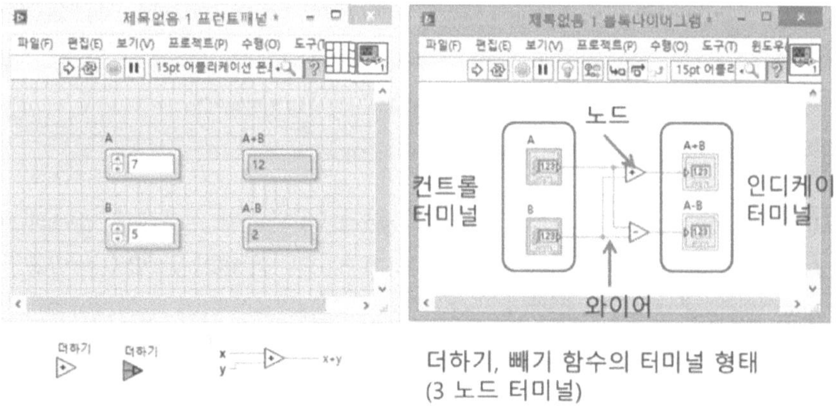

더하기, 빼기 함수의 터미널 형태
(3 노드 터미널)

1-02-1 터미널(Terminal)

일반적으로 컨트롤 터미널은 테두리가 굵게 표시되며, 인디케이터 터미널의 테두리는 얇게 표시된다. 컨트롤과 인디케이터를 프런트패널에 작성하면, LabVIEW는 자동적으로 이들에 대응하는 **터미널**(Terminal)을 블록다이어그램에 생성한다.

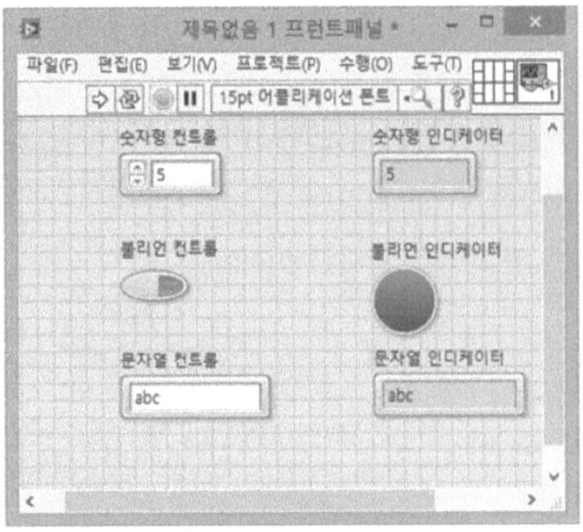

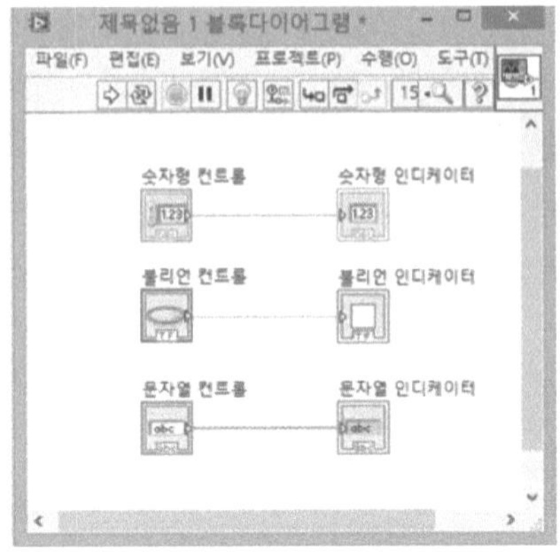

블록다이어그램에서 터미널은 아이콘 형태로 표시되기에 특성을 쉽게 파악할 수 있다. 하지만, **아이콘으로 보기**는 많은 공간을 차지하기에, 터미널의 팝업메뉴에서 **아이콘으로 보기**를 해제하면 된다.

1-02-2 노드(Node)

노드(Node)는 프로그램의 실행 요소이다. 노드는 일반적인 프로그램 언어의 statements, operations, 함수, 서브 루틴과 유사하다. **더하기** ▷ 함수와 **빼기** ▷ 함수는 일종의 노드이다. For **루프**, While **루프**와 같은 구조도 일종의 노드로 생각할 수 있다. 고전적인 프로그램 언어의 루프와 케이스 문과 유사하게, 코드를 반복적 또는 조건적으로 실행할 수 있다. 또한, 노드에는 수학적 공식 또는 표현을 직접 입력할 수 있다.

1-02-3 와이어(Wire)

LabVIEW VI는 노드와 터미널을 **와이어**(Wire)에 의해 연결된다. 와이어는 터미널의 소스와 행선지 사이의 데이터 경로이며, 와이어는 1개의 소스 터미널에서 1개 이상의 행선지 터미널로 데이터를 전달한다. 1개 이상의 소스를 연결하거나 소스가 없으면, LabVIEW는 에러를 발생하며, 와이어가 깨진 상태로 표시된다.

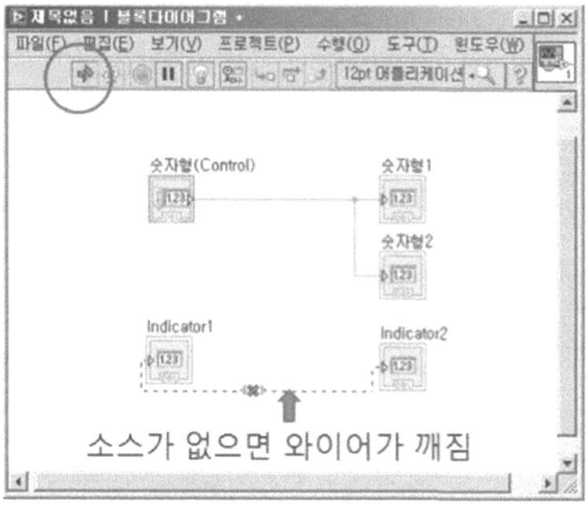

지금까지 논의한 내용으로부터, LabVIEW와 일반적인 프로그램 언어가 사용하는 용어의 차이점을 나열하면 다음의 도표와 같다.

LabVIEW	일반적인 프로그램 언어
VI	프로그램
함수	함수
SubVI	서브 루틴, 서브 프로그램
프런트패널	사용자 인터페이스
블록다이어그램	프로그램 코드
그래픽프로그램 G	C, Pascal, Basic 등

1-03 아이콘(Icon)과 커넥터(Connector)

VI를 SubVI로 사용하면, 컨트롤과 인디케이터를 콜하는 VI에서 데이터를 입, 출력한다. VI의 **아이콘(Icon)**은 다른 VI의 블록다이어그램에서 SubVI로 사용된다. 아이콘 내부는 그림 또는 텍스트를 입력할 수 있으며, 이들을 조합해서 작성해도 된다. 또한 윈도우의 그림판 등에서 작성한 이미지 데이터를 아이콘에 삽입할 수 있다.

VI의 **커넥터(Connector)**는 C 또는 PASCAL 함수의 콜하는 변수 리스트와 유사한 기능을 하며, 커넥터 터미널은 데이터를 SubVI로 입, 출력하는 그래픽 변수와 동일하게 작용한다. 각각의 터미널은 프런트패널의 컨트롤과 인디케이터에 관계된다. SubVI를 콜할 때, 입력 변수 터미널은 연결된 컨트롤에 데이터를 전송하며, SubVI가 실행된다. 도움말 윈도우를 표시한 경우 컨트롤은 아이콘의 좌측에 표시된다. SubVI 실행을 종료하면, 인디케이터 값이 출력 변수 터미널로 전달된다. 도움말 윈도우를 표시한 경우 인디케이터는 아이콘의 우측에 표시된다. 다음의 아이콘과 아이콘 내부의 커넥터를 참조한다.

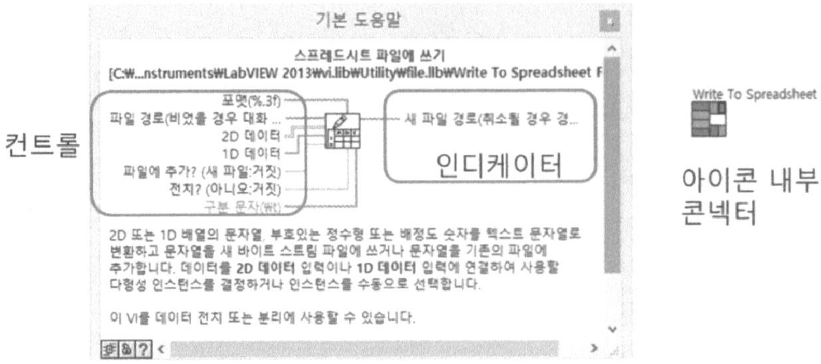

각각의 VI는 기본 아이콘을 갖고 있으며, 이것은 프런트패널 또는 블록다이어그램의 우측 상단에 표시된다. 다음은 새로운 VI를 작성할 때 표시되는 LabVIEW의 기본적인 프런트패널 및 블록다이어그램의 아이콘을 표시해 놓았다.

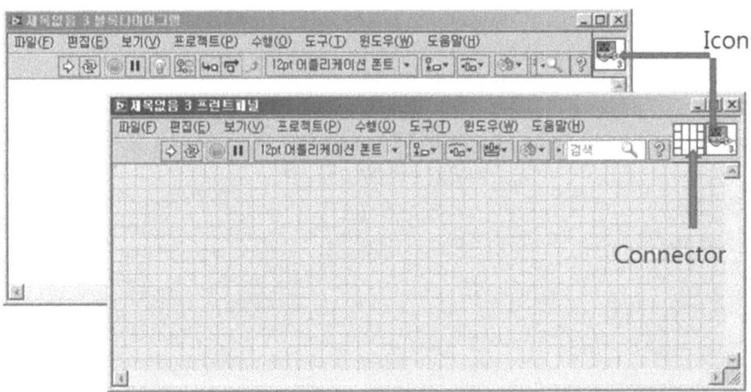

1-04 LabVIEW의 3가지 팔레트

LabVIEW는 스크린에 표시되는 3개의 팔레트, **도구** 팔레트, **컨트롤** 팔레트, **함수** 팔레트로 구성된다.

1-04-1 도구 팔레트(Tools Palate)

VI를 만들고 운용할 때 필요한 **도구** 팔레트는 VI를 생성, 수정, 디버깅할 때 사용한다. **도구** 팔레트가 표시되지 않았으면 메뉴에서 **보기(V)▶도구 팔레트**를 선택한다. 메뉴에서 툴을 선택한 후 마우스로 원하는 버튼을 선택한다. 도구 팔레트에 있는 임의 툴을 SubVI 또는 함수의 아이콘 위에 놓으면, SubVI이나 함수에 포함되어 있는 의미가 도움말 윈도우에 표시된다. 단, **도움말(H)** 메뉴에서 **기본 도움말 보이기**를 선택해야 가능하다.

자동 도구 선택 버튼: 가장 적합한 마우스 도구를 자동적으로 선택한다.

값수행 툴: 프런트패널의 컨트롤과 인디케이터를 조작할 때 사용한다. 디지털 또는 문자열 컨트롤 등에서 텍스트를 입력할 때 커서는 으로 변한다.

위치/크기/선택 툴: 오브젝트를 선택, 이동, 크기 변경을 할 때 사용한다.

텍스트 편집 툴: 텍스트를 라벨에 입력할 때 커서는 과 같이 표시되며, 텍스트 자체만 만들 때는 커서가 이 된다.

와이어 연결 툴: 블록다이어그램에서 오브젝트 사이를 연결할 때 사용한다.

객체 바로가기 메뉴 툴: 좌측 마우스 버튼으로 오브젝트를 바로가기하는 기능을 수행할 때 사용한다.

윈도우 스크롤 툴: 화면을 스크롤할 때 사용한다.

브레이크 포인트 설정/삭제 툴: VI, 함수, 구조에서 breakpoint를 설정하고자 할 때 사용한다.

데이터 프로브 툴: 블록다이어그램의 와이어에서 프로브를 만들 때 사용한다.

색 얻기 툴: 컬러 박스에 컬러를 복사하고자 할 때 사용한다. 특히, 특정 오브젝트와 동일한 컬러를 사용하고자 할 때 매우 유용하다.

색설정 툴: 오브젝트에 컬러를 입력할 때 사용한다. LabVIEW의 오브젝트는 3차원으로 구성되어 있으므로, 이 툴로 오브젝트의 전면 색상과 후면 색상을 변경할 수 있다.

1-04-2 컨트롤 팔레트(Controls Palate)

다음은 대표적인 컨트롤 팔레트의 모습이다. **컨트롤** 및 **함수** 팔레트는 최상위 레벨 아이콘과 보조 팔레트로 구성된다. 상위 레벨 팔레트에 있는 각 오브젝트는 보조 팔레트에 많은 컨트롤과 인디케이터를 갖고 있다. 컨트롤 팔레트를 볼 수 없으면, 메뉴에서 **보기(H)▶컨트롤 팔레트**를 선택한다. 또한, 프런트패널에서 임의 위치를 팝업하면 컨트롤 팔레트를 사용할 수 있다. 팝업은, 마우스를 프런트패널의 빈 공간에 놓고 우측 버튼을 누른다.

팔레트에 보이는 항목을 변경하려면, **팔레트 보기 변경 창**에서 수정한다.

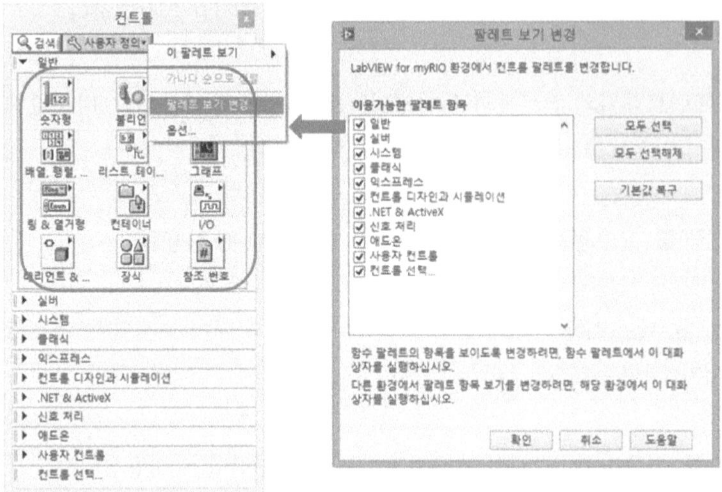

1-04-3 함수 팔레트(Functions Palate)

다음의 **함수** 팔레트는 블록다이어그램을 구성할 때 사용한다. 팔레트에 있는 각 팔레트는 상위 레벨 아이콘으로 여러 개의 보조 팔레트를 갖고 있다. **함수** 팔레트를 볼 수 없으면, 메뉴에서 **보기(H)▶함수 팔레트**를 선택한다. 또한, 블록다이어그램에서 우측 마우스를 팝업하면 함수 팔레트를 사용할 수 있다.

팔레트에 보이는 항목을 변경하려면, **팔레트 보기 변경** 창에서 수정한다.

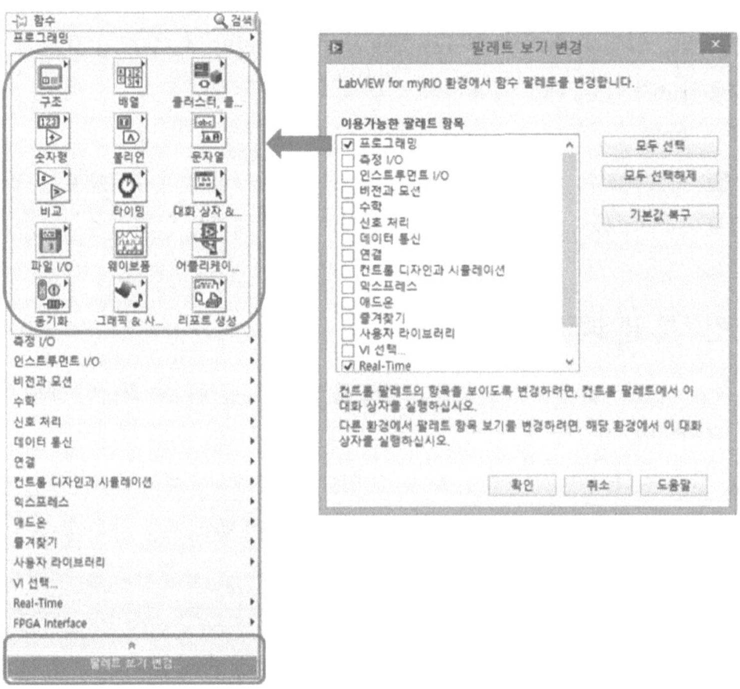

1-05 LabVIEW의 도구 바

LabVIEW 윈도우의 상단에 있는 도구 바는, VI를 실행하기 위한 버튼 및 오브젝트를 정돈하기 위한 도구들로 구성되어 있다. 다음의 그림에서와 같이 도구 바는 프런트패널보다 블록다이어그램에 더 많은 옵션이 있다. 또한 프로그램의 수정에 관련된 일부 옵션은 VI가 실행되면 없어진다. 만약 버튼의 기능을 확실히 알지 못하면, 커서를 버튼 위에 놓고 표시되는 작은 글씨를 참조한다.

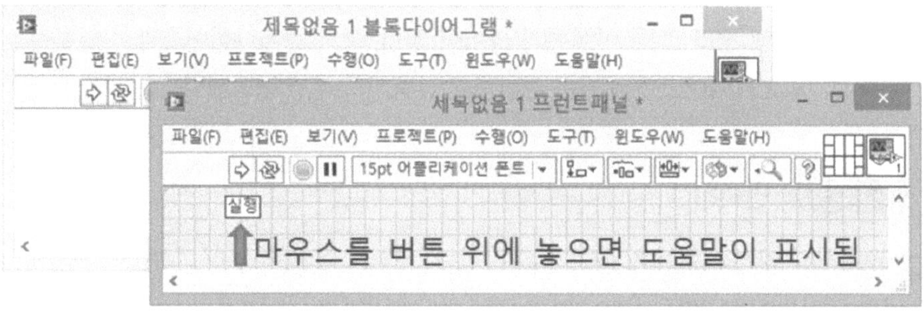

실행 버튼: VI를 실행할 때 사용한다.

이 버튼은 실행이 시작되면 실행(active) 이 된다. VI를 성공적으로 컴파일하지 못하면 이 버튼은 깨진 실행버튼(broken) 이 된다.

연속실행 버튼: 정지 버튼을 누를 때까지 VI를 연속적으로 실행한다.

VI가 실행되면 상태로 변하며, 버튼을 재클릭하면 VI가 종료된다.

실행 강제 종료 버튼: 이 버튼은 정지 신호와 유사하다.

VI를 실행하면 액티브 상태로 되며, VI를 실행하기 이전에는 뿌연 형태 로 표시된다. 을 재클릭하면 VI가 종료된다.

일시 정지 버튼: 이 버튼은 VI를 일시 정지한다.

단계별 실행, Step Into , Step Over , Step Out 과 같은 디버깅 옵션을 사용할 수 있다. 일단 버튼을 클릭하면 버튼 내부 라인이 적색인 상태 로 변경되며, 블록다이어그램은 정지된 위치의 오브젝트가 깜빡인다. 버튼을 재클릭하면 디버깅 작업을 종료한다. 디버깅 목적으로 블록다이어그램을 단계적으로 실행하는 경우를 고려한다. 단계별 실행모드에서 디버깅 시 을 누르면 노드가 깜박이며 실행 준비가 되었음을 표시한다. 을 실행하면 루프 내부, SubVI 내부에서 실행한다. 을 누르면 루프, SubVI 등을 종료한다.

실행하이라이트 버튼: 블록다이어그램에서 이 버튼을 누르면 과 같이 변하며 VI를 애니메이션 한다. 은 블록다이어그램에서 데이터 흐름을 추적하기 위해 단계별 실행 모드와 함

께 사용하면 디버깅의 기능을 향상시킬 수 있다.

와이어 값 유지 버튼: 실행 흐름의 각 포인트에서 와이어 값을 저장함으로써 와이어에 프로브를 놓을 때 와이어를 따라 흐른 데이터의 가장 최근 값을 즉시 얻을 수 있다.

아이콘 정렬 버튼: 상하 좌우 줄 맞추기, 간격 맞추기, 크기 맞추기, 앞 뒤 아이콘 위치 바꾸기, 그룹 지정 및 해제에 사용된다.

다이어그램 정리 버튼: 아이콘과 와이어 정리, 특히 블록다이어그램의 일부를 마우스로 선택한 다음, 다이어그램 정리를 클릭하면 선택된 부분만 정리된다.

1-05-1 단축키

LabVIEW의 많은 메뉴는 단축키를 갖고 있다. 예로서, 새로운 프런트패널을 작성하려면, **파일(F)** 메뉴에서 **새로만들기**를 선택하거나 윈도우에서 단축키 〈컨트롤-N〉을 사용한다. 다음의 표는 윈도우에 자주 사용되는 단축키이다.

윈도우 단축키	Action
〈Ctrl + B〉	다이어그램의 잘못된 와이어를 제거한다.
〈Ctrl + E〉	패널과 다이어그램 윈도우를 서로 교체한다.
〈Ctrl + F〉	LabVIEW의 오브젝트 또는 텍스트를 찾는다.
〈Ctrl + H〉	Help 윈도우를 표시/감춘다.
〈Ctrl + N〉	새로운 VI를 생성한다.
〈Ctrl + Q〉	LabVIEW의 현재 작업을 종료한다.
〈Ctrl + R〉	현재 VI를 실행한다.
〈Ctrl + U〉	블록다이어그램의 아이콘과 와이어를 자동정리한다.
〈Ctrl + W〉	현재 VI를 닫는다.
〈Ctrl + Z〉	이전 실행을 취소한다. 〈컨트롤+Shift+Z〉는 다시 실행한다.
〈Ctrl + . 〉	현재 VI를 종료한다.
〈Ctrl〉+드래그	아이콘 사이의 공간을 넓힌다.

예제 1-01 LabVIEW의 기본 팔레트를 이용해서 간단한 연산하기

숫자 2개를 입력 받아서 이를 더하고 빼는 간단한 VI를 만든다.

● **프런트패널**

1 **컨트롤▶실버▶숫자형** 팔레트에서 **숫자형 컨트롤** 2개를 프런트패널에 놓는다.

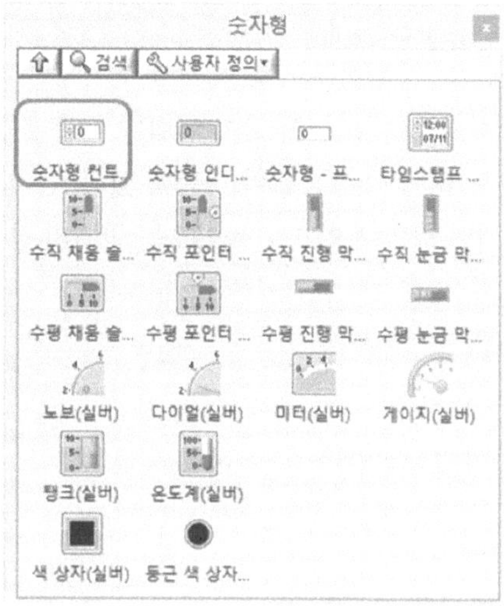

2 라벨은 각각 “a”, “b”로 수정한다. **도구팔레트가 자동선택** 으로 설정되어 있을 때는, 수정하려는 텍스트를 더블 클릭하면 수정할 수 있다. 또는 **문자입력 도구** 를 이용해서 텍스트를 수정할 수 있다.

3 **컨트롤▶실버▶숫자형** 팔레트에서 **숫자형 인디케이터** 를 2개 갖고 와서 프런트패널에 놓고 라벨을 “a+b”, “a–b”로 수정한다. 또한 을 이용해서 정렬한다.

4 **컨트롤▶실버▶숫자형** 팔레트에서 **수직 채움 슬라이드** 를 2개 갖고 와서 프런트패널에 놓는다.

“수직 채움 슬라이드2”를 마우스로 선택하고 마우스의 우측버튼을 누르면 팝업메뉴가 표시된다. 여기서 **인디케이터로 변경**을 선택한다. **수직 채움 슬라이드**는 초기 상태가 컨트롤이기에 인디케이터로 변경한다.

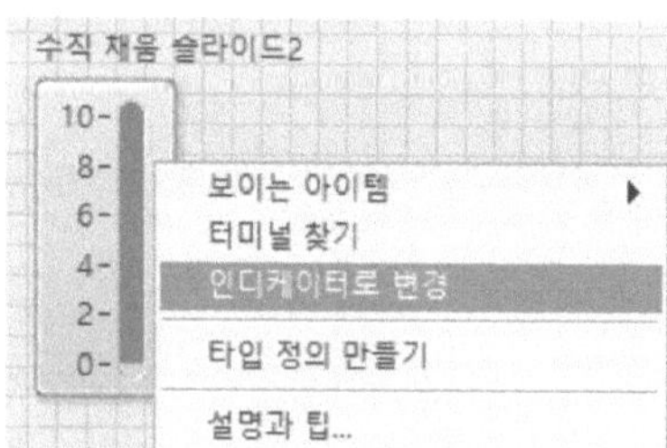

5 프런트패널을 다음과 같이 정리한다.

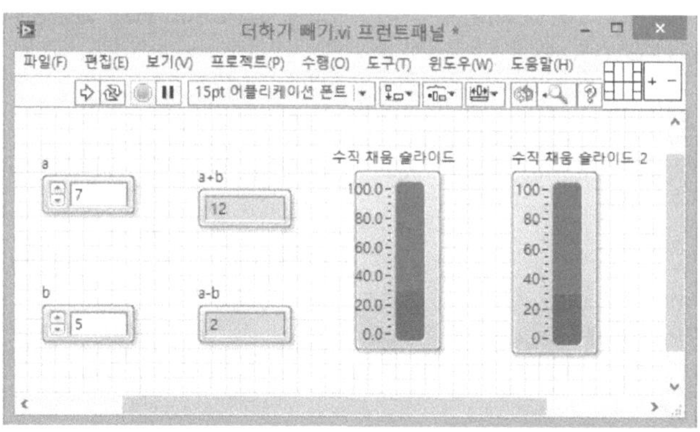

● 블록다이어그램

숫자형 컨트롤과 인디케이터는 프런트패널의 모양으로 구분이 가능하다. 하지만 **"수직 채움 슬라이드"**와 **"수직 채움 슬라이드 2"**는 프런트패널에서는 구분이 어렵다. 컨트롤 **"수직 채움 슬라이드"**는 테두리가 진하며 밖으로 나가는 형태의 삼각형 이 우측에 있다. 인디케이터 **"수직 채움 슬라이드 2"**는 테두리가 연하게 표시되며 좌측에 안으로 들어오는 형태의 삼각형 이 있다.

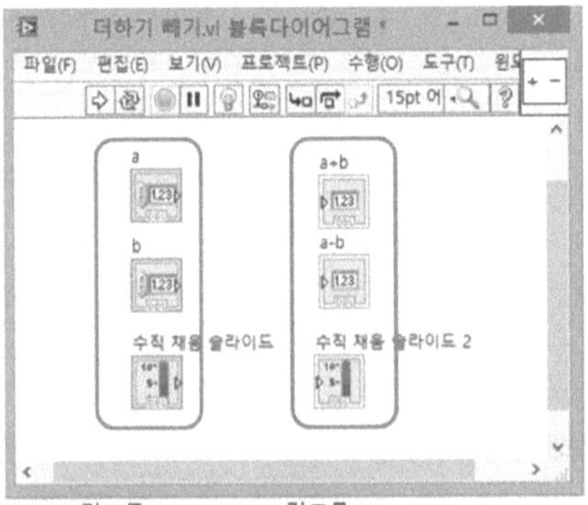

컨트롤 테두리가 진함　　컨트롤 테두리가 연함

6 **함수▶프로그래밍▶숫자형** 팔레트에서 **더하기** 함수 및 **빼기** 함수를 블록다이어그램에 놓고 와이어를 다음과 같이 연결한다. 이때 기본 도움말을 이용하여 정확한 연결 위치를 확인한다. **기본 도움말**은 단축키 〈Ctrl + H〉, 윈도우 창 우측 상단의 , **도움말(H)** 메뉴에서 **기본 도움말 보이기**를 선택한다.

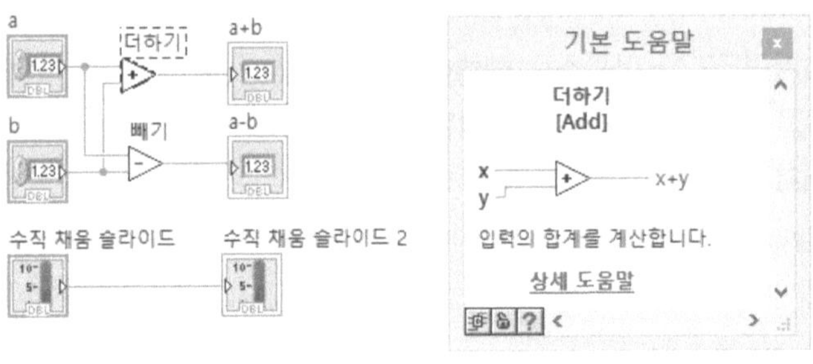

7 **더하기 빼기.vi**로 프로그램을 저장한다. 단축키는 〈Ctrl + S〉이다.

8 프런트패널에서 "a", "b", "수직 채움 슬라이드" 값을 입력하고 VI를 실행한다. VI 실행은 버튼 또는 단축키 〈Ctrl +R〉이다.

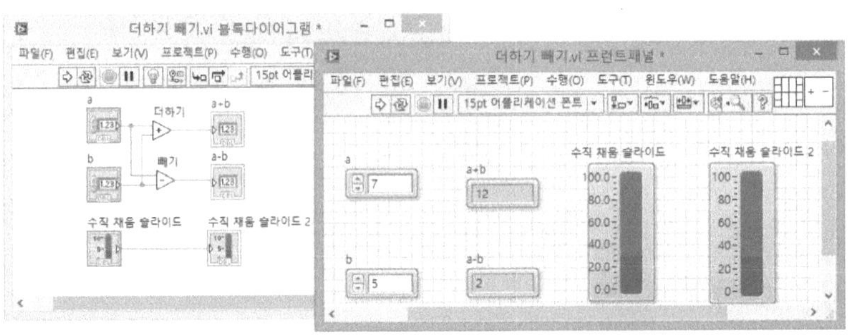

9 수직 채움 슬라이드 눈금의 최대 값을 10에서 100으로 변경한다. 또는 를 이용한다.

10 수직 채움 슬라이드의 특성을 변경하는 연습을 한다. 수직 채움 슬라이드를 선택하고 마우스의 우측버튼을 클릭한다. LabVIEW의 모든 아이콘에 마우스를 놓고 우측버튼을 누르면 팝업 메뉴가 표시된다. 수직채움 슬라이드 팝업메뉴에서 **프로퍼티**를 선택한다. 다음과 같이 **슬라이드 프로퍼티** 창이 나타난다.

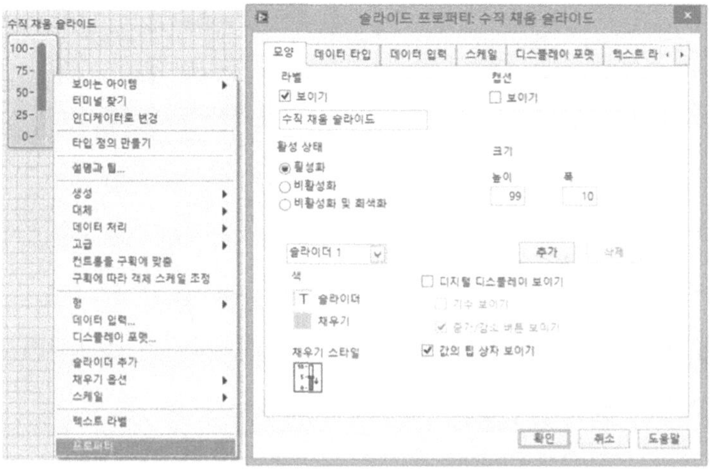

“디스플레이 포맷” 탭에서 **뒤따르는 제로 숨기기**의 체크 표시를 없앤다. 전체적으로 자릿수 만큼 되도록 나머지 부분을 0으로 채워 넣게 된다.

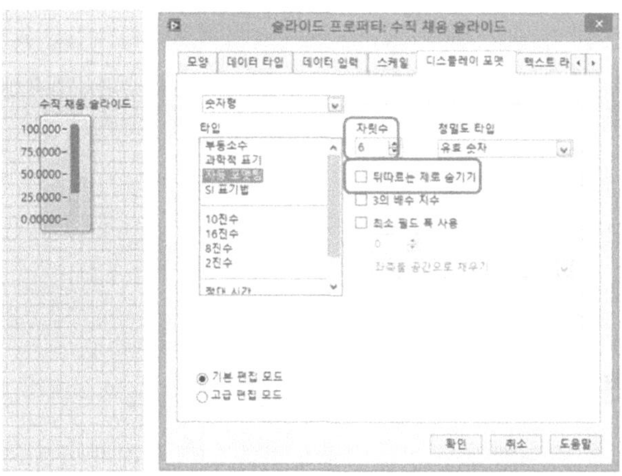

11 VI의 아이콘 모양을 변경한다. VI의 우측 상단의 아이콘을 더블 클릭하거나 팝업메뉴에서 **아이콘 편집**…을 선택하면 **아이콘 편집기**가 실행된다.

먼저 기존 아이콘을 지우고, 라인 텍스트에 "+ -"를 입력하고, 글씨 크기를 키우면 다음과 같은 형태로 아이콘을 수정할 수 있다.

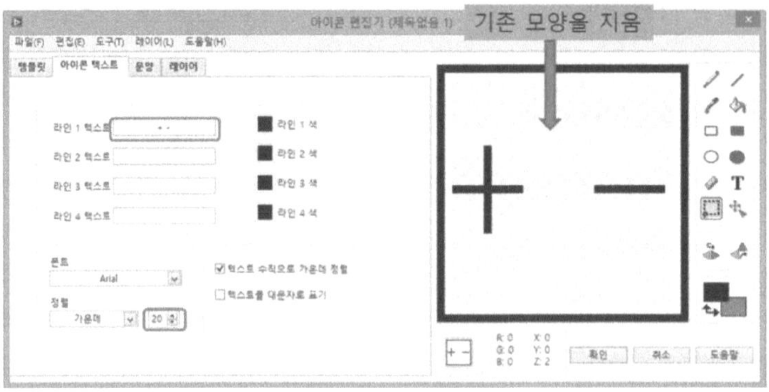

아이콘이 다음과 같이 변경된 것을 확인한다.

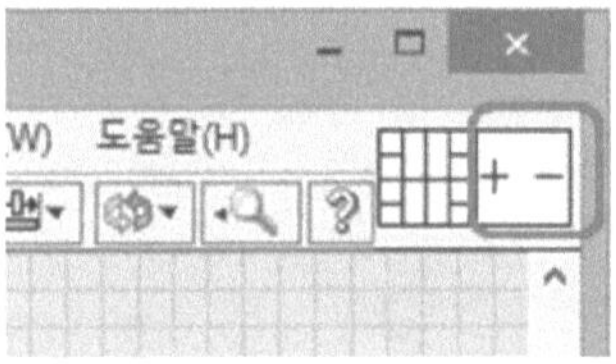

12 VI를 저장한다.

1-06 LabVIEW 프로그램의 디버깅 기법

LabVIEW

세상에 에러 없는 프로그램을 작성하기는 쉽지 않다. 그러므로, 에러가 발생하면 이를 쉽게 찾고 수정하는 것도 프로그램 개발 시간을 단축하는 데 일조한다. LabVIEW에는 VI를 개발할 때 필요한 여러 디버깅 툴을 갖고 있다.

1-06-1 에러의 발견

에러의 발견이란, 컴파일 또는 실행할 수 없는 VI를 말한다. VI에 에러가 발생되면 **실행** 버튼이 **에러 열거** 버튼으로 표시된다. 이러한 현상은 블록다이어그램의 모든 아이콘에 적절한 와이어를 연결하기 이전까지 계속 표시된다. 때로는 **편집(E)** 메뉴의 **깨진 와이어 제거**(또는 Ctrl+B)를 선택하면 잘못된 와이어를 제거할 수 있지만, 필요한 와이어도 동시에 제거할 수 있으므로 주의를 요한다.

VI가 깨진 이유를 발견하려면, 을 클릭하면 **에러 리스트** 대화상자가 표시된다. 특정한 에러로 이동하려면, 리스트 박스 내의 에러를 더블-클릭하거나 에러를 선택하고 **"에러 보이기"** 버튼을 클릭한다. LabVIEW는 자동적으로 적절한 VI로 이동하며, 에러를 유발한 오브젝트를 선택한다.

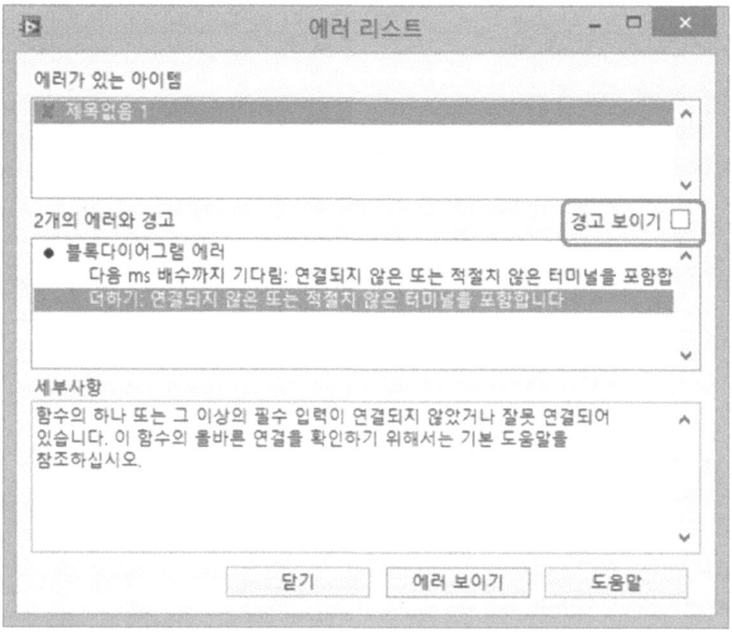

1. 경고 보이기

추가적인 디버깅을 원하면, **에러 리스트** 대화상자의 윈도우의 **"경고 보이기"**에 체크한다. 경고 메시지란 실행 버튼을 깨지지 않게 하지만, LabVIEW의 컨트롤 터미널이 아무것에도 연결되지 않은 상태를 말한다. **"경고 보이기"**에 체크 표시를 선택한 후, 주목할 만한 경고 사항을 갖고 있다면 툴 바에 경고 메시지가 표시된다. Warning버튼 을 클릭하면 경고 사항을 기술한 **에러 리스트** 윈도우가 표시된다.

2. VI를 단계적으로 실행한다

디버깅을 목적으로 한다면, 블록다이어그램을 노드 단계로 실행할 수 있다.

단일 스텝 모드인 경우, 3개의 스텝, Step Into 버튼, Step Over 버튼, Step Out 버튼을 클릭하면 다음 단계로 진행한다.

1-06-2 브레이크포인트(Breakpoint)의 설정

브레이크포인트는 VI의 실행을 일시적으로 중지시키므로, 사용자는 프로그램을 디버깅할 수 있다. 그러나 브레이크포인트로 실행 중인 VI, 노드, 와이어의 입력을 검사하기는 어렵다. 브레이크포인트로 실행을 정지시킨 뒤에 단계별 실행버튼 을 이용하여 단계별로 실행하면서 VI를 관찰할 수 있다. 또는 프로브와 함께 사용하여 각 위치에서의 값을 확인할 수 있다.

브레이크포인트를 설정하려면, 블록다이어그램 도구 팔레트의 **브레이크포인트** 툴로 설정하거나, 와이어의 팝업메뉴에서 **브레이크포인트▶브레이크 포인트 설정**을 선택한다. 만약 오브젝트를 다시 클릭하면 브레이크포인트가 해제된다. 또한 브레이크포인트의 커서의 모양으로부터 브레이크포인트가 설정 또는 해제되었는지를 알 수 있다.

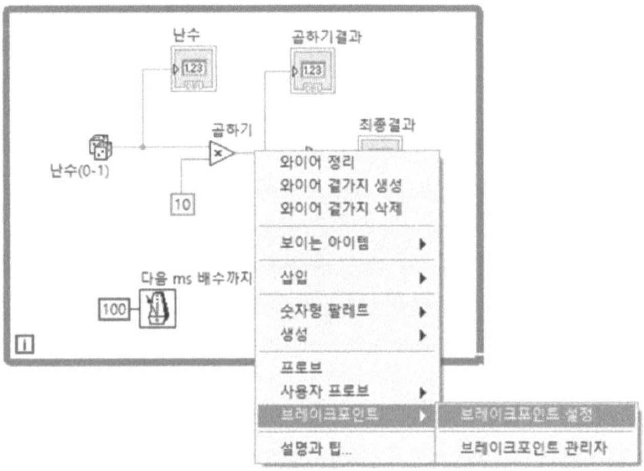

브레이크포인트 관리자는 VI에 있는 모든 브레이크포인트를 활성화, 비활성화, 삭제를 수행할 수 있는 유틸리티이다.

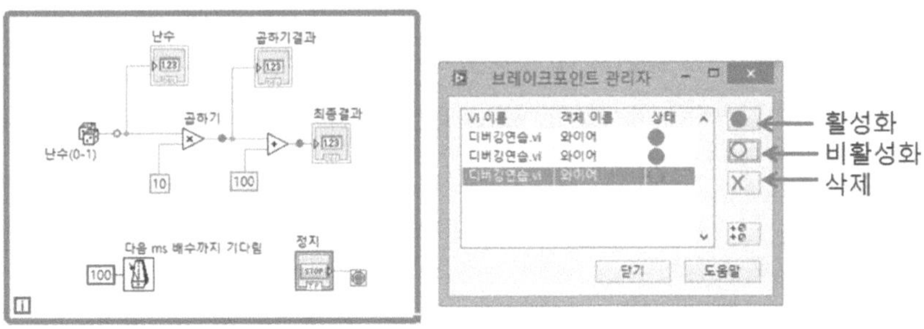

1-06-3 실행 하이라이트(Execution Highlighting)

때로는, 데이터가 어떻게 진행되는지를 관찰할 필요가 있다. LabVIEW는 VI 블록다이어그램의 데이터를 볼 수 있으며 동적으로 이를 관찰할 수 있다. 이러한 모드는, 툴 바의 **실행 하이라이트** 버튼을 클릭한다.

다음 예는, **실행 하이라이트** 모드에서 실행되는 VI를 표시해 놓았다. 하나의 노드에서 다음으로 데이터가 전달될 때, 데이터의 이동이 와이어 위에 표시된다. 버튼을 선택하면 VI의 속도가 감소하게 되며, 일반적인 실행을 재개하려면, 버튼을 다시 클릭한다.

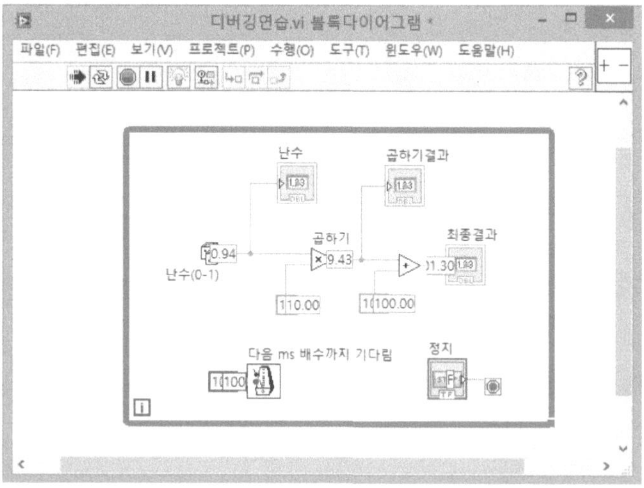

1-06-4 프로브(Probe)의 사용

의심이 가거나 기대하지 않는 값을 출력하는 곳의 데이터를 순간적으로 보려면 프로브를 사용한다. 데이터를 모니터링하고자 하는 곳에서, 와이어를 **데이터 프로브** 로 클릭하고 실행하면, 다음과 같은 **프로브 관찰 윈도우**가 표시된다. 프로브 관찰 윈도우에서는 여러 VI에서 생성한 모든 프로브를 디스플레이한다. 또한 관찰 윈도우에서 더블클릭하면 해당 프로브를 찾아준다.

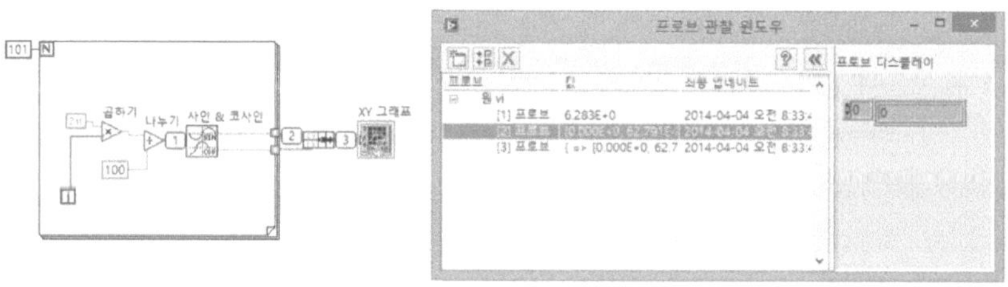

는 **새 윈도우에서 열기**이다. 이 버튼을 클릭하면 선택한 프로브만 별도의 창에서 띄울 수 있다.

사용자 프로브를 만들면 좀 더 구체적으로 출력 데이터를 볼 수 있다. 예로서, For 루프에서 출력되는 와이어를 선택하고, 팝업메뉴에서 **사용자 프로브▶컨트롤▶웨이브폼 그래프**를 선택한다. **프로브 관찰 윈도우** 창이 표시된다.

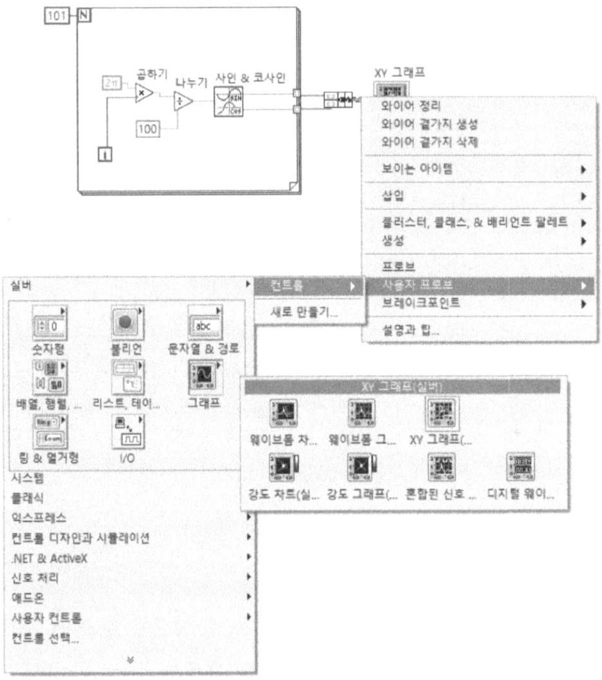

VI를 실행하면 프로브 관찰 윈도우는 다음과 같은 웨이브폼 그래프를 표시한다. 즉, 좀 더 구체적인 데이터를 관찰할 수 있다.

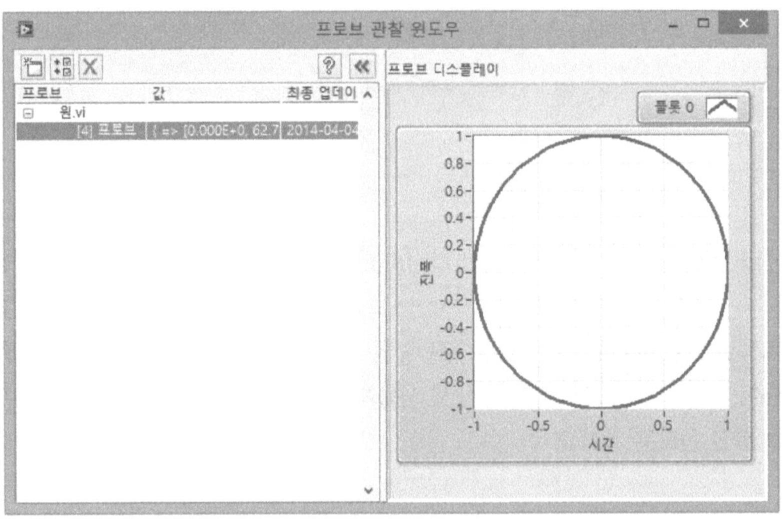

CHAPTER

02

LabVIEW의 데이터 타입

CONTENTS

2-01 숫자형(Numeric) 컨트롤/인디케이터

2-02 불리언(Boolean) 컨트롤/인디케이터
- 예제 2-01 불리언 함수 연산

2-03 문자열(String) 컨트롤/인디케이터
- 예제 2-02 문자열과 문자열 함수
- 예제 2-03 숫자형 데이터를 문자열로 변환하기

2-04 배열(Array)
- 예제 2-04 For 루프를 이용한 배열 만들기
- 예제 2-05 배열 함수를 이용한 기본 예제

2-05 클러스터(Cluster)
- 예제 2-06 클러스터의 연산 이해 및 클러스터의 기본 함수 연습

2-06 배열과 클러스터 데이터의 교환

LabVIEW에는 숫자형(컨트롤, 인디케이터, 상수), 불리언(컨트롤, 인디케이터, 상수), 문자열(컨트롤, 인디케이터, 상수) 타입의 데이터 타입이 있다. 각 와이어를 지나는 데이터 타입에 따라, 와이어는 다른 스타일 또는 다양한 색상으로 표시된다.

컨트롤▶일반 팔레트에 차례로 숫자형, 불리언, 문자열&경로 항목이 있다. 또는 **컨트롤▶실버** 팔레트에서 좀 더 다양한 사용자 인터페이스를 사용할 수 있다.

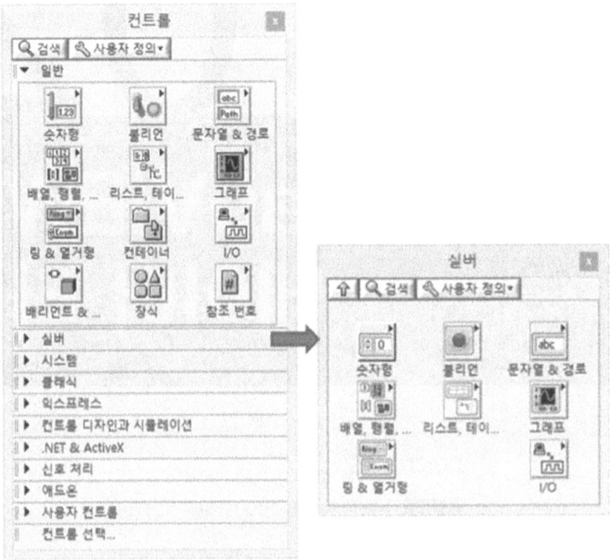

2-01 숫자형(Numeric) 컨트롤/인디케이터

숫자형 컨트롤은 사용자가 수치 값을 VI에 입력하는 곳이며, **숫자형 인디케이터**는 계산된 또는 분석 수치 값을 표시한다. 프런트패널에서 숫자형은 다양한 형태의 아이콘으로 표현이 가능하다. 사용자의 목적에 맞는 사용자 인터페이스를 구성하기 위해 슬라이드, 다이얼, 게이지 등을 이용한다.

다음은 프런트패널의 **컨트롤▶실버▶숫자형** 팔레트의 모습이다. 여기에는 모든 숫자형은 컨트롤 또는 인디케이터로 구성되어 있다. 예로서, 노브는 일반적인 입력 디바이스로 사용되므로, 노브의 기본 값은 컨트롤로 설정되어 있으며, 온도계는 인디케이터로 설정되어 있다.

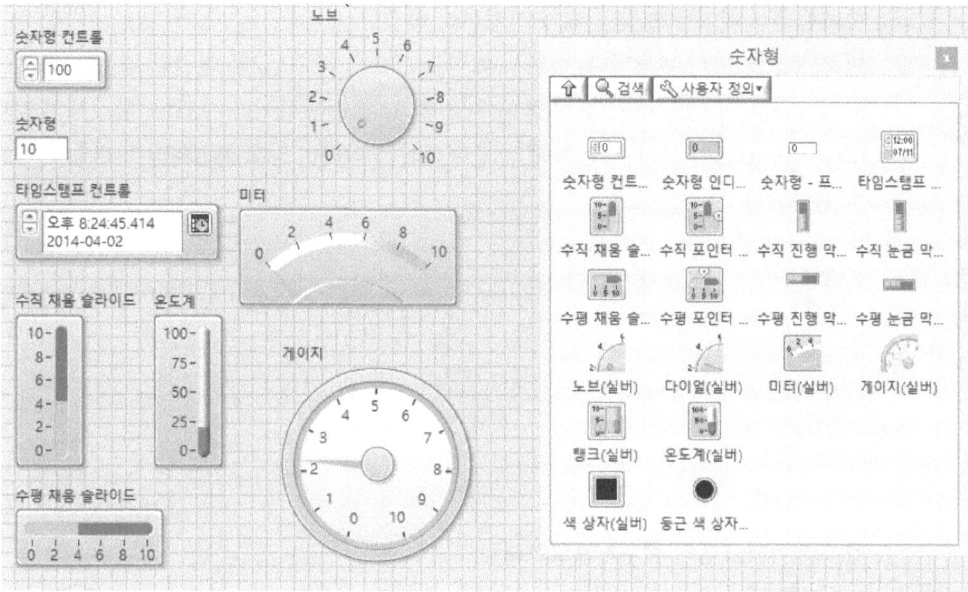

"숫자형 컨트롤"을 프런트패널에 놓으면, 숫자형 컨트롤은 블록다이어그램에서 오렌지색 또는 청색으로 표시된다. 숫자형은 다시 실수, 정수, 자연수 등으로 구분된다. 이것은 숫자형의 단축 메뉴에서 **형(Representation)**을 선택하면 채택할 수 있다. 이러한 분류는 메모리의 크기와 용도에 따른 것이다.

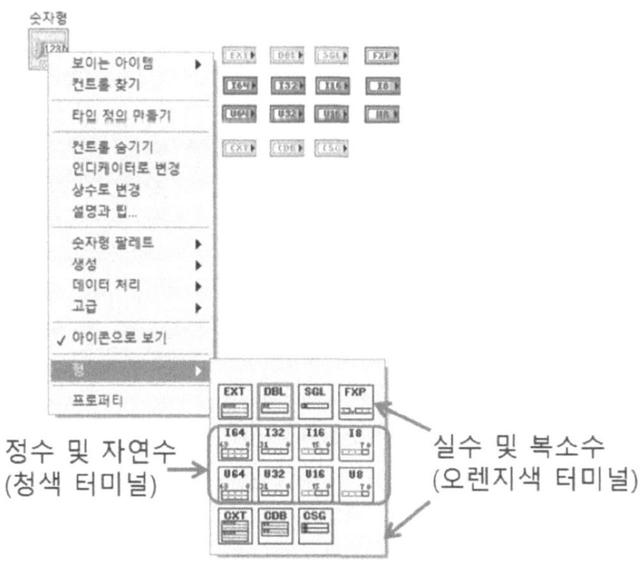

터미널 내부에는 EXT, DBL, SGL, FXP, I32, I16, I8, U32, U16, U8, CTX, CDB, CSG 등 데이터의 크기를 표시하는 문자가 입력되어 있다. 또한, 터미널의 테두리가 진하면 [DBL] 컨트롤을 의미하고, 테두리가 흐리면 [DBL] 인디케이터를 의미한다.

숫자형은 와이어를 연결할 때 숫자형끼리 연결한다. 같은 숫자형이지만 실수와 정수를 연결하면 자동으로 형이 변경된다. 예로서 배정도 DBL을 정수 I32와 연결할 경우 자동적으로 반올림 처리가 되어서 DBL이 I32로 변한다. 이것을 강제 형변환이라 부르며, 빨간색의 **강제 형변환점**(Coercion dot)이 표시된다. 이때 강제 형변환을 위하여 **강제 형변환점**에 새로운 메모리가 추가로 생성된다.

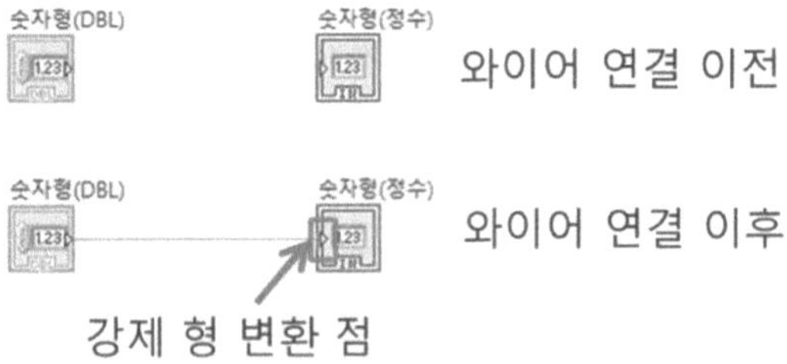

블록다이어그램의 **함수▶프로그래밍▶숫자형** 팔레트를 참조한다. 여기에는 숫자형 컨트롤과 인디케이터와 함께 사용할 수 있는 함수들이 있다. 또한 숫자형 상수도 이곳에 포함되어 있다.

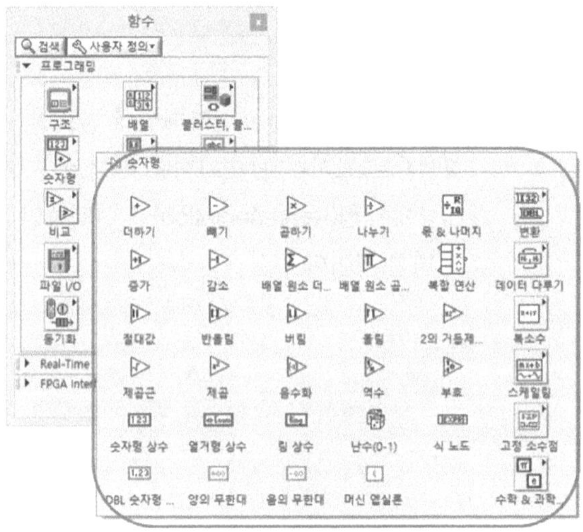

2-01-1 숫자형의 팝업메뉴

일반적인 숫자형 컨트롤의 팝업메뉴이다. 동일한 오브젝트의 팝업메뉴는 프런트패널 또는 블록다이어그램에서 다르게 표시되고, 실행 모드 또는 수정 모드에서 다르게 표시된다. 현재 선택된 옵션은 체크 표시 ✓를 통해 알 수 있다. 일부 메뉴는 설정할 옵션을 내장한 대화상자로 이동한다. 일반적으로 명령어는 **인디케이터로 변경/컨트롤로 변경**과 같이 동사로 표시된다.

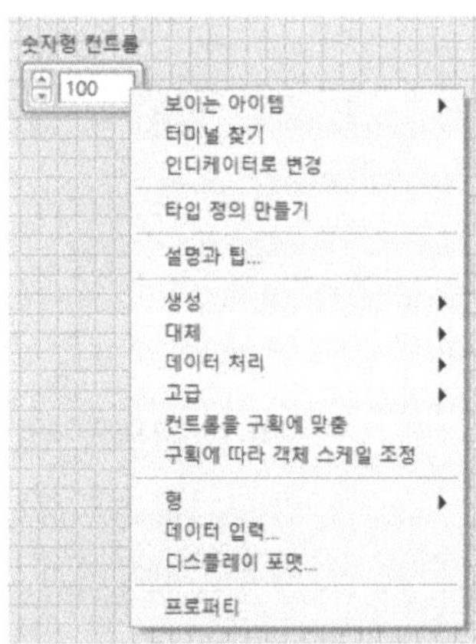

1. 보이는 아이템

많은 아이템은 **보이는 아이템** 메뉴를 갖고 있으며, 이를 이용해 라벨, 스크롤바, 터미널 등을 표시 또는 숨길 수 있다. 만약 **보이는 아이템**를 선택하면, 표시할 모든 옵션(오브젝트의 종류에 따라 다름)이 표시된다. 옵션에 체크 표시 ✓가 된 것은, 현재 선택된 내용들이며, 체크 표시가 없는 것은 숨겨진 것이다. 선택된 옵션을 마우스로 다시 선택하면 원래 상태로 변경된다.

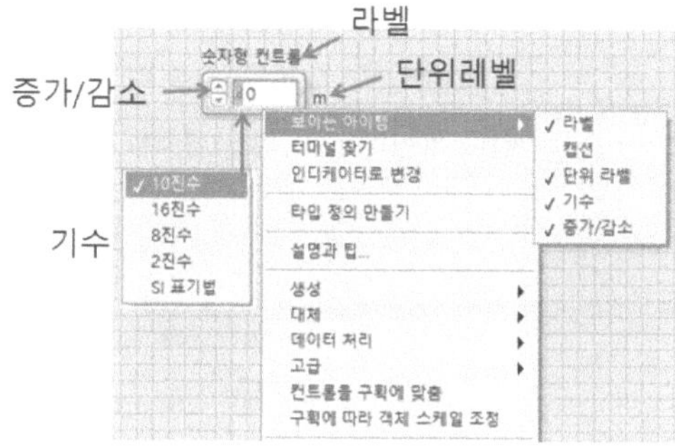

2. 터미널 찾기 및 컨트롤/인디케이터 찾기

프런트패널에서 오브젝트를 선택하고 팝업메뉴에서 **터미널 찾기**를 선택하면, LabVIEW는 여기에 대응하는 터미널을 블록다이어그램에서 찾는다. 블록다이어그램 터미널의 팝업메뉴에서 **컨트롤/인디케이터 찾기**를 선택하면, LabVIEW는 여기에 대응하는 오브젝트를 프런트패널에서 찾는다.

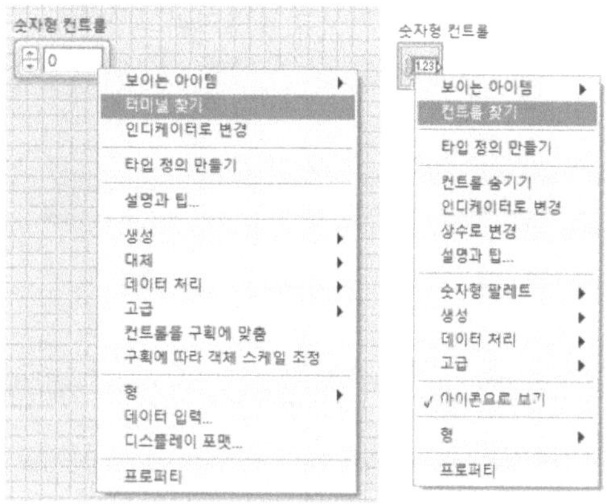

3. 컨트롤/인디케이터 숨기기/보이기

이 옵션은 블록다이어그램에서만 표시된다. 블록다이어그램에 대응하는 프런트패널의 오브젝트를 표시 또는 숨길 때 이 옵션을 사용한다. 이 옵션은 프런트패널에 오브젝트를 표시하지 않고 블록다이어그램에서만 사용할 때 매우 유용하다. 만약, 오브젝트가 컨트롤이면 블록다이어그램에서 **컨트롤 보이기/숨기기**를 사용할 수 있고, 오브젝트가 인디케이터이면 **인디케이터 보이기/숨기기**를 사용할 수 있다.

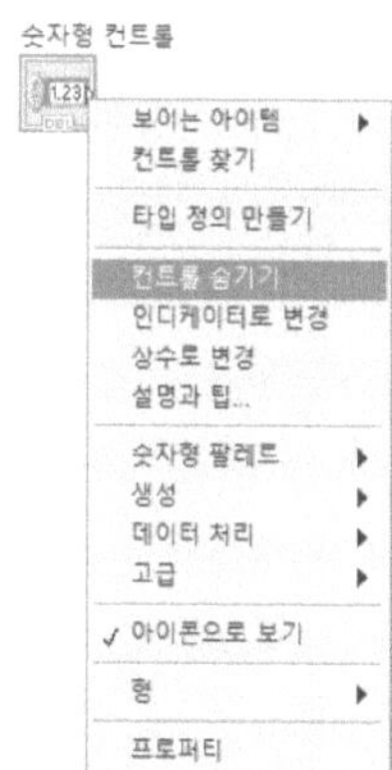

4. 컨트롤로 변경과 인디케이터로 변경

"숫자형(컨트롤)"은 기본 값이 컨트롤이기에, 마우스 오른쪽 버튼을 클릭하면 팝업메뉴에서 **인디케이터로 변경**이 표시된다. 반대로 "숫자형(인디케이터)"은 기본값이 인디케이터이기에, 마우스 오른쪽 버튼을 클릭하면 팝업메뉴에서 **컨트롤로 변경**이 표시된다. 컨트롤 터미널은 인디케이터의 터미널보다 테두리가 두껍게 표시된다. 오브젝트가 컨트롤인지 또는 인디케이터인지 항상 주의가 필요하다.

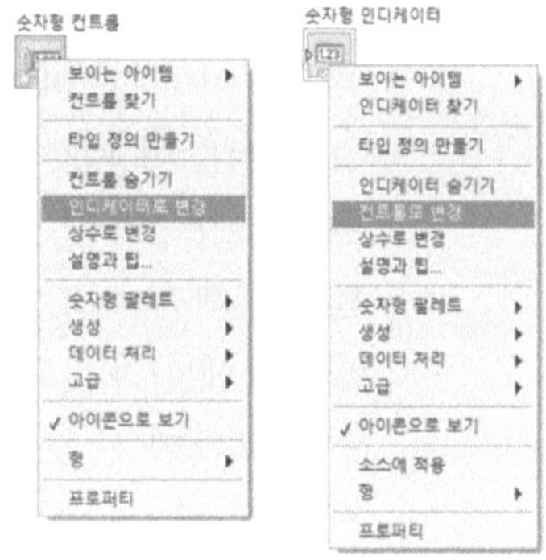

5. 상수로 변경

이 옵션은 블록다이어그램에서만 사용된다. **상수로 변경**을 선택하면, 프런트패널의 값이 상수로 변환되어서 블록다이어그램에 표시된다.

6. 생성

생성 옵션은 주어진 오브젝트의 상수, 컨트롤, 인디케이터를 생성하는 데 사용한다. 또한 추후에 설명할 로컬변수, VI 서버 참조(VI Server Reference), 프로퍼티 노드, 인보크 노드를 생성한다.

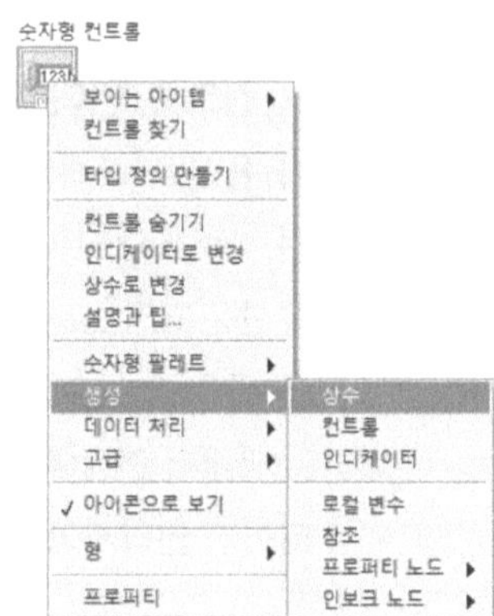

7. 설명과 팁…

설명과 팁…을 선택하면 **설명과 팁** 대화상자 박스가 표시된다.

설명은 도움말 기본 도움말 보이기 메뉴에 표시되는 내용이다. **팁**은 VI가 실행되는 동안 프런트 패널 객체 위에서 커서를 움직일 때 디스플레이 되는 간략한 설명이다. 다음과 같이 **설명과 팁**에 정보를 입력한다.

설명과 팁에 작성한 결과는 다음과 같이 표시된다. **설명과 팁**에 입력한 정보가 어디에 표시되는지를 숙지한다.

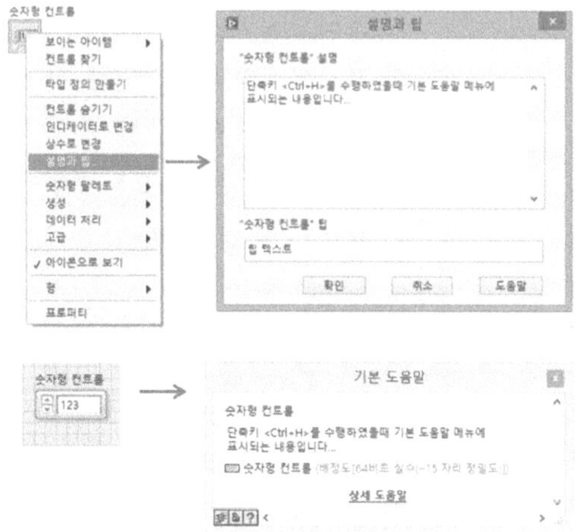

8. 데이터 처리

데이터처리▶ 팝업메뉴는 컨트롤 또는 인디케이터의 데이터를 처리하는 여러 가지 옵션들로 구성된다.

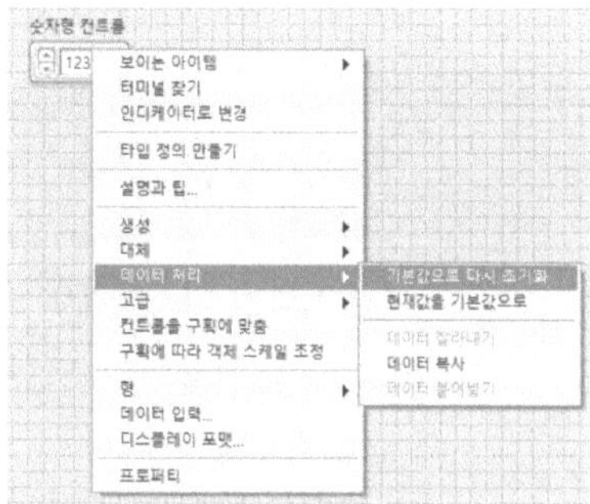

- **기본값으로 다시 초기화**는 오브젝트의 값을 기본값으로 변경한다. 즉, 숫자형 컨트롤의 기본값 0.0, 불리언의 기본값 FALSE 상태로 만든다.
- **현재값을 기본값으로**는 현재의 데이터를 기본값을 설정한다. 예로서, 숫자형 컨트롤에 값 “123”을 입력하고 VI를 저장한 경우를 고려한다. 작성한 VI를 닫고 다시 오픈하면 값은 기본값 “0.00”으로 환원되어 있다. 이러한 불편을 해소하려면, 원하는 값 “123”을 입력하고 **현재값을 기본값으로**를 선택하고 저장한다.
- **데이터 잘라내기, 데이터 복사, 데이터 붙여넣기**를 사용하면 컨트롤 또는 인디케이터의 데이터를 사용할 수 있다.

9. 고급

이 함수는 주로 프런트패널에 사용한다. 블록다이어그램에는 **동기화된 디스플레이**만 존재한다.

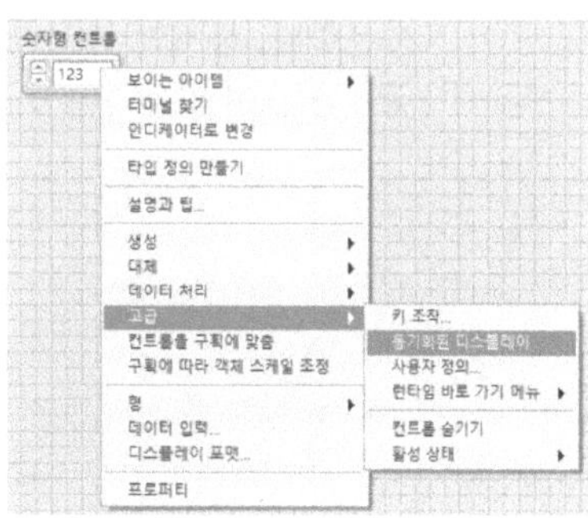

- **키 조작...**은 키보드 키의 조합을 프런트패널 오브젝트와 연관시킬 때 사용한다. LabVIEW의 프로퍼티의 대화상자를 사용하여 키보드 바로가기 키를 설정한다. 사용자가 마우스 없이 프런트패널 윈도우를 탐색할 수 있도록 컨트롤에 키보드 바로가기 키를 지정할 수 있다. 〈Shift〉와 〈Ctrl〉 키와 같은 조합키를 일부 바로가기 키로 할당할 수 있다. 하나 이상의 컨트롤에 같은 키 조합은 할당할 수 없다.

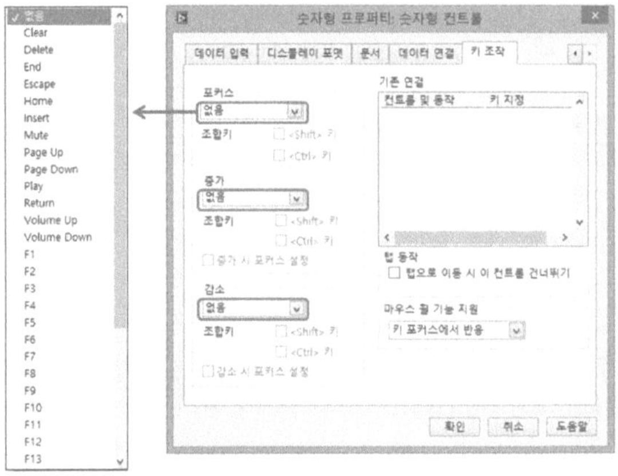

- **동기화된 디스플레이** - 모든 업데이트를 디스플레이한다. 애니메이션을 디스플레이할 때 이 특징을 사용한다. 또한, 동기화된 디스플레이 프로퍼티를 사용하여 이 옵션을 프로그램적으로 설정할 수 있다.
- **사용자 정의** - 프런트패널 객체를 사용자 정의하는 데 사용하는 컨트롤 편집기 윈도우를 디스플레이한다.
- **런타임 바로가기 메뉴** - 이 컨트롤에 대한 런타임 바로가기 메뉴를 비활성화하거나 사용자 정의할 수 있는 서브메뉴를 포함한다.
- **컨트롤 숨기기 또는 인디케이터 숨기기** - 보기에서 프런트패널 객체를 숨긴다. 숨겨진 객체에 접근하려면, 블록다이어그램 터미널에서 마우스 오른쪽 버튼을 클릭한 후 바로가기 메뉴에서 컨트롤 보이기 또는 인디케이터 보이기를 선택한다.
- **활성 상태** - 객체가 활성화, 비활성화, 비활성화 & 회색화인지를 결정한다.

10. 아이콘으로 보기

블록다이어그램에서 터미널은 **아이콘으로 보기**를 기본으로 사용한다. 하지만 블록다이어그램의 공간적인 이유로, 아이콘으로 보기를 체크하지 않으면 숫자형 형태로 표시된다.

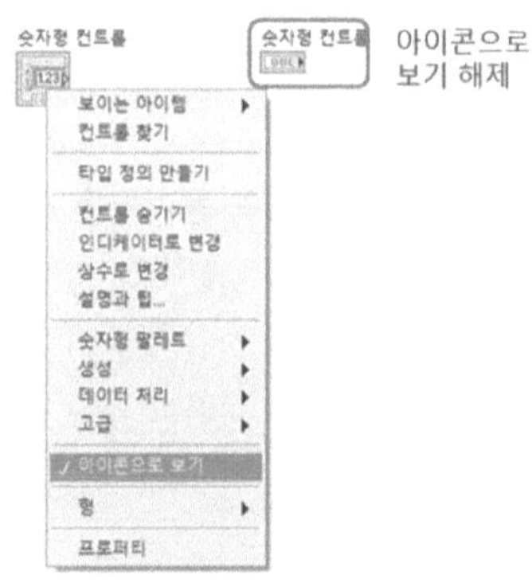

11. 형(Representation)

블록다이어그램의 숫자형 터미널의 모양은 데이터의 **형**에 의존한다. 다양한 **형**은 데이터를 메모리에 저장하는 방법을 표시하며, 메모리를 효율적으로 사용하기 위해 사용한다. 숫자형 **형**이 다르면 데이터를 저장할 때 차지하는 메모리 크기도 다르며, 데이터를 *signed*(음수의 사용)와 *unsigned*(0 또는 양수만 가짐)데이터로 구분한다. 정수의 터미널은 청색이며, 실수는 오렌지색으로 표시된다. 터미널에 표시되는 문자로부터 데이터의 구조를 알 수 있다 예로서, DBL은 double-precision floating-point 데이터를 의미한다.

12. 디스플레이 포맷

LabVIEW에는 디지털로 표시되는 숫자형 타입을 변경할 수 있다. 이 옵션은 프런트 패널에서만 사용할 수 있으며, 블록다이어그램에서는 설정할 수 없다. 사용자는 부동소수, 과학적 표기, 자동 포맷팅, SI 표기법 등 사용자의 목적에 맞는 타입의 데이터를 선택할 수 있다. 자릿수는 값의 표시에만 영향을 주며, 내부적인 정밀도는 형(Representation)에 의존한다.

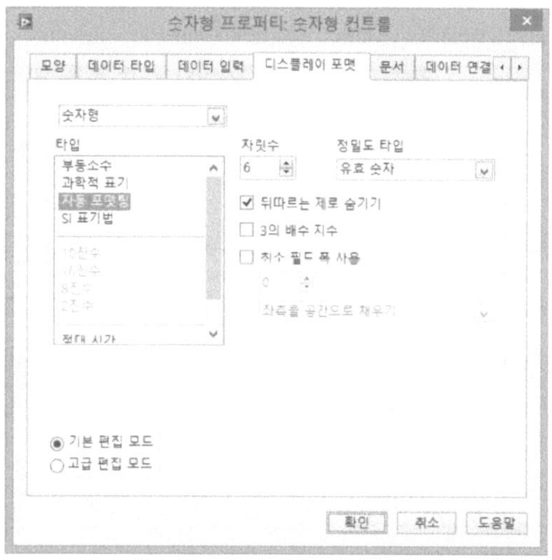

13. 숫자형 데이터 범위 설정

LabVIEW는 특정한 범위의 데이터를 유효하게 만드는 기능과 데이터의 증가를 설정하는 옵션을 갖고 있다. 예로서, 입력 범위가 0~100이며, 2씩 증가하는 입력이 필요한 경우를 고려한다. 이 경우 적절한 숫자형 컨트롤의 팝업메뉴에서 **데이터 입력**…을 선택한다. 표시된 창에서 최소값 0, 최대값 100, 증가 2를 선택하고 "확인"을 선택한다. 프런트패널의 "**숫자형 컨트롤**"에서 증, 감 화살표를 👆으로 클릭하면, 0~100까지 2씩 증가함을 확인할 수 있다.

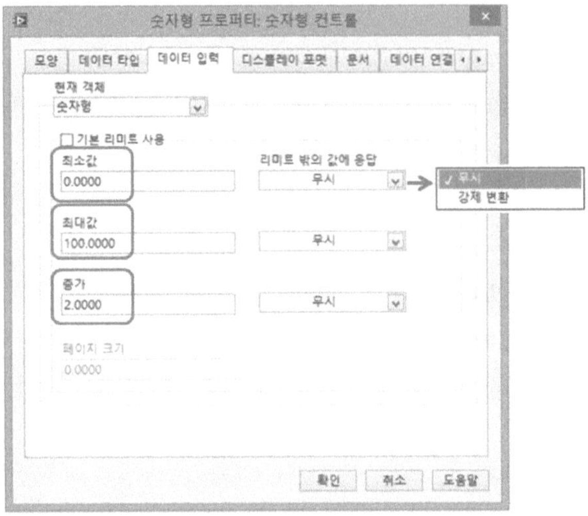

이 옵션은 프런트패널에서만 사용할 수 있으며, 블록다이어그램에서는 설정할 수 없다. 또한 리미트 밖의 숫자가 입력되었을 때 어떻게 할지를 설정할 수 있다.

2-01-2 링(Ring) 컨트롤과 인디케이터

다음은 프런트패널의 **컨트롤▶실버▶링 & 열거형** 팔레트의 모습이다. 링은 특별한 숫자형 오브젝트로 **부호 없는 워드** 를 사용한다. 이들은 작업 모드, 계산기 함수와 같이 특정 옵션을 마우스로 선택할 때 매우 유용하다. 터미널의 테두리가 진하면 U16 컨트롤을 의미하고, 테두리가 흐리면 U16 인디케이터를 의미한다.

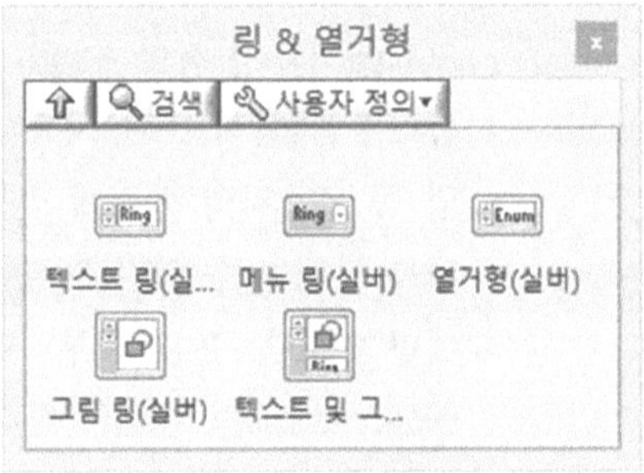

2-02 불리언(Boolean) 컨트롤/인디케이터

다음은 **컨트롤▶실버▶불리언** 팔레트를 선택할 때 표시되는 오브젝트들의 모습이다. 불리언 터미널 은 블록다이어그램에서 녹색으로 표시되며, 내부에는 TF 문자가 입력되어 있다. 터미널의 테두리가 진하면 TF 컨트롤을 의미하고, 테두리가 흐리면 TF 인디케이터를 의미한다.

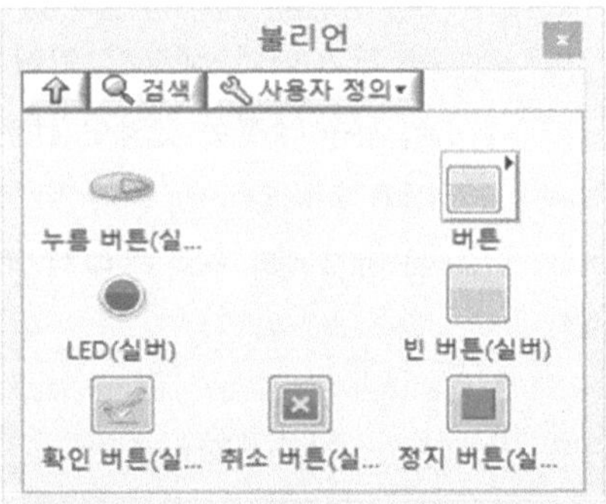

불리언은 "on 또는 off"로 생각할 수 있기에, TRUE 또는 FALSE 상태 중 한 가지만 가질 수 있다. LabVIEW는 많은 종류의 스위치, LED, 버튼 컨트롤과 인디케이터를 제공하며, 이들 모두는 **불리언** 팔레트에 있다. 불리언은 **값 수행** 툴로 클릭하면 상태를 변경할 수 있다. 숫자형 컨트롤과 유사하게, 불리언의 타입은 일반적인 사용법에 따라 기본값이 설정되어 있다. 예로서, 스위치는 컨트롤로 설정되어 있고, LED는 기본값이 인디케이터이다. 만약 이들의 특성을 변경하려면 팝업메뉴에서 **컨트롤로 변경** 또는 **인디케이터로 변경**을 선택한다.

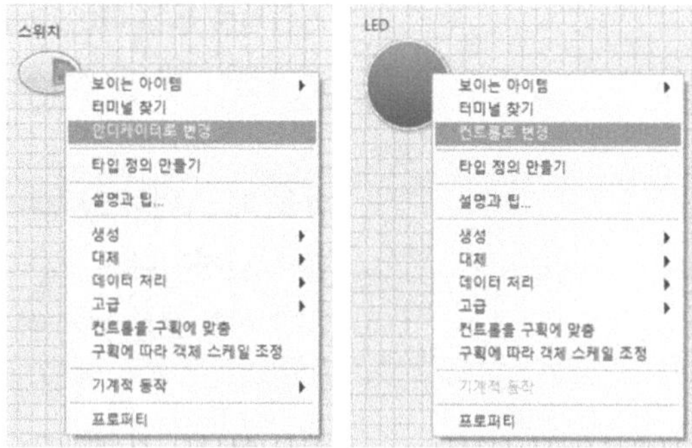

블록다이어그램의 **함수▶프로그래밍▶불리언** 팔레트를 참조한다. 여기에는 불리언 컨트롤과 인디케이터와 함께 사용할 수 있는 함수들이 있다. 불리언 함수에는 AND, OR, XOR, NOT, NAND, NOR, NXOR 등이 있다. 또한 불리언 상수도 이곳에 포함되어 있다.

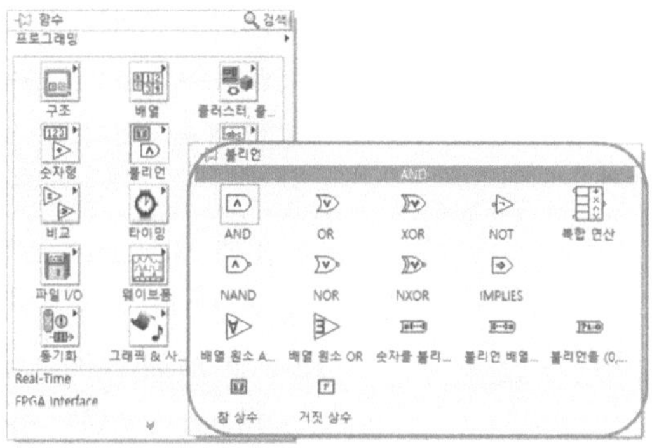

2-02-1 불리언의 팝업메뉴

불리언의 팝업메뉴는 숫자형과 거의 유사하지만, **기계적 동작▶** 기능이 추가되어 있다. 여기서는 숫자형과 동일한 내용에 대해서는 설명하지 않는다.

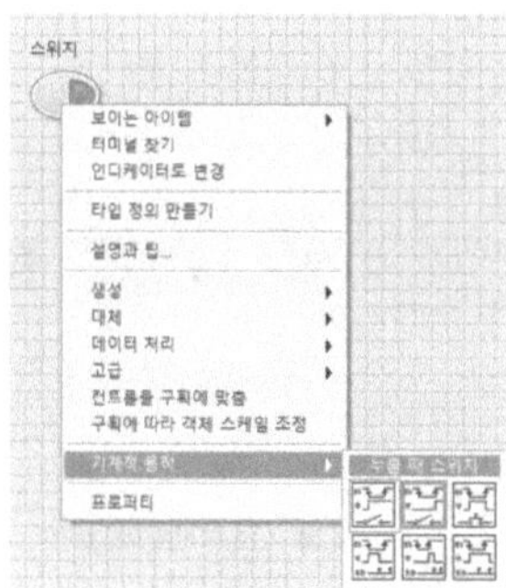

1. 불리언의 기계적 동작(Mechanical Action)

불리언 컨트롤은 **기계적 동작**이라는 난해한 옵션을 갖고 있다. 이것은 불리언을 클릭했을 때 불리언이 행동하는 방법을 결정하며, 다음의 그림을 참조한다.

Switch When Pressed

스위치를 누를 때(Switch When Pressed)는 로 클릭할 때마다 컨트롤의 값을 변경한다. 이 상태는 불리언의 기본 값이며 일반적인 전원 스위치와 유사하다.

Switch When Released

놓을 때 스위치(Switch When Released)는 마우스 버튼을 놓을 때만 컨트롤의 값이 변경된다. 이 모드는 대화상자의 체크 표시를 클릭한 경우와 유사하며, 이것은 마우스를 놓기 전에는 값이 변경되지 않는다.

Switch Until Released

놓을 때까지 스위치(Switch Until Released)는 컨트롤을 클릭할 때 컨트롤의 값을 변경한다. 이것은 마우스 버튼을 놓을 때까지 새로운 값을 유지하지만, 그 순간 컨트롤 값은 원래의 값으로 반전된다. 기능은 도어 벨의 기능과 유사하다.

Latch When Pressed

누를 때 래치(Latch When Pressed)는 컨트롤을 클릭할 때 값을 변경하며 VI가 값을 읽을 때까지 새로운 값을 유지한다. 기능적인 면에서 차단기와 유사하며, While 루프의 종료 또는 VI가 컨트롤을 설정할 때 무언가를 단 한 번만 값을 필요로 할 때 유용하다.

Latch When Released

놓을 때 래치(Latch When Released)는 마우스 버튼을 놓은 후에 컨트롤의 값을 변경한다. VI가 스위치 값을 한 번 읽으면, 컨트롤은 예전 값으로 환원된다. Switch When Released와 함께, 이 모드는 대화상자의 버튼 기능과 유사하다. 즉, 버튼을 클릭하면 선택되며, 마우스 버튼을 놓으면 값을 기억한다.

Latch Until Released

놓을 때까지 래치(Latch Until Released)는 컨트롤을 클릭하면 스위치의 값이 변경되며, VI가 값을 1회 읽을 때까지 또는 마우스 버튼을 놓을 때까지 설정 값을 유지한다.

예제 2-01 불리언 함수 연산

간단한 AND, OR 등의 논리 연산을 연습한다.

- **프런트패널**

1 새 VI를 열고, **불리언 연습.vi**로 저장한다.

2 다음과 같이 프런트패널에 **확인 버튼** 3개를 만들고 라벨을 입력한다. 스위치는 **컨트롤▶실버▶불리언** 팔레트에 있다.

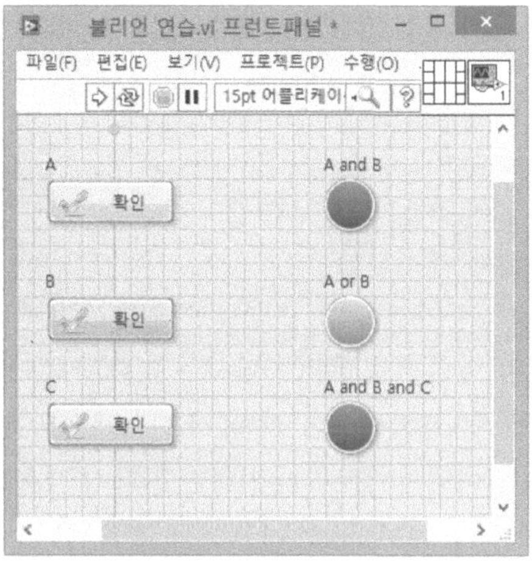

3 **컨트롤▶실버▶불리언**에서 LED 3개를 선택해서 입력하고, 라벨을 입력한다. 결과적으로 A, B, C는 불리언 컨트롤이고, A and B, A or B, A and B and C는 인디케이터가 된다.

- 블록다이어그램

4 **함수▶프로그래밍▶불리언** 팔레트에서 AND, OR, 복합 연산를 블록다이어그램에 놓는다. 복합 연산은 먼저 크기를 늘려주고, 팝업메뉴에서 **모드 변경▶AND**를 선택하면 A and B and C의 연산을 수행한다.

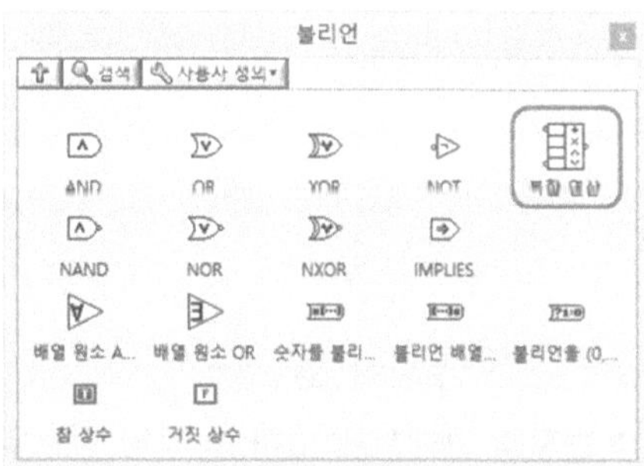

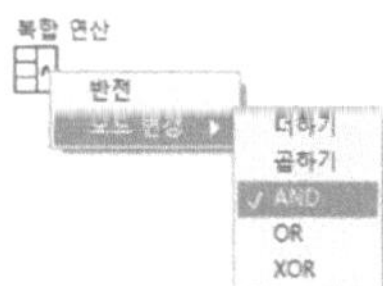

다음과 같이 블록다이어그램을 완성한다.

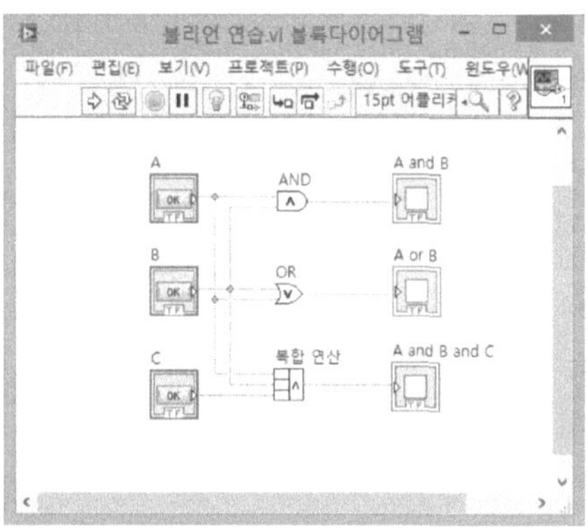

5 VI를 저장하고 실행한다. A, B, C 스위치의 조건에 따라, 논리회로가 동작되는지 확인한다.

2-03 문자열(String) 컨트롤/인디케이터

컨트롤▶실버▶문자열 & 경로 팔레트에는 문자열을 입, 출력할 수 있는 오브젝트들이 있다. 대부분의 문자열 데이터는 ASCII 형태이며, 알파벳 문자를 전달하는 표준 방법으로 사용한다. 문자열 컨트롤 및 문자열 인디케이터 는 블록다이어그램에서 핑크색으로 표시되며 터미널 내부에는 문자 "abc"가 입력되어 있다. 터미널의 테두리가 진하면 abc 컨트롤을 의미하고, 테두리가 흐리면 abc 인디케이터를 의미한다.

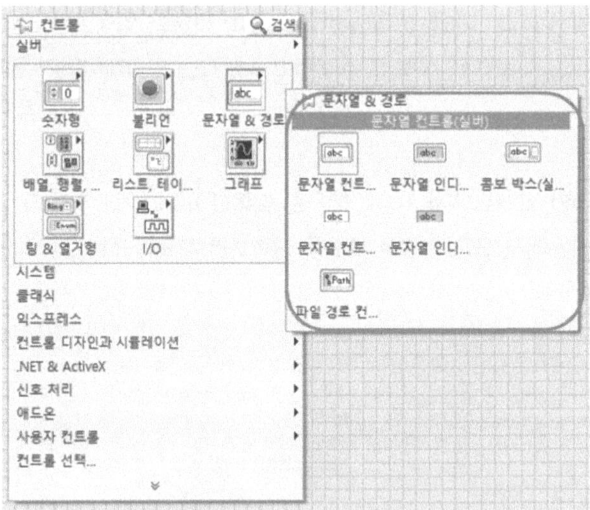

참고로, 테이블은 문자열로 된 2차원 배열 로 구성되어 있다.

문자열 함수와 상수는 **함수▶프로그래밍▶문자열** 팔레트에 있다. 문자열 컨트롤과 인디케이터에 숫자를 입력하면 이 데이터는 숫자가 아니다. 즉, 문자열 데이터를 사용해서는 수치 처리 작업을 할 수 없다. 즉, ASCII 문자 "A"가 숫자가 아니듯이 ASCII "9"도 숫자가 아니다. 문자열로 사용된 ASCII 문자 "9"를 숫자로 사용하려면, 이 데이터를 숫자로 변환해야 한다. 변환 과정은 함수와 상수는 **함수▶프로그래밍▶문자열▶문자열/숫자 변환** 팔레트를 이용한다.

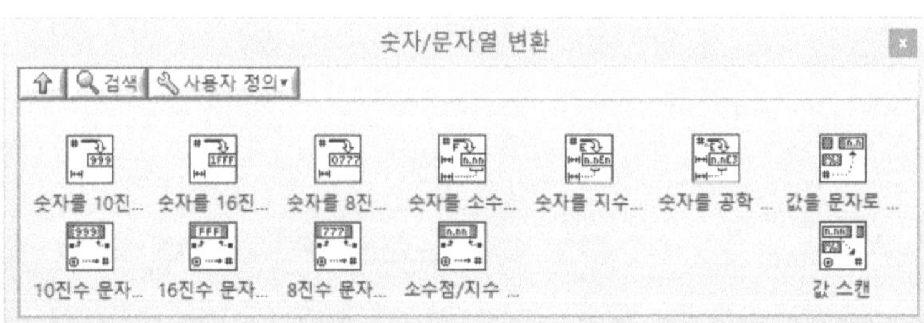

2-03-1 문자열의 팝업메뉴

문자열 컨트롤 또는 문자열 인디케이터를 바로가기하면 매우 다양한 옵션을 갖고 있다. 여기서는, 대부분의 컨트롤 또는 인디케이터가 공통적으로 갖고 있는 내용을 제외하고 몇 가지 대표적인 기능을 설명한다.

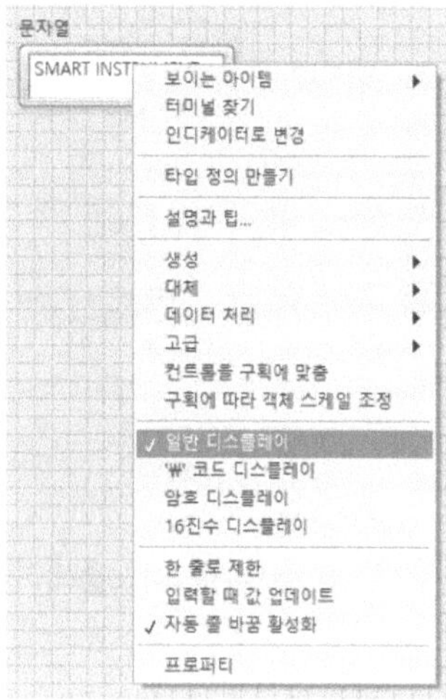

1. 디스플레이 모드 및 문자열 입력 옵션

문자열의 팝업메뉴에는 4가지 디스플레이 모드인 **일반 디스플레이** 모드, **'₩' 코드 디스플레이** 모드, **암호 디스플레이** 모드, **16진수 디스플레이** 모드가 있다.

- **일반 디스플레이**: 이 모드는 일반적인 문자열을 표시할 때 사용하는 모드로, 입력한 문자열을 그대로 화면에 표시한다.
- **'₩' 코드 디스플레이**: 이 모드는 일반적으로 표시할 수 없는 문자인 backspace, carriage return, tab 등을 입, 출력할 수 있다. 문자열을 바로가기하고 **'₩' 코드 디스플레이**를 선택하면, backlash(₩) 뒤에 특수 문자를 입력할 수 있다. 다음의 테이블에 대표적인 '₩' 코드를 표시해 놓았다.

LabVIEW의 '₩' 코드

Code	LabVIEW Interpretation
₩00 – ₩FF	8비트 문자의 16진수 값, 대문자만 가능하다.
₩b	Backspace (ASCII BS, ₩08과 동일하다.)
₩f	Form feed (ASCII FF, ₩0C와 동일하다.)
₩n	Linefeed (ASCII LF, ₩0A와 동일하다.)
₩r	Carriage return (ASCII CR, ₩0D와 동일하다.)
₩t	Tab (ASCII HT, ₩09와 동일하다.)
₩s	Space (equivalent, ₩20)
₩₩	Backslash (ASCII ₩, ₩5C와 동일하다.)

- **암호 디스플레이**: 이 옵션을 사용하면, 문자열 컨트롤과 인디케이터에 표시되는 문자를 "*"으로 표시하므로 입력된 문자를 볼 수 없다. 비록 프런트패널에 "*****"으로 표시되어도, 블록 다이어그램은 실제 입력된 데이터를 읽는다. 이 옵션은 프로그램적으로 패스워드를 입력하고자 할 때 매우 유용하다.
- **16진수 디스플레이**: 이 옵션은 문자열을 알파벳 문자 대신, 16진수 문자로 입, 출력할 때 사용한다. 만약 〈control-T〉와 같은 특수 코드를 입력하려면 이 옵션을 사용한다. 참고로, 문자열 "1"은 ASCII 코드로 Hex 31, 문자열 "2"는 ASCII 코드로 Hex 32이며, "space"는 ASCII 코드 Hex 20, 소문자 x는 ASCII 코드 Hex 78 등으로 해석된다.
- **한 줄로 제한**: 이 옵션은 1줄 이상의 텍스트를 입력할 수 없기에, carriage return 등을 문자열에 사용할 수 없다. 만약 〈enter〉 또는 〈return〉 키를 치면, 텍스트 입력은 자동적으로 종료된다. 문자열을 단일 줄로 제한하지 않은 경우, 〈return〉 키를 치면 커서가 새로운 줄로 이동한다.
- **입력할 때 값 업데이트**: 이 옵션은 문자열 컨트롤에 입력하는 데이터가 실시간으로 전달된다. 만약 이 옵션을 선택하지 않았으면, 문자열을 입력하고 프런트패널의 좌측 상단의 ☑버튼을 클릭해야만 문자열이 입력된다.

2. 스크롤 막대(Scrollbar)의 사용

문자열 컨트롤 또는 인디케이터의 팝업메뉴의 **보이는 아이템▶스크롤 막대**를 선택하면, 수평, 수직 스크롤바를 문자열 컨트롤과 인디케이터에 표시할 수 있다. 이 옵션은 많은 양의 텍스트를 화면에 표시해야 하지만, 표시되는 공간을 최소화할 때 사용한다. 이 옵션은 문자열의 크기가 스크롤 막대를 초과하기 전에는 스크롤 막대가 뿌연 상태로 표시된다.

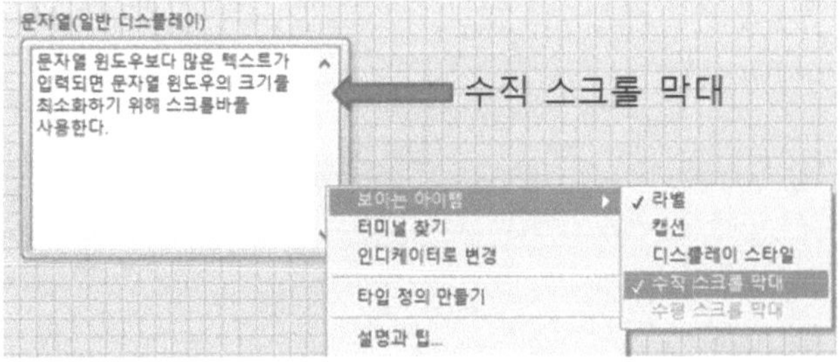

예제 2-02 문자열과 문자열 함수

수치를 문자열로 변환하고 이것을 다른 문자열과 연결해서 단일 문자열을 출력하는 VI를 작성한다. 또한 시간에 관계된 문자열 함수와 문자열의 크기를 측정하는 VI를 작성한다.

● 블록다이어그램

1 새 VI를 만들고, **숫자형 문자열.vi**로 저장한다.

2 다음과 같이 블록다이어그램을 작성한다. 모든 함수는 **함수▶프로그래밍▶문자열** 팔레트에 있다.

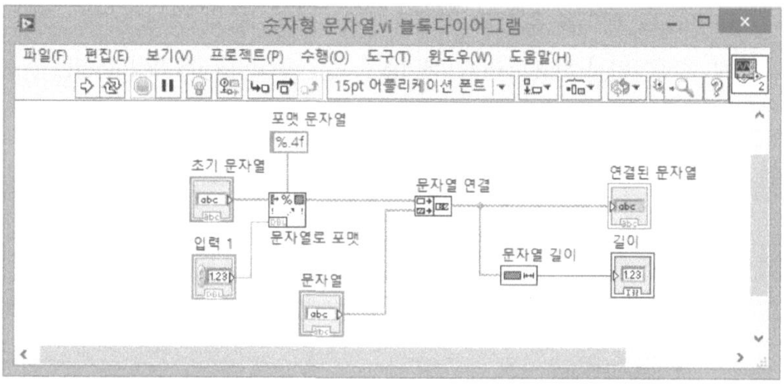

- **"문자열로 포맷"** 함수는 **"입력1"**에 입력된 실수를 포맷문자열 **"%.4f"** 형태로 문자열을 출력한다. **"입력1"**의 생성은 단축 메뉴에서 **생성▶컨트롤**을 선택한다.
- **"문자열 연결"** 함수는 모든 입력 문자열을 단일 문자열로 출력한다. 입력 문자열을 늘리려면, **위치/크기/선택** 툴로 함수의 상, 하를 늘린다.
- **"문자열 길이"** 함수는 문자열 길이를 정수(I32) 값으로 출력한다.

● 프런트패널

3 다음과 같이 프런트패널을 완성하고, 값을 입력한다.

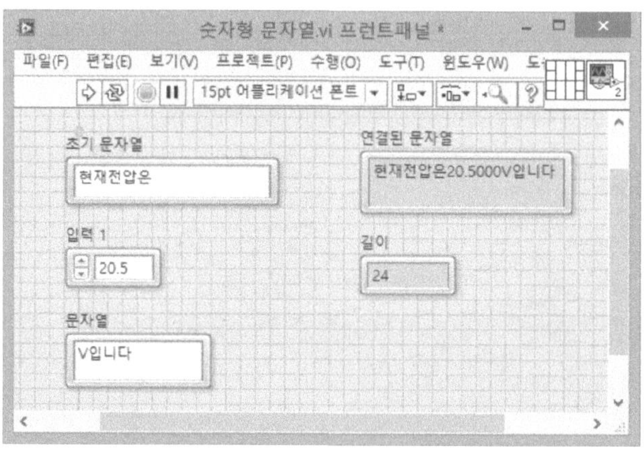

4 LabVIEW 상단 메뉴의 **편집(E) ▶ 현재값을 기본값으로(M)**를 선택하고 저장한다. **현재값을 기본값으로(M)**를 설정하지 않으면, VI를 닫은 후 다시 열면, 입력했던 값들이 모두 초기화 상태가 된다.

5 VI를 실행한다. 문자의 길이가 24인 이유를 생각해본다. 참고로, 한글은 2바이트, 영문은 1바이트이다.

2-03-2 테이블

LabVIEW에서, **테이블**은 2차원 문자열 배열을 표시하는 특수한 구조의 데이터이다. **테이블**은 **컨트롤▶실버▶리스트, 테이블 & 트리** 팔레트에 있다. **테이블**의 초기 상태는 컨트롤 타입으로 되어 있으며, 인디케이터로 사용하려면, **테이블**을 팝업하고 **인디케이터로 변경**을 선택한다.

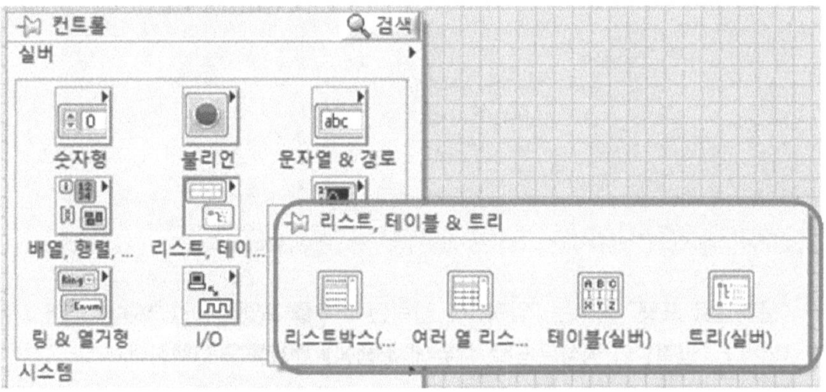

다음의 그림은 **테이블**을 팝업할 때 표시되는 메뉴다. 팝업메뉴의 **보이는 아이템▶**를 이용하면 **테이블**에 부수적으로 포함되어 부가 옵션을 표시할 수 있다.

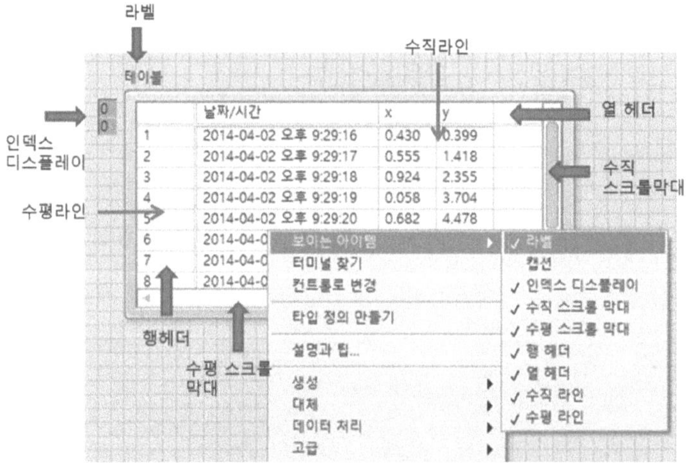

2-03-3 기본적인 문자열 함수

배열과 동일하게, LabVIEW에 내장된 기본 문자열 함수를 이해하는 것이 중요하다. 여기서는 문자열 팔레트의 대표적인 기본 함수를 설명한다. 여기서 설명하지 않은 문자열 함수는 LabVIEW 매뉴얼을 참조한다.

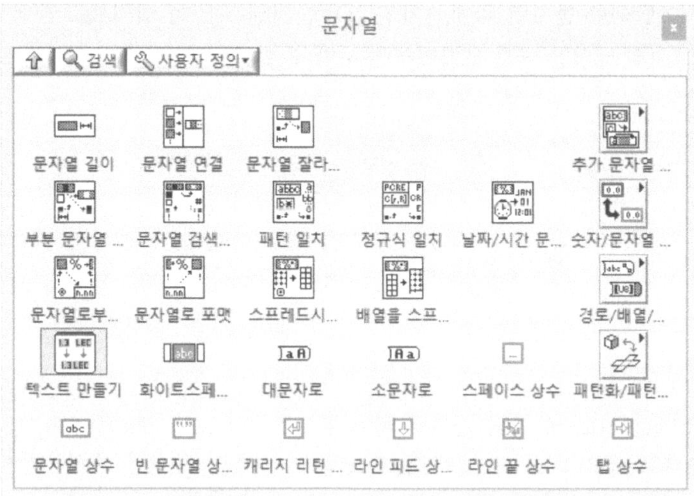

문자열 길이(String Length) 함수는 주어진 문자열을 바이트 단위로 출력한다. 한글은 2바이트가 하나의 문자를 형성하므로 입력한 한글의 2배가 문자열 크기이다.

다음 예에서, space도 하나의 스트링으로 간주함에 유념한다. 또한, 한글은 기본적으로 2바이트를 사용해서 작성된다.

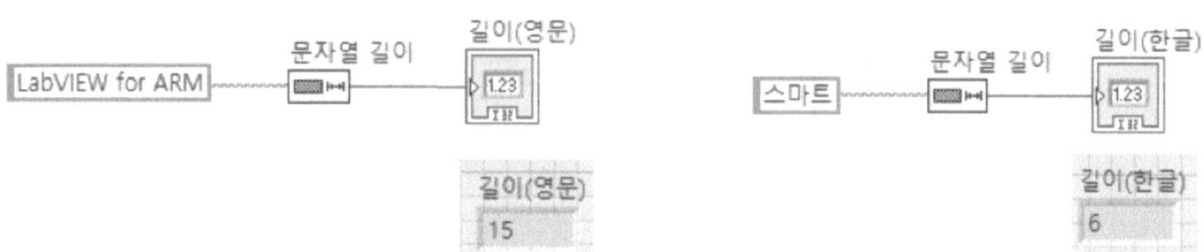

문자열 연결(Concatenate String) 함수는 모든 입력 문자열을 묶어서 단일 문자열로 출력한다. **문자열 연결** 함수를 블록다이어그램에 최초 놓을 때 과 같이 표시된다. 입력 수를 증가시키려면 로 코너를 선택하고 크기를 늘린다. 출력되는 문자열은 모든 문자열을 순차적으로 나열한 **문자열 0+ 문자열 1+ 문자열 2+...**으로 표시된다.

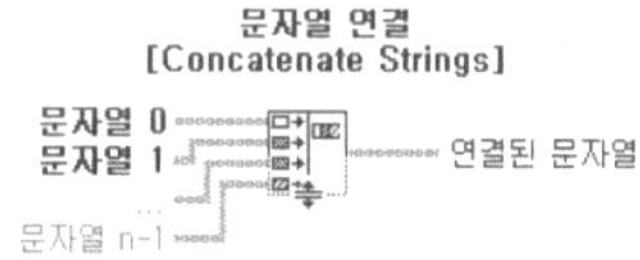

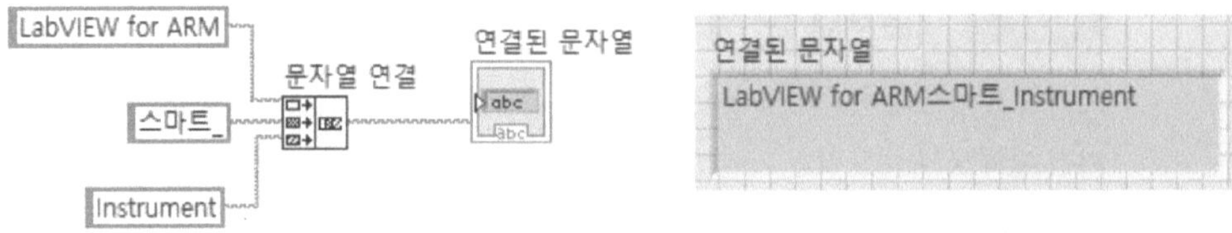

문자열 연결 함수는 단순한 문자열 외에, 1차원(1D) 문자열 배열을 입력으로 사용할 수 있다. 다음 그림과 같이 1차원 배열을 단순 문자열로 표시할 수 있다.

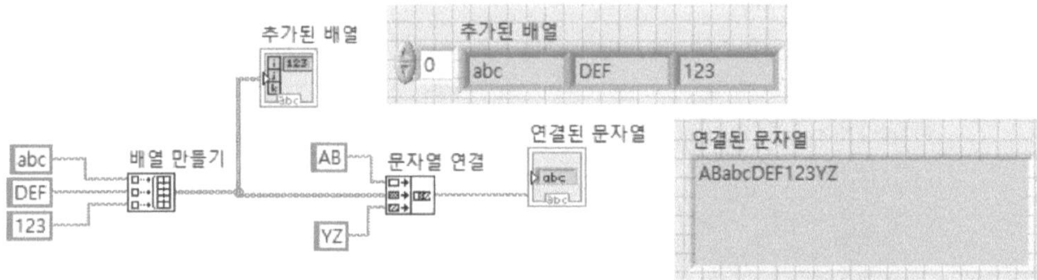

문자열 잘라내기(String Subset) 함수는 문자열의 특정 부분을 선택해서 출력한다. 이 함수는 입력 **문자열**을 **오프셋**으로부터 **길이**만큼 선택해 **부분 문자열**로 출력한다. 최초 문자의 오프셋은 0이다.

다음의 예는, 입력 문자열"VOLT DC +1.234"의 특정 부분을 선택해 출력한다. 입력 문자열 길이는 14로 Space도 하나의 데이터로 간주한다.

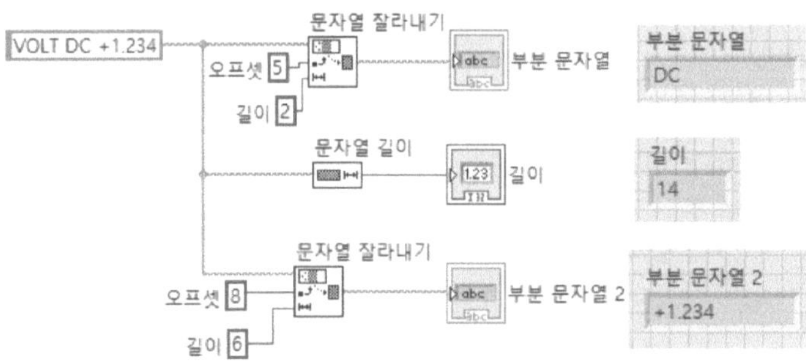

패턴 일치(Match Pattern) 함수는 입력 스트링에 주어진 문자 패턴이 있는지를 검사한다. 이 함수는 찾은 문자열을 **일치 부분 문자열**에 출력한다. **패턴 일치** 함수는 입력 문자열에서 정규식을 오프셋으로부터 찾는다. 만약 동일한 문자열이 있으면, 이 함수는 스트링을 3개의 서브 문자열로 분할한다. 만약 동일한 문자열이 없으면, 일치 부분 문자열은 공란으로 표시되며, 일치 구분 뒤의 오프셋은 −1을 출력한다.

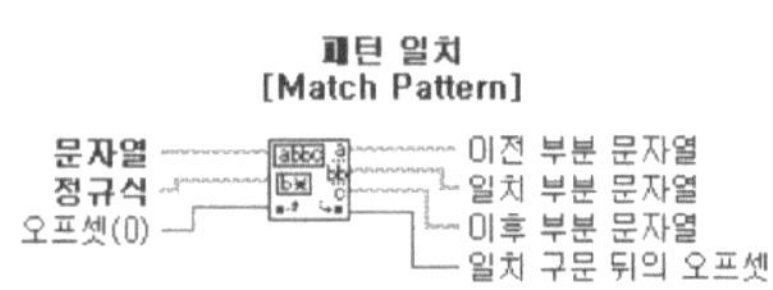

다음 예는, 입력 문자열 LabVIEW for ARM에서 for라는 문자를 오프셋 0부터 찾는다.

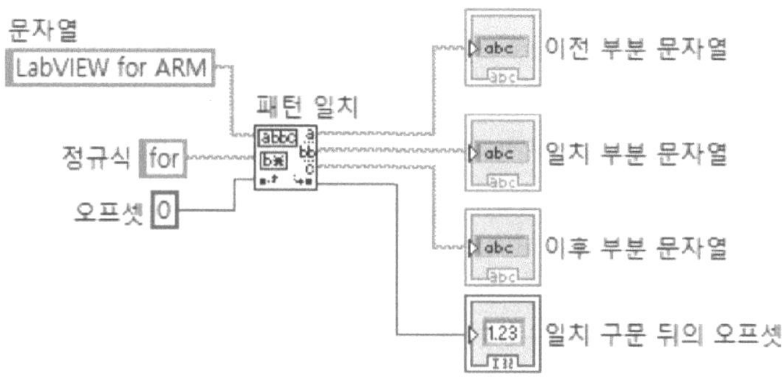

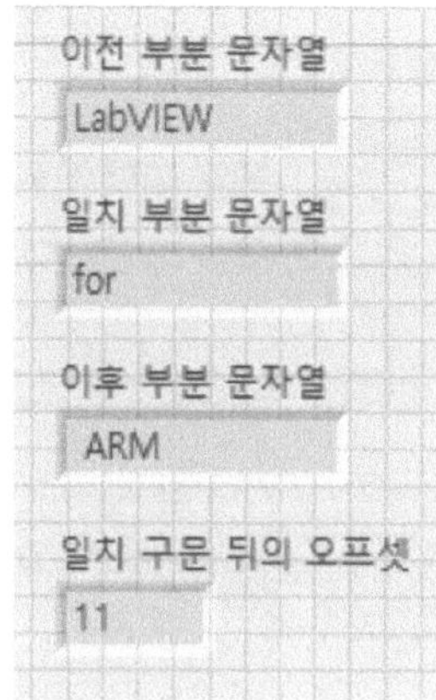

문자열로 포맷(Format Into String) 함수는 **초기 문자열**과 **입력**을, **포맷 문자열**에 입력된 형태의 문자열로 변환한다. 만약, 입력 **에러 입력**에 연결된 와이어로 에러가 입력되면 변환 과정을 수행하지 않는다. 다음 예는 **"Temperature:"** 뒤의 숫자 **"24.5"**를 포맷 문자열 **"%.4f"**문법에 따라 소수점 이하 4바이트 문자열 "24.5000"을 추가해서 출력한다.

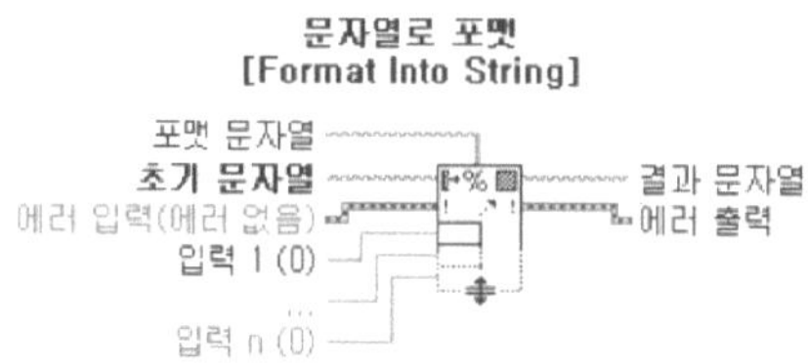

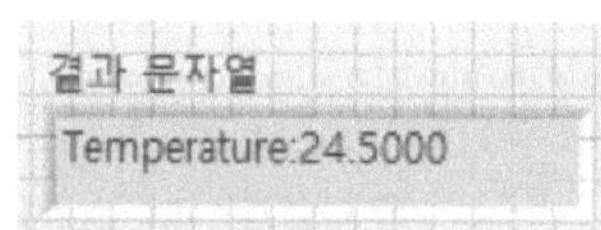

다음의 블록다이어그램과 같이 입력을 3개로 증가시키면 실행 버튼이 깨져서 으로 표시된다. 에러를 수정하려면, 함수를 팝업하고 **포맷 문자열 편집**을 선택한다.

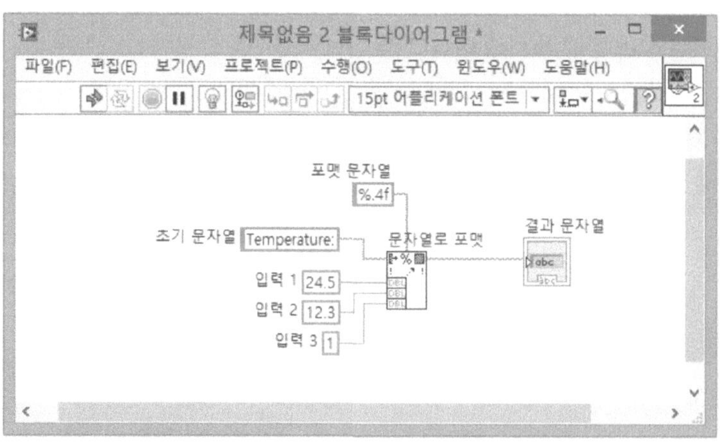

포맷 문자열 편집을 선택하면 각각의 입력 1, 2, 3을 적절한 데이터 타입으로 변환할 수 있는 새로운 메뉴가 표시된다.

현재 포맷 시퀀스에서 적절한 타입을 선택하고 "새 작업 추가"를 선택하면, 대응하는 포맷 문자열이 생성된다.

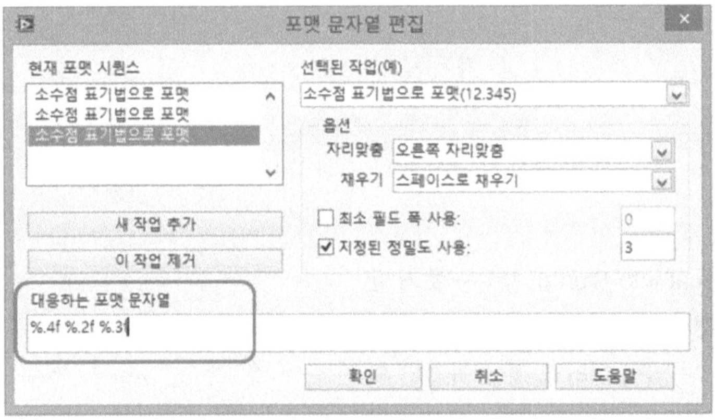

또는, 포맷 문자열 %.4f %.2f %.3f 을 입력 1, 2, 3과 각각 1:1로 대응되게 직접 입력할 수 있다.

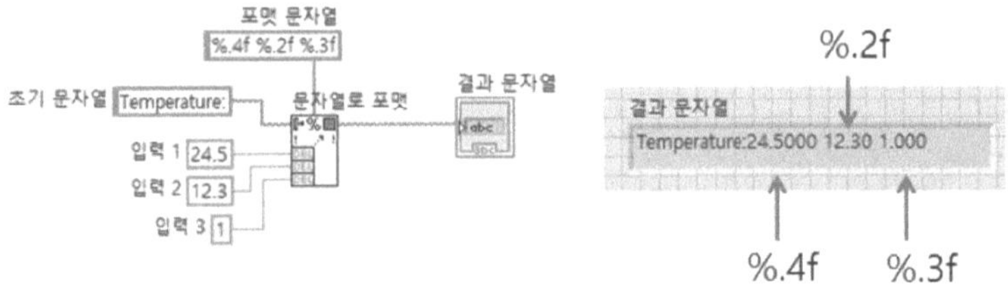

문자열로부터 스캔(Scan From String) 함수는 **문자열로 포맷** 함수와 반대 개념이며, 숫자 문자(0~9, +, -, e, E, period)를 포함한 문자열을 수치로 변환한다. 이 함수는 **입력 문자열**을 **초기 스캔 위치**부터 찾기 시작하고, **포맷 문자열**에 표시된 규약에 따라 데이터를 변환한다. **문자열로부터 스캔** 함수의 입력 단자를 확대하면 여러 값을 동시에 변환할 수 있다.

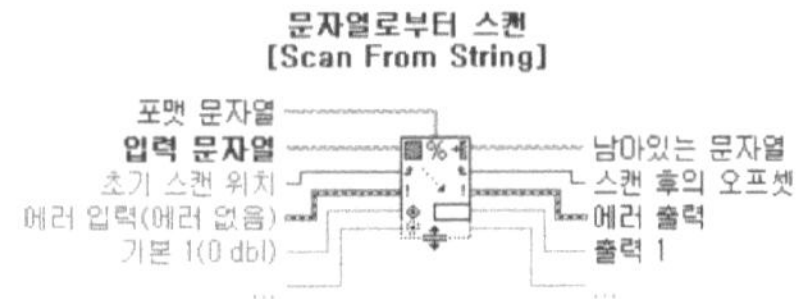

다음 예에서, **문자열로 스캔** 함수는 **입력 문자열**을 숫자 -31.2로 변환한다. 숫자를 찾는 작업은 **초기 스캔 위치**에 입력된 15번째 스트링 " - "부터 시작한다.

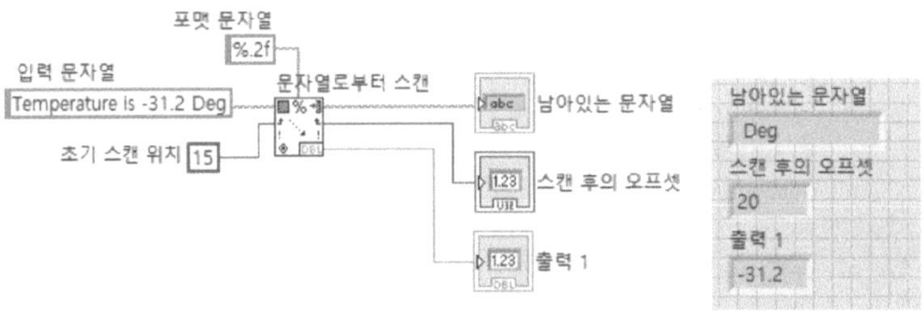

문자열로부터 스캔 함수를 팝업하고 **스캔 문자열 편집**을 선택하면 출력 터미널을 증가할 수 있다.

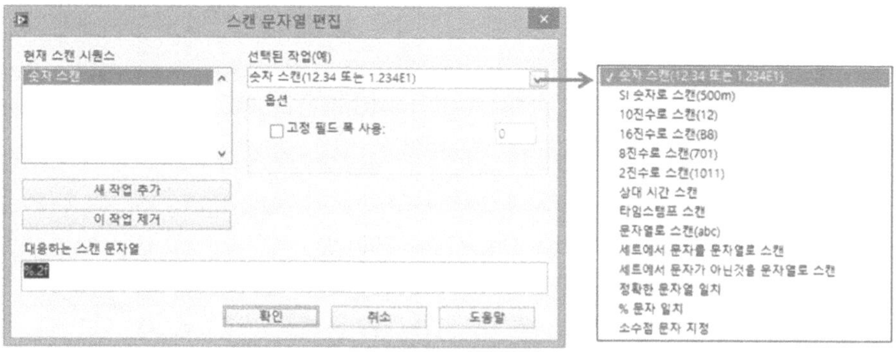

"새 작업 추가" 및 선택된 작업을 이용하면 스캔 문자열을 생성할 수 있다.

다음의 VI는 **문자열로부터 스캔** 함수가 입력 문자열을 DBL과 문자열로 분리해서 출력하는 예제다.

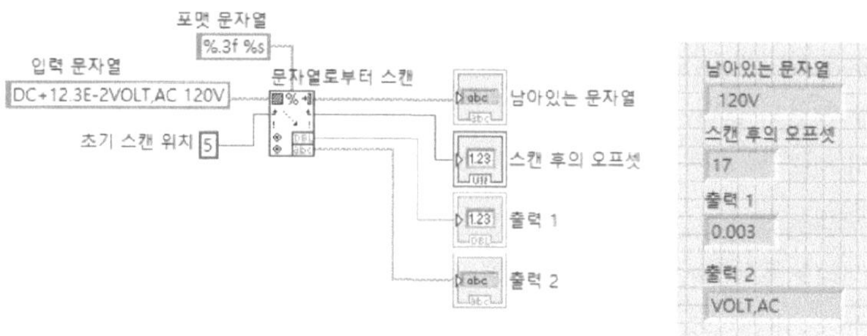

스프레트시트 문자열을 배열(Spreadsheet String To Array)로 함수는 입력 **스프레트시트 문자열** 데이터를 숫자형 **배열**로 변환해서 출력한다. 또한, **포맷 문자열**에 입력된 데이터 타입에 의해 **배열**로 출력되는 데이터 표현도 다르다. **배열 타입**에는 1차원 또는 2차원 배열 상수를 입력할 수 있으며 입력 데이터 타입에 따라 출력 **배열**의 데이터 타입이 변한다.

배열을 스프레스시트 문자열로(Array To Spreadsheet String) 함수는 **스프레트시트 문자열을 배열로** 함수와 반대의 개념으로 입력 배열을 스트링으로 변환한다.

다음의 예는, **스프레트시트 문자열을 배열로** 함수가 스프레트시트 문자열에 1~10의 문자가 입력될 때 이를 배열로 출력한 결과다. 이 함수의 기본 구분 문자는 TAB이지만 여기서는 ,를 기준으로 문자를 구별하고 있다.

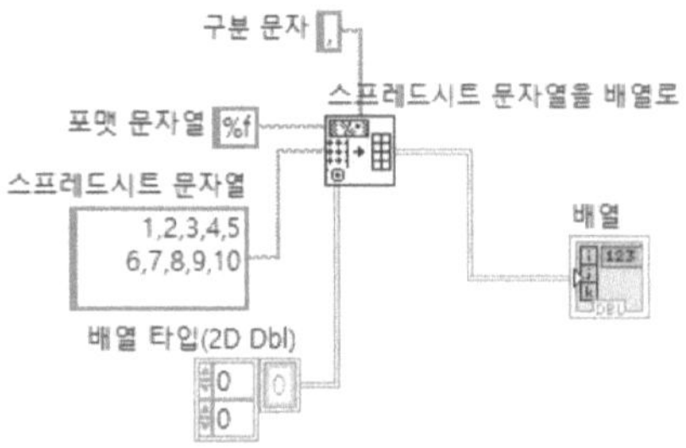

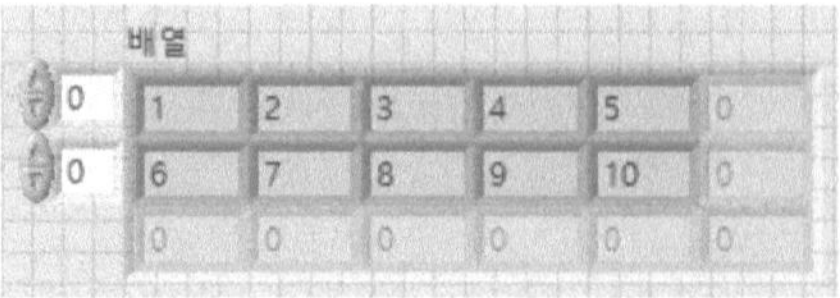

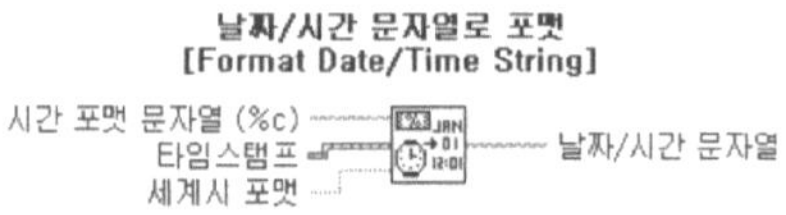

날짜/시간 문자열로 포맷(Format Date/Time String) 함수는 **시간 포맷 문자열**에 입력된 타입에 따라 날짜 및 시간을 사용자가 지정한 형태로 **날짜/시간 문자열**에 출력한다. **타임스탬프**에 값을 입력하지 않으면 현재의 시간을 **날짜/시간 문자열**로 출력한다. **시간 포맷 문자열**에 값을 연결하지 않으면, 기본값은 %c로 각 국가에 맞는 날짜 및 시간에 대응되게 표시한다.

2-03-4 타입변환 함수

실제 프로그램을 작성할 때는 문자열 변수를 숫자형으로 변환하거나, 숫자형을 문자형으로 변환하는 경우가 상당히 많다. 또한, 숫자형 변수인 0,1 등을 불리언 TRUE, FALSE로 변환이 필요한 경우도 있다. 이러한 경우에 사용되는 함수가 타입변환 함수이다.

함수 ▶ 프로그래밍 ▶ 문자열 ▶ 문자열/숫자변환 팔레트에는, 문자열과 숫자열을 서로 변환하는 함수들이 있다. 이들 함수는 숫자 데이터를 십진수, 16진수, 8진수, 공학, 소숫점, 지수형 문자열로 변환하는 함수들이 있다.

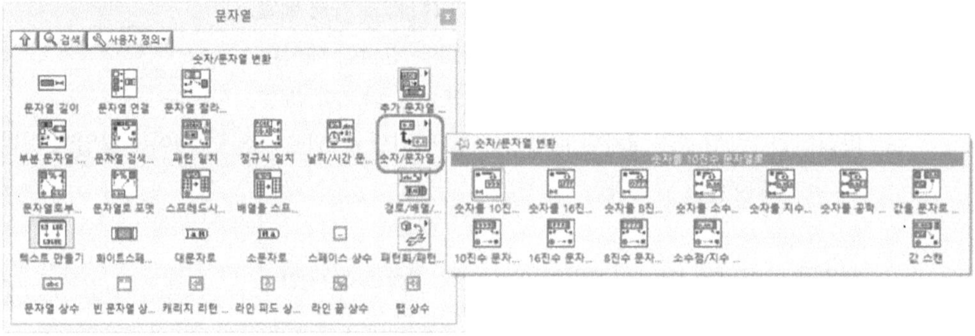

예제 2-03 숫자형 데이터를 문자열로 변환하기

소수점 아래 자릿수를 가진 숫자형 실수를 문자열로 변환하는 연습을 한다.

● 블록다이어그램

1 새 VI를 만들고 **형변환.vi**로 저장한다.

2 블록다이어그램을 다음과 같이 작성한다.

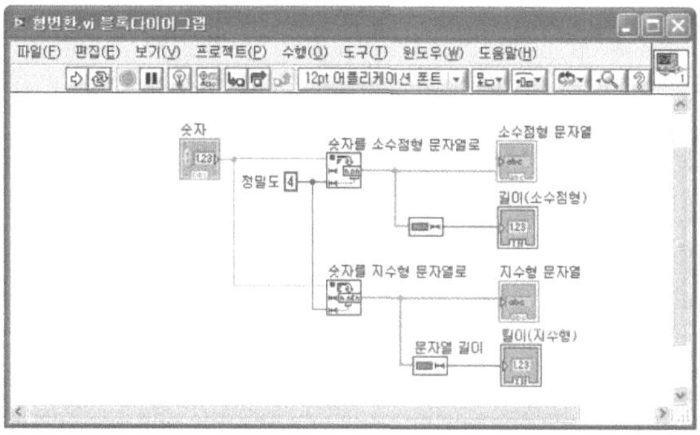

- **"숫자를 소수점형 문자열로"** 함수 및 **"숫자를 지수형 문자열로"** 함수는 **프로그램▶문자열▶문자열/숫자변환** 팔레트에 있다.
- 함수의 팝업메뉴에서 **생성▶컨트롤**을 선택하면 **"숫자"** 컨트롤이 표시되며, **생성▶상수**를 선택하면 상수 4를 생성할 수 있다.
- **"문자열 길이"** 함수는 문자열 길이를 정수(I32) 값으로 출력한다.
- 우측의 4개의 인디케이터는 함수의 팝업메뉴에서 **생성▶인디케이터**를 이용해서 작성하고 텍스트를 수정한다.

● 프런트패널

3 프런트패널을 다음과 같이 수정한다. 숫자 "1.23"을 입력하고, VI를 실행한다.

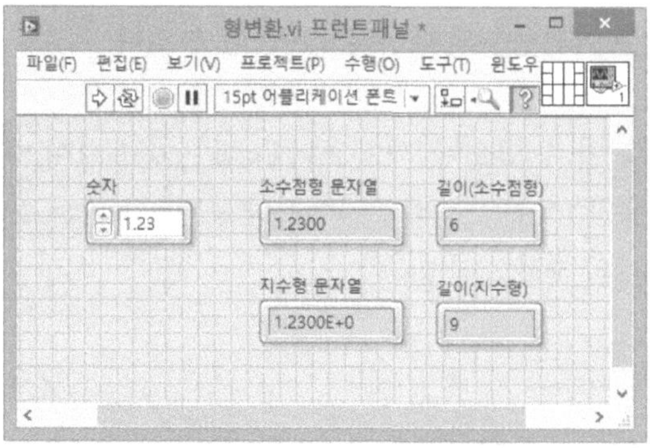

소수점형 함수와 **지수형** 함수는 숫자 1.23을 각각 6바이트 문자열 "1.2300"과 9바이트 문자열 "1.2300E+0"으로 변환한다. 사용하는 함수의 종류에 따라 출력 문자열의 크기도 다르며, 출력 데이터의 형태도 변함을 이해한다.

4 VI를 저장한다.

2-04 배열(Array)

이 장에서는 좀 더 복잡한 데이터 구조인 배열(Array)과 클러스터를 배운다. 간단히, 배열이란 동일한 타입의 데이터가 여러 개 있는 것을 말하며, 클러스터는 여러 종류의 데이터가 특정한 순서를 갖고 혼합되어 있는 것을 의미한다. 데이터가 합성된 배열과 클러스터의 사용으로 데이터 저장 및 조작을 유연하게 할 수 있다. 또한, 배열과 클러스터의 유용한 사용 방법과 기본적인 함수의 사용법을 설명한다. 배열 및 클러스터는 **컨트롤▶실버▶배열, 행렬, 클러스터** 팔레트에 있다.

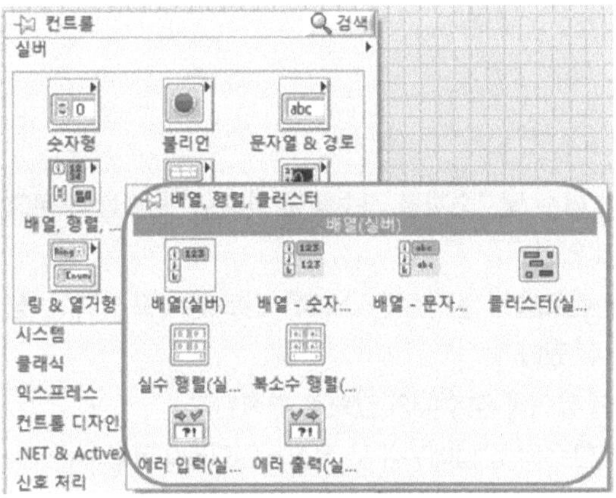

지금까지는 숫자형(숫자형은 간단한 데이터로 단일 값 또는 "비-배열"을 의미한다) 숫자에 관해서만 취급을 하였다. 이후로는, 좀 더 강력하고 복합적인 데이터를 취급한다. LabVIEW의 배열은, 고전적 프로그램 언어와 같이, 동일한 종류의 데이터 원소들의 집합이다. 배열은 1차원 또는 그 이상의 차원을 가질 수 있으며, 각 차원은 2^{31} 원소까지 가능하다. 배열의 원소는 또 다른 배열, 차트, 그래프를 제외하고 어떤 종류의 데이터도 사용할 수 있다.

배열 원소는 그들의 index로 접근할 수 있으며, 각 원소의 index는 0~N-1이 가능하다. 여기서 N은 배열의 총 원소 수이다. 다음의 1차원(1D) 배열은 이러한 구조를 설명하고 있다. 최초 원소는 index 0이고, 다음의 index는 1의 순서로 진행된다.

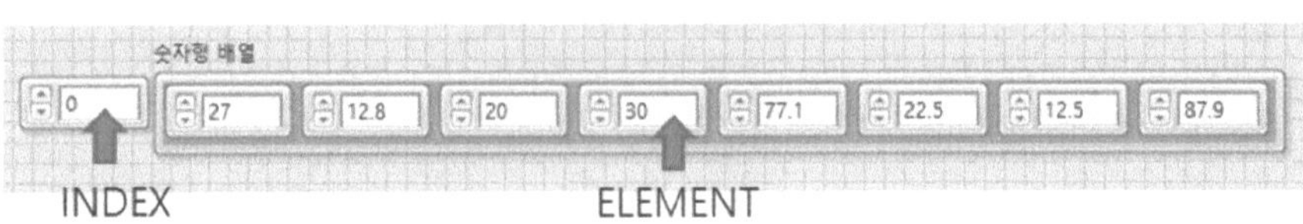

2-04-1 배열 컨트롤과 인디케이터의 작성

배열과 클러스터의 컨트롤과 인디케이터를 작성할 때는 2가지 단계를 거친다. 초기 **컨트롤▶일반▶배열, 행렬, 클러스터▶배열**을 선택해서 프런트패널에 놓으면 Array Shell 상태로 표시된다.

이때 블록다이어그램을 보면 색상은 흑색으로 표시되는데, 이는 데이터의 특성이 정의되지 않았음을 의미한다. 모든 배열의 터미널은 괄호로 표시되며, 이는 LabVIEW가 배열 구조를 표시하는 방식이다. 오브젝트를 **Array shell**에 넣으면, 배열의 블록다이어그램 터미널은 오브젝트의 특성에 맞는 색상으로 변한다. 즉, 숫자형이 입력되면 오렌지색 또는 청색으로, 불리언이 입력되면 녹색으로, 문자열이 입력되면 분홍색으로 각각 변한다.

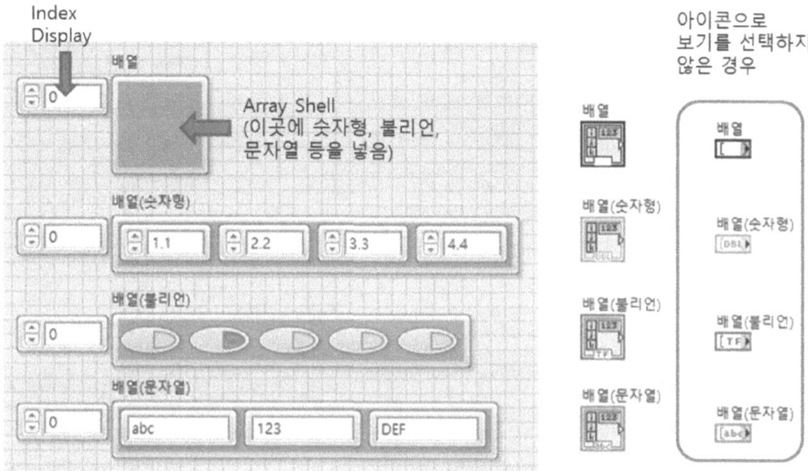

다음의 그림처럼 오브젝트를 배열 창에 넣으면 크기가 적절하게 변한다. 그러나 데이터가 이곳에 입력되기 전에는 뿌연 상태로 표시된다. 배열의 모든 원소는 컨트롤 또는 인디케이터이어야 하며, 이들을 조합해서 사용하지 않는다.

배열에서 보이는 원소의 개수를 늘리기 위해서는 **위치/크기/선택** 툴 을 이용해 수평 또는 수직으로 늘리면 보이는 원소의 개수를 늘릴 수 있다. index 열의 숫자는 가장 근접한 원소의 index를 의미한다.

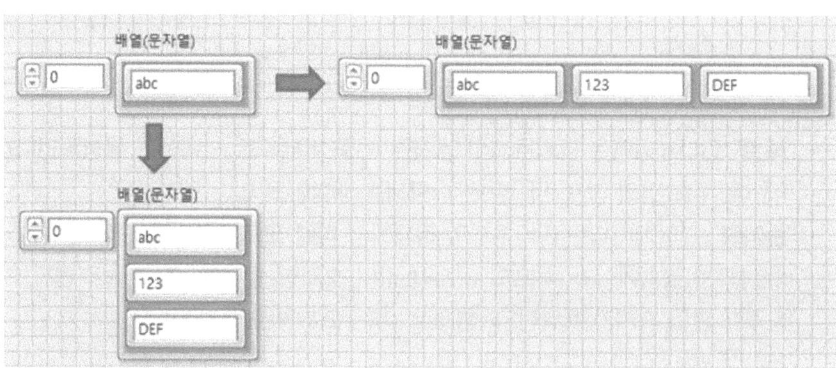

예제 2-04 For 루프를 이용한 배열 만들기

For 루프를 이용하여 100개의 원소를 가지는 배열을 작성한다.

● 블록다이어그램

1 새 VI를 만들고, **배열만들기.vi**로 저장한다.

2 다음과 같이 블록다이어그램을 작성한다.

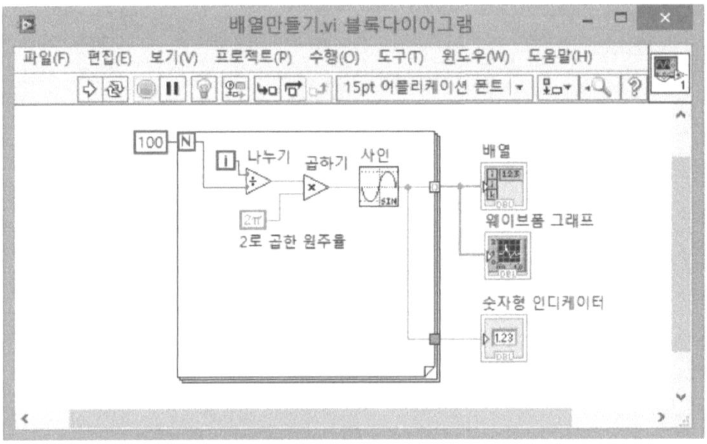

- **For** 루프는 **프로그래밍▶구조** 팔레트에 있다.
- **"사인"** 함수는 **수학▶기본 & 특수함수▶삼각함수** 팔레트에 있다.
- **"나누기", "곱하기"** 함수는 **프로그래밍▶숫자형** 팔레트에 있다.
- 2π는 **프로그래밍▶숫자형▶수학 & 과학상수** 팔레트에 있다.

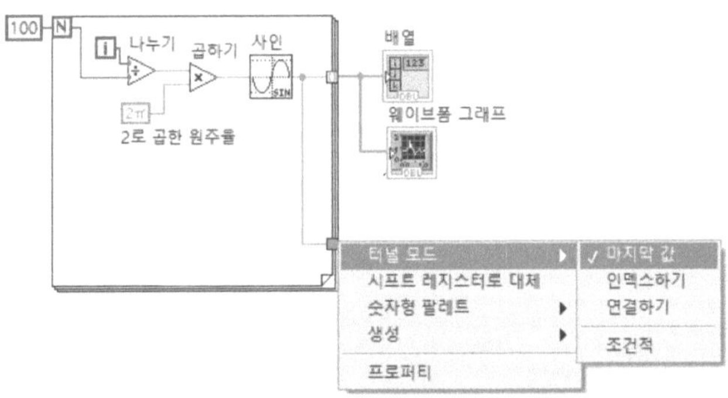

- **"배열"** 인디케이터는 For 루프의 경계면 를 마우스로 선택하고 **생성▶인디케이터**를 선택한다. 루프 면의 경계가 [ ]괄호 형태는 배열임을 의미한다.
- **"숫자형"** 인디케이터는 For 루프의 경계에서 **터널 모드▶마지막 값**을 선택한다. 인덱싱을 비활성화하였기에, For 루프의 마지막 값이 숫자형 인디케이터로 출력된다. 출력되는 값은 루프 면의 경계가 채워진 형태로, 이는 숫자형임을 의미한다.

• **"웨이브폼 그래프"**는 프런트패널의 **컨트롤▶실버▶그래프**에 있다.

● **프런트패널**

3 프런트패널을 다음과 같이 작성하고 VI를 실행한다.

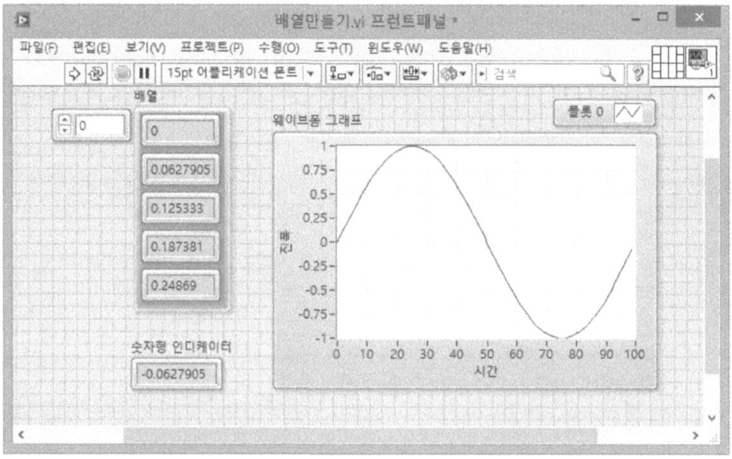

4 배열의 인덱스 값을 96으로 변경한다.

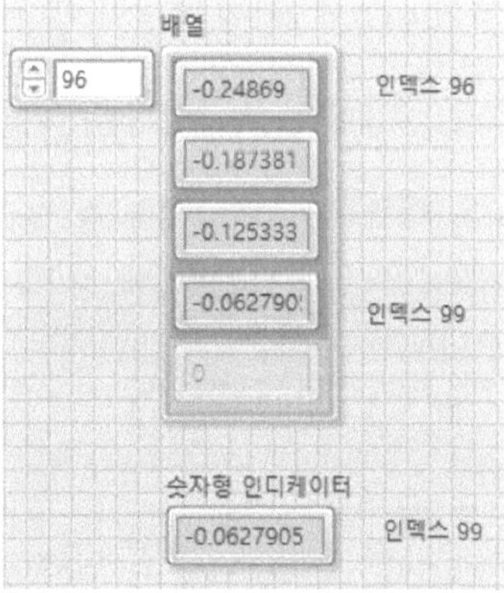

인덱스의 역할은 한 번에 100개의 데이터를 보여주려면 많은 공간을 차지하기에, 최소한의 공간에서 필요한 값을 볼 때 유용하다. 배열에서 인덱스 96을 입력하면, 96번째 원소를 바로 보여준다. 마지막 값은 인덱스 99의 값이며, 이 원소를 숫자형 인디케이터에 표시하고 있다. For 루프의 N은 1부터 시작하지만, 인덱스 i는 0부터 시작한다. 이러한 이유로 For 루프 100번째 데이터는 인덱스 99이다.

5 VI를 저장하고 종료한다.

2-04-2 2차원 배열이란?

2차원 또는 2D 배열은 원소를 바둑판처럼 저장한다. 2D 데이터는 하나의 원소를 표시하는 데 2개의 index가 필요하다. 즉, 열 index와 행 index가 필요하고 index의 시작은 0부터 시작한다. 다음 프런트패널은 6열×4행 배열이며 24개의 원소로 구성되어 있음을 알 수 있다.

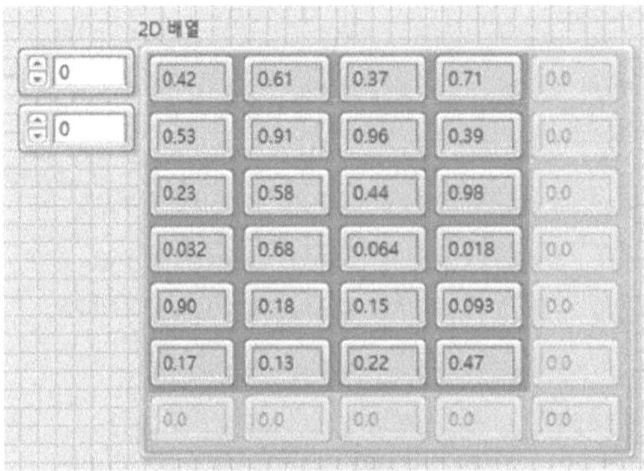

24원소 (6열x4행) 배열

2차원 배열을 작성하기 위해서는 먼저 1차원 배열을 만들고 인덱스를 마우스를 이용해 아래로 당기면 2차원 배열이 생성된다. 또는 배열의 팝업메뉴에서 차원 추가를 선택하면 1차원을 2차원 배열로 만들 수 있다. 블록다이어그램에서 1차원 배열과 2차원 배열의 차이는, 터미널을 자세히 관찰하면 괄호 [ ]가 두껍게 표시된다. 같은 방법으로 3차원 배열을 만들 수 있다.

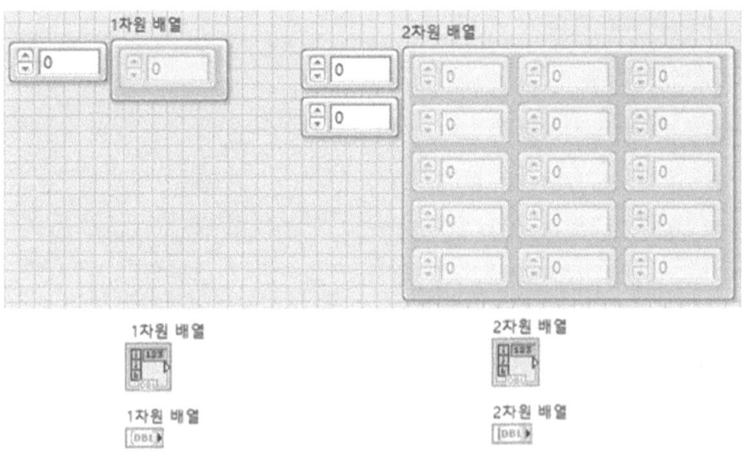

2-04-3 기본적인 배열 함수

LabVIEW에는 배열을 처리하기 위한 많은 함수가 **함수▶프로그래밍▶배열** 팔레트에 있다. 배열의 최초 원소 index는 0, 다음 원소의 index는 1의 순서로 항상 진행됨을 기억하길 바라며, 여기에서는 대표적인 배열 함수만 설명한다.

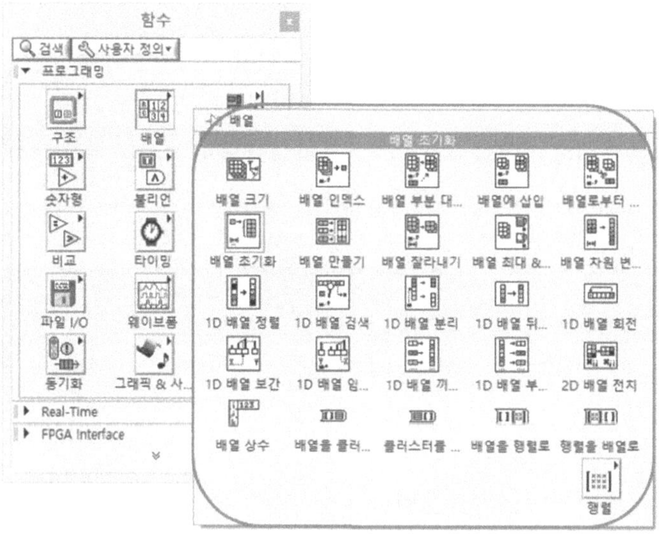

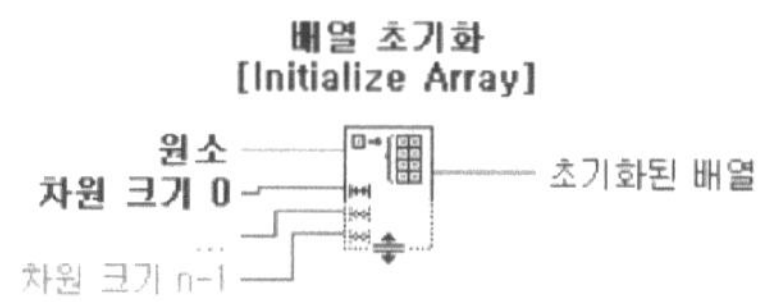

배열 초기화(Initialize Array) 함수는 n-차원의 배열을 선택된 값으로 초기화한다. 이 함수는 배열의 메모리를 특정 크기로 할당할 때 또는 시프트 레지스터를 배열 타입으로 초기화할 때 유용하다.

다음의 예는, **배열 초기화** 함수가 1차원 배열의 3개 원소를 1.1로 초기화한다. 또한 2차원 배열을 원소 2.2로 초기화한다.

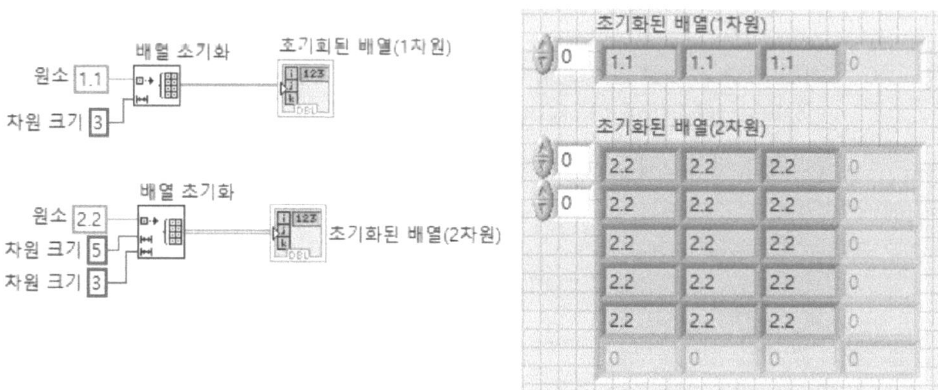

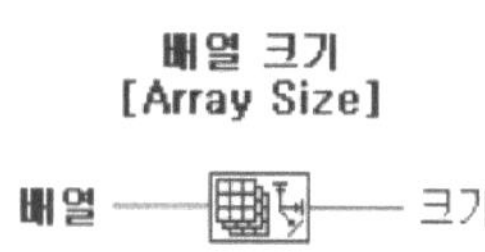

배열 크기(Array Size) 함수는 입력 배열의 크기를 출력한다. 만약 입력이 n차원이면, **배열 크기** 함수는 n-1 원소를 가진 1차원 배열을 출력한다.

다음의 예는 1D 배열에 원소가 3개일 때이며, 배열 크기는 3이다.

다음은 2D 배열의 배열 크기를 출력하는 예이다. 2D 배열의 배열 크기는 행과 열이 혼합된 1D 배열로 표시된다.

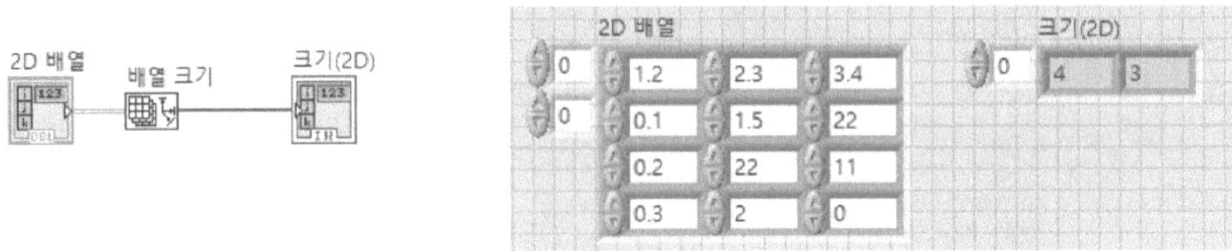

배열 인덱스(Index Array) 함수는 배열의 특정 원소를 선택한다. 만약 배열이 1차원 이상이면 추가적인 인덱스 터미널을 작성해야 한다. 2차원 이상의 배열은 하나의 원소만 출력할 수 있고 또는 배열로 구성된 서브-배열로의 출력이 가능하다. 다음 예의 **배열 인덱스** 함수는 인덱스 1의 원소 "2.3"을 선택해서 출력한다.

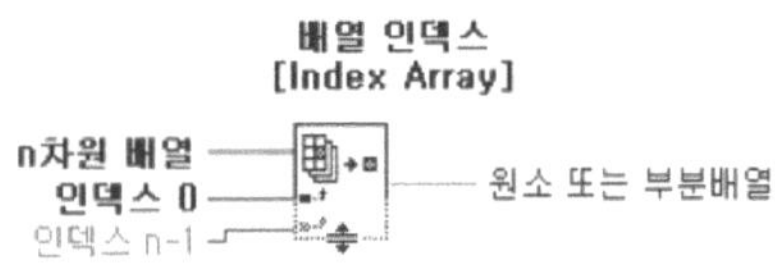

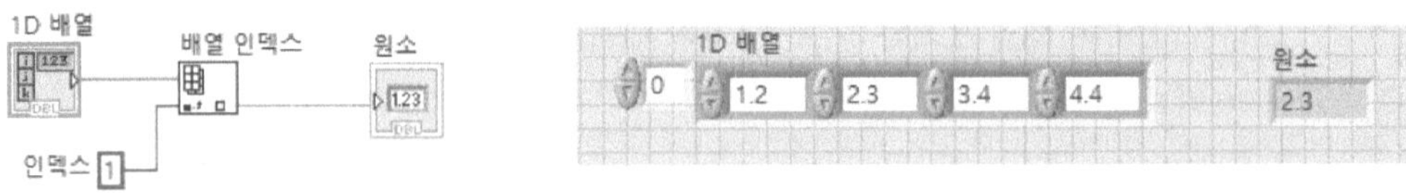

2차원 배열을 **"배열 인덱스"**함수에 연결하면 2개의 인덱스를 입력할 수 있다. 위에 있는 인덱스에 입력한 값 3은 인덱스(행)를 출력한다. 아래에 있는 인덱스에 1을 입력하면 열에 대한 값을 출력한다. 만약, 2개의 인덱스에 모두 값을 입력하면 단일 원소 상태로 출력한다.

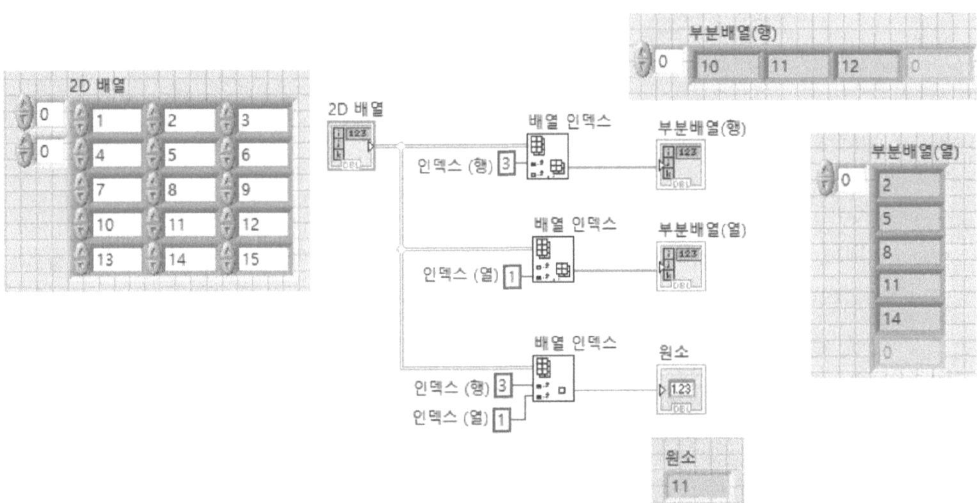

배열 상수(Array Constant) 함수는, 블록다이어그램에서 숫자형, 불리언, 문자열 상수를 작성하는 방법과 동일하며 블록다이어그램에만 표시된다.

배열 상수
[Array Constant]

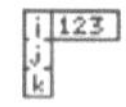

배열 상수 를 최초 블록다이어그램에 놓을 때는 흑색으로 표시되며, 이는 데이터의 타입이 정의되지 않았음을 의미한다. 다음 단계로, 적절한 데이터 상수를 프런트패널에서와 동일하게 삽입한다. 다음은 **배열 상수**를 이용해서 숫자형, 불리언, 문자열 **배열 상수**를 작성한 예이다. 프런트패널에서 배열을 작성하는 방법이 동일하다.

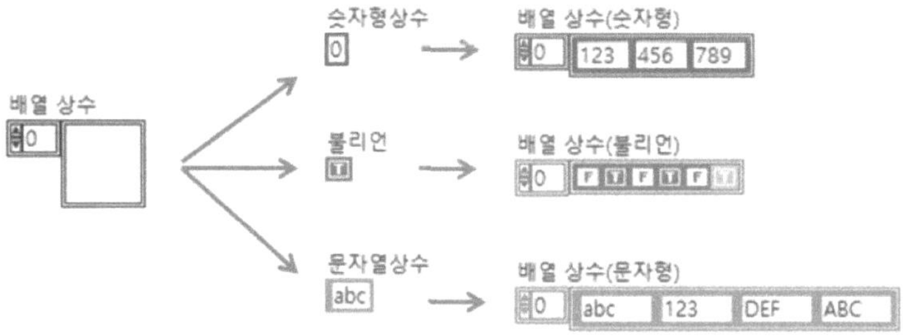

배열 만들기(Build Array) 함수는 사용 방법에 따라, 여러 개의 배열을 1개로 만들 수 있고, 원소를 배열에 추가할 수 있다. 이 아이콘을 최초 블록다이어그램에 놓으면 과 같이 표시된다. **배열 만들기** 함수의 크기를 변경하려면 마우스로 아래로 입력 수를 늘리면 형태가 되며, 입력 배열 또는 원소의 수를 증가시킬 수 있다. 이 함수는 2가지 타입의 입력, 배열과 원소를 사용할 수 있으므로, 독립적인 2개의 배열을 단일 배열로 만들 수 있다.

배열 만들기
[Build Array]

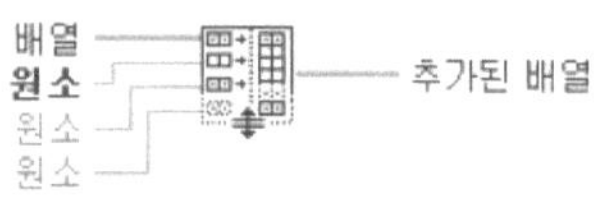

예로서, 다음과 같은 **배열 만들기** 함수는 2개의 배열과 2개의 원소를 단일 배열로 만들고 있다. 이처럼 **배열 만들기** 함수는 원소를 배열로 만들 수 있으며, 동일한 차원의 두 배열을 연속해서 확장하여 표시할 수 있다.

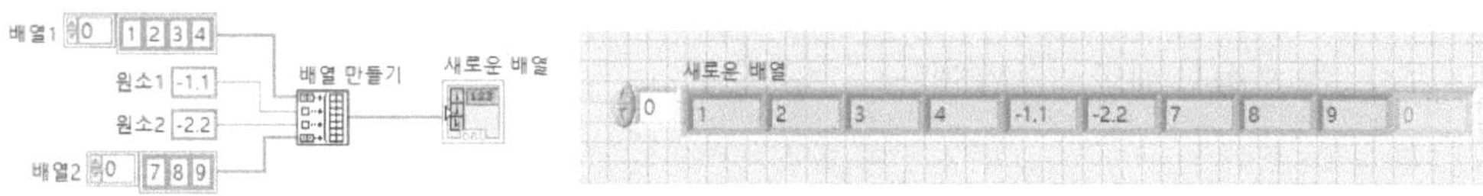

배열 잘라내기(Array Subset) 함수는 **인덱스**로부터 **길이**에 입력된 크기의 배열을 선택해서 **부분 배열**로 출력한다. 이 함수의 크기를 확대하려면 배열의 차원을 n차원까지 증대할 수 있다. 최초 원소는 인덱스 값이 0임을 상기한다.

배열 잘라내기
[Array Subset]

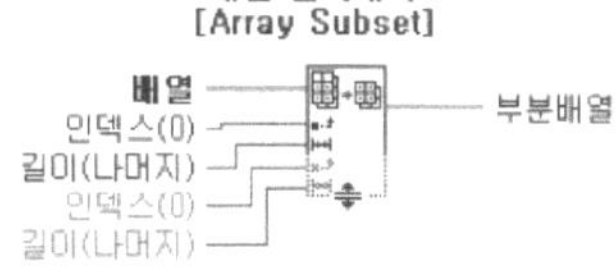

다음의 예는 1차원 입력배열을 인덱스 2로부터 길이 4의 원소를 부분배열로 출력한 결과다.

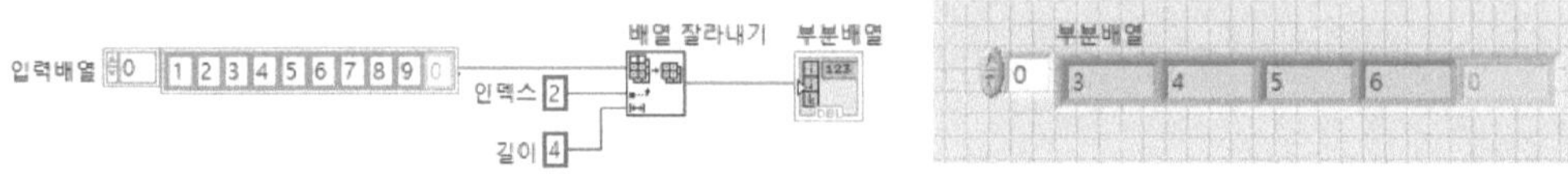

만약, 입력 배열이 2차원이면, **배열 잘라내기** 함수의 입력 변수 **인덱스**와 **길이**를 추가한다. 다음의 예는 2차원 배열의 특정 영역을 선택해서 표시한 결과다. 입력배열(2D)과 출력 배열(2D)의 결과를 유심히 관찰한다.

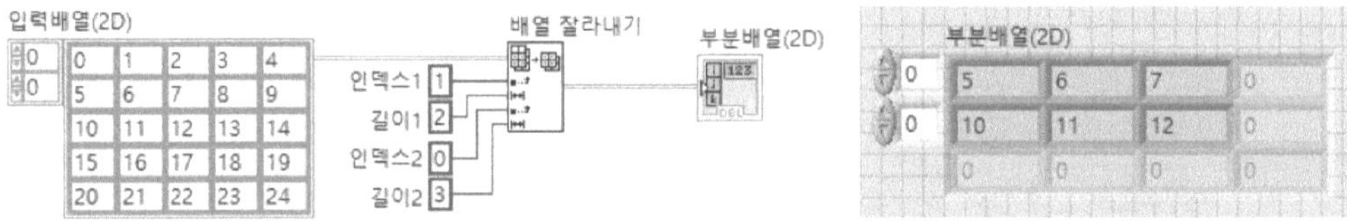

2D 배열 전치(Tanspose 2D Array) 함수는 2D 입력 배열의 행과 열을 교환해서 출력한다. 즉, 2D 배열 [i, j]는 2D배열 [j, i]로 변환된다.

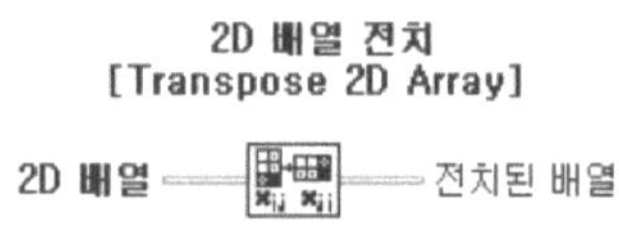

다음의 예는 2차원 배열에서 **2D 배열 전치** 함수를 이용한 예이다. 행과 열의 데이터가 이동한 것을 유심히 관찰한다.

2-04-4 배열의 연산(Polymorphism)에 관하여

LabVIEW의 수학적 계산 함수 **더하기, 곱하기, 나누기** 등의 배열 연산을 고려한다. 예로서, 숫자형을 배열에 더하는 경우 또는 2개의 배열을 더하는 경우를 생각할 수 있다. 다음은 **더하기** 함수를 이용한 배열 연산의 예다.

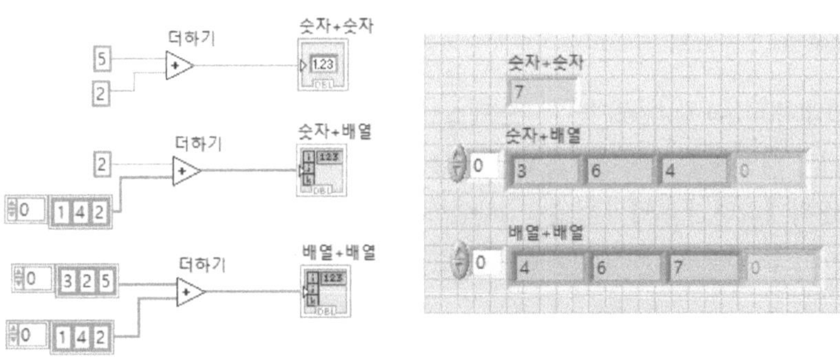

첫째 조합은 결과가 숫자형이다. 둘째 조합은 숫자형 값이 배열의 각 원소에 더해진다. 셋째 조합은 배열의 각 원소가 대응하는 배열의 각 원소에 더해진다. 모든 예는 **"더하기"** 함수를 사용했지만, 서로 다른 작업이 연산된다.

예제 2-05 배열 함수를 이용한 기본 예제

다음의 예제를 연습하면 배열에 대한 개념이 명확해진다. 이 예는 2차원 배열을 1차원으로 만드는 과정 및 1차원 배열을 합성하는 과정을 설명한다.

● 프런트패널

1 새VI를 만들고, **배열함수와 연산.vi**로 파일을 저장한다.

2 다음과 같이 프런트패널을 작성한다.

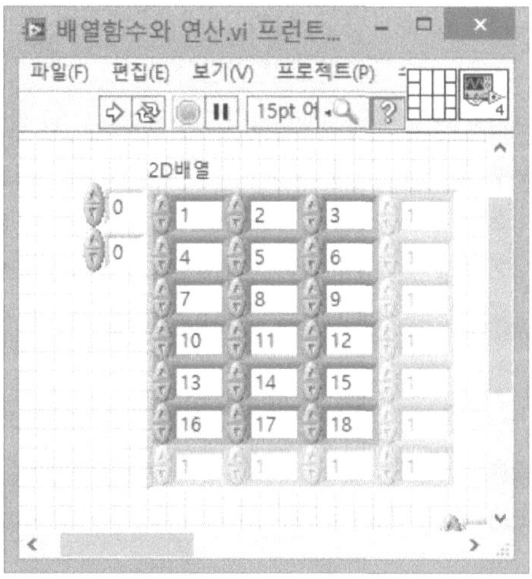

먼저, 프런트패널에 2차원 배열을 작성하고 라벨을 "2D 배열"로 입력한다. 프런트패널과 같이 "2D 배열"에 수치를 입력한다. 이외의 인디케이터는 LabVIEW의 팝업메뉴를 이용해서 자동으로 작성한다.

● 블록다이어그램

3 블록다이어그램을 다음과 같이 작성합니다.

함수의 터미널에 와이어를 정확히 연결하려면 **도움말(H)▶기본 도움말 보이기(H)**를 선택한다. 또는 단축키 〈Ctrl + H〉를 선택한다. 블록다이어그램의 공간을 줄이기 위해 아이콘 보기를 선택하지 않는다.

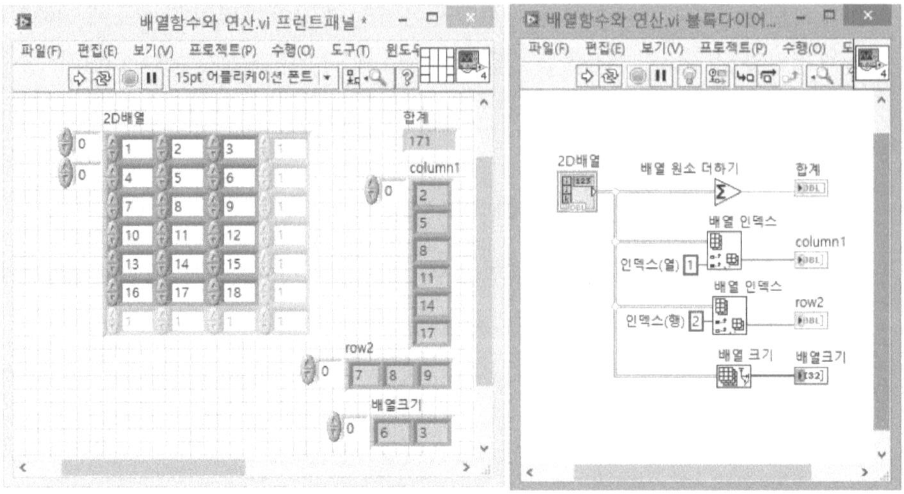

- **"배열 원소 더하기"** 함수는 **프로그래밍▶숫자형** 팔레트에 있다. 이 함수는 입력 배열의 모든 원소를 합해서 출력한다. **"합계"** 인디케이터는 배열 원소 더하기의 팝업메뉴에서 **생성▶인디케이터**를 선택한다. 텍스트 라벨을 "합계"로 변경한다.
- **"배열 인덱스"** 함수는 **프로그래밍▶배열** 팔레트에 있다. 2D 배열을 1D 배열로 만들기 위해서는, 1개의 인덱스에만 값을 입력한다. 만약 2개의 인덱스에 값을 입력하면 숫자형 원소 가 된다. 여기서는 **"인덱스 (열)"** 1 데이터를 **"column1"** 인디케이터 배열로 출력하며, 2 **"인덱스 (행)"** 데이터를 **"row2"** 인디케이터 배열로 출력한다. **"column1"**, **"row2"** 인디케이터의 생성은 배열 인덱스 함수의 팝업메뉴에서 **생성▶인디케이터**를 선택하고 텍스트를 수정한다.
- **"배열 크기"** 함수는 **프로그래밍▶배열** 팔레트에 있다. 입력 배열이 2차원이면 출력 데이터는 1차원 배열에 행과 열을 출력한다. 만약, 입력 배열이 1차원이면 배열의 원소 수만 출력한다. **배열 크기** 함수의 팝업메뉴에서 **생성▶인디케이터**를 선택하고 텍스트를 입력한다.

4 블록다이어그램에 **배열 만들기** 함수를 추가한다.

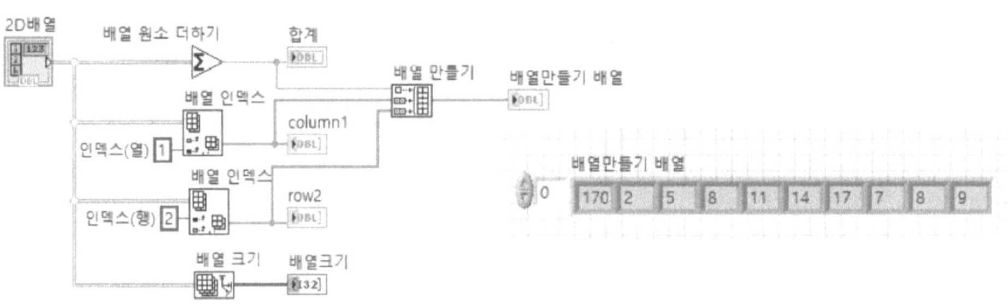

- **"배열 만들기"** 함수는 **프로그래밍▶배열** 팔레트에 있다. 이 함수는 "합계+column1 + row2"의 순서로 1차원 배열을 만든다. 이 아이콘을 최초 블록다이어그램에 놓으면 과 같이 표시된다. **배열 만들기** 함수의 크기를 변경하려면 마우스로 아래로 입력 수를 늘리면 형태가 되며, 입력 배열 또는 원소의 수를 증가시킬 수 있다.

5 블록다이어그램에 **배열 잘라내기**, **배열 부분 대체** 함수를 추가한다.

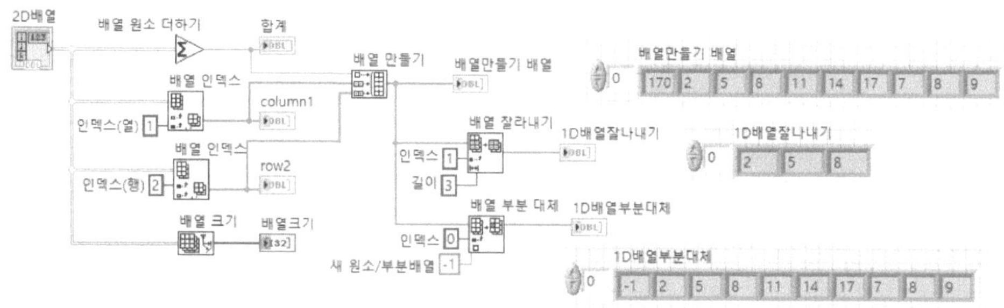

- **배열 잘라내기(Array Subset)** 함수는 **프로그래밍▶배열** 팔레트에 있다. 이 함수는 입력 배열을 index 1로부터 3개의 배열을 선택해서 출력한다.
- **배열 부분 대체(Replace Array Element)** 함수는 **프로그래밍▶배열** 팔레트에 있다. 이 함수는 입력 배열의 index 0값을 –1로 변경한다.

6 완성된 프런트패널과 블록다이어그램은 다음과 같다.

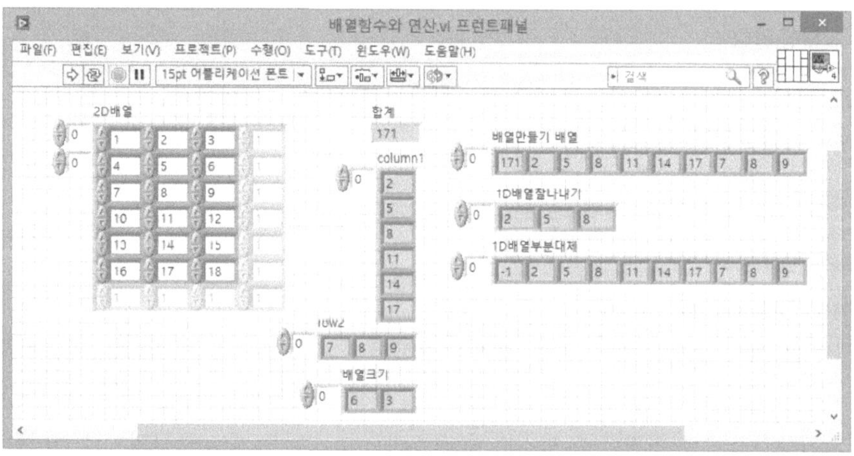

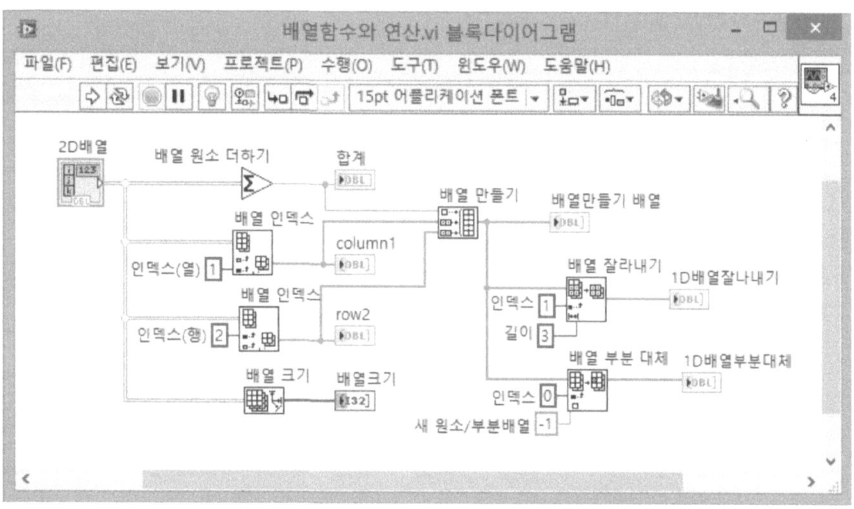

7 프런트패널에서 VI를 실행한다. 실행한 결과를 유심히 관찰한다.

8 LabVIEW의 **편집(E)▶현재 값을 기본값으로(M)**를 선택하고 저장한다. 추후 VI를 열 때 현재의 상태를 표시해 준다.

2-05 클러스터(Cluster)

클러스터는 배열과 유사하며 데이터의 그룹으로 된 구조다. 배열에는 동일한 종류의 데이터만 사용했지만 클러스터는 다양한 종류의 데이터를 혼합해서(예로서, 숫자형, 불리언, 문자열 등) 하나의 그룹으로 만들 수 있다. 이 함수는 C의 구조 또는 Pascal의 레코드와 유사하다. 클러스터는 전화선과 유사하게 와이어의 묶음으로 생각할 수 있다. 케이블 내부의 각 와이어는 클러스터의 원소를 의미한다. 클러스터 내부에 여러 종류의 데이터를 포함하고 있어도, 클러스터는 블록다이어그램에 단일 "와이어"로 표시되므로, 연결할 커넥터의 수 및 SubVI의 터미널 수를 줄일 수 있다. 이러한 이유로 데이터를 그래프 또는 차트에 표시할 때 클러스터 데이터가 자주 사용된다.

묶기(Bundling)는 클러스터를 작성하는 과정을 의미한다. 즉, 특성이 다른 각종 데이터를 단일 터미널로 묶으면 클러스터가 생성된다. 클러스터는 **묶기**를 할 때 각종 데이터를 입력한 **순서**가 매우 중요하다.

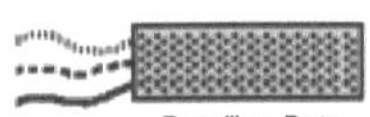
Bundling Data

풀기(Unbundling) 함수를 사용하면 클러스터 원소를 모두 또는 필요한 것만을 뽑아서 사용할 수 있다. **풀기**는 전화선을 푸는 과정과 유사하며, 풀린 전화선은 숫자형, 불리언, 문자열, 배열 등의 색상을 가진 와이어로 구성되어 있다. 배열은 크기를 동적으로 변경할 수 있지만, 클러스터는 고정된 크기로 구성되므로 일정한 수의 와이어가 클러스터 내부에 있다.

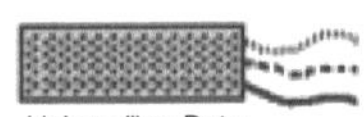
Unbundling Data

클러스터는 동일한 타입의 터미널 간에만 와이어로 연결할 수 있다. 즉, 두 클러스터는 동일한 수의 원소로 구성되어야 하며, 여기에 대응하는 원소는 데이터 타입과 순서가 모두 일치해야 한다.

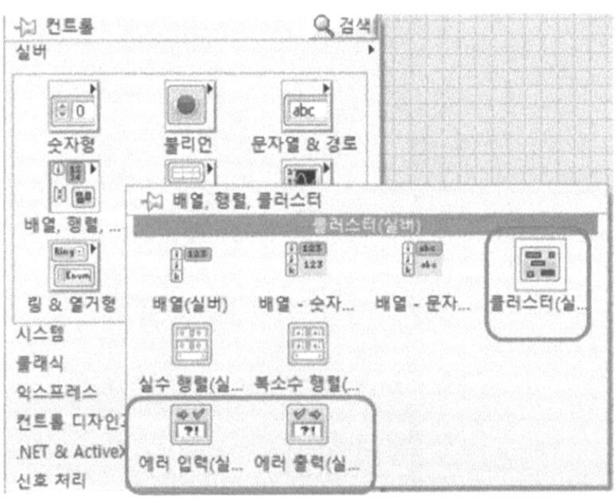

클러스터는 **컨트롤▶실버▶배열, 행렬, 클러스터** 팔레트에 있다. 일반적으로 에러 처리 루틴도 클러스터이기에 동일한 팔레트에 있다.

다음은 **에러 입력**과 **에러 출력**을 사용해서 LabVIEW VI를 사용한 예다. 만약, 파일 I/O 함수의 일종인 **파일 열기/생성/대체**.vi가 에러를 발생하면 에러 코드가 "error out"에 출력된다.

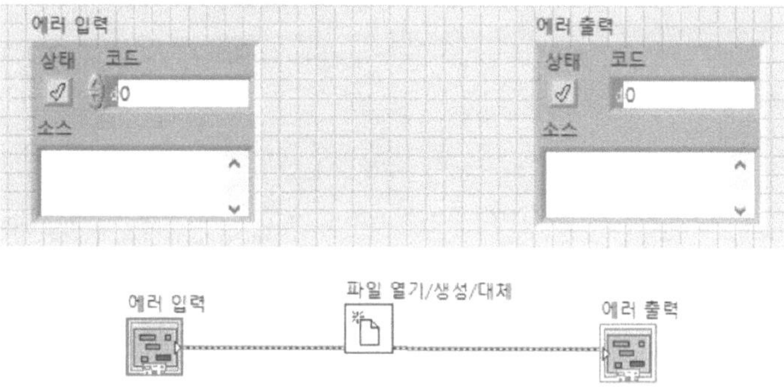

2-05-1 클러스터 컨트롤과 인디케이터의 작성

프런트패널의 **컨트롤▶일반▶배열, 행렬, 클러스터** 팔레트에서 **클러스터**를 선택해서 프런트패널에 놓으면 클러스터를 작성할 수 있다. 블록다이어그램은 최초로 빈 클러스터를 의미하는 검은색의 아이콘이 생성된다. 다음 단계로 임의 프런트패널 오브젝트를 클러스터 내부에 놓는다. 클러스터는 최초로 입력되는 오브젝트에 따라 컨트롤 또는 인디케이터 상태가 된다.

오브젝트는 모두 컨트롤 또는 인디게이터로 구성되어야 하며, 로 클러스터의 크기를 변경할 수 있다. 클러스터의 터미널은 내부에 포함된 오브젝트의 특성에 따라 색상이 변경된다.

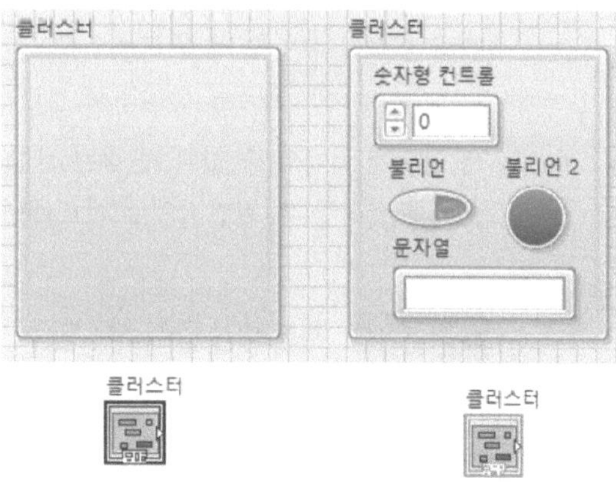

1. 클러스터의 순서

클러스터의 원소는 내부 위치에 관계없는 논리적 순서를 갖고 있다. 최초 클러스터에서 놓여지는 오브젝트의 순위는 0이며, 다음은 1로 순차적으로 증가된다. 클러스터 원소를 삭제하면, 클러스터 순위는 자동적으로 재배열된다. 하나의 클러스터를 다른 클러스터에 연결하려면 클러스터 순서를 확실히 알고 있어야 하며, 클러스터 순서와 데이터 타입이 동일해야 한다. 이러한 내용을 확실히 이해하지 못하면, LabVIEW에서 제공되는 모양과 동일하게 클러스터를 작성해도 와이어를 연결하면 와이어가 깨지는 경우가 발생할 수 있다.

다음은, 클러스터 내부에 숫자형, 불리언, 불리언 2, 문자열을 순차적으로 넣은 경우를 가정한다.

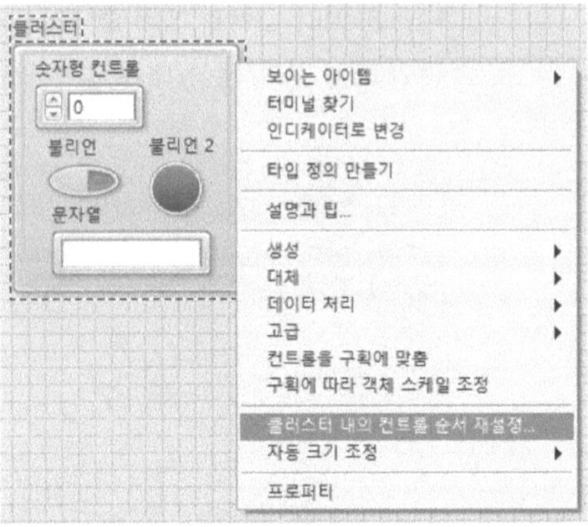

클러스터의 팝업메뉴에서 **클러스터 내의 컨트롤 순서 재설정**…을 선택하면 순서를 확인할 수 있다.

다음은 클러스터 내부 원소들의 순서를 보이는 화면이다. 만약 순서를 변경하고 싶다면 이곳에서 한다. 원소 우측의 흰색 박스는 현재 클러스터의 순서를 표시하며, 흑색 박스는 새로운 위치를 표시한다. 원소를 **클러스터 순서** 커서로 클릭하면 툴 바에 새로운 순서가 표시된다. 또한, 오브젝트를 클릭하여 새로운 숫자를 필드에 입력할 수 있다. 변경된 사항을 저장하지 않으려면, **취소** ☒버튼을 클릭한다. 원하는 순서를 설정한 후, 일반적인 프런트패널로 가려면 **확인** ☑버튼을 클릭한다.

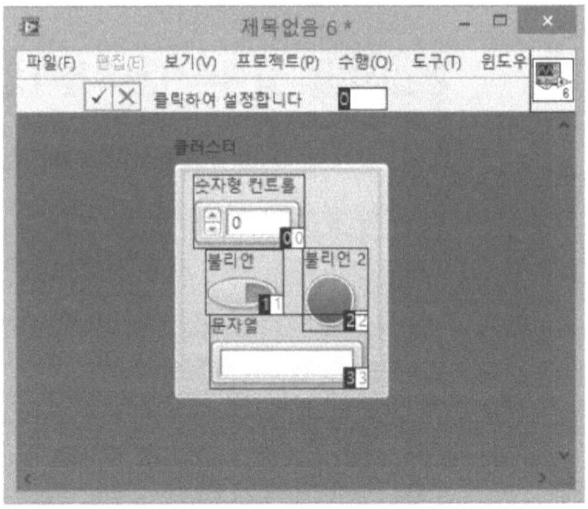

2-05-2 기본적인 클러스터 함수

LabVIEW에는 클러스터를 처리하기 위한 함수가 **함수▶프로그래밍▶클러스터, 클래스 & 배리언트** 팔레트에 있다. 여기에서는 **클러스터**의 대표적인 함수를 기준으로 설명한다.

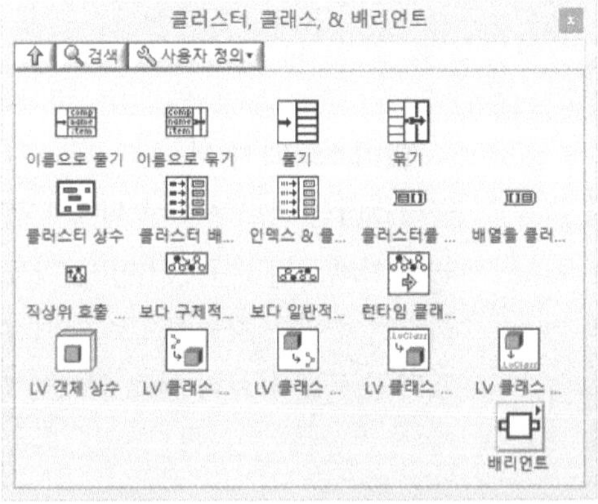

묶기(Bundle) 함수는 여러 원소를 단일 클러스터로 만들 때 또는 기존의 원소를 변경할 때 클러스터를 사용한다. 블록다이어그램에 묶기 아이콘을 놓으면 초기에는 과 같이 표시된다. 입력 원소를 증가하려면 을 이용해 상하로 늘린다. 각각의 입력 터미널에 와이어를 연결하면, 입력된 데이터 타입이 빈 터미널에 표시된다. **묶기** 함수에 입력된 원소의 순서에 의해 클러스터의 순서가 할당된다.

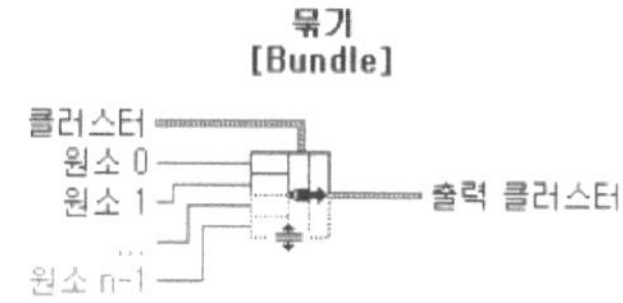

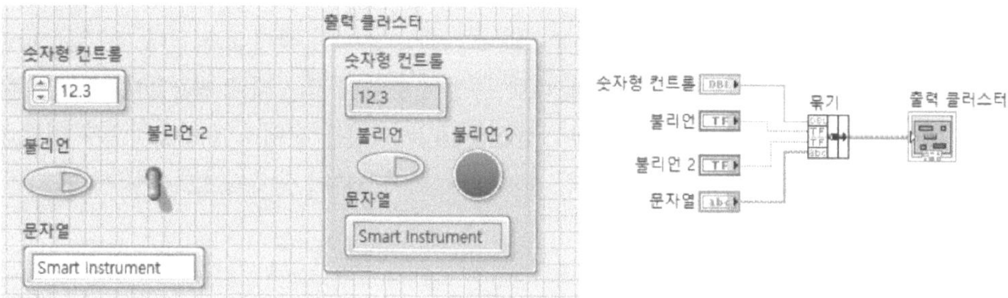

새로운 클러스터를 작성할 때는 **묶기** 함수 중간의 **클러스터** 입력에 와이어를 연결할 필요가 없지만, 클러스터의 원소를 변경하려면 **클러스터** 입력에 와이어를 연결한다. 다음과 같이, 클러스터의 한 원소를 변경하려면, **묶기** 함수를 사용한다. 다음은 클러스터를 **묶기** 함수의 중간 부분에 연결한 예다. 새로운 원소 값을 변경하려는 위치에 연결하면 출력 터미널의 값이 변경된다.

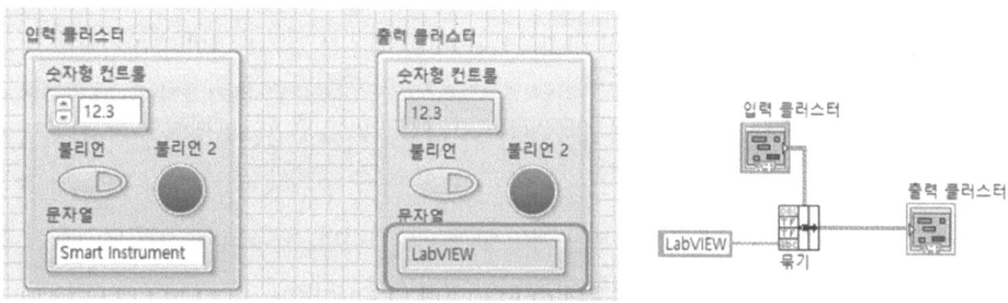

풀기(Unbundle) 함수는 클러스터의 구성원소를 각각의 원소로 분리한다. 출력되는 원소는 클러스터 내부의 순서대로 위에서 아래로 배치된다. 만약 동일한 데이터 타입이 클러스터에 있으면, 클러스터 내부의 원소 순서로 이들을 분리할 수 있다.

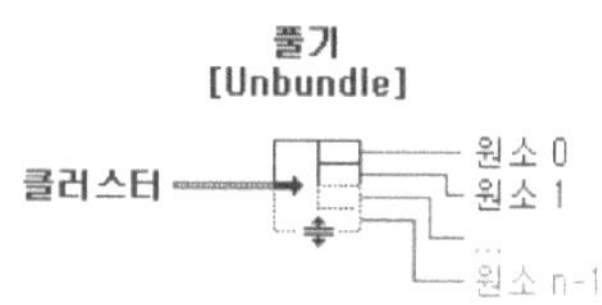

다음 예는 클러스터에 4개의 원소 숫자형, 불리언, 불리언 2, 문자열이 순차적으로 포함된 경우다.

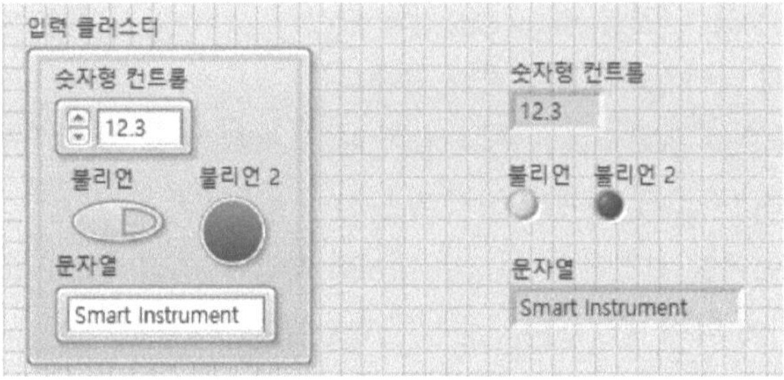

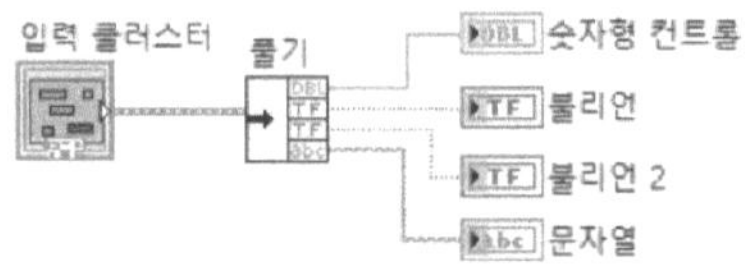

풀기 함수를 블록다이어그램에 놓으면 초기에는 과 같이 표시된다. 여기에 클러스터를 연결하면, 풀기 함수는 4개 원소에 대한 특성이 포함된 형태로 변경된다. 풀기의 출력 부분을 마우스로 선택하고, 팝업메뉴에서 **생성▶인디케이터**를 선택하면 자동적으로 인디케이터를 생성할 수 있다. 클러스터를 입력한 순서대로, 위에서부터 순차적으로 숫자형, 불리언, 불리언 2, 문자열이 된다.

클러스터를 **이름으로 묶기**(Bundle By Name) 함수는 때로는 필요한 원소만 선택해서 합성할 수 있다.

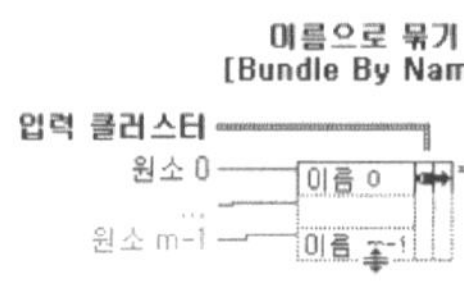

묶기 함수는 원소의 위치를 기준으로 하지만, 클러스터를 **이름으로 묶기** 함수는 각 원소를 명칭으로 구별한다. 그러나, 이 함수는 새로운 클러스터를 생성할 수 없고, 기존 클러스터의 원소만 변경할 수 있다. **묶기** 함수와 달리, 클러스터의 원소를 변경하려면 클러스터를 이름으로 묶기 함수의 중간 입력 터미널에 입력한다. 클러스터를 **이름으로 묶기 함수**를 이용하면 클러스터의 모든 원소는 고유한 명칭을 갖고 있다. 각 원소에 명칭을 부여하지 않았으면, 이름으로 클러스터에 접근할 수 없다.

예로서, 입력 클러스터 내부의 문자열 값만 변경하려면, 클러스터를 **이름으로 묶기** 함수를 클러스터 순서 또는 크기를 고려할 필요 없이 직접 사용한다.

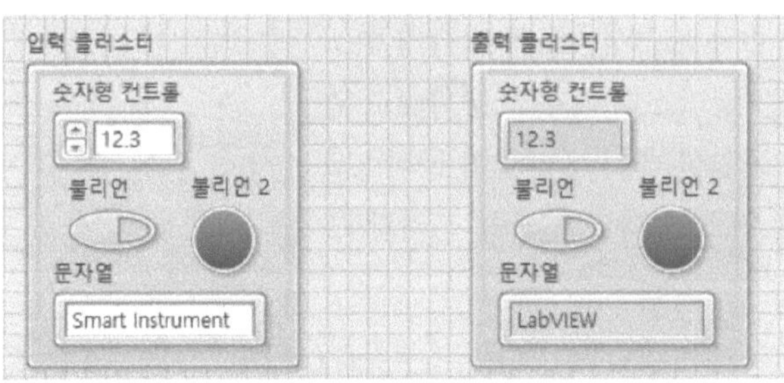

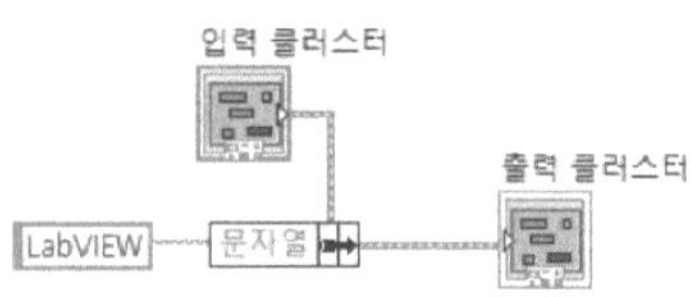

클러스터를 **이름으로 풀기**(Unbundle By Name) 함수는, 하나의 클러스터에서 필요한 원소만 선택해서 분해할 수 있다. 이 함수는 클러스터의 순서 또는 정확한 **풀기**의 크기를 걱정할 필요가 없다.

예로서, 입력 클러스터 내부의 문자열 값만 사용하려면, **이름으로 풀기** 함수를 사용한다. 만약, 다른 값을 사용하려면, **이름으로 풀기** 함수를 늘리고 사용하려는 클러스터 원소를 선택한다.

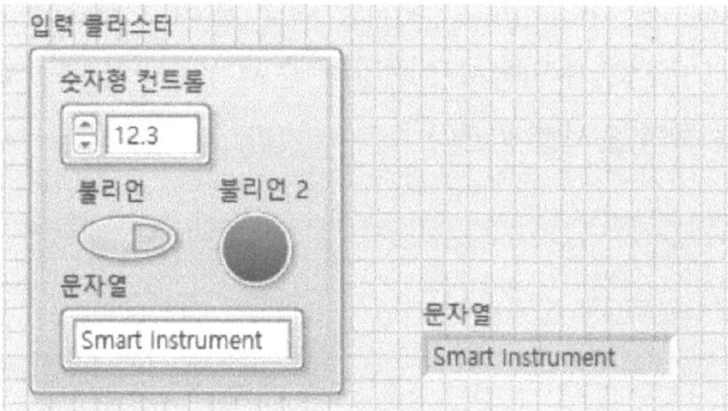

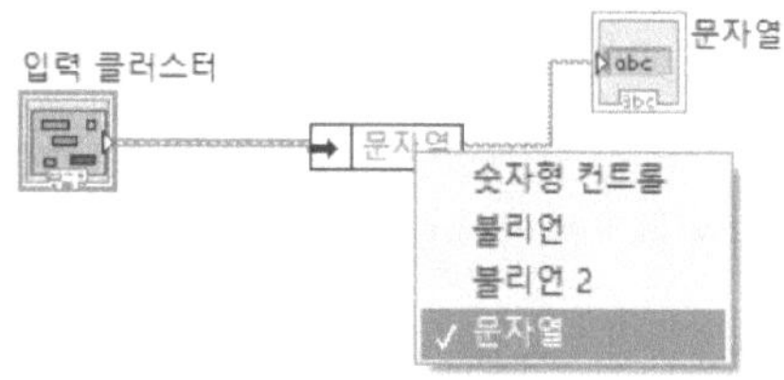

이름으로 묶기 함수 또는 **이름으로 풀기** 함수를 **클러스터**에 연결하면, 클러스터의 최초 원소가 함수의 입력 또는 출력에 표시된다. 다른 클러스터 원소로 변경하려면, 명칭 입력 또는 출력을 로 클릭한다. 표시된 클러스터 원소에서 원하는 것을 선택하면, **이름** 터미널에 선택된 원소가 표시된다. 많은 수의 원소를 표시하려면, **이름으로 풀기** 또는 **이름으로 묶기** 함수의 크기를 확대한 후, 원하는 원소들을 선택한다.

초를 날짜/시간으로(Second To Date/Time) 함수는 **함수▶프로그래밍▶타이밍** 팔레트에 있으며, 1904년 이후의 시간을 클러스터로 출력한다. 클러스터 내부에는 초, 분, 시간, 일, 월, 년, 주초부터 경과한 일자, 올해 시작일로부터 경과 일자, 오전 또는 오후에 관한 정보를 출력한다. 만약, 입력에 값을 입력하지 않으면 현재일을 기준으로 한다.

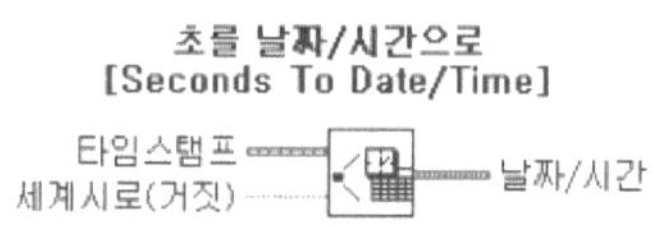

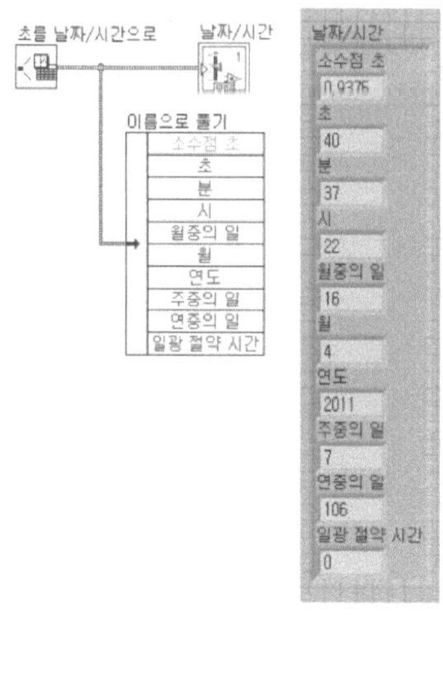

예제 2-06 클러스터의 연산 이해 및 클러스터의 기본 함수 연습

여기서는 클러스터의 연산 및 여러 클러스터 함수의 의미를 이해하는 방법을 연습한다. 먼저 프런트패널을 다음과 같이 작성한다. 클러스터 내부에 입력하는 원소의 순서에 따라 클러스터의 순위가 변하므로 주의한다.

- **프런트패널**

1 새 VI를 만들고, **클러스터.vi**로 저장한다.

2 입력 클러스터를 만든다. 내부에는 숫자형 컨트롤, 숫자형 배열, 불리언, 불리언 2, 슬라이드를 순차적으로 넣어준다. 반드시 순서에 주의하시기 바라며, 순서가 틀렸을 때는 **클러스터 내의 컨트롤 순서 재설정…**을 이용하여 순서를 바꾼다.

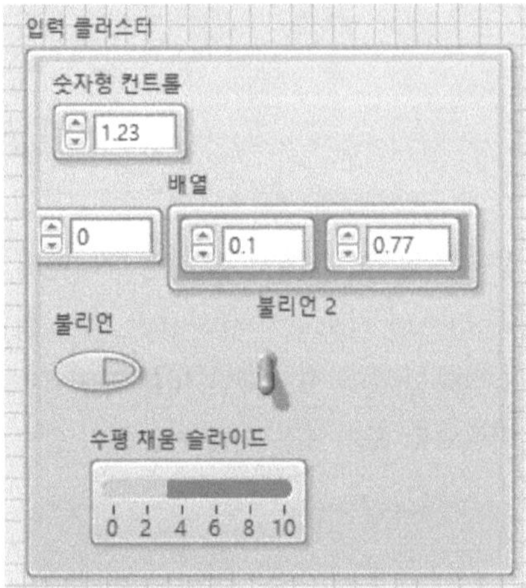

- **블록다이어그램**

3 **"풀기"**와 **"이름으로 풀기"** 함수를 이용해서 이 클러스터를 풀어준다. 또한, **"묶기"**와 **"이름으로 묶기"** 함수를 이용해서 다시 묶어 준다.

다음과 같이 블록다이어그램을 완성한다.

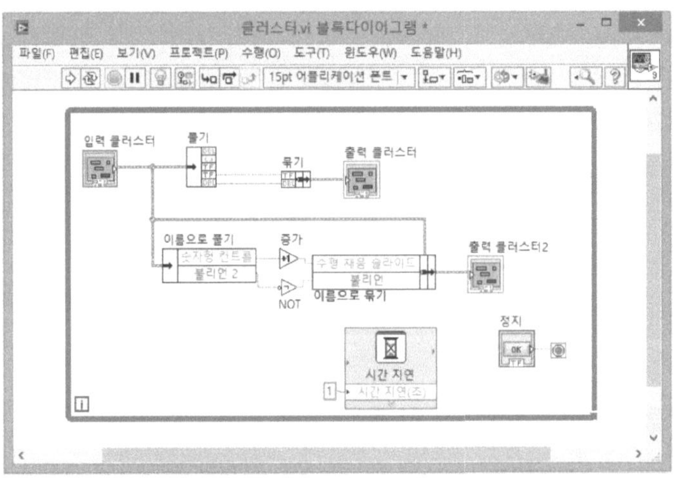

- **"증가"** 함수는 입력 값에 +1을 하는 기능이며, **프로그래밍▶숫자형** 팔레트에 있다.
- **"NOT"** 함수는 불리언 값에 NOT 연산을 하며, **프로그래밍▶불리언** 팔레트에 있다.

- **"정지"** 컨트롤은 While **루프조건** 에서 팝업메뉴의 **생성▶컨트롤**을 이용한다.
- **"출력 클러스터"** 인디케이터에는 불리언 2 및 슬라이드 값이 출력된다.
- **"출력 클러스터2"** 인디케이터에는 입력 클러스터의 값을 출력한다. 변경된 내용은 입력 클러스터의 숫자형은 +1된 후, 출력 클러스터2의 슬라이드로 보내진다. 또한, 입력 클러스터의 불리언 2의 로직은 NOT 게이트를 통해, 출력 클러스터2의 불리언으로 보내진다.
- **"시간 지연"** 함수는 초 단위의 시간 지연을 주는 함수이며, **프로그래밍▶타이밍** 팔레트에 있다. VI를 실행 시 필요 이상의 리소스를 사용하지 않으려고, While 루프 내부에 시간 지연 함수를 넣었다.

● **프런트패널**

4 프런트패널을 정리하고 실행한다. While 루프에 의하여 반복 실행됨을 알 수 있다. 정지 버튼을 누르고 VI를 종료한다. 또한 프로그램을 저장한다.

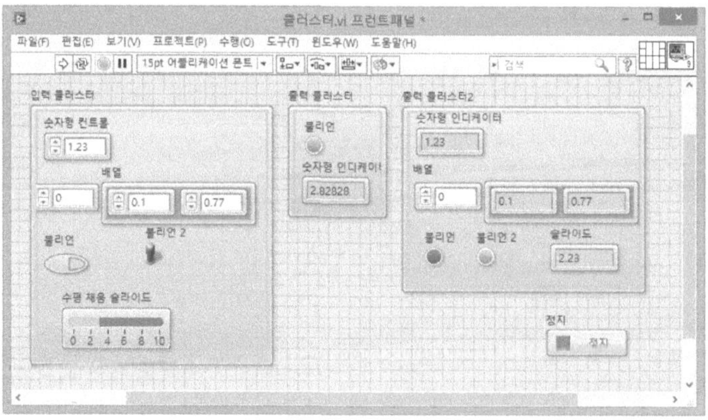

2-06 배열과 클러스터 데이터의 교환

때로는 배열을 클러스터로, 또는 클러스터를 배열로 변경할 필요가 있다. 이 경우, 클러스터의 모든 원소는 동일한 데이터 타입(모두 불리언, 모두 숫자형)이어야 한다. LabVIEW에는 배열과 클러스터를 서로 변환하는 2개의 함수가 **함수▶프로그래밍▶클러스터, 클래스 & 배리언트** 팔레트에 있다.

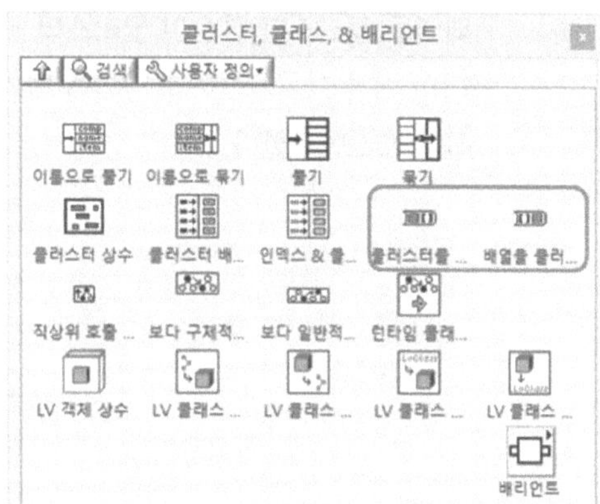

배열을 클러스터로(Array To Cluster) 함수는 1D 배열을 클러스터로 만든다.

배열과 달리 클러스터는 자동적으로 크기를 설정하지 못하므로, 출력 클러스터의 크기를 지정하려면, **배열을 클러스터** 함수의 **클러스터** 터미널을 팝업하고 **클러스터 크기...**를 선택한다. 클러스터의 기본 크기는 9이므로, 클러스터에 지정된 값보다 배열의 원소 수가 작다면, LabVIEW는 자동적으로 나머지 클러스터 값을 데이터 타입의 기본값 0으로 채운다. 그러나, 입력 배열이 클러스터에 지정된 크기보다 많은 원소를 가졌으면, 블록다이어그램에서 출력 클러스터의 크기를 변경하기 전에는 연결된 와이어가 깨진다.

예로서, 다음의 VI를 고려한다. 이 프로그램은, 3개의 **난수** 를 크기 3인 배열로 표시하고 이를 및 에 표시하는 간단한 프로그램이다. 클러스터는 기본 크기가 9개의 데이터가 클러스터가 표시된다.

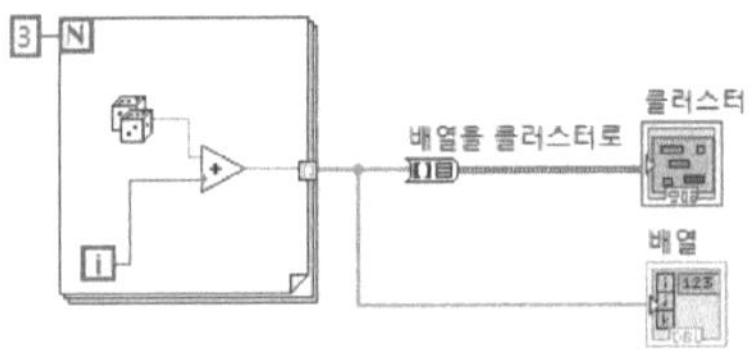

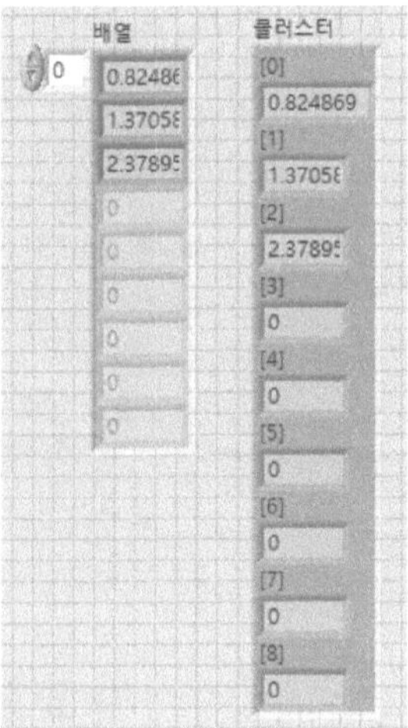

배열을 클러스터 함수의 **클러스터** 터미널을 바로가기하고 **클러스터 크기...**를 살펴보면 클러스터의 기본 크기가 9로 설정되어 있기 때문이다. 만약 3개의 데이터만 표시하려면 **클러스터** Size를 3으로 변경한다.

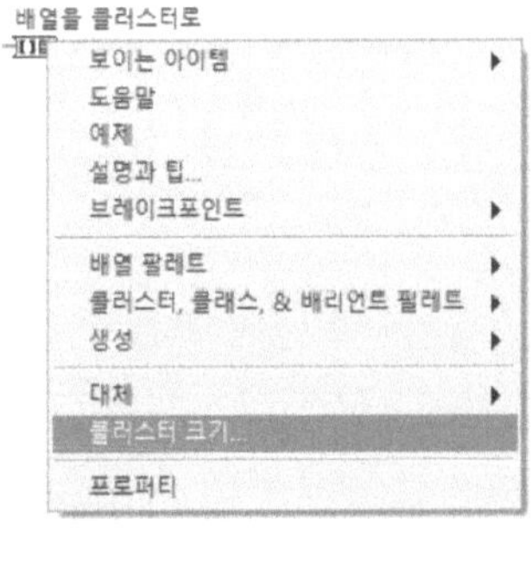

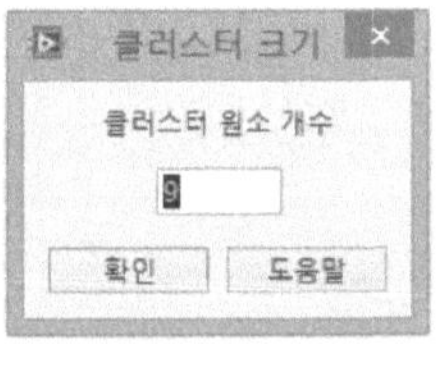

클러스터를 배열로(Cluster To Array) 함수는 N개 원소로 구성된 클러스터를 N개 원소의 배열로 변경한다. 다음 그림은 클러스터에 순차적으로 불리언 SETUP, TEST1, TEST2를 넣은 경우다. 이때 클러스터에 입력한 순서는 마치 배열의 불리언 인덱스와 동일하다.

클러스터를 배열로
[Cluster To Array]

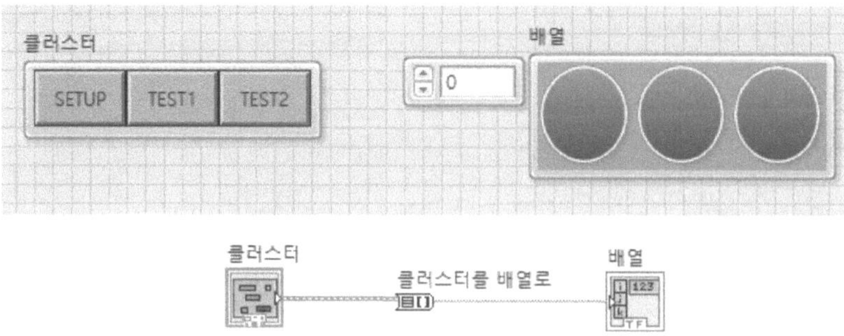

MEMO

CHAPTER

03

SubVI 만들기

CONTENTS

3-01 SubVI의 기본 아이디어

예제 3-01 SubVI의 커넥터 할당 및 아이콘창을 이용한 SubVI 작성 연습

예제 3-02 선택한 영역을 SubVI로 만들기

3-02 VI 스니핏

3-03 VI 프로퍼티

3-04 VI 재귀(Recursion)

예제 3-03 VI 프로퍼티 및 VI 재귀(Recursion) 연습

LabVIEW를 잘 사용하려면, VI의 계층적 성격을 잘 이해하고 사용해야 한다. 특히 SubVI의 사용법에 대해 확실한 이해가 필요하다. 또한 아이콘/커넥터의 작성 방법에 대한 전반적인 사항을 설명할 것이다.

LabVIEW

3-01 SubVI의 기본 아이디어

다음의 가상적인 코드와 블록다이어그램은 SubVI와 고전적 프로그램 서브 루틴과의 유사점을 설명해 놓았다.

<table>
<tr><th>Function Code</th><th>Calling Program Code</th></tr>
<tr><td>function average (in1, in2, out)
{
out = (in1 + in2) / 2.0
}</td><td>main
{
average (point1, point2, point_avg)
}</td></tr>
<tr><th>SubVI 블록다이어그램</th><th>VI 블록다이어그램의 콜</th></tr>
<tr><td>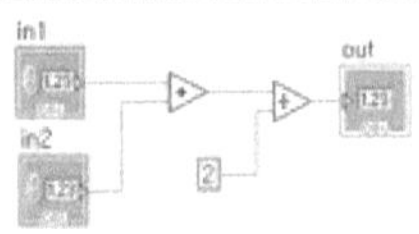
</td><td>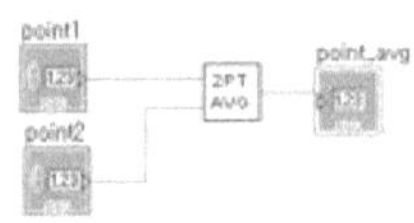
</td></tr>
</table>

SubVI란 다른 프로그램 즉, 다른 VI에서 독립적으로 사용되는 프로그램이다. VI를 작성한 후, 아이콘에 커넥터를 정의하면, 이 VI를 상위 VI의 블록다이어그램에서 SubVI로 사용할 수 있다. LabVIEW의 SubVI는 C 또는 텍스트를 사용한 프로그램의 서브 루틴과 유사하다. C 프로그램에서 사용하는 서브 루틴의 제약이 없듯이, 메모리 한계 범위에서 LabVIEW 프로그램이 사용하는 SubVI 수의 제약은 없다.

블록다이어그램에 많은 수의 아이콘이 있으면, 블록다이어그램을 간소화하기 위해 여러 아이콘 및 함수의 그룹을 SubVI로 만들 수 있다. 또한, 상위 레벨 VI들에서 사용할 공통적 기능을 갖는 SubVI를 작성할 수 있다. 이처럼 모듈화를 이용한 프로그램 기법은, 어플리케이션을 디버깅하고, 이해, 수정하기 쉽게 한다.

3-01-1 SubVI의 선택

LabVIEW의 강력한 파워와 편리성은 프로그램의 모듈성에 있다. SubVI를 작성하면 사용자는 프로그램의 일부를 하나의 모듈로 사용할 수 있다. SubVI는 다른 VI에 사용되거나 또는 불려지는 VI다. SubVI 노드는 메인 프로그램에서 서브 루틴 콜과 유사하기에, 하나의 블록다이어그램은 동일한 SubVI 노드를 여러 번 부를 수 있다.

기존의 VI를 SubVI로 사용하려면, **함수** 팔레트에서 VI **선택...**을 선택한 후 원하는 VI를 블록다이어그램에 놓는다. 이 함수를 실행하면 파일 대화상자가 표시되며, 사용자는 원하는 VI를 선택하고 블록다이어그램 위에 놓는다.

SubVI는 2가지 방법으로 생성할 수 있다. 즉, 수동으로 SubVI의 커넥터를 할당하는 방법 및 블록다이어그램에서 선택한 영역을 SubVI로 만드는 방법이 있다. 이들 방법에 대해서는 연속적인 예제를 통해 이해한다.

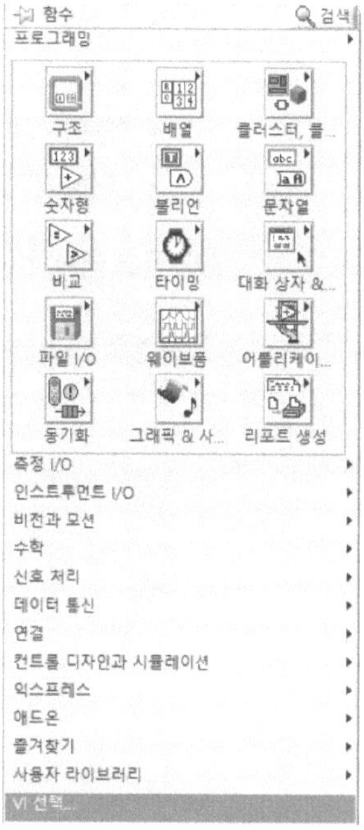

예제 3-01 SubVI의 커넥터 할당 및 아이콘창을 이용한 SubVI 작성 연습

다음의 과정은 터미널에 컨트롤 또는 인디케이터를 할당하는 예다. VI를 SubVI로 사용하기 이전에, 커넥터 터미널을 할당한다. 커넥터는 LabVIEW가 데이터를 SubVI로 입, 출력하는 곳으로, 일반적인 언어에서 서브 루틴의 변수를 설정해야 되는 것과 유사하다. VI의 컨트롤과 인디케이터는 VI의 입, 출력을 커넥터에 부여하게 된다. 커넥터를 정의하려면, **아이콘창**을 팝업하고 **커넥터 보이기**를 선택한다. LabVIEW는 프런트패널의 컨트롤과 인디케이터의 수에 의해 자동적으로 커넥터를 만든다. 자동적으로 설정된 것과 다른 커넥터를 이용하려면, 커넥터를 팝업하고 **패턴** 메뉴를 선택한다. 이들 커넥터를 회전해서 사용자의 취향에 맞는 타입을 선택할 수 있다.

1. 새 VI를 만든다. VI를 **입력3개 더하기.vi**로 저장한다.

2. 다음과 같이 프런트패널과 블록다이어그램을 작성한다.

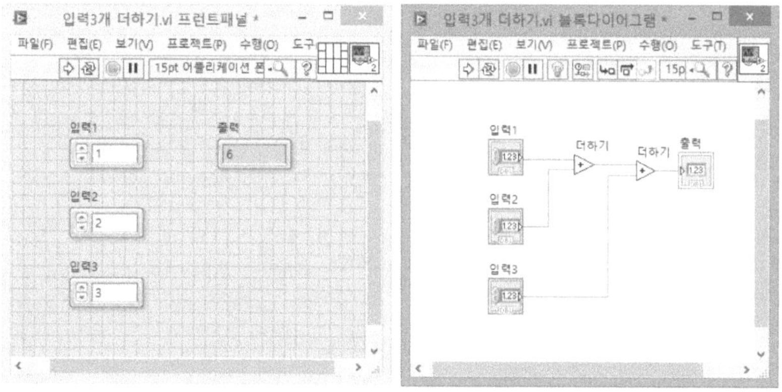

- **"입력1"**, **"입력2"**, **"입력3"**은 **컨트롤▶실버▶숫자형** 팔레트에 있는 **숫자형 컨트롤**을 사용한다.
- **"출력"** 인디케이터는 **컨트롤▶일반▶숫자형** 팔레트에 있는 **숫자형 인디케이터**를 사용한다.
- **"더하기"** 함수는 **프로그래밍▶숫자형** 팔레트에 있다.

3 프런트패널의 **아이콘창**을 팝업하고 **패턴▶** 에서 적절한 패턴을 선택한다.

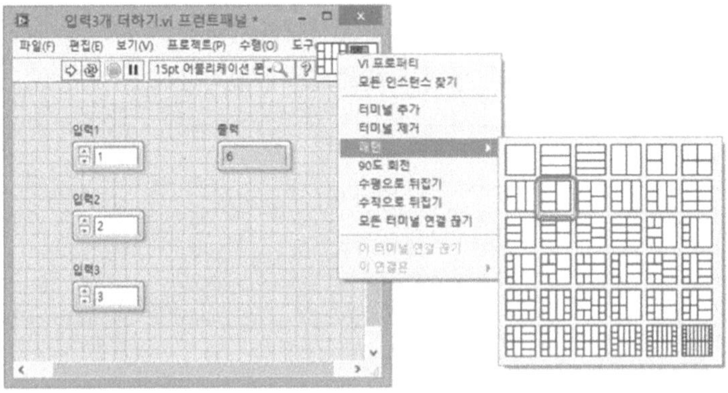

입력 3개 출력 1개인 패턴을 선택하고 와이어를 연결한다.

- **와이어 연결**툴로 **"입력1"**을 선택하고, 아이콘 창의 좌측 상단을 클릭하면, 선택된 터미널은 흑색으로 변한다. 일반적으로, 터미널의 좌측은 컨트롤로 사용하고 우측은 인디케이터로 사용한다.
- **와이어 연결**툴로 **"입력2"**를 선택하고, 아이콘의 좌중간을 클릭한다.
- **와이어 연결**툴로 **"입력3"**을 선택하고, 아이콘의 좌하단을 클릭한다.
- **"출력"**을 연결한다. 즉, **와이어 연결**툴로 출력을 선택하고, 아이콘의 우측을 클릭한다.

만약 실수로 와이어를 잘못 연결했으면, 커넥터를 팝업하고 적절한 옵션을 선택하면 터미널 연결을 끊을 수 있다. 하나의 VI는 28개의 터미널까지 사용할 수 있지만, 터미널이 복잡하면 연결할 때 주의한다.

4 모든 터미널이 정상적으로 연결되었으면, 다음과 같은 상태로 터미널이 표시된다.

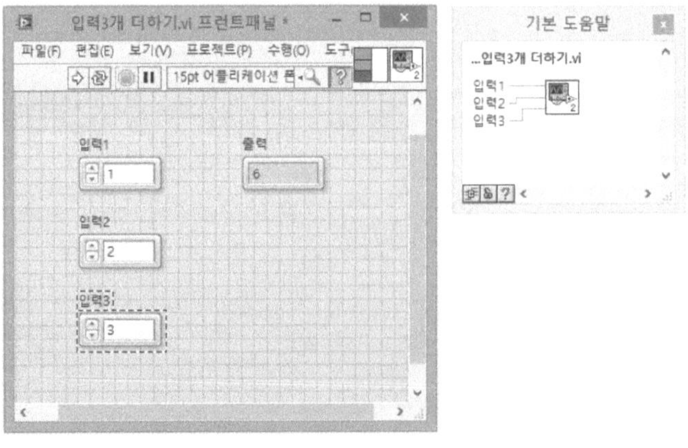

5 VI를 저장하고 종료한다.

예제 3-02 선택한 영역을 SubVI로 만들기

여기서는 이전 예제를 기반으로, **편집(E)** 메뉴의 **SubVI 생성** 옵션을 사용한 SubVI 작성을 연습한다. 때로는 메인 프로그램을 완성할 때까지 SubVI를 작성할 필요가 없다. LabVIEW에는 기존 VI 일부의 코드를 SubVI로 작성하는 막강한 기능을 갖고 있다. 로 SubVI를 만들려는 영역을 선택한 후, **편집** 메뉴의 **SubVI 생성**을 선택하면, LabVIEW는 선택된 영역이 SubVI로 작성되며, 적절한 와이어와 아이콘으로 연결된다. 새로 작성된 SubVI를 더블클릭하면 **SubVI 생성**에서 자동적으로 작성된 프런트패널이 표시된다. SubVI의 아이콘 모양을 수정하고, 커넥터를 관찰한 후 이를 새로운 이름으로 저장한다.

1 앞 예에서 사용한 **입력3개 더하기.vi**를 그대로 사용해서 연습한다.

2 블록다이어그램을 로 SubVI를 작성하려는 영역을 선택한다.

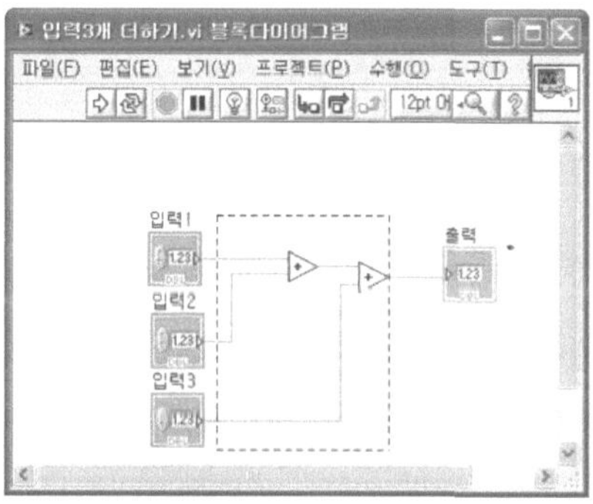

3 **편집(E)** 메뉴의 **SubVI 생성**을 선택하면, LabVIEW는 선택된 영역이 자동적으로 SubVI로 작성된다. 자동 생성된 SubVI는 아직 제목없음 상태의 VI다.

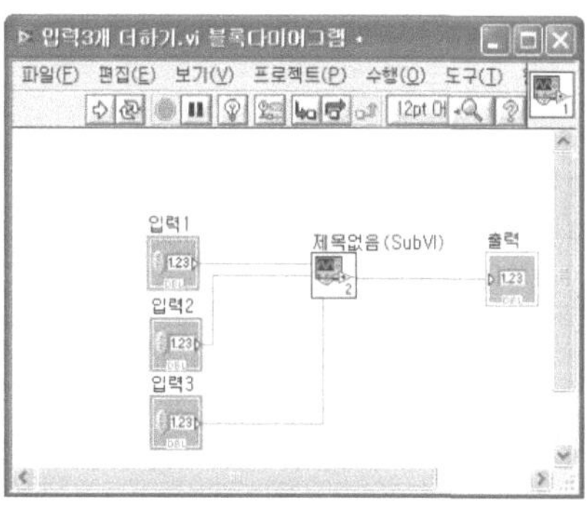

4 작성된 제목없음(SubVI)을 더블클릭하면, 커넥터와 패턴이 자동적으로 설정되었음을 발견할 것이다. **아이콘 편집기**를 이용해서 다음과 같이 아이콘을 수정한다.

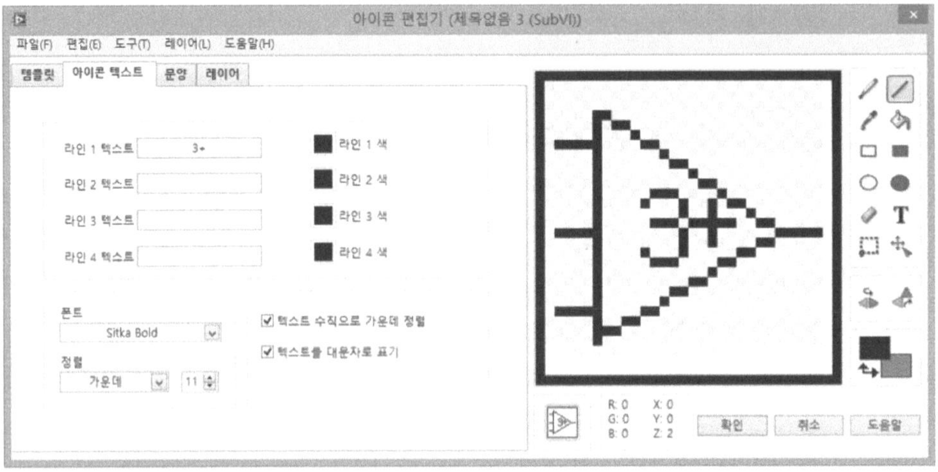

"확인" 버튼을 클릭하면 SubVI의 아이콘 및 터미널이 다음과 같은 형태로 변경된 것을 확인할 수 있다. LabVIEW는 기본제공 패턴을 이용해서 자동 생성을 만들었다. 필요하다면 본인의 스타일에 맞는 패턴을 사용한다.

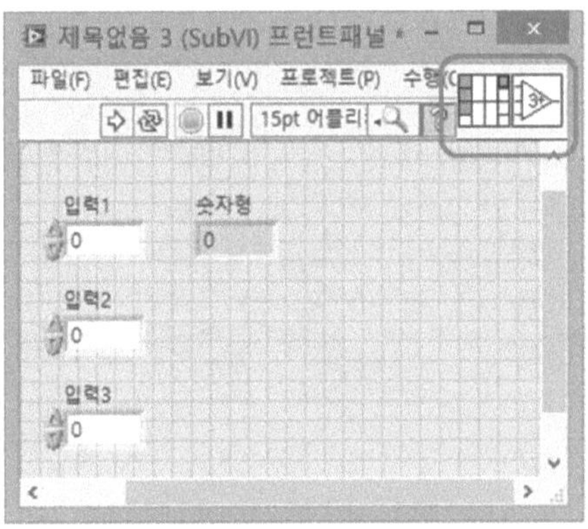

5 SubVI를 **입력3개 더하기_자동생성.vi**로 저장하고 SubVI를 닫는다.

6 변경된 SubVI의 그림은 다음과 같이 표시된다.

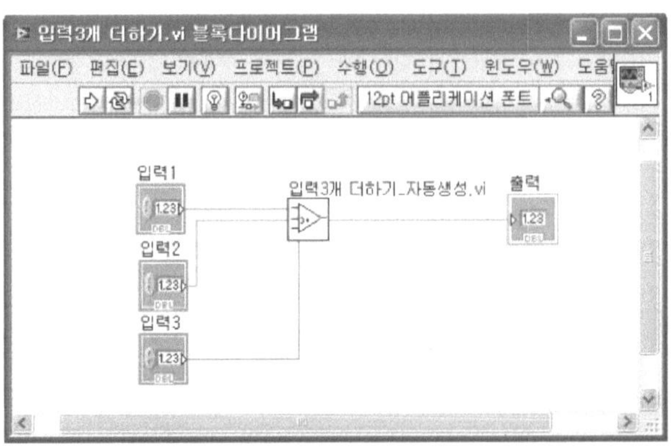

7 SubVI의 도움말인 **필수, 권장, 선택**을 입력하는 방법을 연습한다.

먼저, 〈Ctrl+H〉를 실행하여 도움말 창을 표시한다. 작성한 **입력3개 더하기_자동생성.vi**를 열고 아이콘 창에 마우스를 놓으면 VI의 내용과 연결 패턴이 표시된다. 입력 라벨은 좌측에 표시되며, 출력은 우측에 표시된다. 또한, 현재 VI의 아이콘 창에 변수의 기능을 설명하는 내용이 기본 도움말 창에 표시된다.

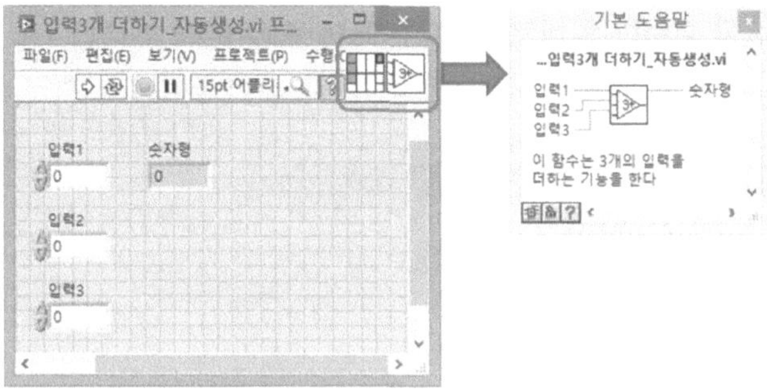

다음과 같이 아이콘 창에 터미널 보이기를 선택한다. 마우스 오른쪽 버튼을 클릭한 후 바로가기 메뉴의 **이 연결은** 메뉴에서, "입력1"에 **필수**, "입력2"에 **권장**, "입력3"에 **옵션**을 입력한다. 입력이 필수(required)적일 때, 적절한 입력의 데이터를 와이어로 연결하지 않으면 VI를 SubVI로 실행할 수 없다. 입력 또는 출력이 권장(recommended) 사항일 때, VI를 실행할 수 있지만, 권장하는 입력과 출력이 연결되지 않았음이 에러 리스트 윈도우에 경고로 표시된다. (단, 경고 표시에 체크를 한 경우에 한정한다) 입력이 선택(optional) 사항인 경우, 특정한 제약 사항이 없다.

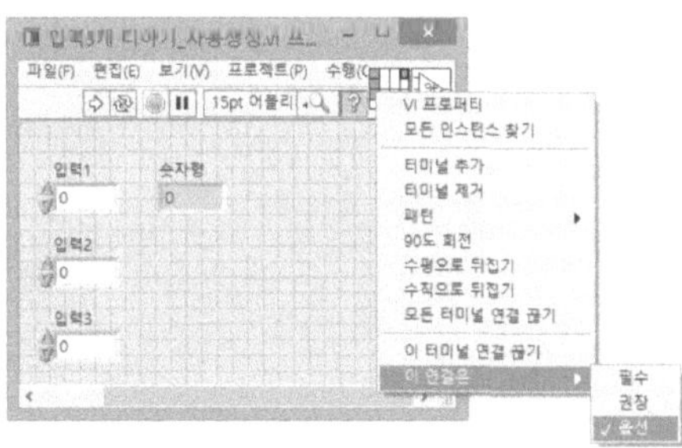

LabVIEW의 내장 함수는 자동적으로 필요한 입력이 연결되었는지를 체크하며, 필요한 모든 입력을 연결하기 이전에는 VI가 깨진 상태로 표시된다. 필수, 권장, 선택 사항의 기능을 갖는 SubVI를 구축할 수 있다.

기본 도움말 창에서 필수적인 연결은 두꺼운 글씨로 표시되며, 권장 사항은 일반적인 글씨로, 선택 사항은 뿌연 글씨로 표시된다. 기본 도움말 윈도우를 간략하게 표시한 경우에는 아이콘이 ▣ 형태로 보이며, 상세하게 표시한 경우는 ▣ 형태로 표시된다. 간략한 보기인 경우에는 **옵션** 연결 사항은 표시되지 않는다. 다음은 필수, 권장, 옵션 사항을 선택할 때 도움말 창에 표시되는 차이점을 보이고 있다.

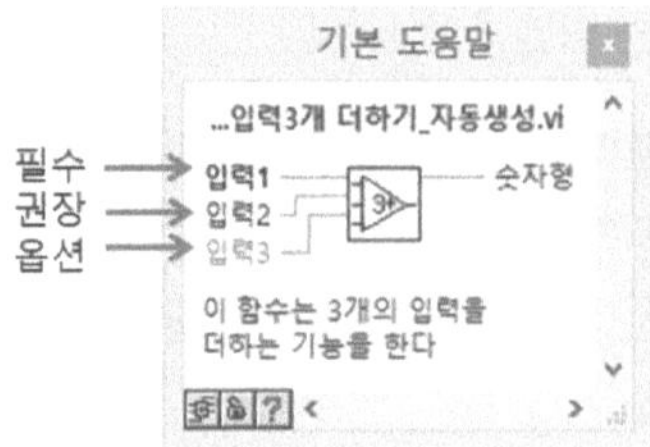

8 마우스 오른쪽 버튼을 클릭한 후 바로가기 메뉴의 **VI 프로퍼티**를 선택한다.
VI 프로터티 창에서 문서를 선택하고 VI 설명을 다음과 같이 입력하고 “확인”을 선택한다.

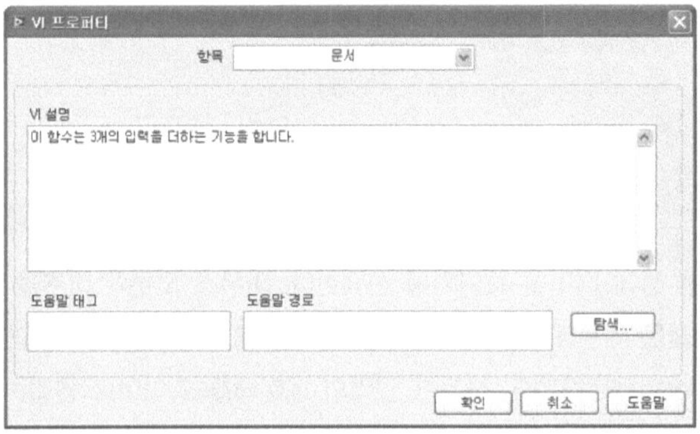

방금 입력한 VI 설명 내용이 기본 도움말 창에 표시됨을 확인할 수 있다.

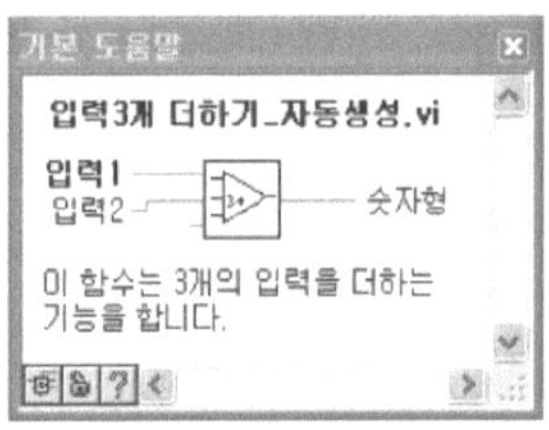

3-02 VI 스니핏

VI 스니핏(snippet)은 블록다이어그램의 일부를 선택하여 그림파일인 png 파일로 저장할 때, VI 정보까지 저장하는 기능이다. Snippet한 그림파일의 특징은 다른 블록다이어그램에서 이 그림파일을 드래그 앤 드롭하면 다시 블록다이어그램과 프런트패널 정보가 살아나는 데 있다. 이 기능은 LabVIEW의 **편집(E)** 메뉴의 **선택한 부분의 VI 스니핏 생성**을 이용한다.

다음과 같은 블록다이어그램에서 스니핏을 작성할 영역을 선정하고, **편집(E)** 메뉴의 **선택사항에서 VI 스니핏 생성**을 선택한다.

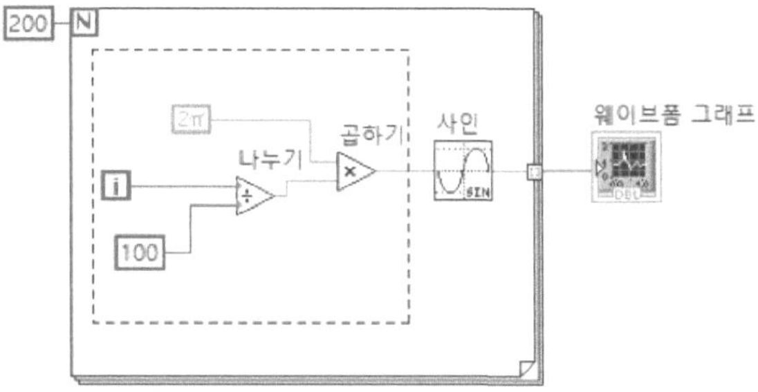

다른 이름으로 VI 스니핏 저장 창이 표시되면, **스니핏 테스트.png파일**로 저장한다.
저장한 png 그림파일은 다음과 같은 상태로 표시된다. 스니핏한 그림파일에는 아이콘이 추가되어 있다.

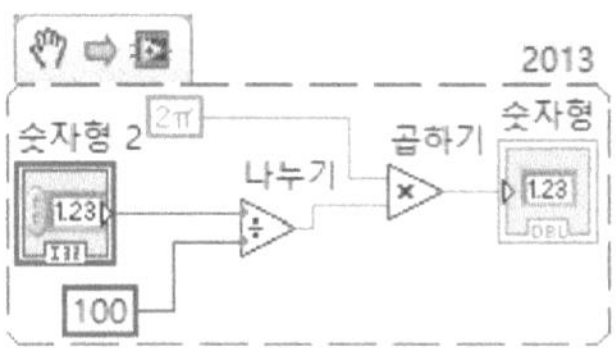

새로운 VI를 열고 블록다이어그램을 표시한다. 저장한 png 파일을 블록다이어그램으로 드래그 앤 드롭하면 자동적으로 표시된다.

VI Snippet의 특징은 다음과 같다.

- 그림파일로 저장하였기에, VI의 정보가 png 파일에 추가되었다. 파일의 크기는 약간 커진다.
- 포토샵, 그림판 등에서 그림파일을 수정하면 VI Snippet의 기능이 사라진다.
- 블록다이어그램에 SubVI가 포함된 경우, SubVI에 대한 정보까지 갖고 가지는 못한다.

VI Snippet는 다음과 같은 경우 매우 유용하게 사용할 수 있다.

- 메일로 자료를 전송하는 경우
- 웹 환경에서 VI를 공유할 때
- 마이랩뷰 같은 커뮤니티에서 VI를 공유할 때

이상과 같이 블록다이어그램을 그림파일로 공유하고, 필요한 경우에는 VI로 복원할 수 있다는 것이 VI 스니펫의 특징이다.

3-03 VI 프로퍼티

VI 프로퍼티는 개별 VI의 전반적인 특성을 조정하고 설정하기 위하여 사용한다. 메모리 사용량을 확인할 때, VI에 대한 설명을 작성할 때, 블록다이어그램에 암호를 설정할 때 등은 VI 프로퍼티에서 설정한다. VI 프로퍼티는 상단 메뉴에서 **파일(F) ▶ VI 프로퍼티(I)**로 선택할 수 있다. 또는 우측 상단의 아이콘에 마우스를 놓고, 마우스 오른쪽 버튼을 클릭한 후 바로가기 메뉴에서 VI프로퍼티를 설정할 수 있다.

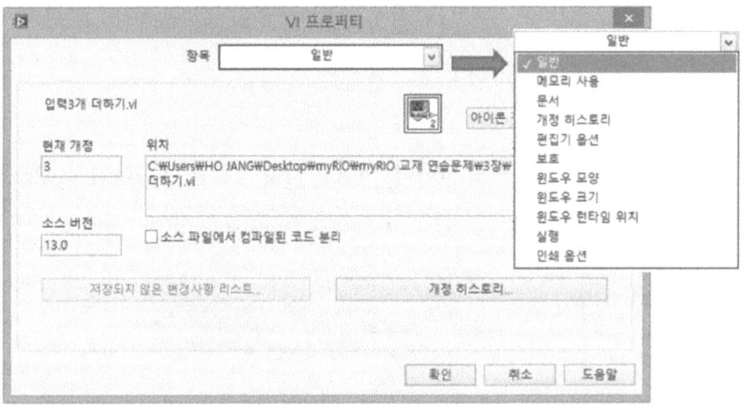

- **일반**: VI의 위치를 확인하고 아이콘 편집이 가능하다. 또한 개정 히스토리를 수정할 수 있다.
- **메모리 사용**: VI의 메모리 사용량을 상세하게 표시해 준다. VI의 실행 속도가 현저하게 늦거나 컴퓨터의 리소스를 많이 차지하는 경우, 가장 먼저 VI의 메모리 사용량을 확인한다. VI의 프로그램 양보다 메모리 사용량이 지나치게 많다면, 글로벌 변수 사용량이나 클러스터 사용에서 오류나 남용이 있을 수 있다.
- **문서**: VI에 대한 설명을 입력할 수 있다. VI 설명은 개발자가 입력하는데, 사용자가 VI를 이용할 때의 사용법이나 주의사항을 입력한다. 입력한 설명 내용은 〈Ctrl+H〉를 실행하였을 때의 기본 도움말 창에 표시된다.

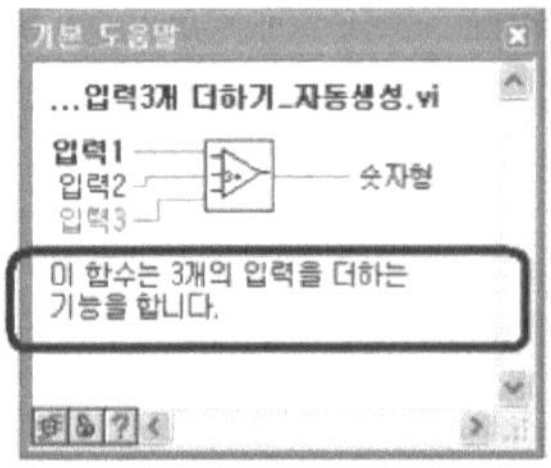

- **보호**: 암호를 설정하고 변경할 수 있다. "암호로 보호됨"을 선택하면 블록다이어그램을 암호로 보호할 수 있다. 암호 설정은 LabVIEW를 한 번 종료하고 재실행한다.

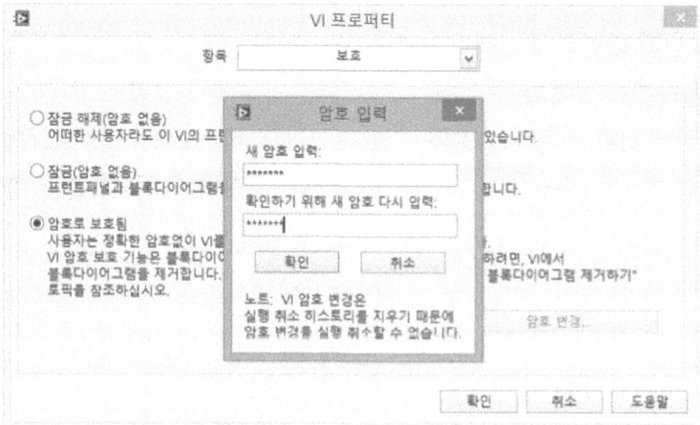

- **윈도우 모양**: VI를 실행하였을 때 윈도우 제목이나 모양을 설정한다. 윈도우에 보이는 제목을 바꾸어주거나 보이는 항목을 선택해 줄 수 있다.

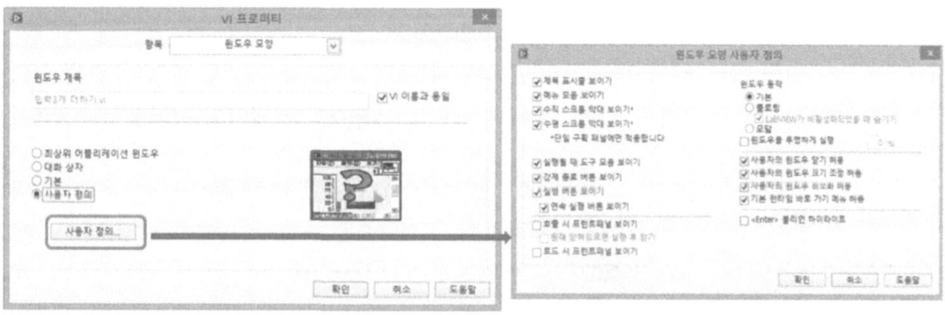

- **윈도우 크기**: VI를 실행할 때 어떤 윈도우 크기로 실행할지를 결정한다. 예로서, 실행 파일을 다른 파일로 배포할 때, 모니터 해상도가 서로 다르면 해상도에 따른 VI의 윈도우 크기가 변경된다.

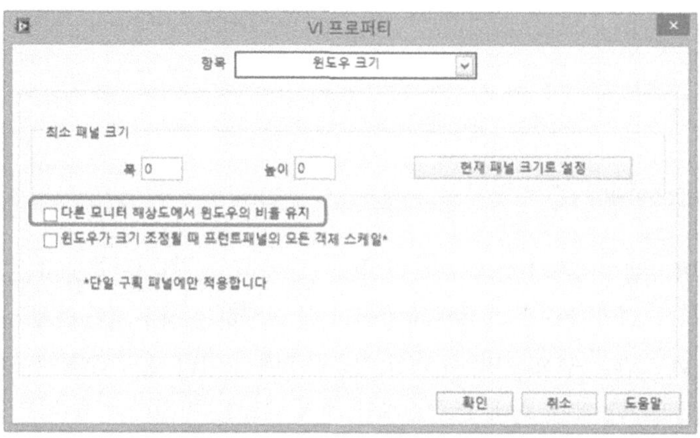

다른 모니터 해상도에서 윈도우의 비율 유지를 선택하면 모니터의 해상도에 관계없이 윈도우의 비율을 유지할 수 있다.

- **윈도우 런타임 위치**: 실행될 때의 윈도우 위치의 크기를 설정할 수 있다. "중심"을 선택하였을 때는 항상 모니터 화면의 중심에 VI가 위치하여 실행된다.
- **실행**: 고급 실행 옵션을 설정할 수 있다. "우선순위" 항목에서 상위로 설정하면, 다른 프로그램보다 우선순위로 VI가 실행되게 만들 수 있다. 서브루틴은 OS 수준이고, 일반적으로 최상위순위로 실행할 필요가 있을 때는 "시간에 결정적인 우선순위(최고)"를 선택한다.

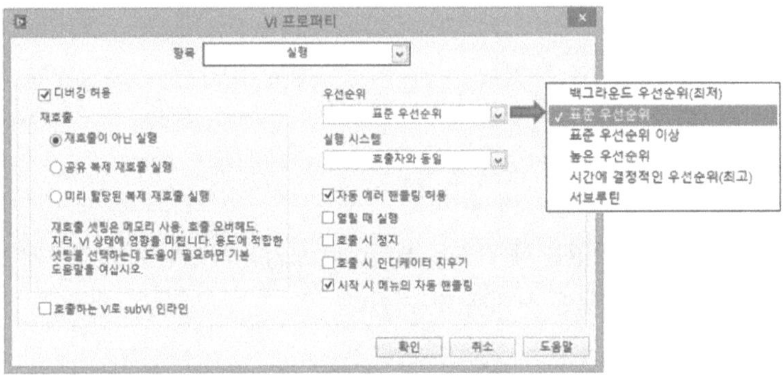

- **인쇄 옵션**: VI의 블록다이어그램이나 프런트패널을 인쇄할 때의 옵션을 선택해 줄 수 있다. 사용자가 여백을 주거나 용지에 맞도록 자동으로 스케일되게 설정할 수 있다.

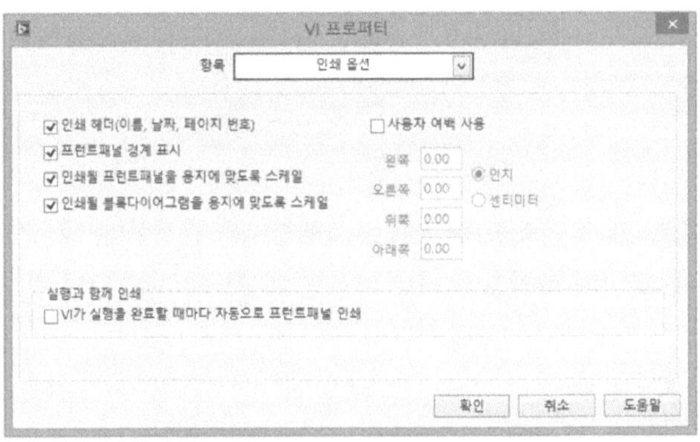

3-04 VI 재귀(Recursion)

자기 블록다이어그램이나 SubVI의 블록다이어그램에서 스스로를 호출하는 것을 VI 재귀(Recursion)라 한다. VI의 출력을 재사용하여 여러 번 실행하는 경우 유용하게 사용할 수 있다. 어떤 VI든 재귀 VI로 만들 수 있으며, 한 VI의 계층구조에서 여러 재귀 VI를 사용할 수 있다. 32비트 플랫폼에서 LabVIEW는 최대 15,000개의 재귀 호출을 지원하며, 64비트 플랫폼에서는

35,000개의 재귀 호출을 지원한다. VI 재귀를 사용하기 위해서는 VI 프로퍼티의 실행에서 **"공유 복제 재호출 실행"**을 활성화해 주어야 한다. 그리고 **"인스턴스 사이에 복제 공유"**를 선택한다.

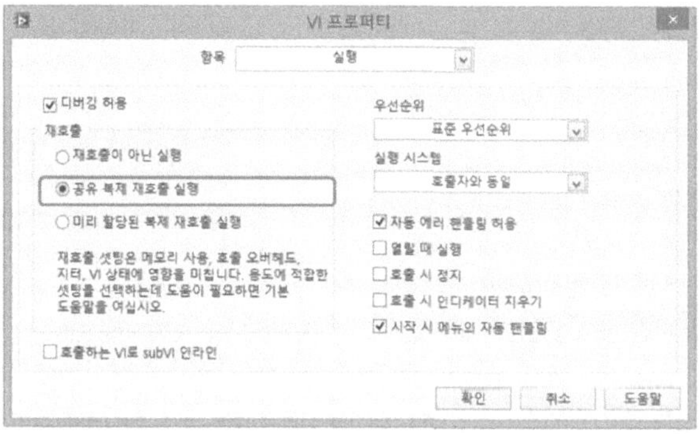

예제 3-03 VI 프로퍼티 및 VI 재귀(Recursion) 연습

VI 프로퍼티 수정 및 VI 재귀 기능을 이용해서 n!를 구하는 VI를 작성한다. n!는 1*2*3*…*n이다.

● **프런트패널**

1 새 VI를 만들고, **VI프로퍼티 연습**.vi로 파일을 저장한다.

2 프런트패널에 숫자형 컨트롤과 숫자형 인디케이터를 1개씩 놓고, 라벨은 각각 "n"과 "n!"를 입력한다.

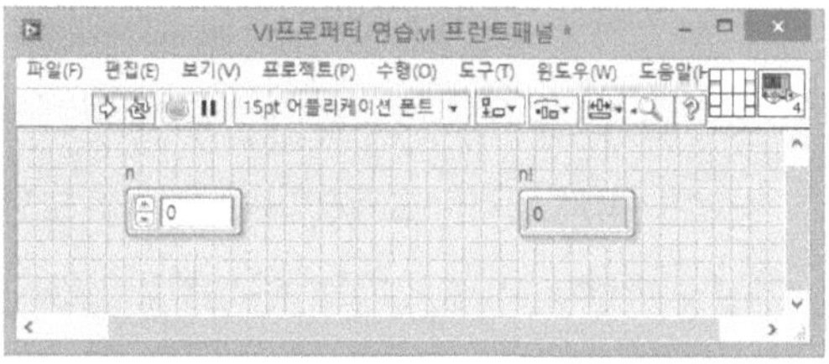

3 프런트패널의 우측 상단의 아이콘 창을 마우스 오른쪽 버튼을 클릭한 후 바로가기 메뉴에서 **아이콘 편집기**를 선택한다. 아이콘 모양을 다음과 같이 편집한다.

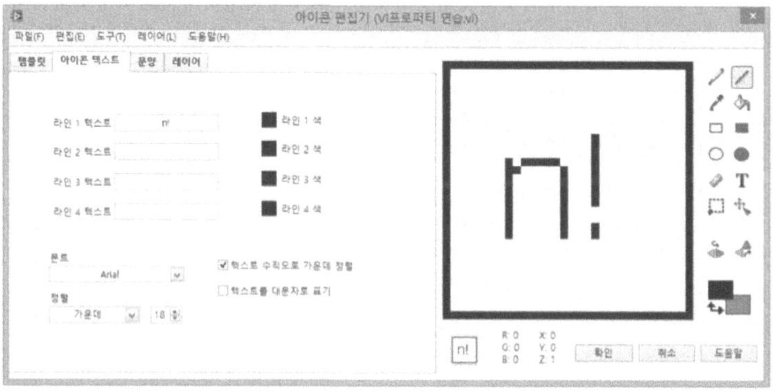

4 우측 상단의 아이콘 창의 바로가기 메뉴에서 패턴을 다음과 같이 입력 1개, 출력 1개로 변경한다. 좌측 컨넥터에는"n", 우측 컨넥터에는 "n!"를 할당해서 로 연결한다.

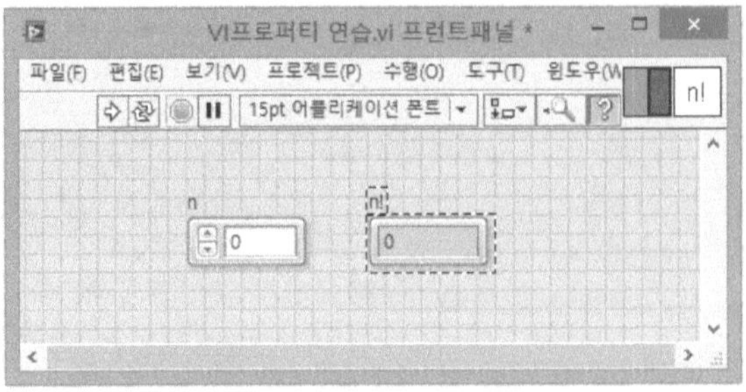

5 우측 상단의 아이콘 창의 바로가기 메뉴에서 **VI프로퍼티**를 선택한다. 문서에서, VI의 설명을 입력한다.

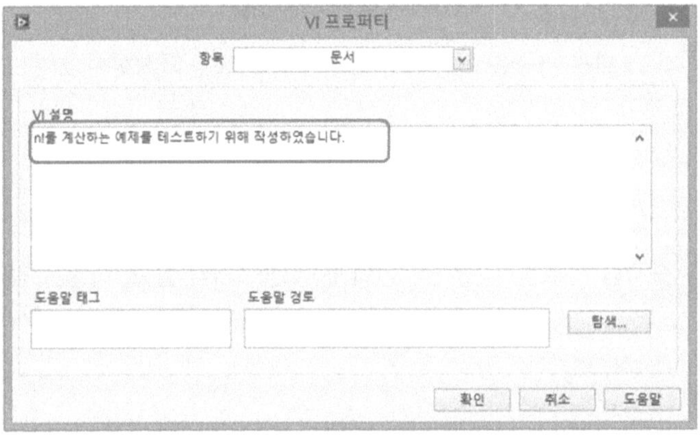

6 우측 상단의 아이콘 창에 을 놓으면, 방금 입력한 도움말이 표시된다. 도움말 창을 보이게 하려면 〈Ctrl+H〉를 입력한다.

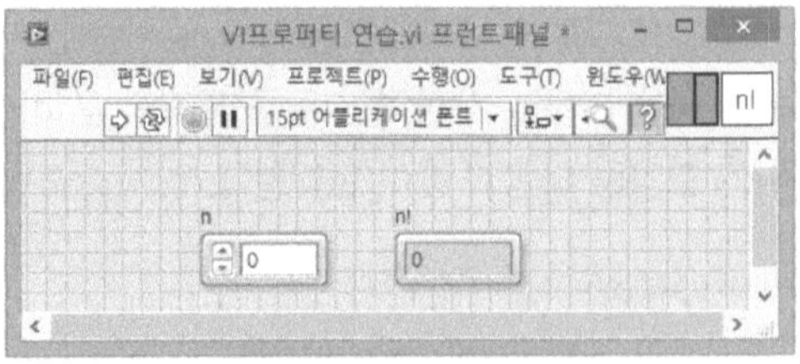

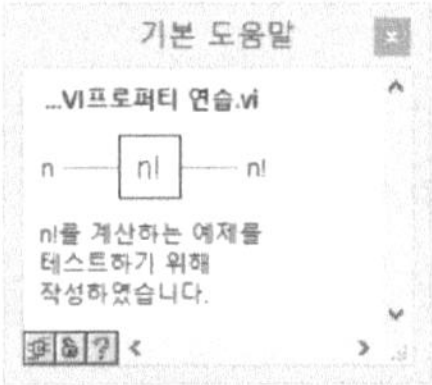

7 VI **프로퍼티▶실행**에서 **"공유 복제 재호출 실행"**을 활성화시켜 준다.

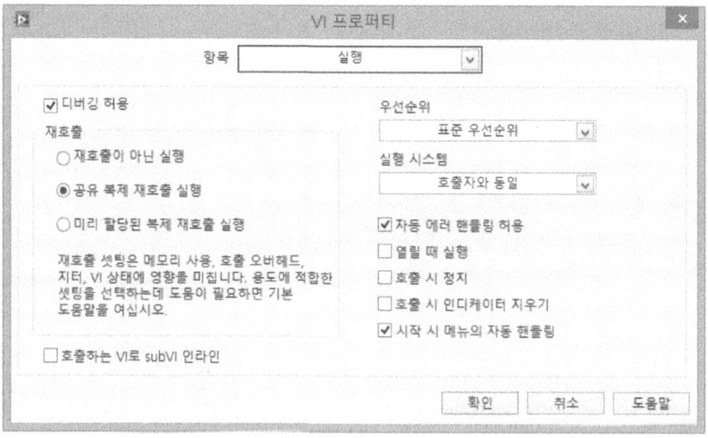

- **블록다이어그램**

8 다음과 같은 **Case구조**를 이용하여 블록다이어그램을 작성한다.

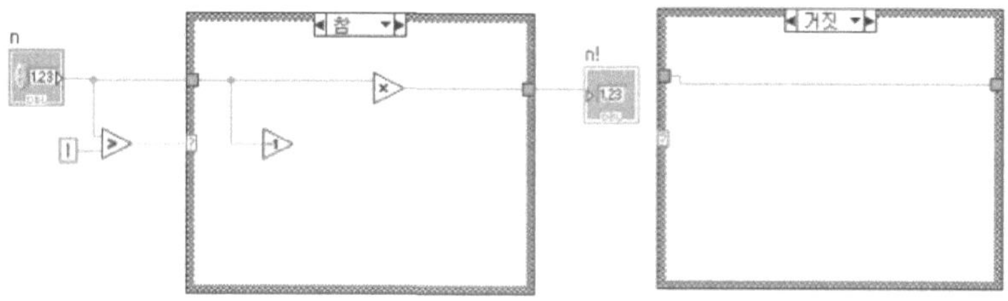

9 마우스로 VI의 아이콘을 선택하여 블록다이어그램에 드래그 앤 드롭한다. 그리고 의 출력을 n에 입력하고, n!의 출력을 연산과 연결한다.

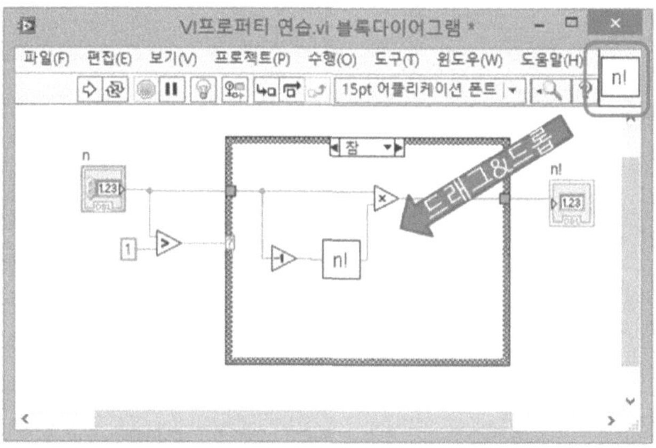

10 프런트패널을 정리하고 n=10을 입력하고 프로그램을 실행한다. 다음과 같은 결과가 표시된다.

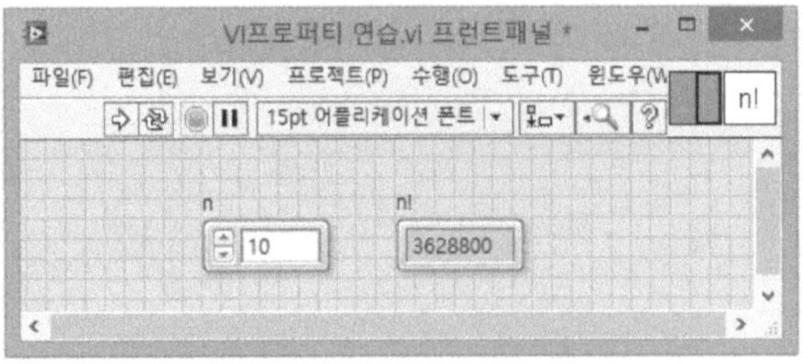
VI프로퍼티 연습.vi 프런트패널 *
파일(F) 편집(E) 보기(V) 프로젝트(P) 수행(O) 도구(T) 윈도우(W
15pt 어플리케이션 폰트
n!
n
10
n!
3628800

CHAPTER

04 LabVIEW의 구조

CONTENTS

4-01 For 루프

4-02 While 루프
- 예제 4-01 난수 발생 및 일치되는 실수 값 찾기
- 예제 4-02 시프트 레지스터 만들기

4-03 Timed 루프
- 예제 4-03 While 루프와 Timed 루프의 타이밍

4-04 케이스(Case) 구조
- 예제 4-04 불리언 조건 입력의 케이스 구조
- 예제 4-05 케이스 구조와 로컬 변수

4-05 복잡한 수식 연산
- 예제 4-06 수식 노드를 이용해 A=tanh(X)+cos(X); Y=A**3+A; 작성

4-06 이벤트(Event) 구조
- 예제 4-07 사용자 인터페이스 이벤트

4-07 시퀀스(Sequence) 구조
- 예제 4-08 시퀀스를 이용해서 특정 숫자를 찾을 때까지 필요한 시간을 측정

4-08 로컬 변수(Local Variable)와 글로벌 변수(Global Variable)
- 예제 4-09 1개의 컨트롤로 2개의 루프 제어
- 예제 4-10 글로벌 변수를 이용한 데이터 입, 출력

일반적인 C 또는 BASIC 프로그램 언어에서 구조를 제어하는 것과 동일한 방법으로, LabVIEW의 구조는 프로그램의 실행 순서를 VI에서 제어하는 중요한 노드이다. 이 장에서는 LabVIEW의 대표적 구조인 For 루프, While 루프, Timed 구조, 케이스 구조, 이벤트 구조, 시퀀스 구조, 복잡한 수식연산을 소개한다.

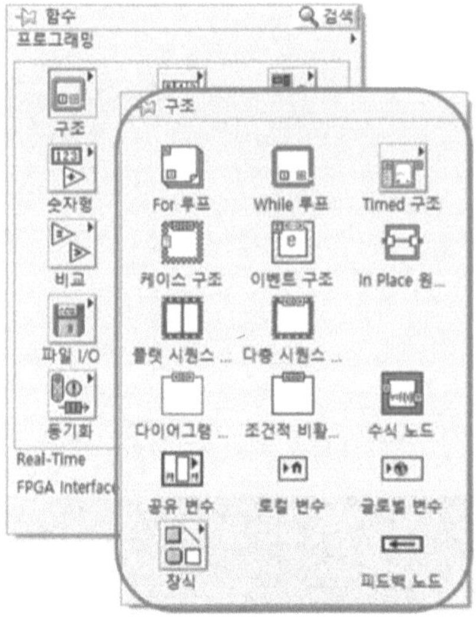

4-01 For 루프

For 루프는 서브-다이어그램이라 부르는 루프의 경계 내부를 카운트 터미널 N에 입력된 숫자만큼 실행한다. 참고로, While 루프는 정지 버튼을 누를 때까지 무한루프로 실행한다.

루프 반복 횟수 i은 루프가 실행한 횟수를 의미하며, 최초 실행 값은 0, 다음 실행 값은 1이며, N회 실행하면 그 값은 N-1이다.

For 루프는 블록다이어그램의 **프로그램▶구조**에 있으며, 커서는 로 표시된다. 참고로, While 루프 커서는 로 표시된다. 커서를 한쪽 모서리에서 클릭하고, 선택 영역을 확대해 마우스를 놓으면 For 루프의 크기가 확대된다.

다음의 For 루프는 난수(0-1)를 매번 발생할 때마다 그 결과를 웨이브폼 차트에 표시한다. 이러한 과정은 100회 반복되므로 웨이브폼 차트에는 100개의 난수가 표시된다.

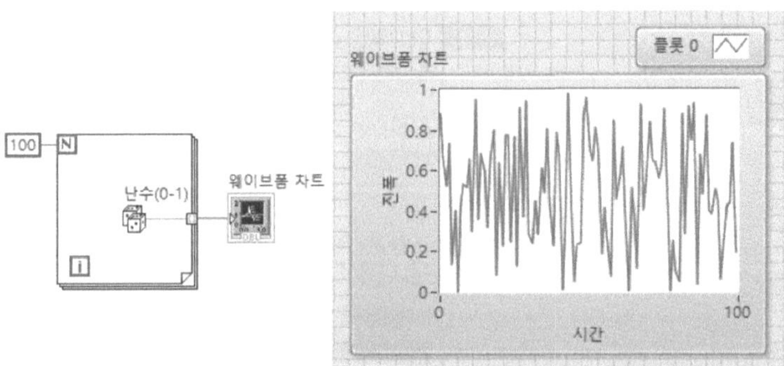

4-01-1 For 루프의 자동 인덱싱에 관하여

자동 인덱싱은 For 루프와 While 루프의 경계 면에서 배열 데이터를 자동적으로 저장하는 것을 의미한다. 각 루프 반복 횟수 [i]을 반복할 때마다 배열 원소는 자동적으로 데이터를 추가하며, 자동 인덱싱 상태는 경계가 [▯]과 같은 형태로 표시된다.

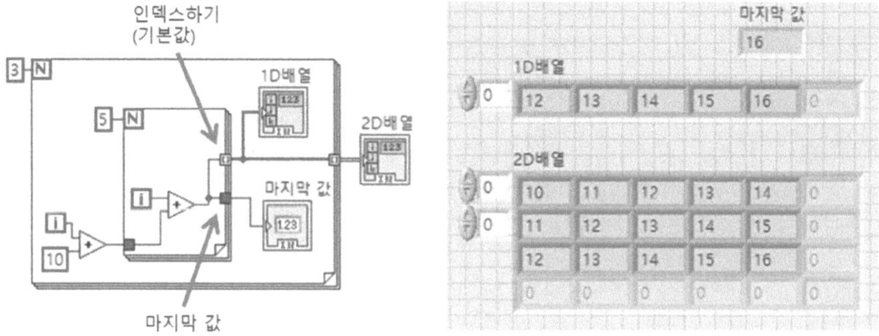

For 루프에서 자동 인덱싱은 기본 값이기에, 루프를 빠져나올 때는 출력 데이터의 차원을 1단계씩 높이는 역할(1D 배열이 루프를 나올 때는 2D가 됨)을 한다. 만약 배열을 생성하지 않고, 터널을 빠져 나오려면 숫자형과 연결되어 있는 와이어는 깨진다. 와이어가 깨지면 For 루프 경계면의 팝업메뉴에서 **터널 모드▶마지막 값**을 선택하면 자동 인덱싱을 하지 않는다. 자동 인덱싱을 하지 않으면, For 루프의 마지막 값만 루프 밖으로 출력된다.

찬고로, Whilc 루프는 기본값으로 자동 인덱싱을 사용하지 않는다. 만약 자동 인덱싱을 사용하려면, While 루프의 팝업메뉴에서 **터널 모드▶인덱스하기**를 선택한다.

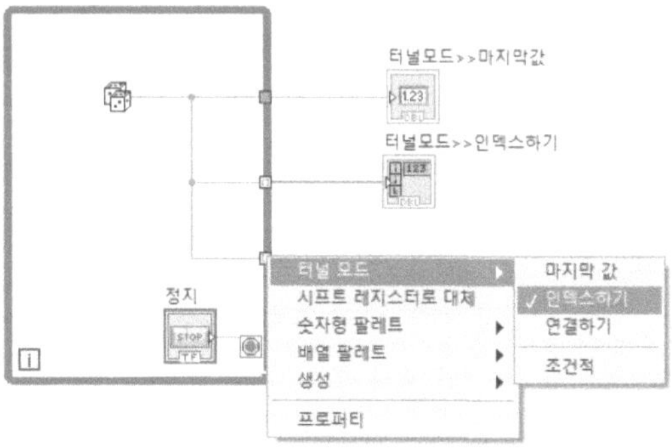

LabVIEW는 왜 자동 인덱싱을 선택적으로 사용할까? For 루프는 루프를 시작할 때 생성할 배열의 크기를 예측해 설정할 수 있으므로 컴퓨터 메모리의 크기를 설정할 수 있다. 그러나 While 루프는 언제 루프를 종료할지 알 수 없으므로 자동 인덱싱을 사용하면 루프가 반복될수록 컴퓨터 메모리의 크기를 변경해야 될지도 모른다. 즉 While 루프는 [i]을 계속 반복하면서 배열을 계속 변경해야 하므로 컴퓨터의 성능을 감소시킬 수 있다. 이러한 결과를 기본으로 하면, 100000번의 [i]을 반복한 후 배열을 작성할 때 For 루프가 While 루프보다 빠를 수 있음을 추론할 수 있다.

1. For 루프를 카운트하는 자동 인덱싱

For 루프에 입력되는 배열을 자동 인덱싱 모드로 사용하면, LabVIEW는 배열 크기를 자동적으로 설정하므로 For 루프의 N에 값을 연결할 필요가 없다. 만약 다음 VI와 같이 N 값과 배열을 자동 인덱싱으로 사용한 배열의 크기가 다르면, LabVIEW는 작은 값을 취한다. 이러한 결과 때문에, 다음의 For 루프는 "1D 배열 컨트롤"의 배열 크기가 5이므로 For 루프는 5회만 반복 실행한다.

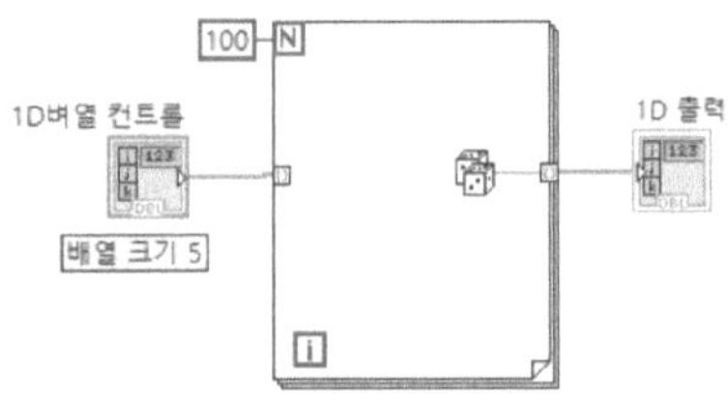

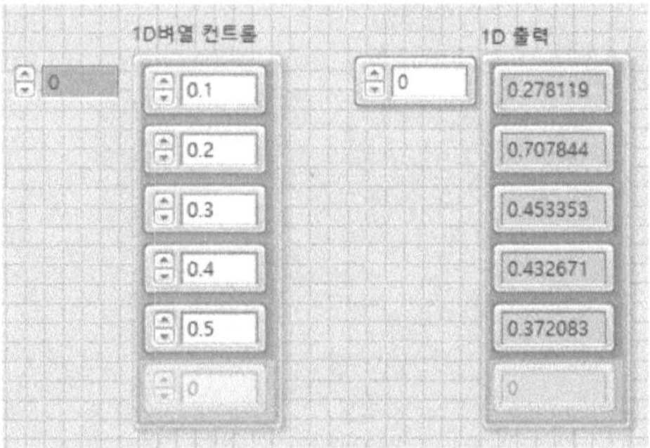

또한, 다음과 같이 For 루프는 N에 값을 연결하지 않아도 에러를 출력하지 않는다. 이는 "1D 배열 컨트롤"의 배열 크기가 For 루프를 제어함을 의미한다.

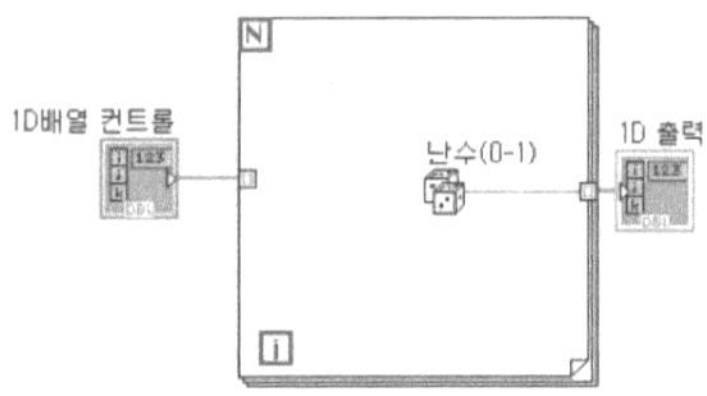

2. For 루프의 정지

For 루프는 N에 입력된 값만큼 실행하고 멈추는 구조이기에, 중간에 멈출 수가 없다. 실행 도중에 에러가 발생하거나 디버깅을 위해 멈춰야 할 경우에는 다음과 같이 단축 메뉴에서 **조건 터미널**을 선택하고 While 루프와 동일한 조건 터미널을 생성한다.

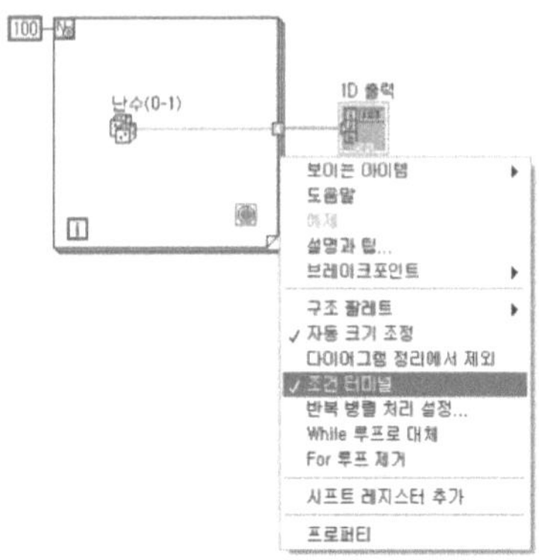

3. For 루프의 반복 병렬 처리 설정

일반적으로 For 루프는 같은 계산을 반복해서 N번 수행하기 위하여 사용한다. 이 경우 컴퓨터의 멀티코어 프로세스의 병렬 처리 기능을 이용하면 좀 더 효율적일 수 있다. 예로서, 임의 수학 연산을 1000번 수행해야 되는 경우 다음과 같이 250루프씩 4개로 나누어서 For 루프를 만들면 병렬 수행이 가능하다.

For 루프의 반복 병렬 처리 설정을 이용한다면 좀 더 프로그램을 단순화시킬 수 있다. 좌측 프로그램은 **Auto Power Spectrum.vi**를 1000번 수행하는데, 4개의 Worker로 나누어 병렬 처리하도록 설정한 것이다.

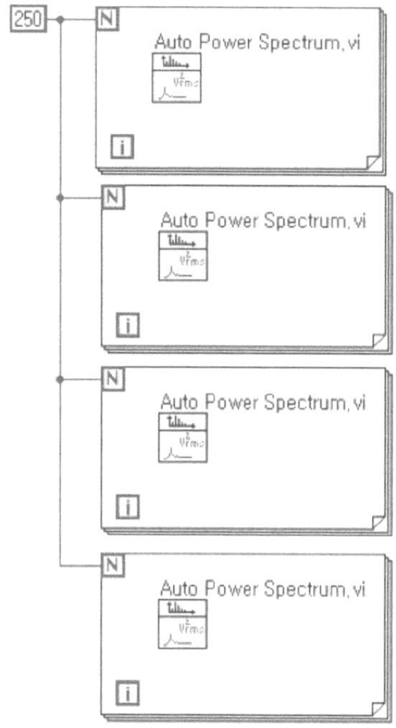

For 루프의 팝업메뉴에서 **반복 병렬 처리 설정…**을 선택하면 For 루프 반복 병렬 처리 창이 표시된다. 루프 반복 병렬 처리 활성화를 체크하면 For 루프에 작업 개수 P가 생성된다. 생성된 병렬 루프 인스턴스 개수는 Worker의 개수를 의미한다. 또는 블록다이어그램에서 상수나 컨트롤로 P 값을 입력할 수 있다. 디버깅 허용에 체크하면, For 루프를 디버깅할 수 있다. 이 경우 병렬 처리는 비활성화된다.

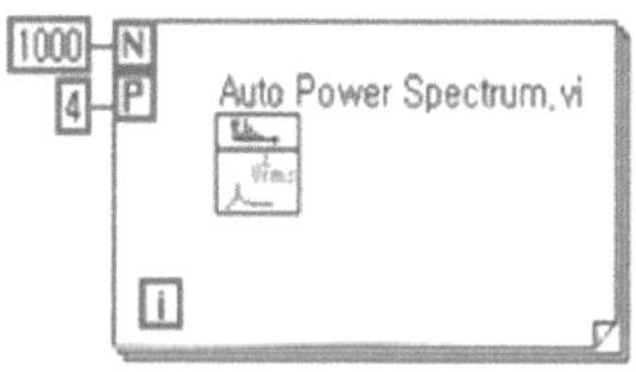

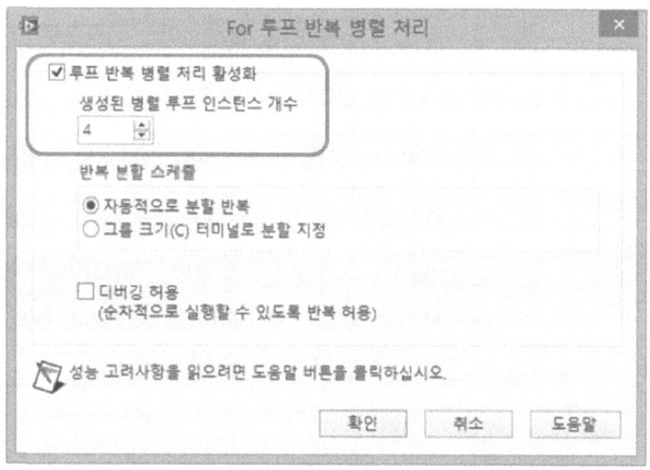

모든 For 루프에서 병렬 처리를 활성화할 수 있는 것은 아니다. 개별 루프가 독립적이어서 루프를 나누어 실행할 수 있는 경우에만 사용할 수 있다. 예로서, 시프트 레지스터를 이용하여 다음 루프로 데이터를 전달하는 경우에는 병렬 실행을 할 수 없다. **도구▶프로파일▶병렬 가능** 루프 찾기를 실행하여 VI에서 병렬 실행이 가능한 루프를 검색할 수 있다. 병렬 가능은 ◎으로 표시된다.

4-02 While 루프

While 루프는 루프 내부의 조건 터미널에 의해 제어된다.
While 루프는 참인 경우 정지와, 참인 경우 계속으로 구분된다.
논리적으로 이해하기 쉬운 것은 참인 경우 정지이기에, While 루프의 기본 값으로 사용한다.
i는 반복 횟수(Iteration)로 부르며, 0부터 정수 값을 출력한다.

예제 4-01 난수 발생 및 일치되는 실수 값 찾기

While 루프와 난수 발생기를 이용하여, 입력한 실수 값과 똑같은 난수가 생성될 때까지 While 루프를 반복하는 프로그램을 작성한다. 또한 몇 번째 루프에서 프로그램이 종료되었는지를 찾는 방법을 연습한다.

- **블록다이어그램**

1. 새 VI를 열고, **난수 자동 일치.vi**라는 이름으로 저장한다.
2. While 루프를 블록다이어그램에 위치시킨다.
3. **프로그래밍▶숫자형** 팔레트에서 **난수**를 위치시킨다.
4. 곱하기를 위치시키고, **생성▶상수**에서 10000을 입력한다.
5. **프로그래밍▶숫자형** 팔레트에서 반올림을 사용하여, 소수점 이하의 값을 버린다. 반올림 출력에서 **생성▶인디케이터**를 생성한다. DBL 인디케이터의 라벨을 "현재 값"으로 수정한다. 다음과 같은 프로그램을 완성한다.

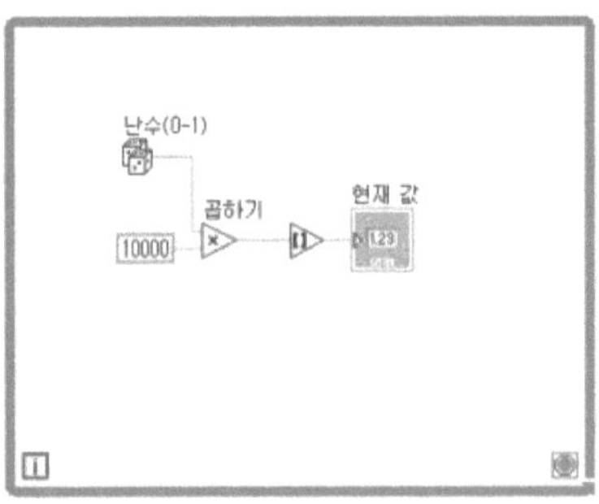

6. **프로그래밍▶비교** 팔레트에서 **같지 않음?** 함수를 블록다이어그램에 놓는다. 입력 쪽의 팝업메뉴에서 **생성▶컨트롤**을 선택하면 DBL컨트롤을 만들 수 있다. 라벨을 "입력"으로 수정한다.

7 **참인 경우 정지**의 팝업메뉴에서 참이면 계속을 선택하여 **참인 경우 계속**으로 변경하고, **같지 않음?** 을 연결한다.

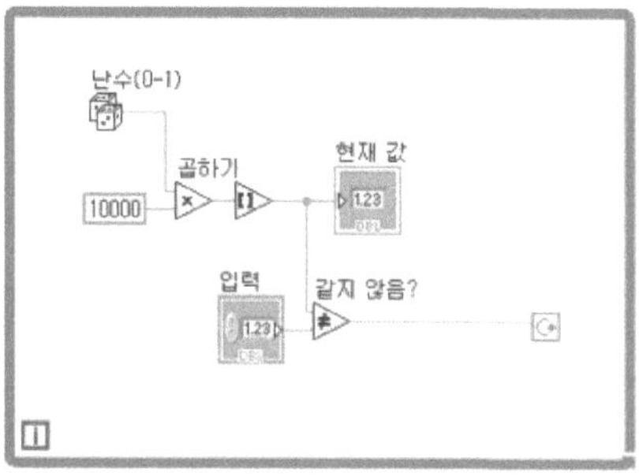

8 ⓘ를 우측으로 옮기고 **프로그래밍▶숫자형** 팔레트에서 **증가**를 위치시킨다. 출력에 인디케이터를 생성하고 라벨은 "반복 횟수"로 수정한다. **증가**를 사용한 이유는 ⓘ가 0부터 시작하기 때문이다.

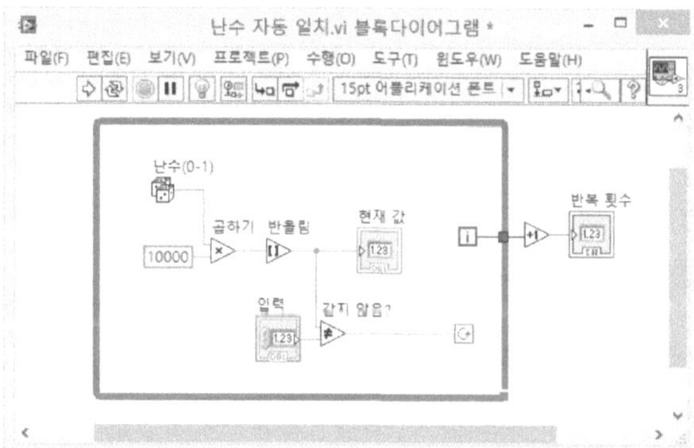

● **프런트패널**

9 프런트패널을 다음과 같이 정리한다. 입력에 0~10000의 숫자를 입력하고 **실행 버튼**을 클릭한다. 다음 예는 While 루프가 10650회 실행되었을 때 입력 100과 동일한 숫자가 되었다는 것을 보여준다. 난수를 이용한 방법이기에, 매번 실행할 때마다 값은 변경된다.

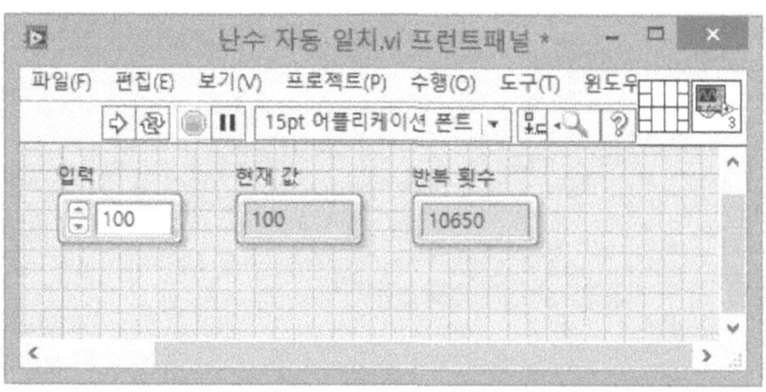

10 만약 입력 값에 10000보다 큰 숫자를 입력하는 경우를 고려한다. 이 경우 프로그램은 무한 루프에 빠질 수 있기에, 데이터 입력의 범위를 제한하는 경우를 만들고자 한다. **"입력"**의 팝업메뉴에서 **데이터 입력**을 선택한다.

최대값, 최소값, 증가, 리미트 밖의 값에 응답을 다음과 같이 수정하고 **"확인"**을 선택한다.

11 **"입력"**에 0~10000 범위를 벗어나는 숫자를 입력할 때 어떻게 되는지 확인해 본다. 입력의 를 마우스로 클릭하면 값이 5씩 증감되는지 확인한다.

12 적절한 값을 입력하고 프로그램을 실행한다.

13 블록다이어그램에서 실행 하이라이트를 이용해서 관찰한다.

4-02-1 While 루프의 삭제

While 루프를 삭제하려고 〈Delete〉 키를 누르면 While 루프 안에 있는 모든 내용들이 사라진다. 그러므로 While 루프만 삭제하려면 팝업메뉴에서 **While 루프 제거**를 선택한다.

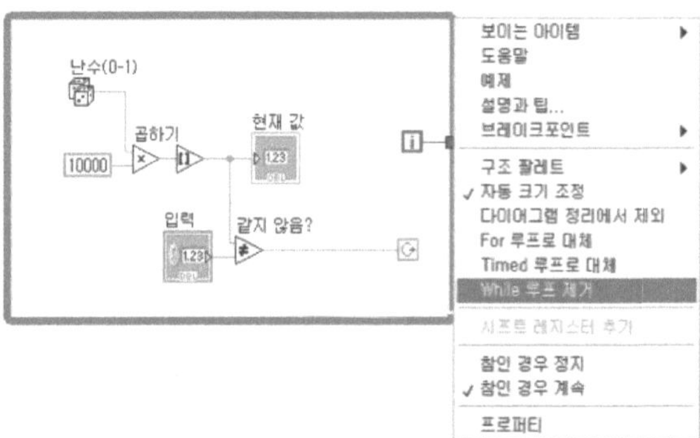

4-02-2 While/For 루프와 Shift Register

For 루프와 While 루프에서 시프트 레지스터를 사용할 수 있다. LabVIEW는 따로 변수를 선언하지 않기 때문에 이전 루프에서 생성된 값을 다음 루프로 넘기기 위하여 시프트 레지스터라는 공간을 만들어서 사용한다. 그렇기 때문에 텍스트 기반의 프로그래밍 언어들과 마찬가지로 시프트 레지스터 변수는 초기화시켜 주어야 하며, 데이터 타입도 미리 정해준다. While 루프에서 시프트 레지스터의 추가는 다음과 같다. For 루프도 동일한 방법으로 한다.

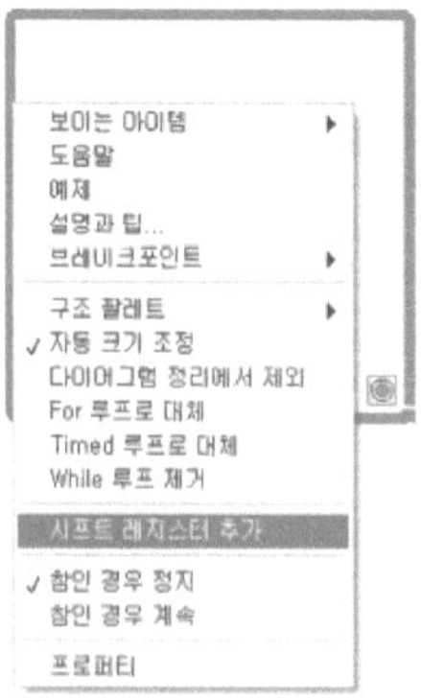

시프트 레지스터를 추가한 경우

4-02-3 시프트 레지스터(Shift Register)의 초기화

예측 못할 결과를 방지하려면, 시프트 레지스터를 항상 초기화해야 한다. 특정한 값으로 시프트 레지스터를 초기화하려면, 루프의 좌측 터미널에 값을 입력하고 와이어로 연결한다. 만약 초기화를 하지 않으면, 프로그램을 실행할 때 시프트 레지스터에 입력되어 있는 기본값이 초기값으로 설정된다.

또한 임의 타입의 상수를 이용하여 초기화시켜 주면 그 타입으로 바뀐다. 다음은 시프트 레지스터를 실수, 불리언, 문자열 상수로 초기화시킨 예다. 루프가 실행되기 전 먼저 초기화 값을 입력 받게 된다.

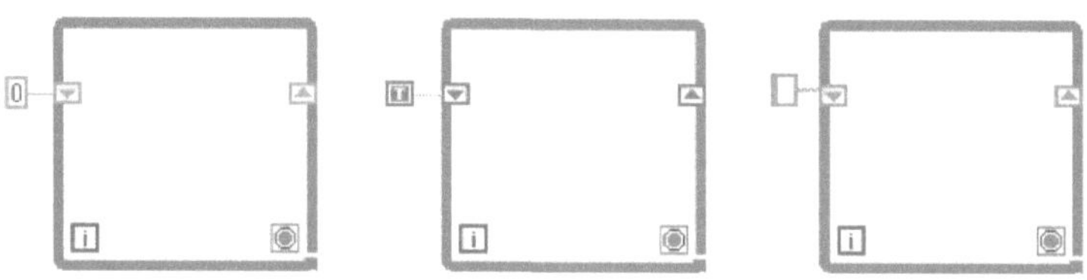

시프트 레지스터의 우측 터미널로 값을 넣어주면, 다음 루프의 왼쪽 터미널에서 그 값이 표시된다. 다음은 우측 터미널에 루프 반복 횟수를 넣어주고 다음 루프에서 그 값을 출력하는 예다.

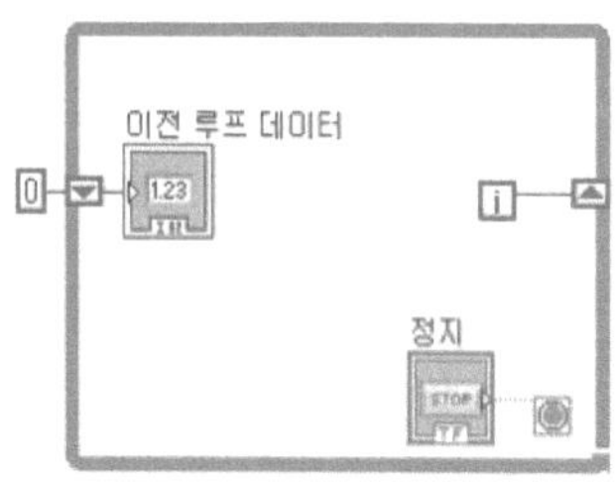

예제 4-02 시프트 레지스터 만들기

시프트 레지스터를 사용하면, 여러 [i]데이터를 평균하는 데 유용하게 사용할 수 있다. While 루프에서 시프트 레지스터를 만들고 그 의미를 이해한다.

● 블록다이어그램

1 새로운 VI를 만들고 **시프트 레지스터.vi**로 이름을 저장한다.

2 블록다이어그램에 While 루프를 위치시킨다.

3 While 루프의 테두리를 마우스로 클릭하고, 팝업메뉴에서 **시프트 레지스터 추가**를 선택하면 시프트 레지스터 1개가 생성된다.

4 좌측 터미널 [▼]의 팝업메뉴에서 **원소 추가**를 2번 선택하면, 추가로 2개의 시프트 레지스터를 생성할 수 있다.

5 **프로그램▶숫자형▶숫자형 상수** [0]을 이용해서 3개의 시프트 레지스터를 모두 초기화한다.

6 [i]값을 우측 시프트 레지스터에 연결하고, 다음과 같이 단축 메뉴에서 **생성▶인디케이터**를 생성한다. 텍스트 값을 i, (i–1), (i–2), (i–3)과 같이 변경한다.
While 루프가 1초에 1번씩 실행되게 하기 위해, **프로그래밍▶ 타이밍▶ 시간지연**을 선택하고, 1초 지연을 입력한다.

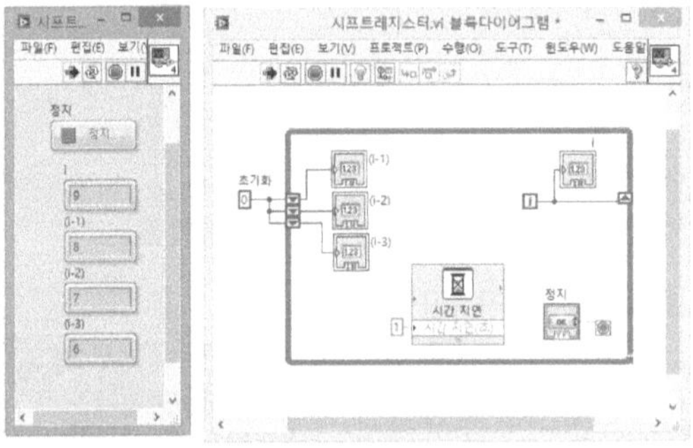

7 프로그램을 실행하면 시프트 레지스터의 값이 어떻게 변경되는지를 확인할 수 있다.

4-03 Timed 루프

Timed 루프는 **함수▶프로그래밍▶구조▶Timed 구조** 팔레트에 있다. While 루프의 다른 형태이며, 정확한 타이밍으로 루프를 실행한다. 또한, Timed 루프는 실행 우선순위를 지정할 수 있다. 이러한 이유로 정확한 타이밍이 필요한 루프에서 더 높은 우선순위를 지정할 수 있다. 또한 클럭(Clock)을 선택할 수 있다.

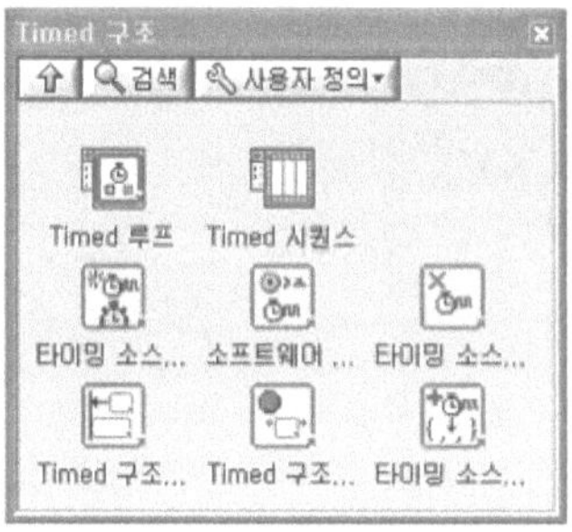

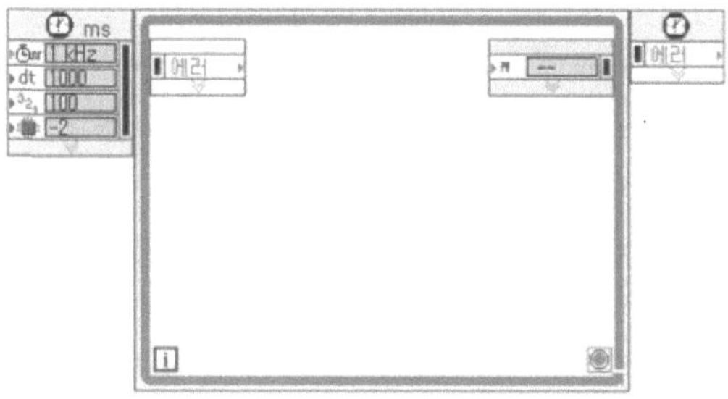

Timed 루프의 사용법은 While 루프와 동일하며, 루프를 정밀하게 제어할 수 있는 여러 가지 함수들이 추가되어 있다.

Timed 루프 좌측에 위치한 입력노드를 더블클릭하면 Timed 루프설정 창을 열 수 있다. 여기서 루프 타이밍 소스, 루프 타이밍 속성 등을 설정할 수 있다.

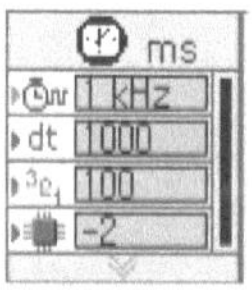

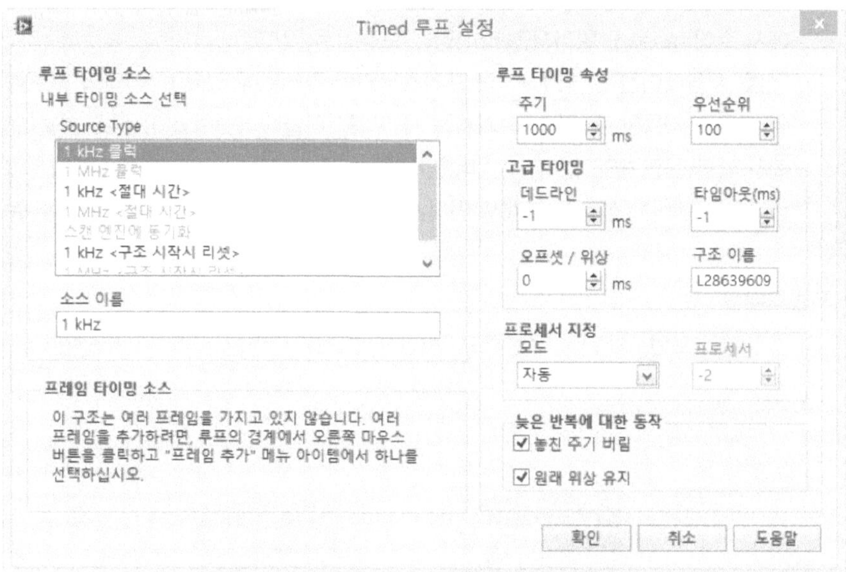

예제 4-03 While 루프와 Timed 루프의 타이밍

다음 연습을 통해 While 루프와 Timed 루프의 타이밍 차이를 알아본다.

● 블록다이어그램

1 다음과 같이 While 루프를 이용해서 블록다이어그램을 구성한다.

2 VI를 **While 루프**와 **Timed 루프.vi**로 저장한다.

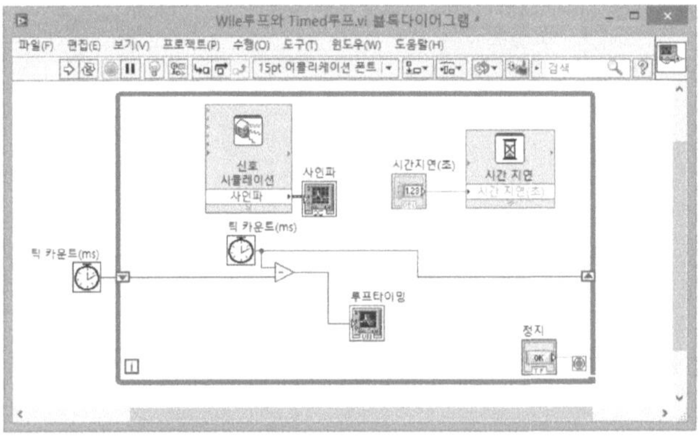

- **"틱 카운터(ms)"**는 **프로그래밍▶타이밍** 팔레트에 있다. 이 함수는 현재 시간을 U32타입의 정수로 출력하며, 단위는 ms다. 시프트 레지스터를 통해 현재 루프의 시간에서 이전 루프의 시간을 빼주고 그 값을 웨이브폼 차트에 표시한다. 여기서 웨이브폼 차트의 라벨을 "루프타이밍"으로 변경하였다.
- **"시간 지연"** 함수는 **프로그래밍▶타이밍** 팔레트에 있다. 하지만 이 함수는 Window 환경에서 수십 msec 단위까지만 타이밍을 보장할 수 있다.
- **"신호 시뮬레이션"**은 **함수▶익스프레스▶입력** 팔레트에 있으며, 임의의 신호를 시뮬레이션할 경우에 사용할 수 있다. 여기서는 사인파를 시뮬레이션하였다. 신호 시뮬레이션 설정 창에서 다른 설정 변경 없이 확인 버튼을 클릭하면 10.1Hz 사인파를 시뮬레이션할 수 있다. 사인파를 선택하고 **생성▶ 그래프 인디케이터**를 선택하면 사인파 차트를 만들 수 있다.

● 프런트패널

3 다음과 같이 프런트패널을 구성하고 **"시간 지연(초)"** 0.01을 입력하고 실행한다.

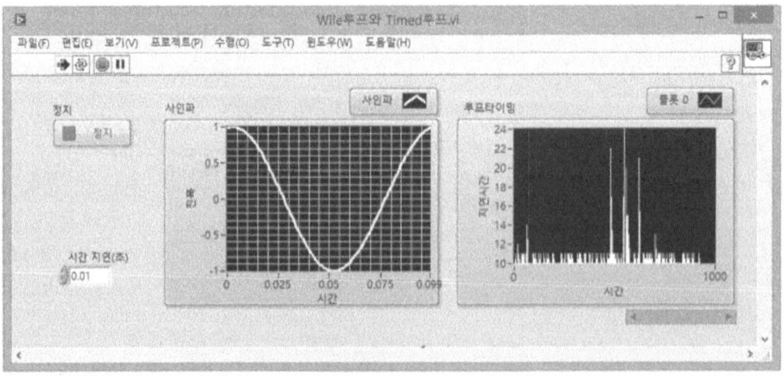

시간 지연을 1msec에 한 번씩 While 루프를 실행하도록 명령하였지만, 실제로 While 루프가 실행한 시간은 루프 타이밍에서 볼 수 있듯이 2~25msec의 에러가 발생한다. 특히 실행 중에 마우스를 움직이면 큰 에러가 발생한다.

- Timed 루프

4 블록다이어그램에서 While 루프를 선택하고, 단축 메뉴에서 **Timed 루프로 대체**를 선택한다.

5 **시간 지연 함수**를 삭제한다. Timed 루프에서는 시간 지연 함수를 사용하지 않는다.

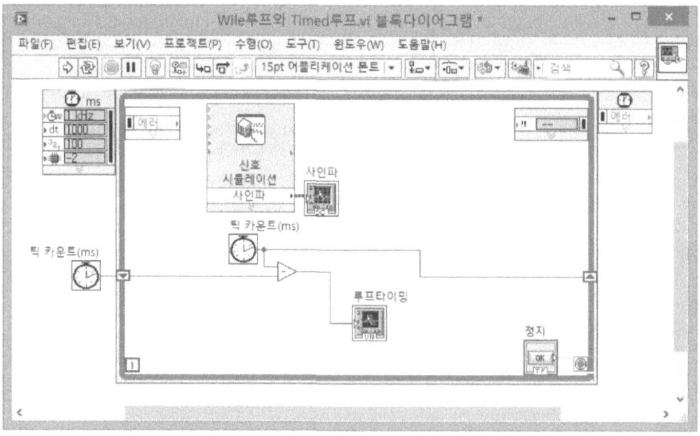

6 Timed 루프 입력노드를 더블클릭하여 **Timed 루프 설정**을 실행한다.

7 Timed 루프 설정 대화상자의 **주기** 항목에 1을 입력한다. msec 단위이므로 1msec 주기로 루프를 실행한다는 의미다.

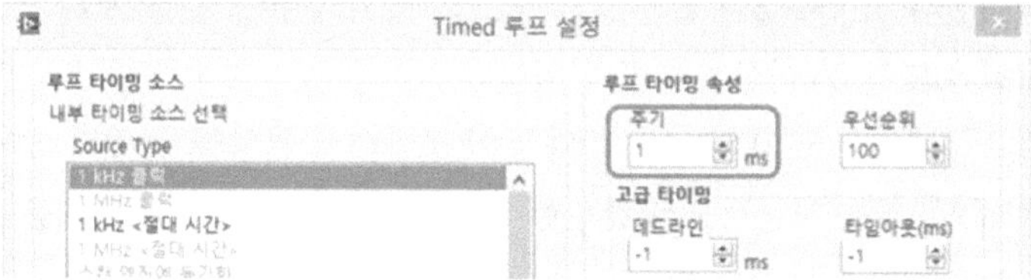

8 프런트패널에서 VI를 실행하면, 루프 타이밍이 1msec를 거의 유지됨을 확인할 수 있다. 그러나 윈도우 시스템 레벨에서 사용되는 리소스가 있기 때문에 가끔 2ms로 표시될 수 있다.

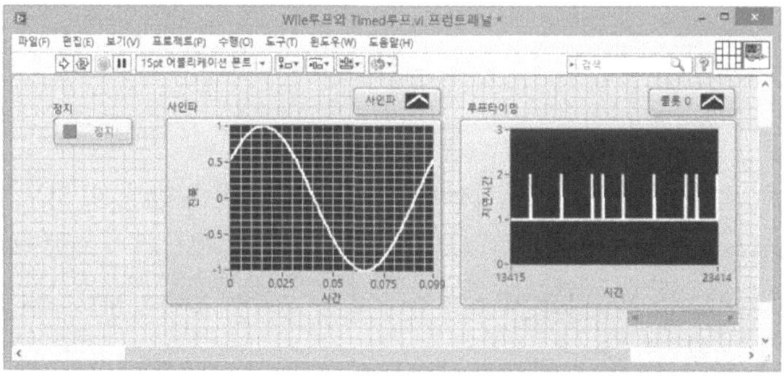

Timed 루프는 While 루프보다 정확한 타이밍을 보장할 수 있지만, 시스템 리소스를 독점하는 것이므로 정확한 타이밍 제어가 필요한 경우에만 사용하는 것이 바람직하다. 일반적인 루프 반복의 경우에는 While 루프를 사용할 것을 권장한다.

4-04 케이스(Case) 구조

케이스 구조는 LabVIEW가 조건문을 실행하는 방법이며, "if - then - else"문과 유사하다. 케이스 구조의 위치는 **함수▶프로그래밍▶구조** 팔레트에 있다. 케이스 구조는 다음과 같이, 2개 또는 그 이상의 케이스들로 구성된다. **케이스 선택자** 에 불리언, 숫자형, 문자형, 에러 등을 입력할 수 있다. 예로서, 케이스 선택자에 불리언을 연결하면 "참", "거짓"의 2가지 케이스가 생성되며, 숫자형 0, 1, 2, 3을 연결하면 "0", "1", "2", "3"의 케이스가 생성된다. 일반적으로 케이스는 기본값을 갖고 있으며, 필요에 따라 케이스를 특정 순서로 정렬할 수 있다.

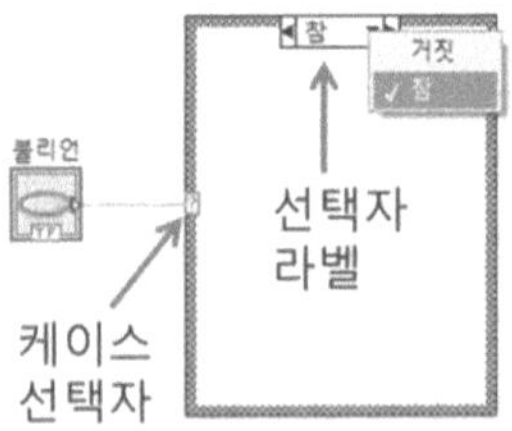

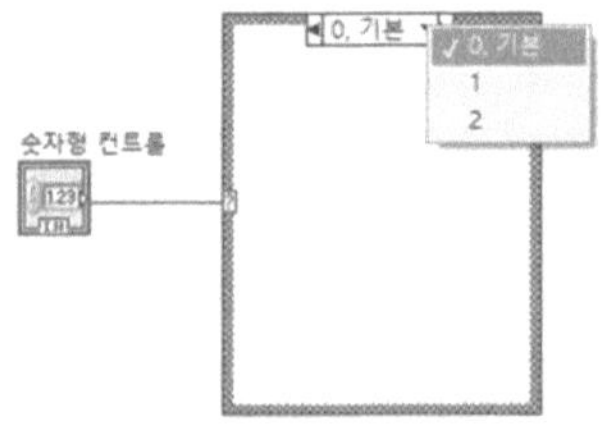

숫자형 케이스는 다음과 같이 불연속적으로 응용해서 사용할 수 있다. 리스트를 표시하려면 9, 11, 15와 같이 값을 콤마로 분리한다. 특정 범위는 3..7과 같이 표시하며 이는 3에서 7까지의 연속적인 수를 의미한다. 또한, -2와 같은 오픈 구조는 -2와 같은 또는 -2보다 작은 수를 의미하며, 20..은 20과 같은 또는 20 이상의 수를 의미한다.

또한, 리스트 및 범위는 ..5, 6..10, 12, 13, 14와 같이 조합해서 설정할 수 있다. 만약, 중복되는 범위를 입력하면 LabVIEW는 자동적으로 간결한 타입으로 표시하므로 앞의 내용은 ..10, 12..14로 표시된다.

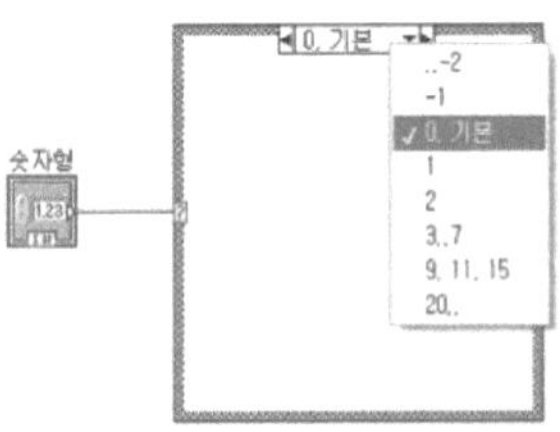

문자열 케이스는 문자열 값을 케이스 선택자에 직접 입력할 수 있다. 이 경우, "A", "B", "C", "D" 등과 같이 인용부호 내에 입력한다. 다음은 4개의 배열로 구성된 문자열 데이터를 "index"에 의해 문자열 케이스를 선택하는 예다. 예에서 알 수 있듯이 "index"에 0이 입력되면 "A"가 선택되며 케이스 ◀"A", 기본 ▼▶를 실행한다. 문자열은 소문자와 대문자를 구분해서 사용한다. 블록 다이어그램에 케이스를 위치시킬 때 케이스는 ◀참 ▼▶, ◀거짓 ▼▶과 같이 표시된다. 텍스트 편집 A을 이용해서 텍스트 "A", "B", "C", "D"를 입력한다. 케이스의 추가 및 삭제는 케이스의 단축 메뉴를 이용한다.

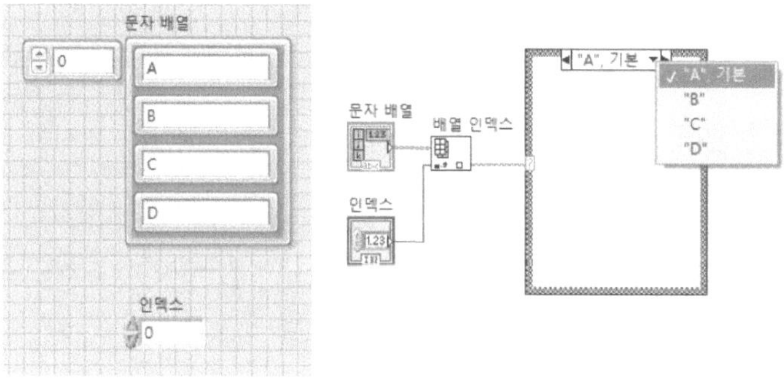

예제 4-04 불리언 조건 입력의 케이스 구조

2개의 숫자형 값의 입력을 받아서 참일 때는 더하고, 거짓일 때는 빼는 케이스 구조를 연습한다.

● **프런트패널**

1 새로운 VI를 만들고 **케이스-불리언.vi**로 저장한다.

2 프런드패널의 **컨트롤▶실버▶숫자형**에서 숫자형 컨트롤 2개와 인디케이터 1개, **컨트롤▶실버▶불리언**에서 컨트롤 1개를 생성한다.

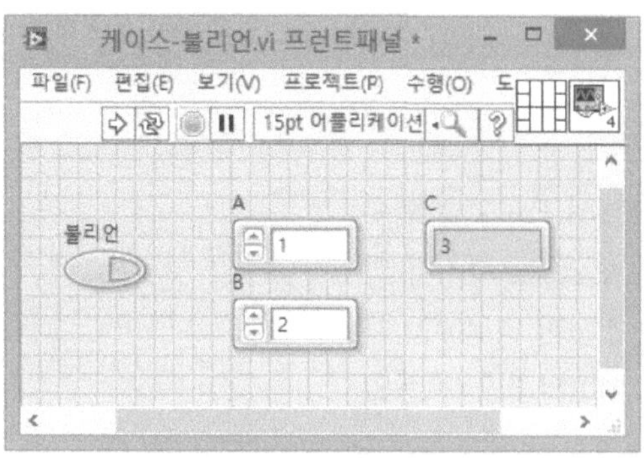

● **블록다이어그램**

3 구조 팔레트에서 케이스를 블록다이어그램에 놓는다. 참과 거짓의 경우에 다음과 같이 프로그램을 완성한다.

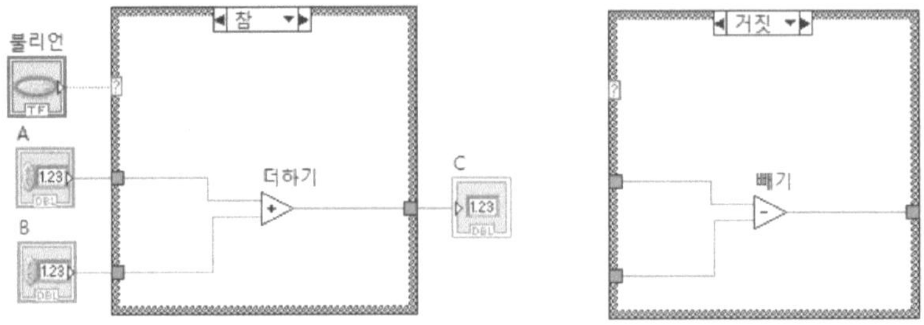

직관적으로 알 수 있듯이, 참인 경우 입력 A, B를 더해서 C로 출력한다. 거짓인 경우 A–B를 C로 출력한다.

4 케이스를 빠져 나오는 모든 와이어는 출력 "터널"에 연결해야 된다. 만약 "터널" C에 와이어를 연결을 하지 않으면 터널이 흰색으로 표시되며 프로그램에 에러가 발생한다. 만약 특정 케이스를 사용하지 경우에는 팝업메뉴에서 **연결되지 않으면 기본값 사용**을 선택한다.

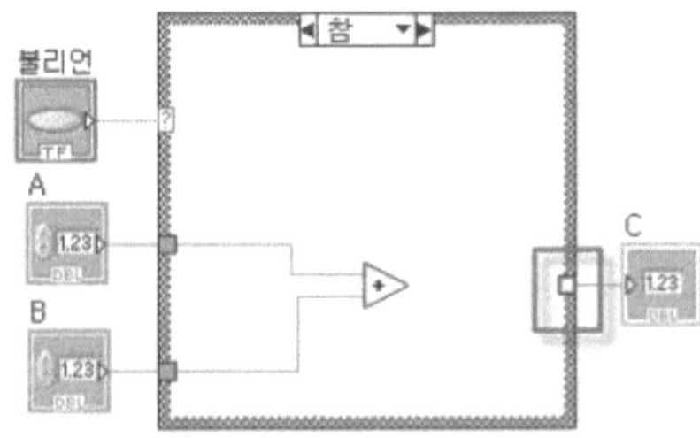

5 프로그램을 저장하고, 정상적으로 동작되는지 VI를 실행한다.

6 간단한 불리언 케이스는 좀 더 직관적으로 표시할 수 있다. 즉, **함수▶프로그래밍▶비교** 팔레트에서 을 사용하면 불리언 케이스를 간단하게 구성할 수 있다.

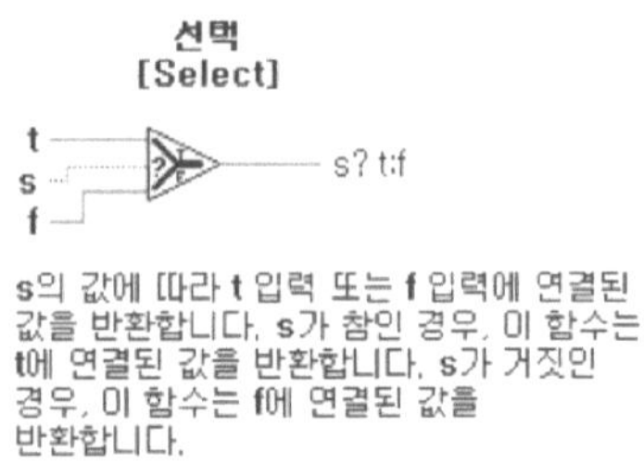

다음의 경우와 같이 을 사용해서 프로그램을 수정하여도 동일한 결과를 얻을 수 있다. 그러나 이 함수는 참과 거짓으로 한정된 간단한 경우에만 사용할 수 있으며, 참과 거짓의 데이터 타입이 동일해야만 사용할 수 있다.

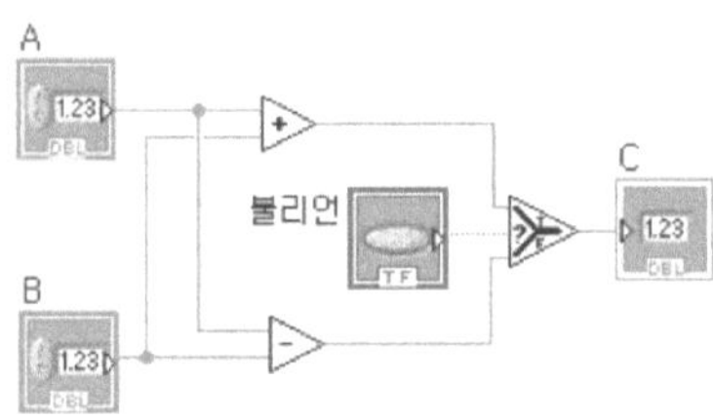

4-04-1 케이스 구조의 출력 연결

케이스 구조에 입력을 연결할 때에는 특별한 제약이 없다. 또한 케이스 구조에 입력된 값은 모든 케이스에서 필요에 따라 사용할 수 있다. 그러나 모든 출력은 모든 케이스에서 값을 연결해 준다. 만약 출력이 없다면 임의의 상수 값이라도 연결해 준다.

다음은 케이스 구조가 숫자형, 불리언, 문자열을 출력하는 예다. 여기서는 표시된 부분이 채워지지 않았기에 에러를 발생한다.

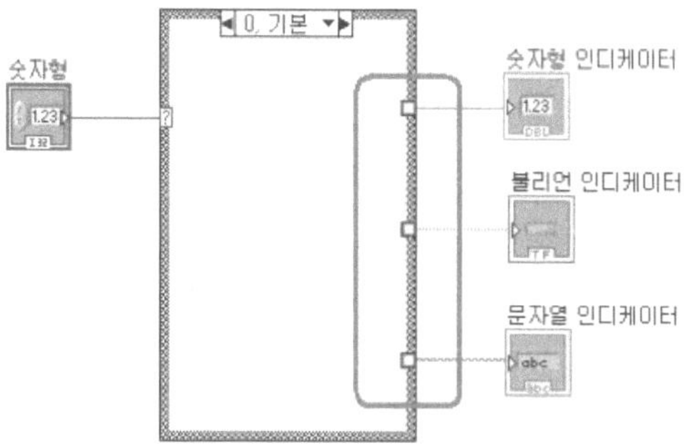

에러를 제거하려면, 여러 방법으로 채워지지 않은 부분을 메워야 한다. 다음과 같이 출력 터미널의 단축 메뉴에서 **연결되지 않으면 기본값 사용**을 선택한다. 즉, 출력을 연결하지 않았을 경우에는 그 데이터 타입의 기본값을 사용하겠다는 의미다. 케이스 구조의 이런 출력 특징은 LabVIEW가 데이터 흐름 구조이기 때문에 나타난다. 모든 경우에 대해서 인디케이터에는 데이터가 입력되어야 되는데, 만약 데이터 출력이 없는 케이스가 있다면 이 조건을 만족하지 못하기 때문에 에러가 발생된다.

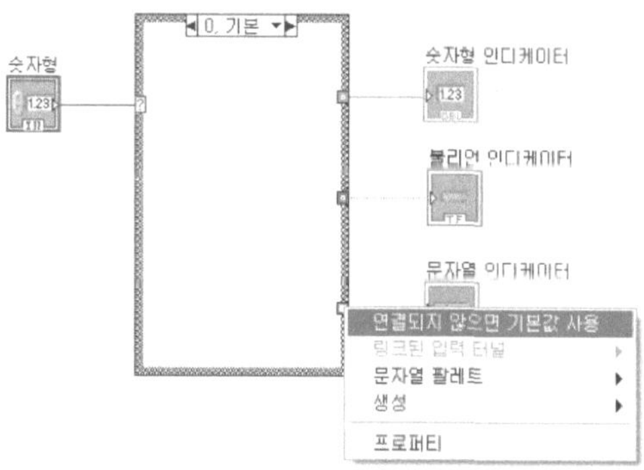

1. 로컬(Local) 변수 사용하기

와이어를 이용하여 케이스에서 값을 출력하는 경우에는 모든 케이스에서 값을 꼭 출력해 준다. 그러나 참일 때는 출력값을 내주고, 거짓일 때는 아무 값도 나오지 않게 해야 되는 경우가 있다. 이러한 경우에 사용하는 방법이 **로컬 변수**다. 로컬 변수는 LabVIEW에서 변수를 선언하는 방법 중 하나다. 와이어를 이용한 연결이 아니라 변수를 선언해주고 이 변수를 통해서 데이터를 넘겨주는 방식이다. 로컬 변수는 **함수▶프로그래밍▶구조** 팔레트에 있고, 로컬 변수를 만들고 싶은 객체의 팝업메뉴에서 **생성▶로컬 변수**를 이용한다.

예제 4-05 케이스 구조와 로컬 변수

● 블록다이어그램

1 새 VI를 만들고 **로컬변수.vi**로 저장한다.

2 프런트패널에 불리언 컨트롤 1개와 숫자형 인디케이터 1개를 위치시키고, 다음과 같이 블록다이어그램을 완성한다. 거짓 케이스에는 빈 상태로 한다.

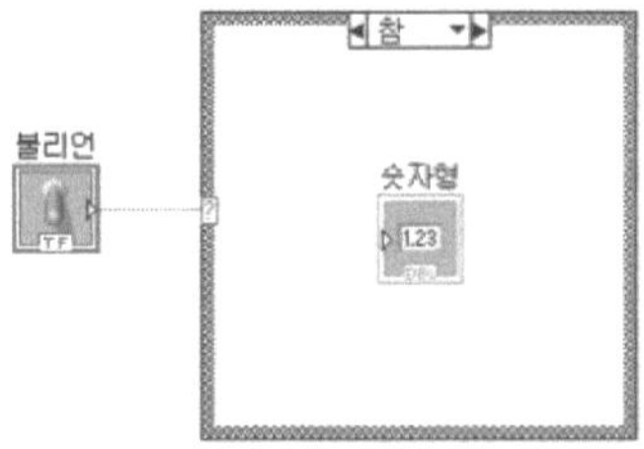

3 숫자형의 단축 메뉴에서 **생성▶로컬 변수**를 선택한다.

4 생성된 로컬 변수를 케이스 밖으로 이동하고, 팝업메뉴에서 **읽기로 변경**을 선택하여 컨트롤로 만든다. 참고로, 로컬 변수도 테두리 선의 두께가 가늘면 인디케이터, 두꺼우면 콘트롤의 상태를 표시한다.

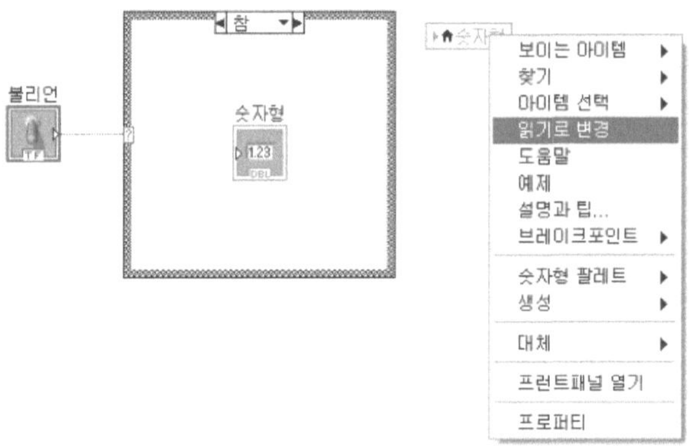

5 다음과 같이 블록다이어그램을 완성한다.

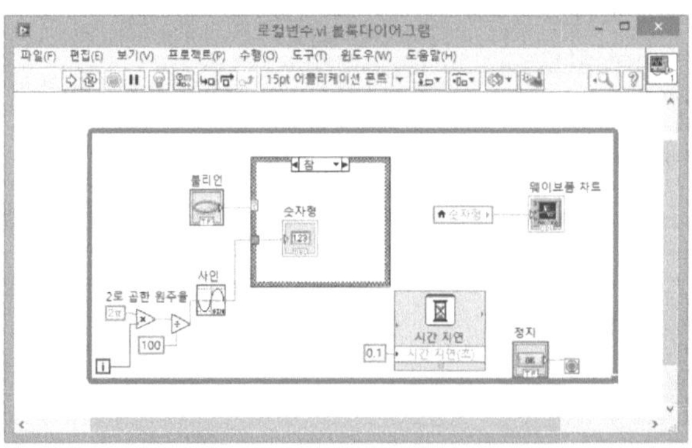

- **"사인"** 함수는 **수학▶기본 & 특수 함수▶삼각함수** 팔레트에 있다.
- 2π 함수는 **프로그래밍▶숫자형▶수학 & 과학상수** 팔레트에 있다.

● **프런트패널**

6 프로그램을 저장하고 실행해 본다. 불리언 값이 참인 경우에만 사인파가 표시되는 것을 확인할 수 있다.

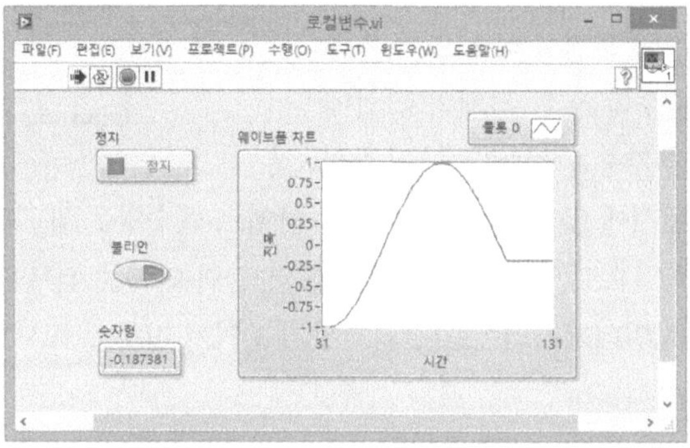

7 **함수▶프로그래밍▶구조** 팔레트에서의 피드백 노드와 **함수▶프로그래밍▶비교** 팔레트에서의 을 이용하여, 동일한 결과를 만들기 위해 다음과 같이 블록다이어그램을 수정할 수 있다.

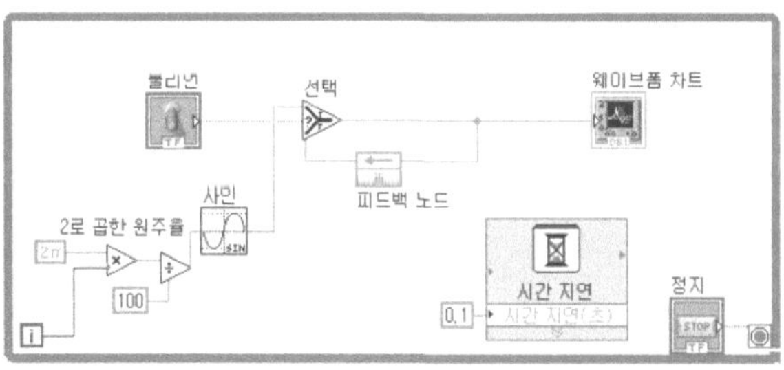

4-05 복잡한 수식 연산

그래픽 프로그램의 단점은 아이콘이나 와이어가 많으면 프로그램이 복잡해지고 이해가 힘들어진다는 것이다. 다음과 같이, 공식 $y = x3 + x2 + x + 2$를 고려하면 간단한 공식이지만, LabVIEW의 **함수▶프로그래밍▶숫자형**의 함수를 사용하면 블록다이어그램이 텍스트로 입력한 것보다 복잡해질 것이다.

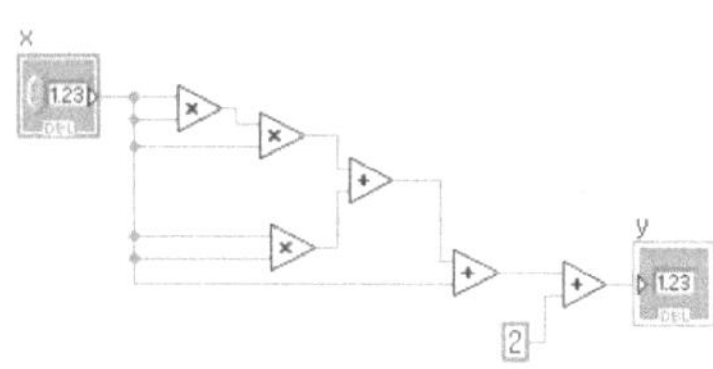

이러한 문제를 해결하기 위해서 LabVIEW에는 수식 노드, 식 노드, 익스프레스 VI, MathScript 노드 등이 있다.

4-05-1 수식 노드(Formular Node)

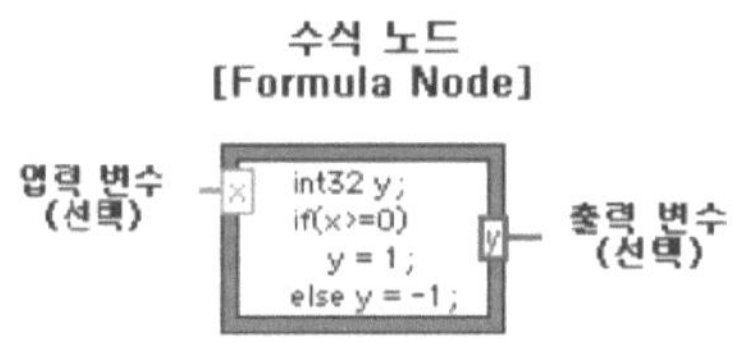

수식 노드는 **함수▶프로그래밍▶구조** 팔레트에 있으며, 스크립트 형식으로 수식을 입력할 수 있는 구조다. 간단히 공식을 박스 내부에 입력하면 **수식 노드**가 완성된다. 입력과 출력 터미널은 수식 노드 경계의 팝업메뉴에서 **입력 추가** 또는 **출력 추가**를 선택한다. 단일 **수식 노드** 내부에는 여러 공식을 동시에 입력할 수 있다. 다음 단계로 변수명을 입, 출력 박스에 입력한다. 각 수식문은 세미콜론(;)으로 종료한다. **수식 노드**의 입력 단자는 컨트롤에 연결되기에 테두리가 흐리며, 출력 단자는 인디케이터에 연결되기에 테두리가 진하게 표시된다.

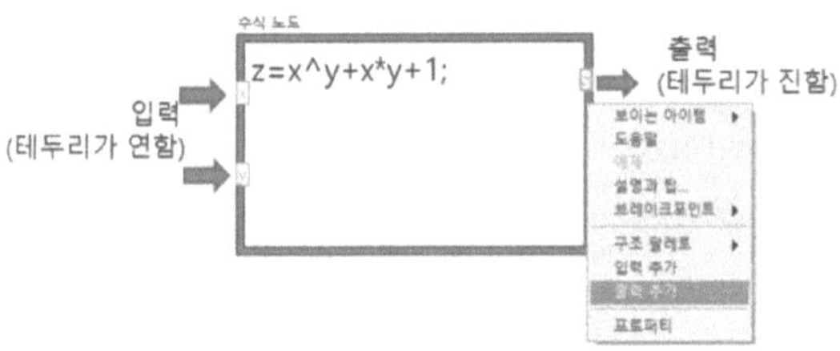

다음의 함수는 수식 노드에 사용할 수 있는 일반적인 연산자들이다. 여기에는 논리자, 삼각함수, 비교 연산자 등을 직접 입력할 수 있다.

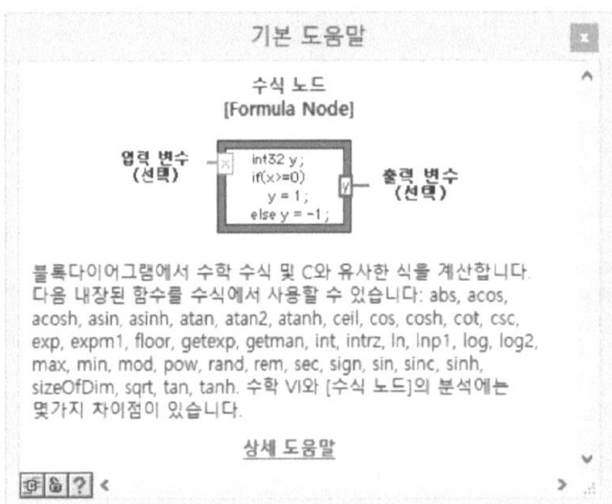

예로서 x가 양수이면 x의 square root를 계산하고 그 결과를 y로 출력하는 경우를 고려하고, 만약 x가 음수이면, -99를 y에 출력하는 프로그램을 수식 노드에 입력하기 위해서는 다음과 같이 한다.

```
If ( x >= 0 ) then
        y = sqrt( x )
else
        y = -99
end if
```

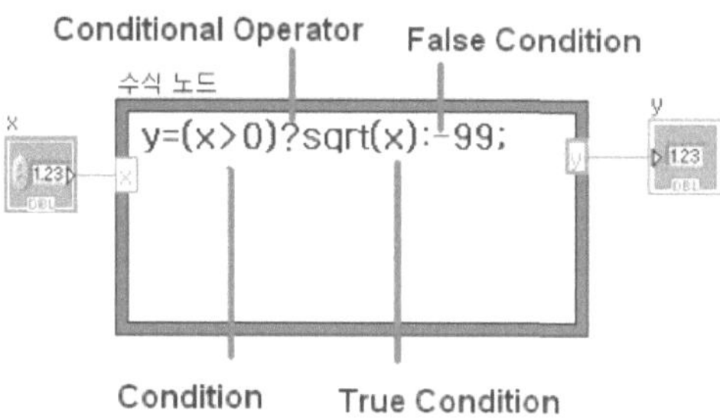

예제 4-06 수식 노드를 이용해 A=tanh(X)+cos(X); Y=A**3+A; 작성

- **블록다이어그램**

1 새 VI를 만들고 **수식노드.vi**로 저장한다.

2 프런트패널에 웨이브폼 그래프를 위치시킨다.

3 다음과 같은 블록다이어그램을 작성한다.

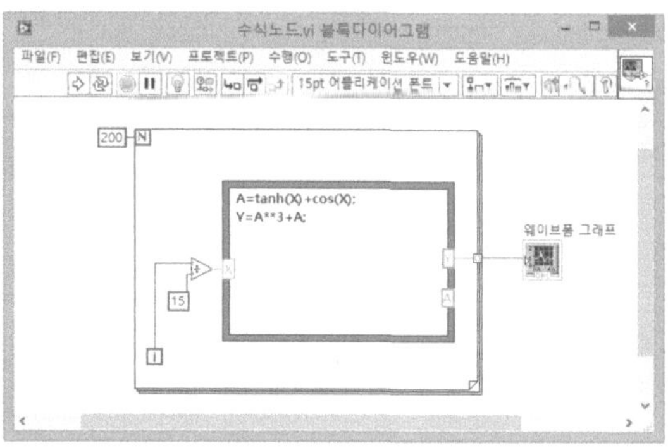

수식을 입력하고, X는 입력 변수로 선언하고 Y와 A는 출력 변수로 선언한다. 각 라인의 끝에는 세미콜론(;)을 붙여주어야만 되며, 대문자와 소문자를 구별해서 사용해야 된다.

4 VI를 저장하고 실행한다. 다음과 같은 결과가 표시된다.

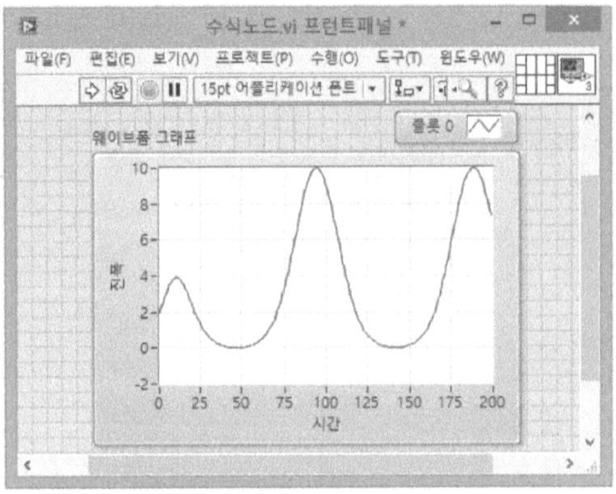

4-05-2 식 노드(Expression Node)

입력 변수가 1개일 때는 식 노드를 이용하여 수식 노드를 대체할 수 있다.

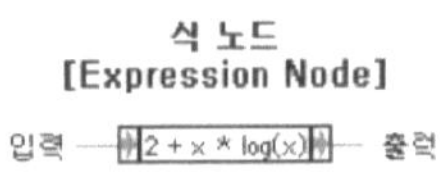

는 **함수▶프로그래밍▶숫자형** 팔레트에 있다.

예로서, x*1000+x**3+50을 계산하는 식 노드는 다음과 같다.

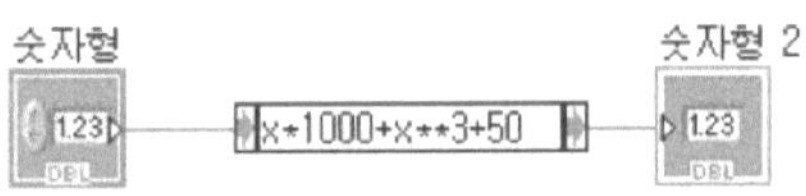

같은 방법으로 앞에서 연습한 것을 식 노드로 변경할 수 있다. 즉, 수식 (tanh(x)+cos(x))**3 +tanh(x)+cos(x)를 입력한다.

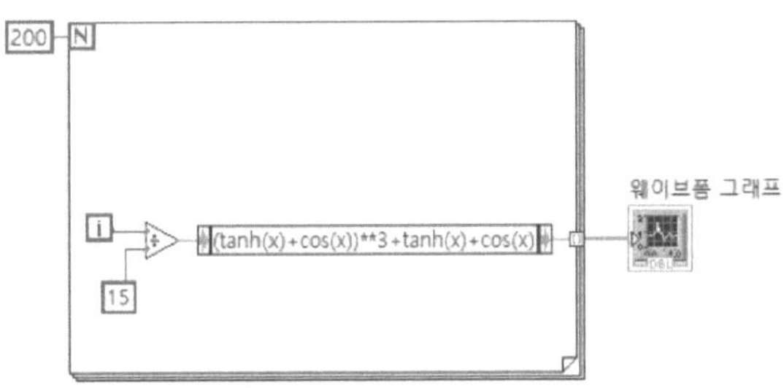

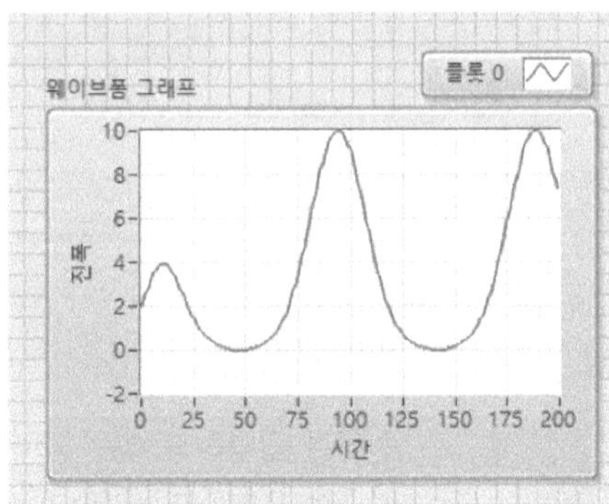

4-05-3 수식 익스프레스 VI

수식 익스프레스 VI는 **함수▶수학▶스크립트 & 수식** 팔레트, 또는 **함수▶익스프레스▶연산 & 비교** 팔레트에 있다.

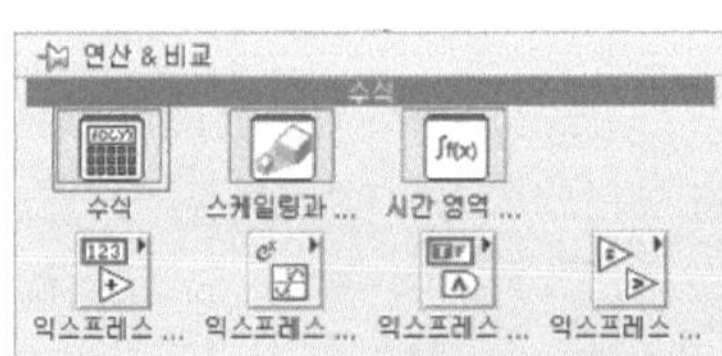

"수식" 함수를 블록다이어그램에 놓으면, 수식설정 창이 표시된다. 이 창에서 버튼들을 이용하여 필요한 수식을 만들 수 있다. 다음은 X1+log(X1/X2)-X3을 수행하는 수식을 만든 경우다.

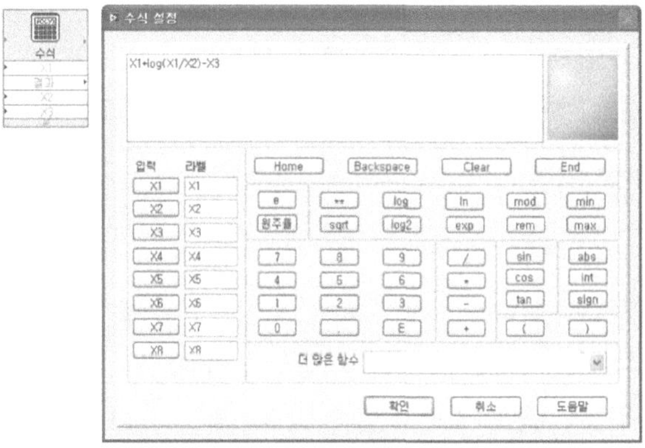

"확인" 버튼을 클릭하면 수식이 익스프레스 VI에 설정된다.

4-06 이벤트(Event) 구조

이벤트 구조는 사용자와 프런트패널의 직접적인 상호작용으로 블록다이어그램을 실행하는 구조로, **함수▶프로그래밍▶구조** 팔레트에 있다. 프런트패널에서 마우스를 클릭, 키보드 입력, 메뉴선택, 윈도우 닫기 등의 사용자 조작에 의해서 이벤트가 발생할 수 있다. 이와 같은 사용자 인터페이스 이벤트가 발생하면 해당되는 케이스가 실행된다.

이벤트 구조
[Event Structure]

이벤트 구조는 반드시 While 루프와 함께 사용되며, While 루프 기능을 보조한다. While 루프는 기본적으로 일정한 타이밍에 맞추어 반복 실행하는 폴링(Polling) 방식을 사용한다. 하지만 폴링 방식은 필요한 사용자 이벤트가 발생하였을 때, 바로 실행할 수 없거나 이벤트를 인식하지 못하는 경우가 있다. 이러한 문제를 보완하고자 LabVIEW에서는 **이벤트 구조**를 이용하여 이벤트 프로그램을 한다.

다음과 같은 프런트패널을 가진 VI에서 이벤트 구조를 블록다이어그램에 놓은 다음, 팝업메뉴에서 **이벤트 케이스 추가…**를 선택하면 이벤트 편집 창이 표시된다.

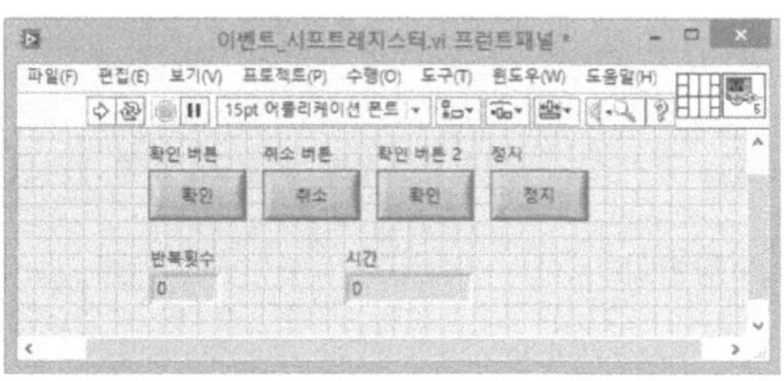

4개의 불리언 버튼에 '확인 버튼', '취소 버튼', '확인 버튼2', '정지'라는 라벨을 입력하였다. **이벤트 편집** 창에서는 프런트패널에 있는 객체의 라벨을 이용하여 이벤트 구조를 만들어준다. 이때 프런트패널에 있는 모든 객체들이 **이벤트 소스**가 될 수 있다.

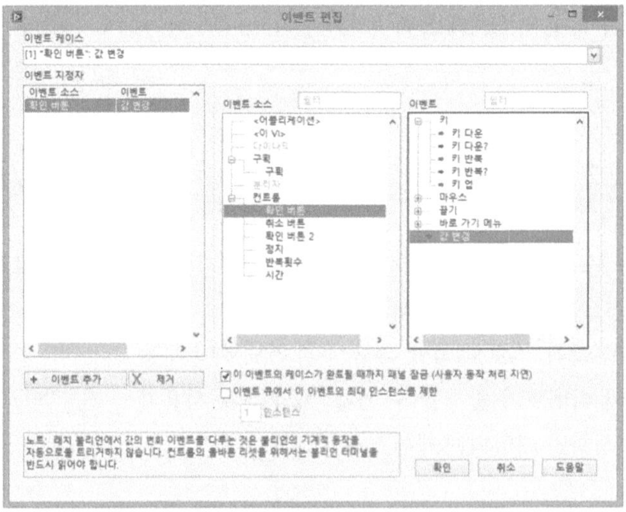

이벤트 편집은 이벤트 지정자, 이벤트 소스, 이벤트로 구성된다. 이벤트 소스에서 객체를 선택하고, 그 객체에 대응되는 이벤트를 우측에서 선택한다. 위 예제에서, 이벤트 소스로 '확인 버튼'이라는 라벨을 가진 불리언을 선택하였고, 대응되는 이벤트로 '값 변경'을 선택하였다. 이는 확인 버튼의 값이 변경되면 이벤트가 발생하도록 설정한 것이다.

예제 4-07 사용자 인터페이스 이벤트

사용자의 마우스나 키보드 조작에 의해 발생되는 이벤트를 받아서 처리하는 VI를 만든다.

- **프런트패널**

1 새 VI를 열고 다음과 같이 프런트패널을 구성한다. **컨트롤▶일반▶불리언** 팔레트를 이용한다.

2 VI를 **이벤트_시프트 레지스터.vi**로 저장한다

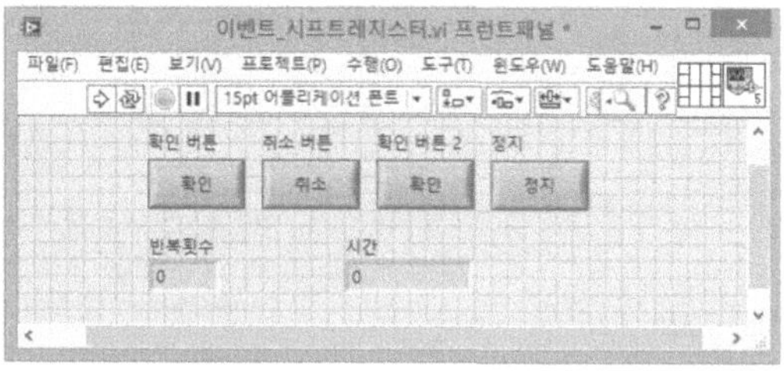

3 버튼들의 팝업메뉴에서 기계적 동작을 모두 '놓을 때 래치'로 선택한다.

● **블록다이어그램**

4 블록다이어그램에 While 루프와 이벤트 구조를 놓는다.

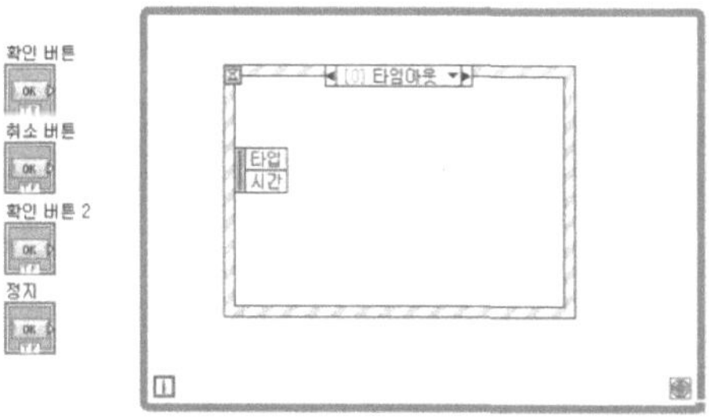

기본으로 지정되어 있는 이벤트는 [0] 타임아웃 이다. **이벤트 타임아웃** 에 msec 단위의 시간을 입력한다. 만약 주어진 시간 내에 이벤트가 발생하지 않으면 타임아웃 이벤트를 한 번 발생한다.

5 다음과 같이 블록다이어그램을 구성한다.

a 이벤트 구조의 팝업메뉴에서 **이벤트 케이스 추가**를 선택한다.

b 이벤트 편집 창에서 이벤트 소스로 "확인 버튼"을 선택하고 이벤트로 "키 다운"을 선택한다.

c **"확인"**을 선택해서 이벤트 편집 창을 닫는다.

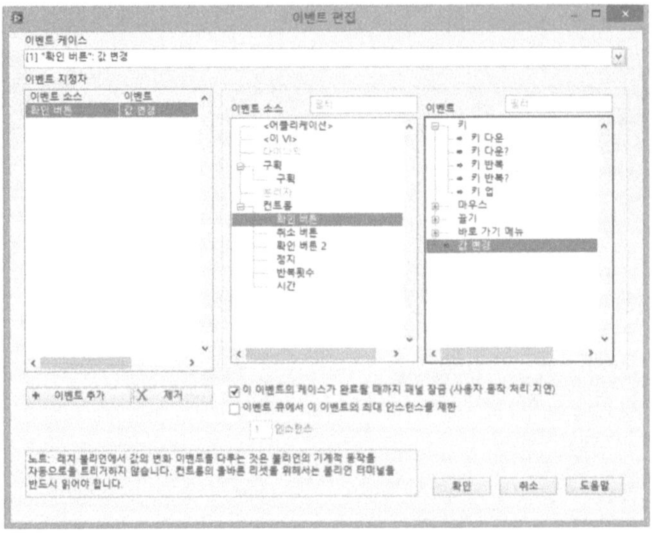

d **"확인 버튼"**의 터미널을 이 이벤트에 넣는다. 버튼을 이벤트 속에 넣어야만 기계적 동작인 놓을 때 래치를 수행할 수 있다.

e **"단일버튼 대화상자"** 함수를 놓고, 메시지에 "작업1을 수행합니다"를 입력하고, 버튼 이름에 "완료"를 입력한다. 단일버튼 대화상자는 **함수▶프로그래밍▶대화상자 & 사용자인터페이스** 팔레트에 있다.

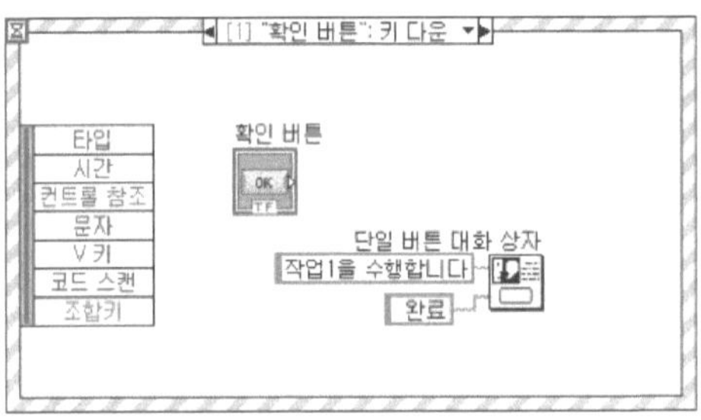

[1] "확인 버튼": 키 다운은 [1]번 이벤트의 이름은 "확인 버튼"이며, 이벤트의 형태는 "키 다운"이라는 의미다. 키보드의 〈Tab〉 키를 누를 때, 키 다운 이벤트가 발생한다.

f 동일한 방법으로 **[2] "취소 버튼": 마우스 다운**은 이벤트를 만든다. 이것은 버튼을 누를 때 이벤트가 발생한다.

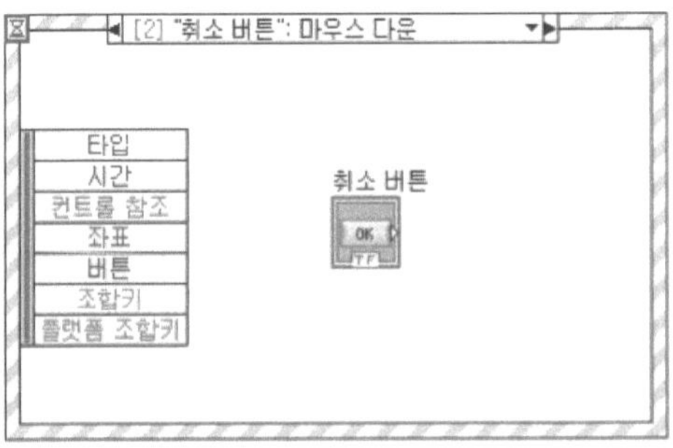

g 동일한 방법으로 **[3] "확인 버튼2": 마우스 커서 들어옴**은 이벤트를 만든다. 이것은 버튼 위로 마우스 커서가 들어갈 때 이벤트가 발생한다. 즉, 마우스 커서의 움직임에 의해 이벤트가 발생한다.

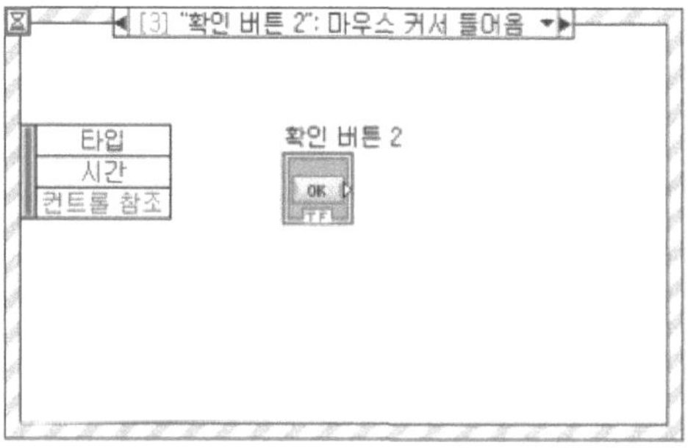

h 동일한 방법으로 **[4] "정지": 값 변경**은 이벤트를 만든다. 이것은 "정지" 버튼의 값이 바뀌었을 때 이벤트가 발생한다. 그리고 "정지" 버튼이 거짓에서 참으로 변경되면, While 루프의 **루프조건** 에 입력되어 루프가 종료한다.

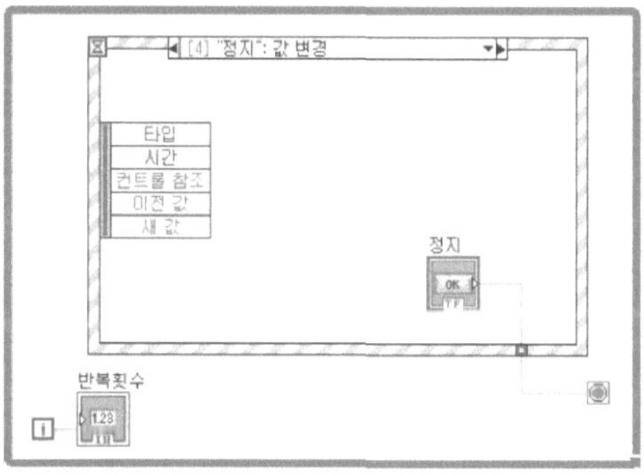

i i의 팝업메뉴에서 **인디케이터 생성**을 선택하고, 라벨을 반복횟수로 수정한다.

j 프로그램을 **이벤트.vi**로 저장한다.

- **VI의 실행**

6 프런트패널에서 VI를 실행한다.

a 〈Tab〉 키를 연속적으로 누르면 대화상자 **"작업1을 수행합니다"**가 표시된다. **"완료"** 버튼을 클릭하면, 대기 모드로 되며, 반복횟수를 1씩 증가시킨다.

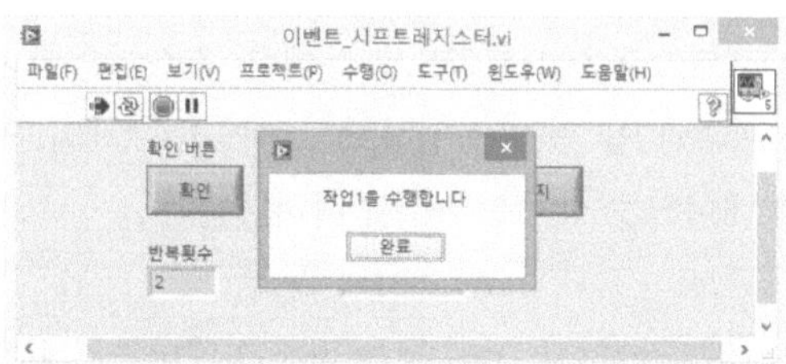

b 마우스를 **"확인 버튼2"** 위에 놓고, 마우스가 이 버튼의 위로 이동할 때 반복횟수가 1씩 증가함을 확인할 수 있다.

c **"취소 버튼"**을 눌렀다 놓아본다. 마우스를 누르는 순간 반복횟수가 1씩 증가함을 확인한다.

d **"정지"** 버튼을 클릭하면 VI가 종료된다.

이벤트로 설정된 While 루프는 이벤트가 생길 때까지 대기하고 있기에, 반복횟수가 증가하지 않는다. 즉, While 루프는 실행되지 않고 있다는 의미며, 이벤트가 발생하면 While 루프가 1회 실행되며, 반복횟수가 1씩 증가한다. 만약 반복횟수의 변화를 확인한다면, 이벤트가 발생하였는지를 알 수 있다.

다음과 같이 시프트 레지스터를 이용하여, 다음 이벤트가 발생할 때까지의 시간을 측정할 수 있다. 각 이벤트에서 **시간**을 출력 받아서 이전 시간을 차감해주는 방법이다.

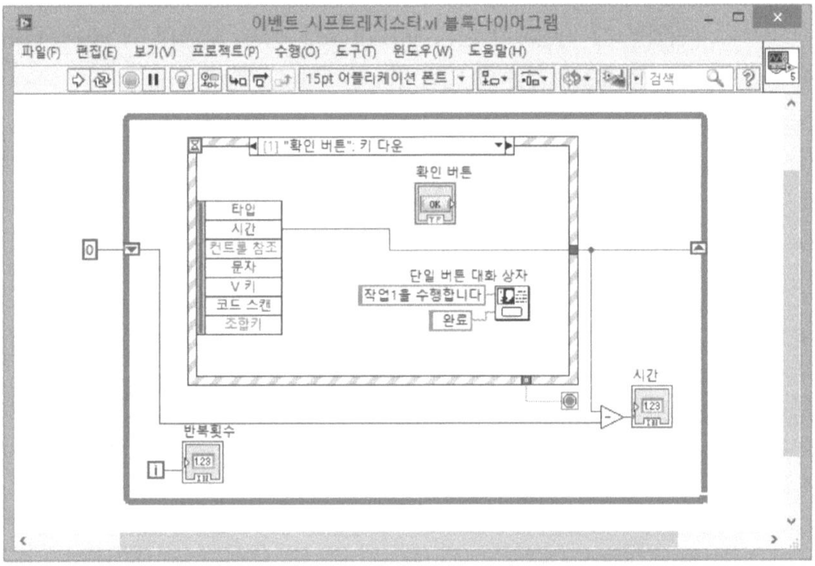

4-07 시퀀스(Sequence) 구조

일반적으로 프로그램의 실행 순서를 결정하는 것을 제어 순서라 한다. BASIC, C, 기타 언어는 작성한 문이 프로그램상에 위치한 순서에 의해 진행되므로, 고유한 제어 순서를 갖고 있다. 그러나 LabVIEW는 그래픽으로 프로그램을 실행하므로 특별한 구조 타입의 시퀀스를 제어 순서로 사용한다. 시퀀스 구조는 프레임0을 먼저 실행하고, 프레임1, 프레임2의 순서로 동작한다. 마지막 프레임을 종료한 후에 데이터는 시퀀스 구조를 빠져나간다.

좌측의 다이어그램에서 곱하기와 나누기 중 어떤 것을 먼저 실행하는지 알 수 없다. 왜냐하면 2

개의 입력은 같은 선상에 있기 때문이며, 이 경우 특정한 것을 먼저 실행하고자 하면 시퀀스 함수를 이용한다.

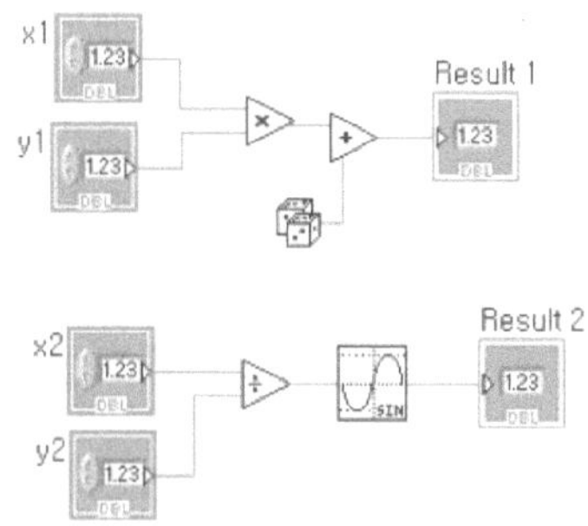

시퀀스 구조에는 다층 시퀀스 구조와 플랫 시퀀스 구조 2가지 형태가 있으며, 형태와 사용법이 다르다.

4-07-1 다층 시퀀스(Stacked Sequence) 구조

다층 시퀀스 구조는 필름의 프레임과 유사하게 생겼다. 팝업메뉴에서 다음 프레임 추가를 선택하여 프레임을 더 추가할 수 있다. 참고로, 2 [0..3] 는 0~3 프레임 중에서 2번 프레임을 의미한다.

다중 시퀀스 구조는 여러 층으로 쌓을 수 있기 때문에, 작은 블록 다이어그램 화면에 순차적으로 실행되는 프로그램을 다층으로 쌓을 수 있다. 많은 프로그램을 층층으로 쌓아서 화면의 크기를 최소화할 수 있지만, 프로그램을 해독하기 힘든 단점이 있다.

예제 4-08 시퀀스를 이용해서 특정 숫자를 찾을 때까지 필요한 시간을 측정

시퀀스 구조를 이해하기 위해 타이밍 함수를 함께 설명한다. 입력 데이터와 임의로 발생한 데이터가 일치하는 시간을 계산하는 VI를 작성한다.

- **블록다이어그램**

1 이전(예제 4-01)에 작성한 **난수 자동일치.vi**를 오픈한다. 블록다이어그램에서 다중 시퀀스 구조를 While 루프로 감싼다.

2 VI를 **실행시간측정.vi**로 저장한다.

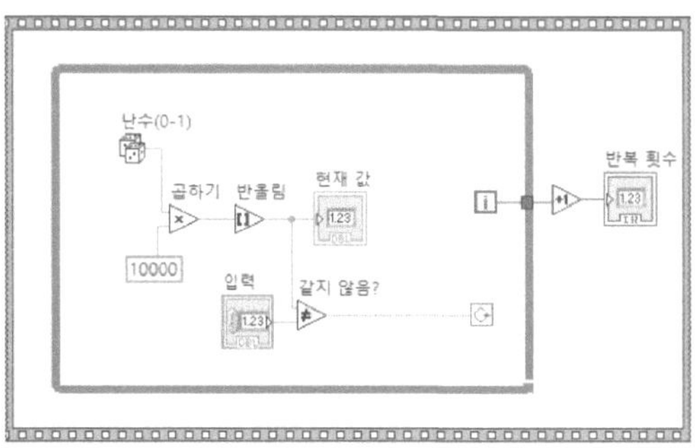

3 팝업메뉴의 프레임추가를 이용하여 다음 시퀀스를 만들어준다. 1번 시퀀스를 다음과 같이 구성한다.

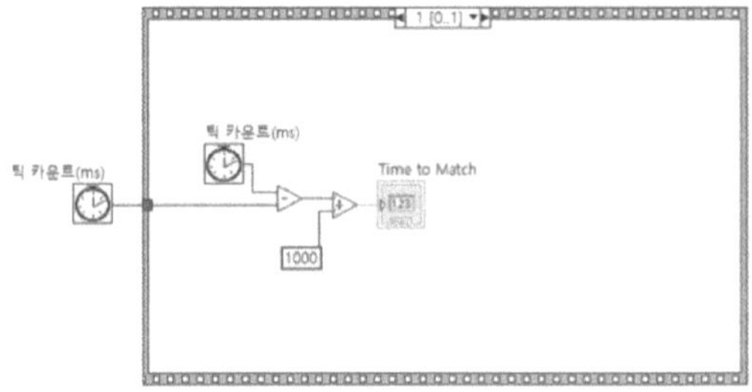

- "틱 카운트(ms)"함수는 **함수▶프로그래밍▶타이밍** 팔레트에 있다. 현재 시각을 보여주는 함수로 ms단위다. 현재 시각에서 처음 시각을 뺀 다음, 1000으로 나누어주면 소요된 시간을 초 단위로 구할 수 있다.

4 0번 시퀀스를 확인해본다. 케이스 구조처럼 1 [0..1] **선택자 라벨**을 이용하면 다른 시퀀스로 이동할 수 있다.

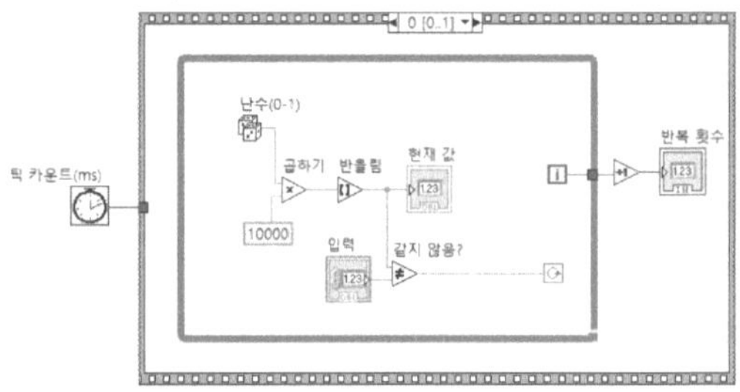

- **프런트패널**

5 프런트패널을 다음과 같이 정리하고 실행한다.

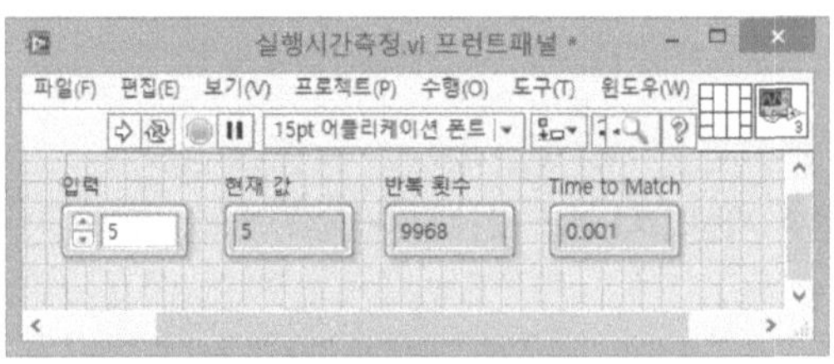

프로그램은 루프 밖의 **"틱 카운트(ms)"** 함수가 실행되어 시작 시각이 출력되고, 시퀀스0의 While 루프가 실행된다. 시퀀스0번이 종료하면 시퀀스1번의 **"틱 카운트(ms)"** 함수가 실행되고 끝나는 시각을 측정한다. 시작 시각에서 종료 시각을 뺀 값이 **"Time to Match"**에 표시된다.

4-07-2 플랫 시퀀스(Flat Sequecne) 구조

플랫 시퀀스는 다층 시퀀스와 기능은 동일하고 형태만 다르다. 팝업메뉴에서 다음에 프레임 추가 또는 **이전에 프레임 추가** 등을 선택하면 다음과 같이 순차적인 시퀀스를 만들 수 있다. 좌측에서 우측 프레임으로 순서가 정해진다.

플랫 시퀀스 구조

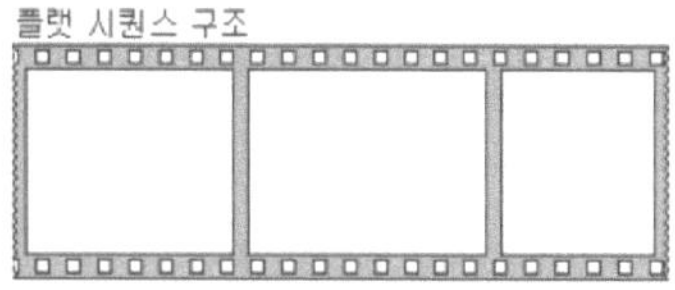

플랫 시퀀스는 다층 시퀀스를 이용하는 것보다 블록다이어그램을 이해하기가 쉽다. 하지만 프레임을 옆으로 나열하기 때문에 공간을 많이 차지하는 단점이 있다.

앞에서 작성한 **실행시간측정**.vi와 동일한 프로그램을 다음과 같이 표현할 수 있다.

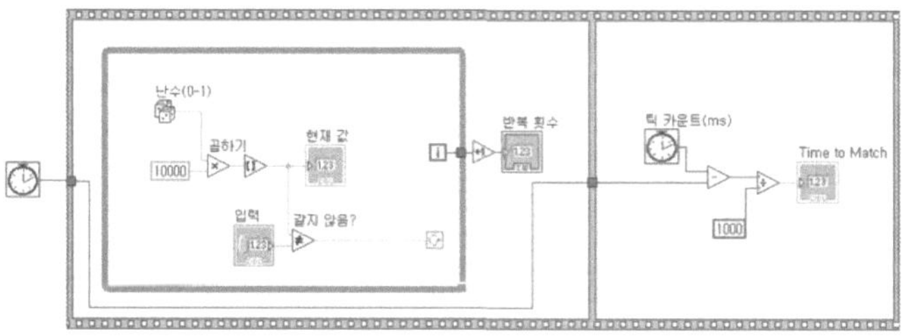

4-07-3 시퀀스 로컬(Sequence Local)이란?

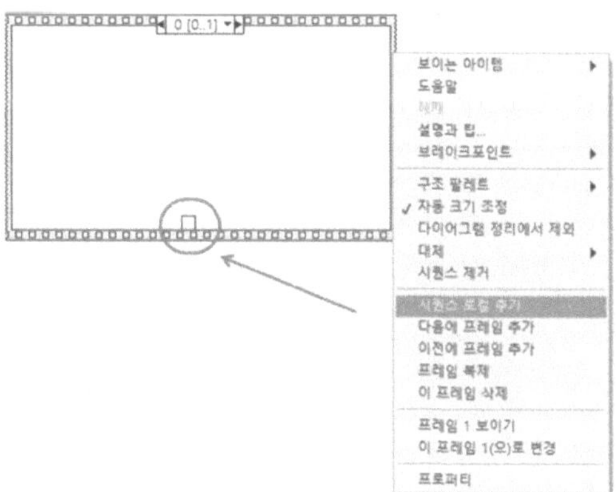

데이터를 한 프레임에서 다음의 프레임으로 전달하려면, "시퀀스 로컬"이라는 터미널을 사용한다. 시퀀스 로컬은 시퀀스의 팝업메뉴에서 **시퀀스 로컬 추가**를 선택한다.
또한, 시퀀스 로컬에서 터미널은 경계면의 임의 위치로 이동할 수 있으며, 이 터미널을 제거하려면, 선택 후 〈delete〉 키를 누르거나 또는 생성된 로컬의 팝업메뉴에서 팝업메뉴인 **"제거"** 명령어를 선택한다.

플랫 시퀀스에서는 다른 프레임으로의 데이터 전달은 직접 와이어를 연결한다.

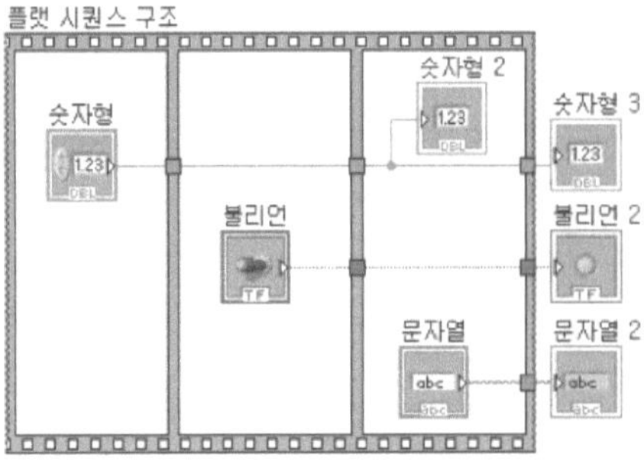

하지만 다층 시퀀스는 위와 동일한 프로그램을 작성하기 위해서는 **시퀀스 로컬**을 사용한다. 시퀀스 로컬은 프레임 테두리에서 팝업메뉴로 만들 수 있다.

시퀀스 로컬은 와이어가 연결되지 않으면 노란색의 사각형만 표시된다. 만약 출력을 연결하면 색깔이 변경되며 나가는 화살표가 생긴다. 0번 프레임에 시퀀스 로컬을 생성하면, 1번, 2번 프레임에서 이 데이터를 받아볼 수 있는 들어오는 화살표 모양의 시퀀스 로컬 이 생성된다.

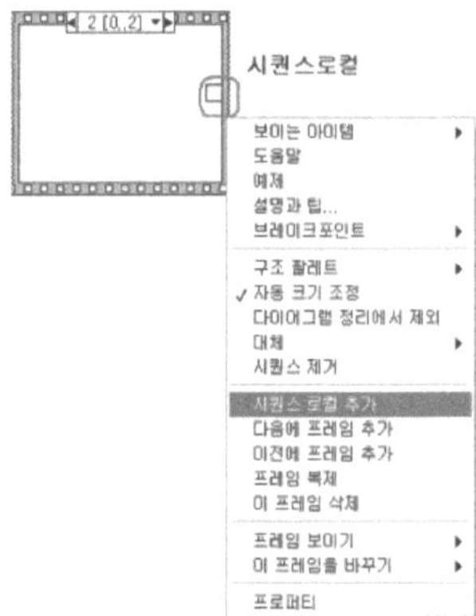

다음은 다층 시퀀스에서 시퀀스 로컬을 이용해서 0번 프레임의 에서 1번 프레임의 으로 데이터를 전달하는 경우다.

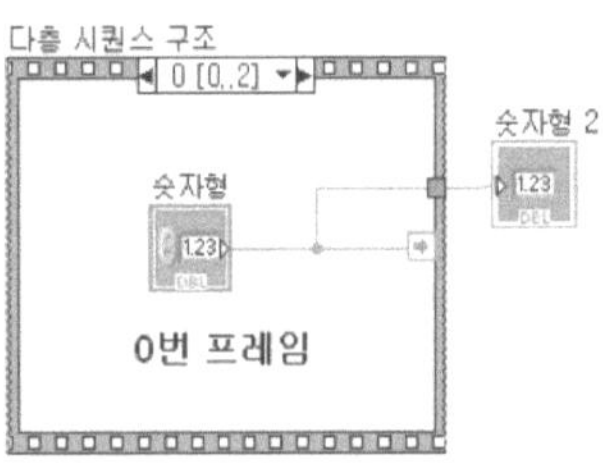

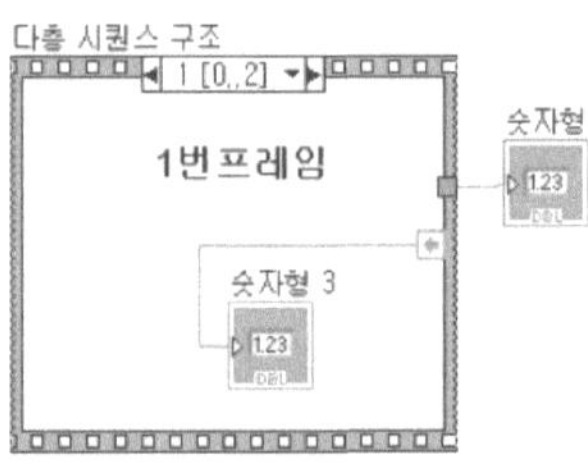

시퀀스 구조에서 데이터는 앞쪽 프레임에서 뒤쪽 프레임으로만 데이터를 전달할 수 있다. 반대로 뒤쪽 프레임에서 앞쪽 프레임으로는 데이터를 전달할 수 없으며 뿌연 사각형 형태로 표시된다.

4-07-4 Timed 시퀀스

Timed 시퀀스 구조는 **함수▶프로그래밍▶구조▶**Timed **구조** 팔레트에 있다. 역할은 각 프레임을 정확한 타이밍으로 실행하게 해주는 시퀀스 구조다.

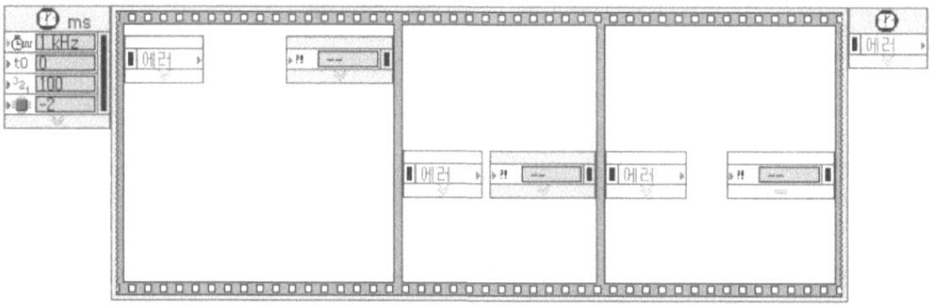

4-08 로컬 변수(Local Variable)와 글로벌 변수(Global Variable)

공유 변수와 유사하게 **함수▶프로그래밍▶구조** 팔레트는 **로컬 변수**와 **글로벌 변수**가 있다.

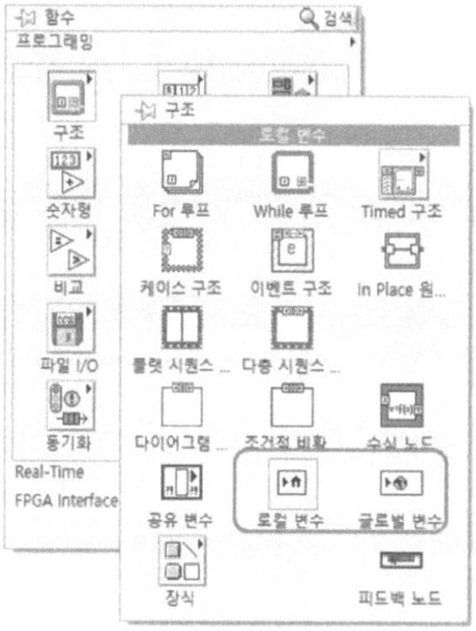

만약 C 또는 Pascal과 같은 프로그램을 경험해 보았다면 로컬 또는 글로벌 변수의 의미를 어느 정도 이해하고 있으리라 본다. 지금까지, 우리는 블록다이어그램에 있는 터미널을 경유해 데이터를 프런트패널에 출력하거나 프런트패널로부터 값을 읽었다. 프런트패널 오브젝트는 블록다이어그램에 한 개의 터미널만 존재하지만, 때로는 블록다이어그램의 다른 위치 또는 다른 VI에서 오브젝트에 값을 전달하거나 읽을 필요가 있다.

로컬 변수는 동일한 VI 블록다이어그램의 여러 위치에서 와이어를 연결하지 않고서도 프런트패널 오브젝트를 운용할 수 있는 변수를 말한다.

글로벌 변수는 SubVI 노드를 연결할 수 없는 경우, 또는 여러 VI가 동시에 실행될 때 임의 데이터를 여러 VI에서 동시에 사용할 수 있는 변수를 말한다. 로컬 변수는 단일 VI에서만 사용할 수 있지만, 글로벌 변수는 여러 VI 간에 데이터를 공유할 수 있다.

4-08-1 로컬 변수

로컬 변수를 선언하는 방법에는 2가지 방법이 있다.

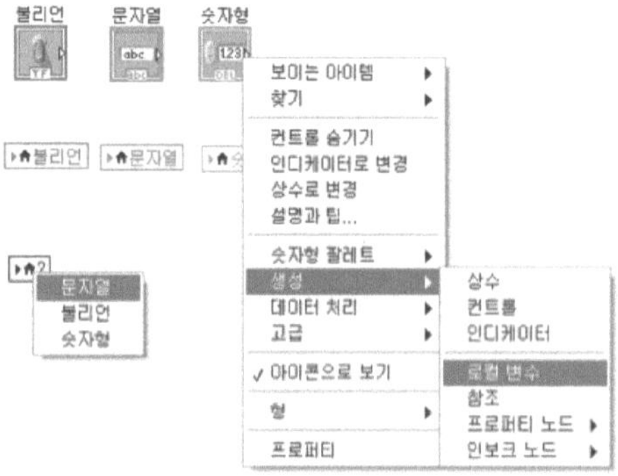

먼저, 블록다이어그램에 불리언, 문자열, 숫자형 컨트롤 또는 인디케이터를 생성하고 터미널 블록의 팝업메뉴에서 **생성▶로컬 변수**를 선언한다. 각각의 터미널에 대응되는 로컬 변수가 블록다이어그램에 자동 생성된다. 또는 프런트패널 오브젝트 터미널을 선택하고 **생성▶로컬변수**를 선택하면, 프런트패널 오브젝트에 대응하는 로컬 변수를 블록다이어그램에 생성할 수 있다. 만약, 작성된 로컬 변수에 와이어가 연결되지 않으면 VI는 에러가 발생된다.

다음은, **함수▶프로그래밍▶구조** 팔레트에서 로컬 변수 를 선택해서 블록다이어그램에 놓는다. 으로 값이 정의되지 않은 로컬 을 선택하면, 현재 가능한 상태의 컨트롤과 인디케이터 리스트가 표시된다. 이들 중 하나를 선택하는 것이 로컬 변수를 정의하는 것이다. 예로서, 불리언을 선택하면 이 표시되고, 문자열을 선택하면 , 숫자형을 선택하면 과 같은 형태로 표시된다.

예제 4-09 1개의 컨트롤로 2개의 루프 제어

로컬 변수를 이용하여 2개의 While 루프 사이로 데이터를 전달하는 VI를 작성한다.

● 블록다이어그램

1 새로운 VI를 만들고, **로컬변수 연습.vi**로 저장한다.

2 다음과 같이 블록다이어그램을 작성한다.

3 **"숫자(0에서1)"** 및 **"정지"** 버튼을 마우스로 오른쪽 버튼을 클릭하고 **생성▶로컬 변수**를 선택한다. 각각 로컬 변수 [숫자(0에서 1)] 및 [정지]이 생성된다. 또한 불리언은 기계적 동작이 래치인 경우에는 로컬 변수를 사용할 수 없기에 기계적 동작을 **놓을 때까지 스위치**로 바꾼다.

4 로컬 변수에 마우스를 놓고, 오른쪽 버튼을 클릭한 후 바로가기 메뉴에서 **읽기로 변경**한다. 테두리가 [숫자(0에서 1)] [정지] 와 같이 진하게 표시되며 컨트롤로 변한다.

5 다음과 같이 While 루프를 1개 더 추가하고, 블록다이어그램을 완성한다.

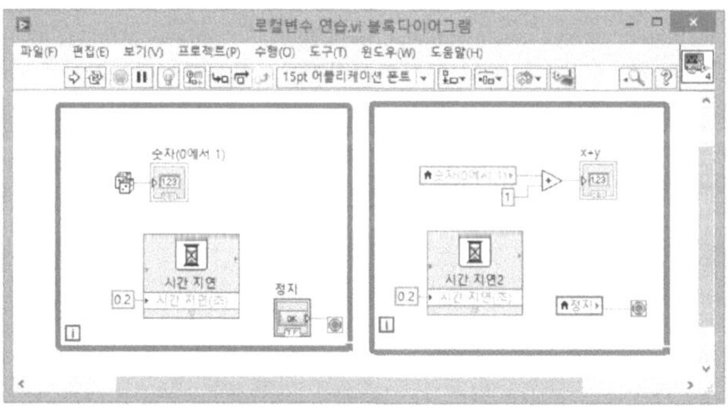

● **프런트패널**

6 프런트패널을 정리하고 VI를 실행한다. 첫 번째 While 루프에서 발생한 [난수]의 값이 두 번째 While 루프의 로컬 변수를 통해 [+1]한 값으로 전달됨을 확인한다.

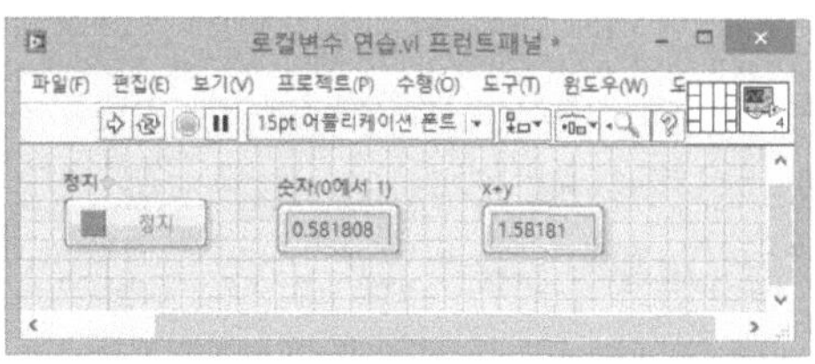

7 VI를 종료하고 저장한다.

4-08-2 글로벌 변수

글로벌 변수는 단일 VI에서 데이터를 공유하는 로컬 변수와 달리, 여러 다른 VI들 사이에서 데이터를 공유하는 목적으로 사용된다. 참고로 글로벌 변수는 SubVI의 일종이다. 그러나 글로벌 변수에는 프런트패널만 있고 블록다이어그램은 없다.

1. 글로벌의 생성

로컬과 동일하게, LabVIEW의 **함수▶프로그래밍▶구조** 팔레트에서 글로벌을 작성할 수 있다. 또한 로컬과 동일하게, 단일 글로벌 터미널은 쓰기 또는 읽기 모드가 가능하다. 로컬 변수와 다른 점은, 독립적인 VI들이 동일한 글로벌 변수를 콜할 수 있다. 글로벌은 여러 VI 간에 와이어를 연결하지 않고 데이터를 공유하는 효과적인 방법이다. 만약 하나의 VI가 데이터를 글로벌에 쓰면, 글로벌을 읽는 임의 VI 또는 SubVI는 최근 데이터 값을 갖고 있다.

최초 글로벌 변수를 블록다이어그램에 놓으면 ?형태로 표시되며, 이는 아이콘은 아직 정의되지 않은 글로벌을 의미한다. 이 아이콘을 더블클릭하면, VI 프런트패널과 외관상 유사한 다음의 화면이 표시된다.

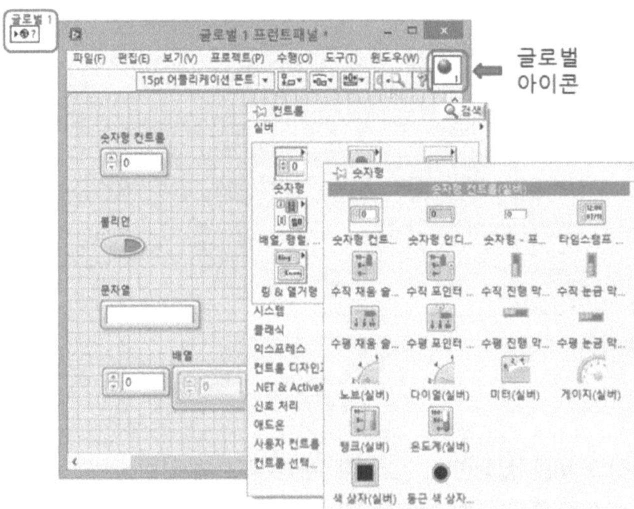

필요한 글로벌 변수를 프런트패널에 만들고 VI를 저장한다. 글로벌의 프런트패널에는 임의 타입의 데이터를 표시할 수 있지만, 블록다이어그램은 존재하지 않는다. 일반적인 VI와 동일하게 컨트롤 또는 인디케이터를 글로벌의 프런트패널에 작성할 수 있다. 또한, 각 오브젝트의 글로벌에 라벨을 부여하지 않으면 절대로 글로벌을 사용할 수 없다.

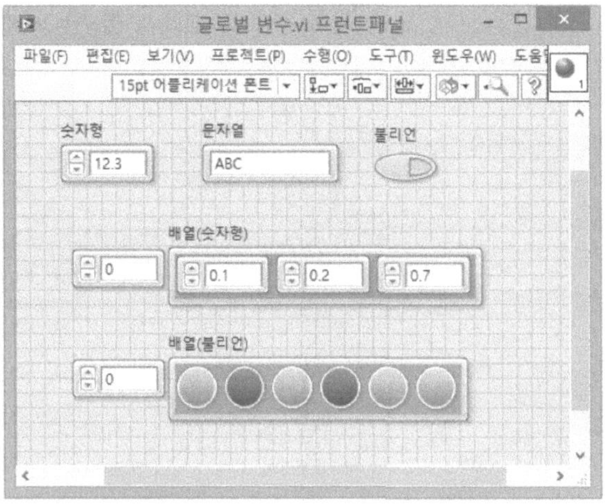

블록다이어그램에서 글로벌 변수를 를 이용해서 다음과 같이 선택한다.

또한, 블록다이어그램에서 저장된 글로벌을 사용하려면 **함수** 팔레트의 VI **선택**…을 이용한다.

예제 4-10 글로벌 변수를 이용한 데이터 입, 출력

글로벌 변수로 VI를 직접 작성하고 데이터를 2개의 VI에 전달하는 예제를 작성한다. 글로벌 변수는 독립적인 VI 간에 데이터를 전송할 때 매우 유용하게 사용된다.

● 글로벌 변수 만들기

1 새로운 VI를 만들고, **글로벌 연습.vi**로 저장한다.

2 **함수▶프로그래밍▶구조** 팔레트에서 글로벌 변수 를 블록다이어그램에 놓는다.

3 글로벌 변수 를 더블클릭하면 글로벌 프런트패널이 표시된다. 이를 **글로벌_난수.vi**로 저장한다. 프런트패널에는 숫자형 컨트롤을 놓고 다음과 같이 라벨을 "난수"로 한다.

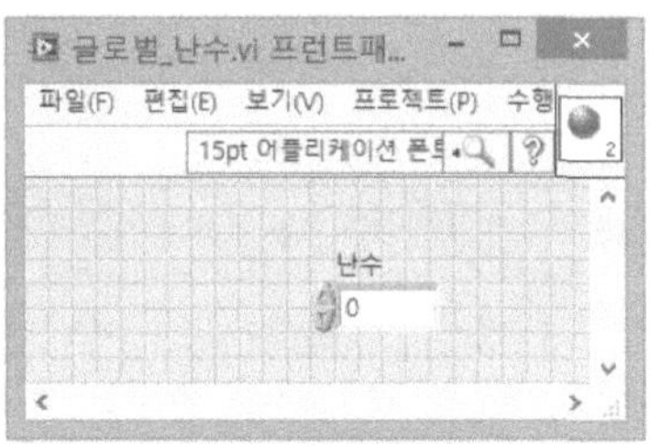

4 **글로벌 연습.vi**를 다음과 같이 구성한다. 으로 글로벌 변수를 선택하고 난수를 선택

한다. 글로벌 이 으로 변경된다. 또는 블록다이어그램에서 **함수▶VI 선택…**을 통해 **글로벌_난수.vi** 를 불러올 수 있다.

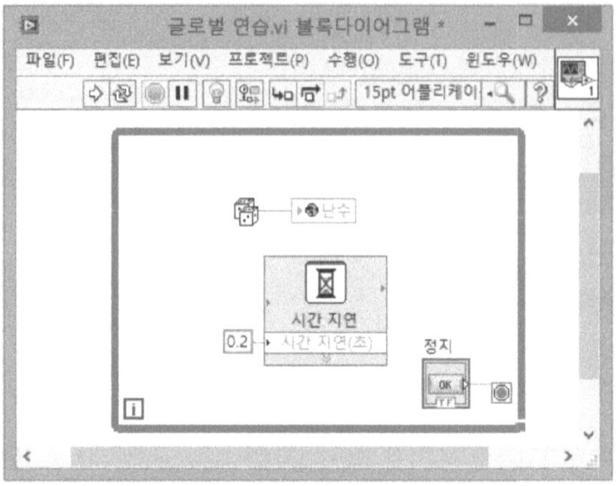

- **두 번째 VI만들기**

5 새 VI를 만들고, **난수디스플레이.vi**로 저장한다.

6 블록다이어그램에서 **함수▶VI선택…**을 이용하여 **글로벌_난수.vi**를 읽어온다. 위에 마우스를 놓고 오른쪽 버튼을 클릭한 후 바로가기 메뉴에서 읽기로 변경을 선택하면, 테두리가 두꺼운 컨트롤 이 된다. 블록다이어그램을 다음과 같이 완성한다.

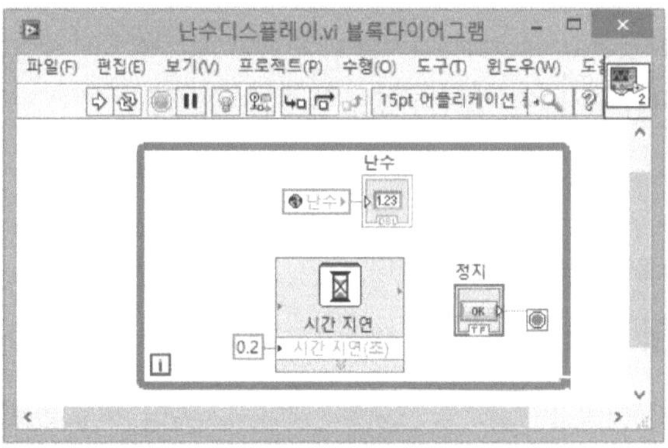

7 **글로벌_연습.vi**와 **난수디스플레이.vi**를 실행하여 글로벌 변수를 이용한 데이터 전송을 확인한다.

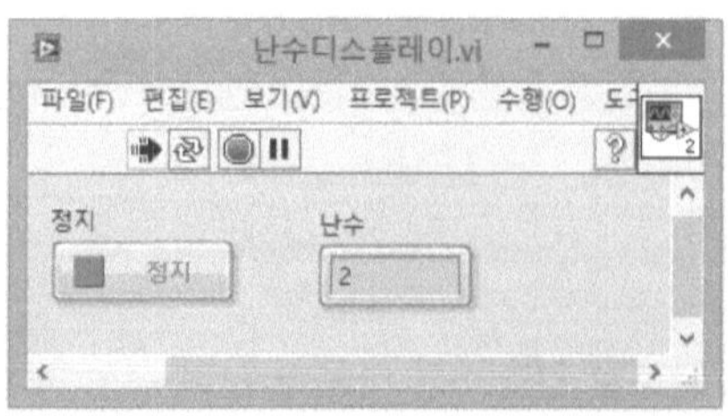

CHAPTER

05

차트와 그래프

CONTENTS

5-01 웨이브폼(Waveform) 차트
예제 5-01 차트에 여러 개의 데이터 그리기

5-02 웨이브폼 그래프

5-03 'X'Y' 그래프
예제 5-02 For 루프를 이용한 원 그리기

5-04 차트와 그래프의 구성요소

LabVIEW의 차트와 그래프는 데이터를 그래픽으로 표시하는 툴이다. 차트는 새로운 데이터를 과거 데이터와 연속적으로 표시하므로, 현재의 값과 과거의 데이터를 동시에 볼 수 있다. 그래프는 배열 형태로 된 값을 과거에 발생한 데이터 없이 표시한다. 이 장에서는 차트와 그래프의 데이터 구조 및 이들을 사용하는 몇 가지 방법을 설명한다.

웨이브폼 차트는 연속 용지에 데이터를 출력하는 레코더와 유사하게 디스플레이한다.

웨이브폼 그래프는 배열 데이터를 오실로스코프에 표시하는 것과 유사하게 사용된다. 또한, 웨이브폼 그래프는 X축의 값이 순차적으로 증가할 때 Y값을 표시하는 곳에 사용된다.

XY 그래프는 1개의 X축에 1개 이상의 Y값을 표시할 때 매우 유용하다. 또한, XY그래프는 X축의 값이 임의적으로 변할 때 Y값을 표시하는 곳에 사용된다.

5-01 웨이브폼(Waveform) 차트

웨이브폼 차트는 1개 또는 그 이상의 데이터를 그리는 특별한 숫자형 인디케이터다. 대부분의 차트는 루프 내부에서 사용되며, 차트는 이전에 수집한 데이터 및 새로운 데이터를 추가해서 연속적으로 표시할 수 있다. 차트에서 Y축 값은 새로운 데이터를 의미하며, X축 값은 시간(루프의 반복과정에 의해 Y값이 표시되므로, X축은 루프의 특정 시간에 관계된다)을 의미한다.

5-01-1 차트의 3가지 모드

웨이브폼 차트는 3가지 디스플레이 모드 즉, 스트립 차트 모드, 스코프 차트 모드, 스윕 차트 모드로 구성된다. 프로그램이 실행시 **업데이트 모드**를 선택하면 원하는 차트를 선택할 수 있다. 또는, 팝업메뉴에서 **고급▶업데이트 모드**에서 차트 모드를 선택할 수 있다.

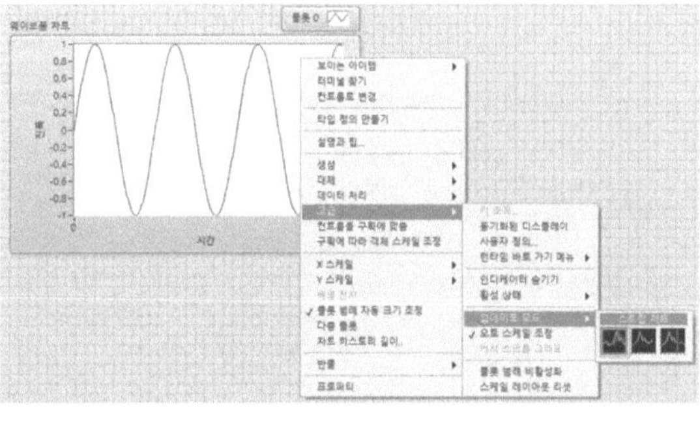

다음은 차트의 3가지 모드의 기능을 표시해 놓은 예다. 앞에서 기술한 바와 같이, 차트는 3가지 모드 **스트립(Strip) 차트, 스코프(Scope) 차트, 스윕(sweep) 차트**로 구성된다. 차트에 표시되는 특성은 3가지 형태가 약간 다르므로 이들의 차이점을 명확히 이해한다.

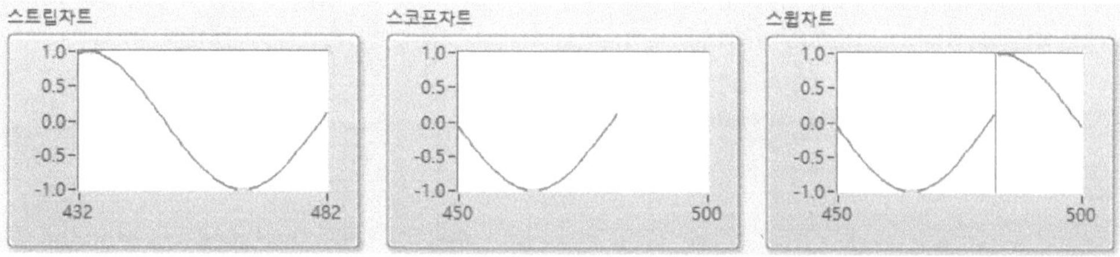

스트립 차트는 연속 용지와 유사한 scrolling 디스플레이로 구성되어 있다. 스코프 차트와 스윕 차트는 오실로스코프와 유사한 수축하는 디스플레이를 갖고 있다. 스코프 차트에서, 데이터가 화면의 우측 경계에 도달하면, 데이터는 그래프 내용을 지우고, 그래프의 좌측 경계에서 다시 그리기 시작한다. 스윕 차트는 스코프 차트와 유사하지만, 데이터가 우측 경계면에 도달했을 때 표시되는 데이터를 지우지 않는다. 대신에, 이동하는 수직선이 새로운 데이터의 시작을 표시하며 새로운 데이터가 추가될 때마다 우측 화면 영역으로 이동한다. 스코프 차트와 스윕 차트는 데이터를 그리는 과정에 중복되는 데이터가 적으므로, 스트립 차트보다 조금 빠르다.

5-01-2 한 채널의 데이터를 차트에 표시하기

차트를 이용하는 간단한 방법은, 다음의 그림과 같이 스칼라 값을 차트의 블록다이어그램 터미널에 연결한다. 다음 그림에서 정지 버튼이 눌리기 이전에는 While 루프를 연속적으로 실행하며, 웨이브폼 차트에 난수값을 표시한다.

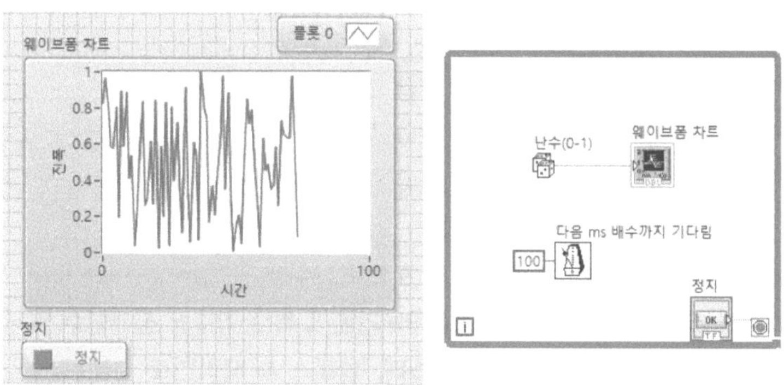

5-01-3 여러 채널의 데이터를 단일 차트에 표시하기

웨이브폼 차트에는 1종류 이상의 데이터를 동일한 화면에 표시할 수 있다. 다음 예와 같이, **함수 ▶프로그래밍▶클러스터** 팔레트에서 **묶기** 함수로 데이터를 묶으면 여러 데이터를 하나의 웨이브폼 차트에 표시할 수 있다.

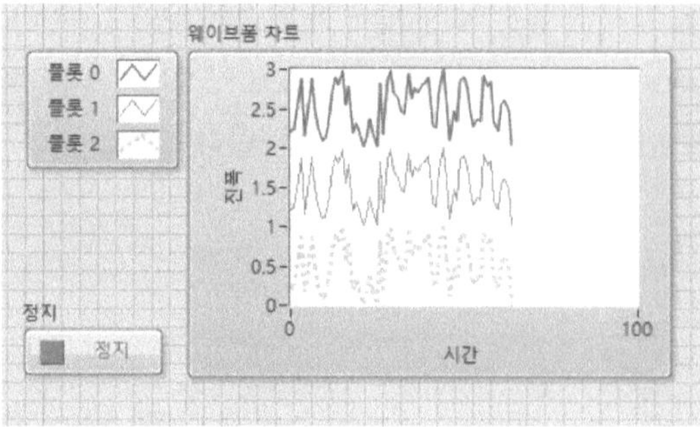

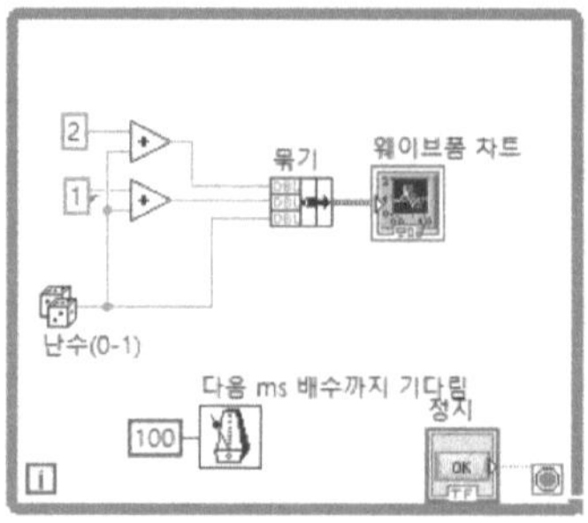

예제 5-01 차트에 여러 개의 데이터 그리기

다음은 여러 개의 데이터를 동시에 While 루프에 그리는 연습을 한다. 차트에 동시에 표시하려면 이들 데이터를 하나로 묶는 작업을 진행한다.

● 블록다이어그램

1 새 VI를 만들고 **멀티차트.vi**로 저장한다.

2 프런트패널에 웨이브폼 차트를 위치시키고, 다음과 같이 블록다이어그램을 작성한다.

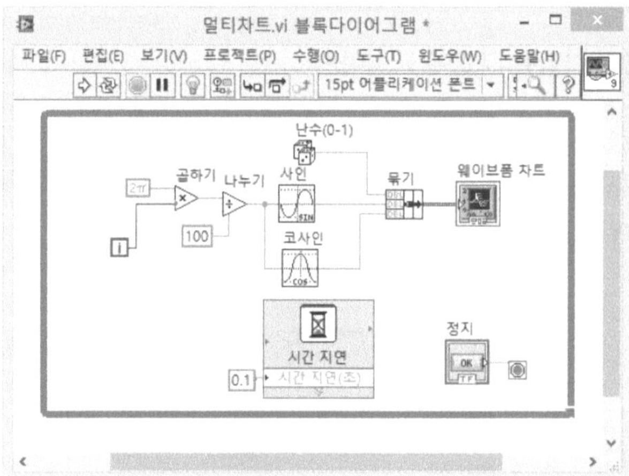

- 2π는 **함수▶프로그래밍▶숫자형▶수학 & 과학상수**에 있다.
- **"사인"** 함수와 **"코사인"** 함수는 **함수▶수학▶기본 & 특수 함수▶ 삼각함수** 팔레트에 있다.
- **"묶기"** 함수는 **함수▶프로그래밍▶클러스터, 클래스 & 배리언트** 팔레트에 있다. 를 마우스로 아래로 늘리면 이 된다.

● 프런트패널

3 플롯 범례의 이름을 난수, 사인, 코사인으로 수정한다. 이름을 더블 클릭하여 선택한 다음, 키보드로 원하는 이름을 입력한다.

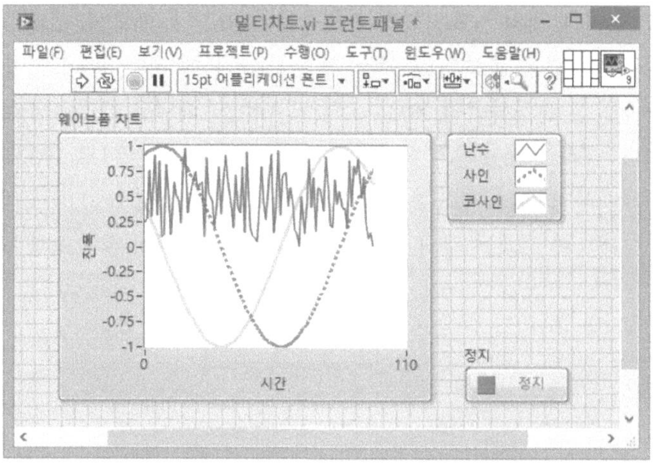

4 프로그램을 저장하고 실행한다. 3개의 차트가 동시에 표시되는지를 확인한다.

LabVIEW

5-02 웨이브폼 그래프

일반적으로 차트는 데이터를 실시간으로 표시한다. 그러나, 그래프는 미리 생성된 데이터 배열을 한 번에 화면에 표시한다. 일반적으로 **웨이브폼** 그래프는, 일정 시간 간격으로 샘플되며 진폭이 변하는 웨이브폼 등에 사용된다. 균일한 간격으로 증가하는 X값에 대응하는 Y값을 표시하는 것이 웨이브폼 그래프다.

5-02-1 한 채널의 데이터를 웨이브폼 그래프에 표시하기

기본적인 단일-플롯 그래프는, Y값의 배열을 웨이브폼 그래프 터미널에 직접 연결한다. 이 방법은 초기 X값을 0, delta X값(즉, X값 사이의 증가분)을 1로 설정한 것이다. 블록다이어그램의 그래프 터미널은 1차원 배열 인디케이터로 표시된다.

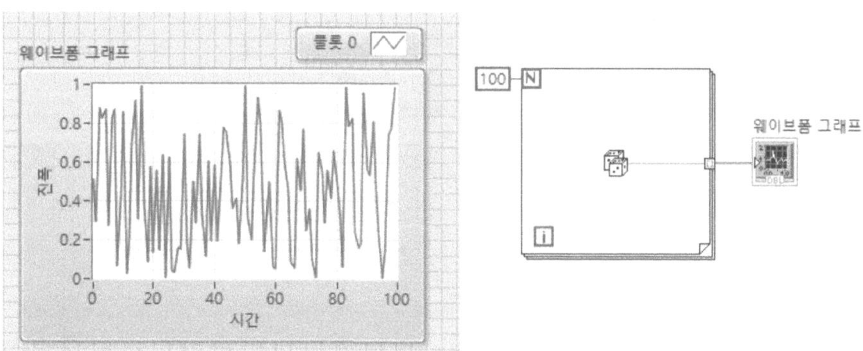

그래프의 x축에 시간이 관계되게 표시하려는 경우를 고려한다. 예로서, 샘플링을 "initial X=0" 이외의 시점에 시작하는 경우, 또는 "delta X=1 또는 dX = 1"에 데이터가 1개 이상 포함된 경우를 고려한다. X 축 내용을 변경하려면, X0값, dX값 및 데이터 배열을 클러스터로 만들기 위한 **묶기** 함수를 사용한다. 다음 프로그램은 초기값 X0=100, 증가분 dX=0.1로 100개의 데이터를 웨이브폼 그래프에 표시한 경우다. 주목할 사항은 X축의 데이터가 100~110 사이에 100개의 데이터를 표시하고 그래프의 결과는 클러스터다. 앞서 작성한 웨이브폼 그래프 결과와 X축의 결과를 비교해 본다.

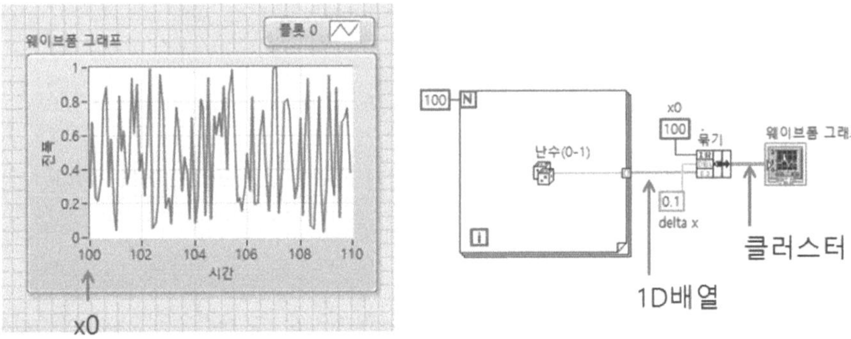

5-02-2 여러 채널의 데이터를 웨이브폼 그래프에 표시하기

단일 채널의 배열을 참조로 2D 배열을 만들면, 웨이브폼 그래프에 한 종류 이상의 데이터를 그래프에 표시할 수 있다. 연결되는 데이터의 구조(배열, 클러스터, 클러스터의 배열 등)와 데이터 타입(I16, DBL등)에 따라 그래프의 터미널이 어떻게 변경되는지 관찰한다.

블록다이어그램에서, **배열 만들기** 함수는 두 클러스터 입력을 배열로 만든다. 각 입력 클러스터는 1개의 배열과 2개의 스칼라 수치로 구성되어 있다. 최종 결과는 클러스터의 배열로, 그래프는 이 결과를 이용해 화면에 표시한다. 이 그림은, 초기값 X0=100, 증가분 dX=0.1로 100개의 데이터를 웨이브폼 그래프에 표시한 경우다. 주목할 사항은 X축의 데이터가 100~110 사이에 100개의 데이터를 표시하였다.

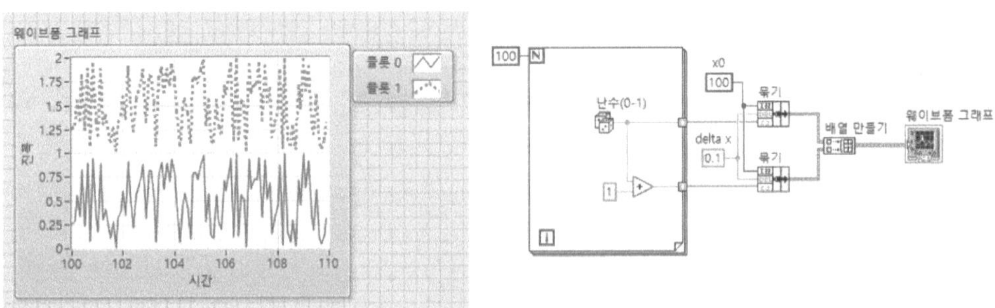

5-03 XY 그래프

웨이브폼 그래프는 순차적으로 시간이 증가할 때 Y값을 그래프에 표시하는 경우에 사용한다. 만약, 데이터를 불규칙하게 측정할 때 또는 하나의 X값에 여러 개의 Y값을 갖는 수학적 계산을 고려한다. 이러한 경우, 웨이브폼 그래프로는 순차적으로 X축 값을 증가해야 하므로 표시할 수 없다. 이처럼, XY 그래프는 하나의 X축에 여러 Y값을 표시하는 그래프 툴이다.

예제 5-02 For 루프를 이용한 원 그리기

원을 그리는 경우는 1개의 X값에 2개의 Y값이 존재하므로 웨이브폼 그래프로는 원을 그릴 수 없다. 이처럼 원을 그래프에 표시할 수 있는 유일한 방법은 XY 그래프를 이용한다. For 루프와 XY 그래프를 이용하여 원을 그리는 연습을 한다. 원을 그리기 위해서는 사인과 코사인을 결합한 방식을 취한다.

● **프런트패널**

1 새 VI를 만들고, **원.vi**로 저장한다.

2 프런트패널에 XY 그래프를 위치시킨다. **XY 그래프**는 **컨트롤▶일반▶그래프** 팔레트에 있다.

● **블록다이어그램**

3 다음과 같이 블록다이어그램을 작성한다.

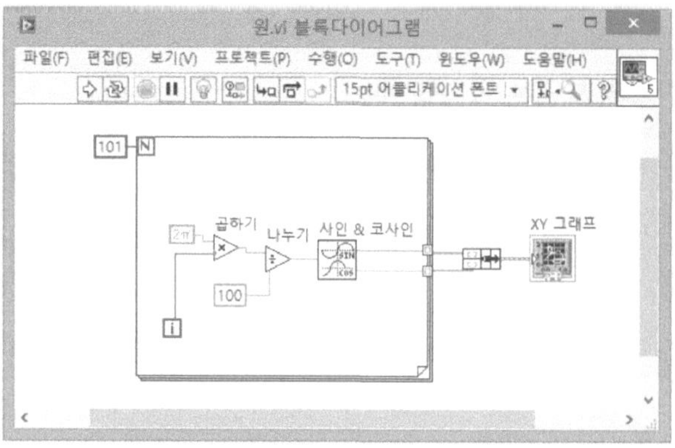

- **"사인 & 코사인"** 함수는 **함수▶수학▶기본 & 특수함수▶삼각함수** 팔레트에 있다. 이 함수는 입력 x에 대해 sin(x)와 cos(x)를 동시에 출력한다.
- 2π는 **함수▶프로그래밍▶숫자형▶수학 & 과학상수** 팔레트에 있다.
- **"묶기"** 함수는 **함수▶프로그래밍▶클러스터 & 배리언트** 팔레트에 있다. XY 그래프를 만들기 위해서는 반드시 **"묶기"** 함수를 사용한다.

● **프런트패널**

4 VI를 실행하고 저장한다. 다음과 같은 결과가 표시된다.

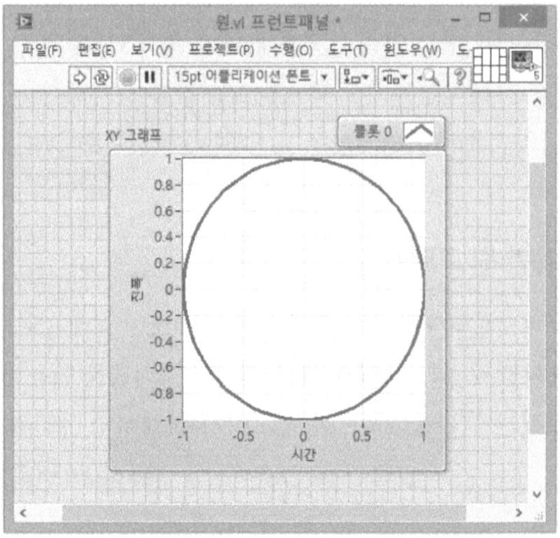

5-04 차트와 그래프의 구성요소

그래프와 차트는 데이터를 사용자의 욕구에 맞게 변경할 수 있는 많은 옵션을 갖고 있다. 여기서 설명하는 대부분의 내용은 차트와 그래프(웨이브폼 차트, 웨이브폼 그래프와 XY 그래프)에 공통적으로 사용된다.

5-04-1 웨이브폼 차트의 보이는 아이템 메뉴

웨이브폼 차트에는 다양한 아이템을 보이게 할 수 있기에, 사용자는 이 아이템들을 이용하여 이해하기 쉽고, 사용하기 편리한 사용자 인터페이스를 만들 수 있다.

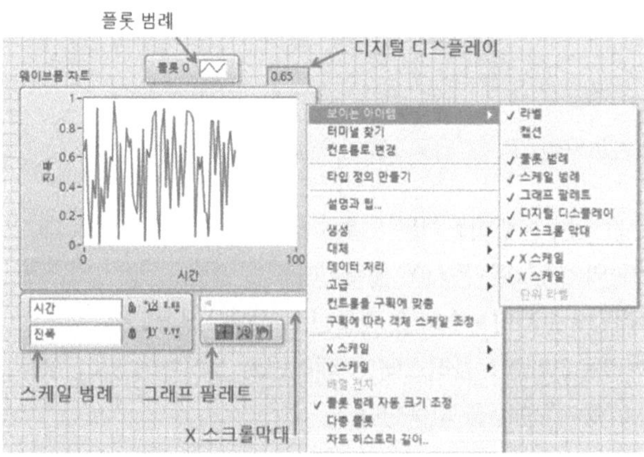

● **플롯 범례**

"플롯 범례"는 웨이브폼 차트에 디스플레이되는 데이터의 표현 방식을 변경할 수 있는 도구이다. 예로서, 2개 이상의 데이터를 동시에 표시한다면, 플롯의 형태, 색상, 라인 스타일, 라인 폭, 텍스트 등을 수정하여 입력할 수 있다.

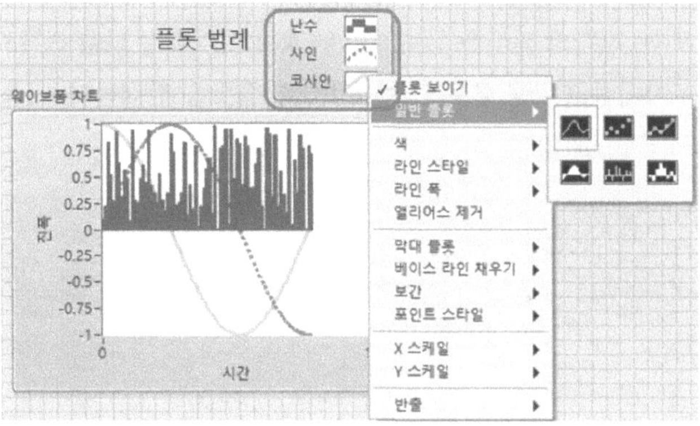

● **디지털 디스플레이**

웨이브폼 차트는 숫자형 인디케이터의 일종이기에, 디지털 디스플레이로 현재 숫자 값을 바로 표시해 준다.

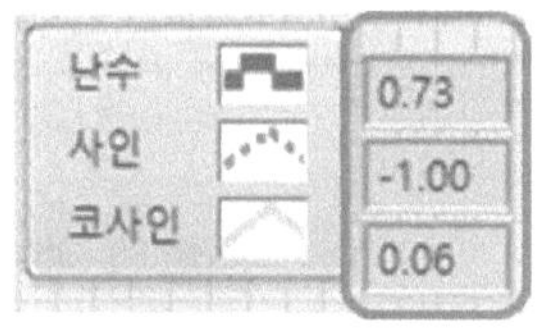

● **X 스크롤 막대**

차트는 히스토리(History) 데이터를 저장할 수 있다. 또한 X 스크롤 막대를 이용해서 차트 히스토리의 데이터를 모두 볼 수 있다. 차트는 기본값으로, 1024개의 데이터를 자동 저장한다. 더 많은 또는 적은 데이터를 차트가 자동적으로 관리하려면 차트를 팝업하고 **차트 히스토리 길이..**를 선택하면, 새로운 값을 100,000범위 내에서 입력할 수 있다. 스크린에 표시하는 데이터 수를 증대 또는 감소시키려면 버퍼의 크기를 변경하지 말고 차트의 크기를 변경한다. 버퍼의 크기를 변경하면 스크롤하는 데이터의 양이 증대된다.

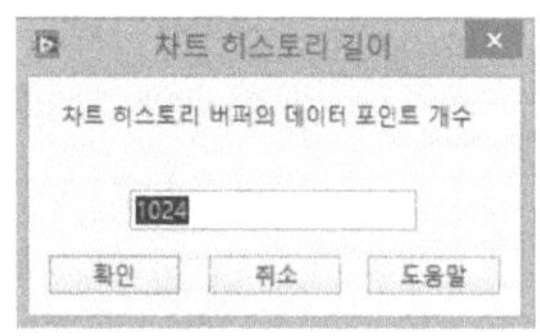

● **스케일 범례**

VI의 편집 모드에서는 각 축의 스케일이나 이름 등을 팝업메뉴를 통해서 직접 입력할 수 있다. VI가 실행 모드일 때는 축의 스케일이나 이름 등을 스케일 범례를 이용하여 변경시킨다. 특히 VI를 실행파일 형태로 배포하고자 할 때는 스케일 범례가 유용하게 사용된다.

● **그래프 팔레트**

그래프의 여러 가지 도구 모음이다.

1. 다층(Stack) 플롯 및 오버레이(Overlay) 플롯

여러 데이터를 1개의 차트에 표시하는 경우를 고려한다. 이러한 경우 모든 플롯을 동일한 Y-축에 표시하는 **오버레이** 플롯과, 각각의 플롯을 독립적인 Y-축에 표시하는 **다층** 플롯으로 구별된다. 이 옵션은 차트를 바로가기하고 **다층 플롯** 또는 **오버레이 플롯**을 선택한다. 다음 그림은 이들의 표시해 놓았다.

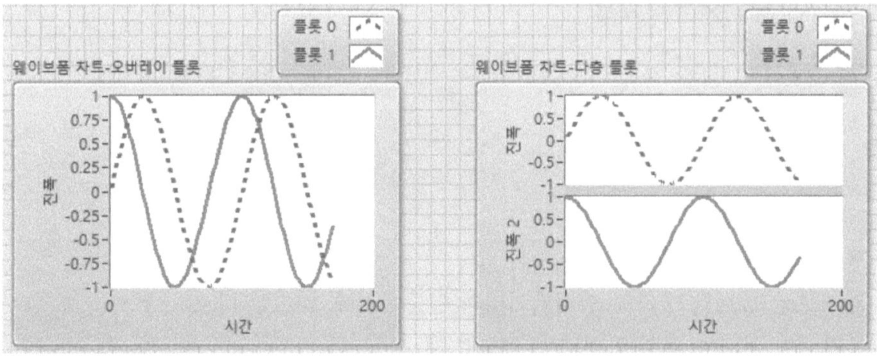

2. 차트의 데이터 지우기

차트에 표시된 모든 데이터를 지우는 경우를 고려한다. 수정 모드에서는 차트의 팝업메뉴에서 **데이터 처리▶차트 지우기**를 선택하면 차트에 표시된 내용을 지운다. 실행 모드인 경우, 차트의 팝업메뉴에서 **차트 지우기**를 선택한다..

3. 웨이브폼 그래프의 보이는 아이템 메뉴

웨이브폼 그래프, XY 그래프는 기본적으로 웨이브폼 차트와 동일하지만, 커서 범례의 추가 기능이 있다.

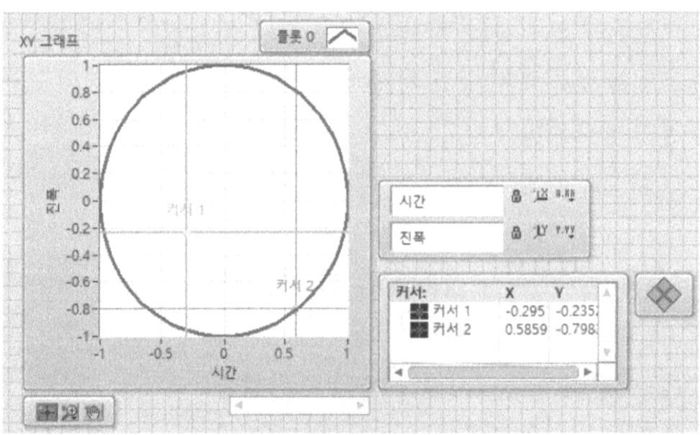

CHAPTER

06

LabVIEW 프로젝트

CONTENTS

6-01 프로젝트에 VI 추가하기

6-02 공유 변수 추가하기

예제 6-01 공유 변수

6-03 LabVIEW 배포하기

개발하는 어플리케이션의 규모가 커지게 되면, 한 개의 VI로 완성하기 어렵다. 여러 개의 VI와 변수들, 관련 파일과 문서들을 함께 구성해야만 어플리케이션을 완성할 수 있다. LabVIEW 프로젝트는 큰 규모의 어플리케이션을 구성할 수 있도록, 프로젝트 기반의 프로그래밍 환경을 제공해 준다. 특히 LabVIEW 프로젝트는 단일 프로세서에서 구현되는 프로젝트뿐만 아니라, 여러 컴퓨터에서 구현되는 프로젝트를 만들 수 있도록 도와준다. 그러므로 LabVIEW의 프로젝트를 이용하여 컴퓨터들 간의 데이터 통신을 쉽게 구현할 수 있고, myRIO 프로그램을 구현할 수 있게 한다.

LabVIEW 프로젝트는 다음과 같은 **시작하기** 창에서 **새 프로젝트**를 선택하여 만들 수 있다.

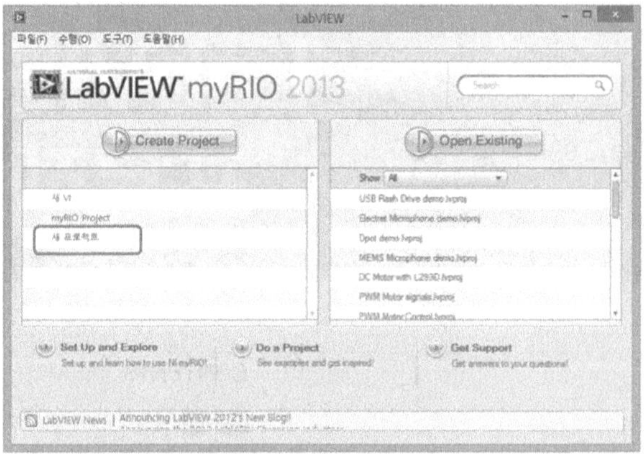

새 프로젝트 를 선택하면 다음과 같은 프로젝트 탐색기가 실행된다. **모두 저장** 버튼을 선택하면 프로젝트를 저장할 수 있으며 확장자는 *.lvproj이다.

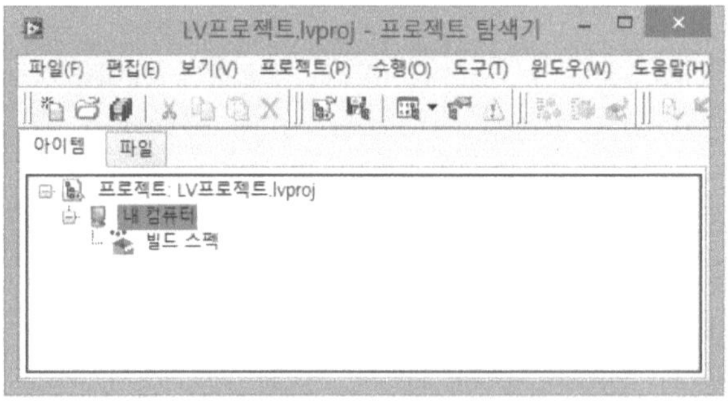

아이템 탭에서는 프로젝트 트리에 있는 프로젝트 아이템을 디스플레이한다.

- 프로젝트 : 프로젝트의 파일 이름을 가지고 있고, 모든 파일들이 프로젝트 루트 아래에 포함된다.
- 내 컴퓨터 : 타켓이 되는 컴퓨터를 지칭하며, 내컴퓨터는 프로젝트를 프로그래밍하는 로컬 컴퓨터를 의미한다.
- 빌드 스펙 : 실행 파일이나 배포용 프로그램 등을 만드는 기능이다.

다음의 경우는 프로젝트를 반드시 만든다.

- 여러 VI를 묶어서 라이브러리를 수정할 때
- EXE 실행 배포 파일을 만들 때
- 임베디드, FPGA Real Time 타켓을 함께 사용할 때

6-01 프로젝트에 VI 추가하기

LabVIEW

내 컴퓨터의 팝업메뉴에서 **새로 만들기**를 선택하면 VI, 버추얼 폴더, 컨트롤, 라이브러리, 변수 등을 추가할 수 있다. **새로 만들기▶VI**를 선택하면 새로운 VI가 생성된다. VI를 저장하면 내 컴퓨터 아래에 VI가 추가된다.

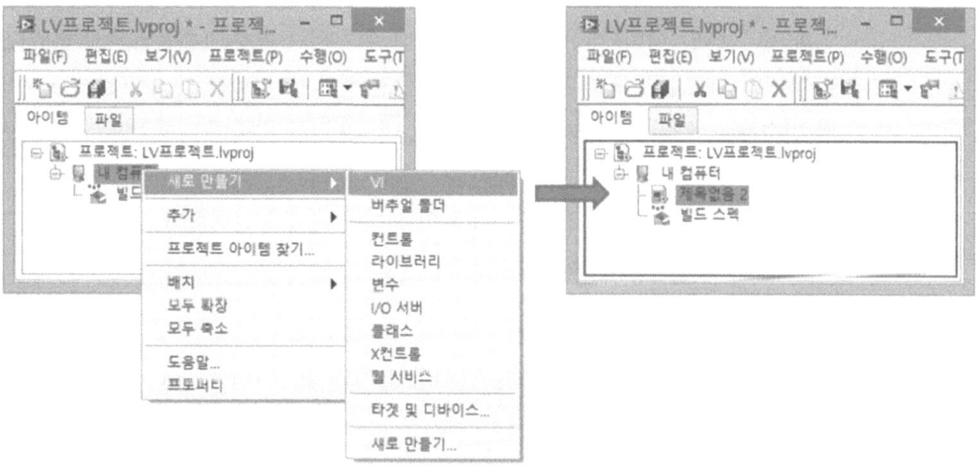

6-02 공유 변수 추가하기

LabVIEW

VI뿐만 아니라 사용자 정의 컨트롤이나 라이브러리, 변수, 클래스, X 컨트롤 등을 프로젝트에 추가할 수 있다. 클래스는 객체지향 프로그래밍을 구현할 수 있게 제공하는 기능이다. 그리고 X 컨트롤은 SubVI나 클래스 기능을 가진 컨트롤을 만들어 사용할 수 있는 기능이다. 이들은 프로젝트를 구현할 때, 개발효율을 극대화할 수 있는 기능들이다. 변수는 프로젝트 내에서 데이터를 서로 공유할 수 있게 하는 기능이다. 내 컴퓨터의 팝업메뉴에서 **새로 만들기▶변수**를 선택하여 공유 변수를 만들 수 있다. 다음과 같은 **공유 변수 프로퍼티** 창에서 변수의 기본 설정, 설명, 네트워크, 스케일링 등을 설정할 수 있다.

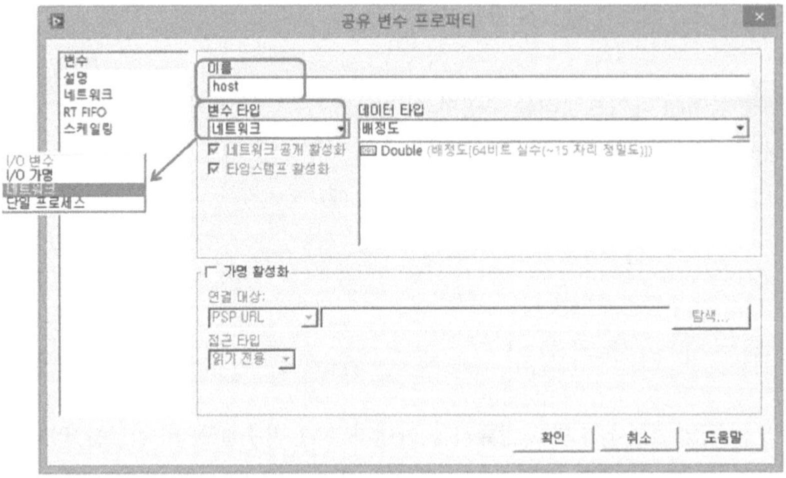

6-02-1 변수

- **이름**: 변수 타입, 데이터 타입 등을 설정한다. 여기서는 변수 이름을 host로 하였다.
- **변수 타입**: 네트워크 공개, 단일 프로세스 등을 선택할 수 있다. 만일 프로세스 내에서만 사용할 변수라면 "단일 프로세스"를 선택하고, 네트워크를 위하여 다른 PC나 프로세스로 공유할 변수라면 "네트워크 공개"를 선택한다.
- **데이터 타입**: 배정도, 단정도, 문자열 등의 데이터 타입을 선택한다.

6-02-2 설명, 네트워크

변수 타입으로 네트워크 공개를 선택하였을 때, 설정할 수 있는 항목들이다. 타 프로세스에서 이 변수를 검색하여 사용할 때 필요한 변수의 설명과 버퍼 설정 같은 네트워크 설정이다. 여기에서 타 프로세스는 윈도우 기반의 컴퓨터나, VxWorks와 같은 Realtime OS 기반의 컴퓨터 등을 의미한다.

"확인" 버튼을 선택하면 다음과 같은 임의의 라이브러리 아래에 변수가 추가된다. 변경된 내용을 을 선택하여 저장한다.

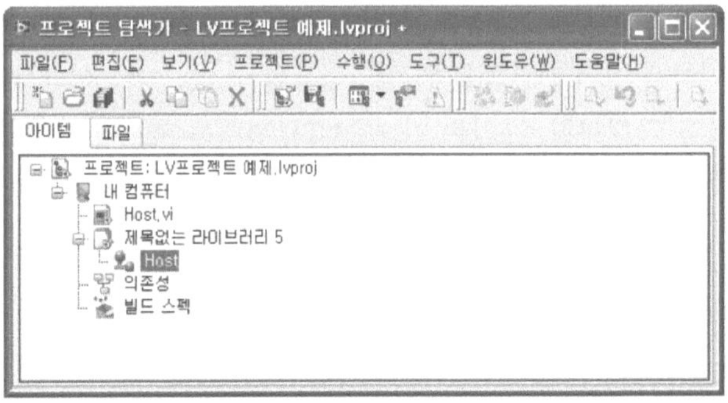

공유 변수는 프로젝트 상의 여러 VI들 사이로 데이터를 전달하기 위하여 사용한다. 프로젝트는 여러 프로세스로 구성될 수 있다. 이때 공유 변수를 이용하여 단일 프로세스상의 여러 VI들 사이에서 데이터를 전달할 수도 있고, 여러 프로세스상에서 데이터를 전달할 수도 있다. 또한 한 개의 VI 속에서 서로 다른 루프들 사이로 데이터를 전달할 수 있다. 다음 연습을 통하여 공유변수를 만들고, VI들 사이로 데이터를 전달하는 방법을 연습한다.

예제 6-01 공유 변수

공유 변수를 이용하여 2개의 VI들 사이에 데이터를 주고받는 프로그램을 작성한다.

● **프로젝트**

1 새 프로젝트를 만들고, **연습**.lvproj으로 저장한다.

2 내 컴퓨터의 팝업메뉴에서 **새로 만들기▶라이브러리**를 선택한다. 를 선택하면 대화상자가 표시되며, **공유변수 라이브러리**.lvlib로 저장한다.

3 **공유변수 라이브러리**.lvlib의 팝업메뉴에서, **새로 만들기▶변수**를 선택하고, 공유 변수를 만든다. 이름 "난수 전달", 데이터 타입 "배성도", 변수 타입 "단일 프로세스"를 입력한다.

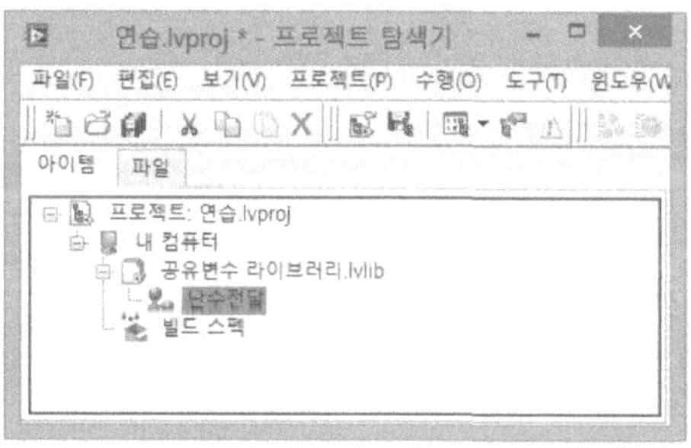

4 내 컴퓨터의 팝업메뉴에서 **새로 만들기▶VI**를 선택한다. VI를 **난수발생**.vi로 저장한다. 프로젝트는 다음과 같은 결과가 표시된다.

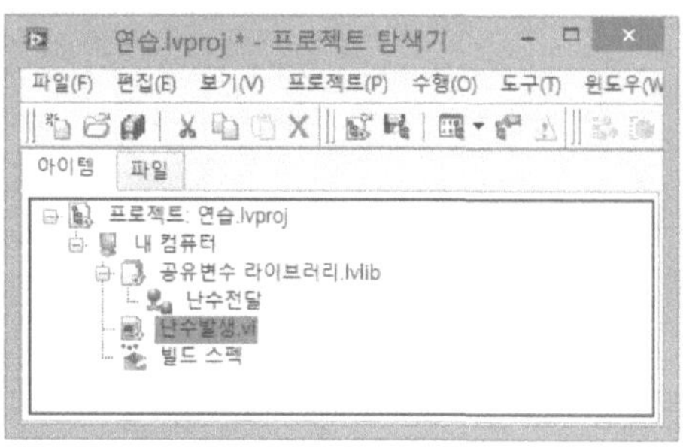

● **블록다이어그램 1**

5 **난수발생**.vi의 블록다이어그램을 다음과 같이 작성한다.

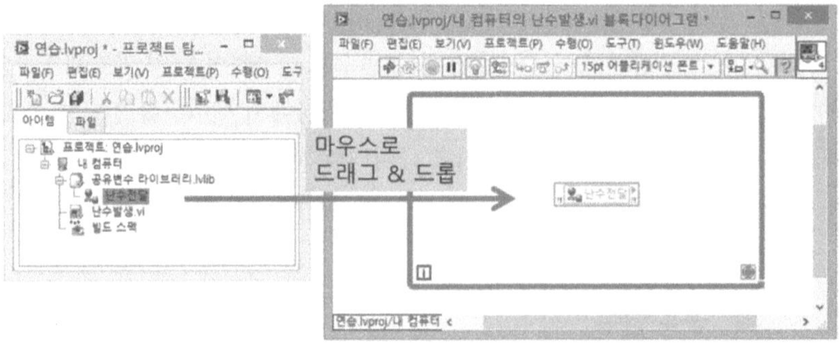

While 루프는 **함수▶프로그래밍▶구조** 팔레트에 있다.

6 은 프로젝트의 난수전달 을 블록다이어그램으로 드래그 앤 드롭한다. 또는, **함수▶프로그래밍▶구조** 팔레트에서 **공유 변수**를 선택해서 While 루프 내부에 놓는다. 다음과 같은 과정을 통해서도 가능하다.

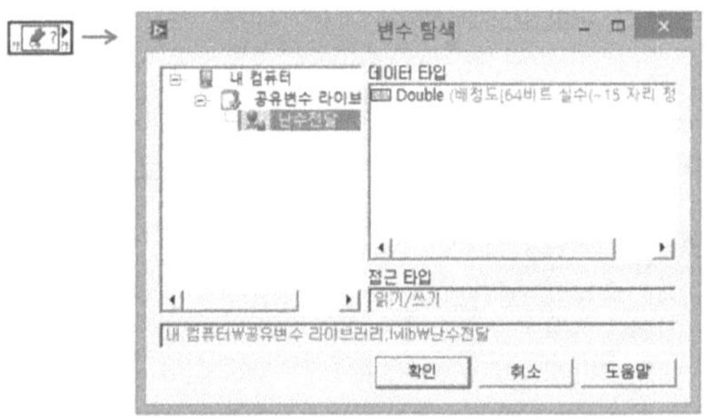

7 공유 변수의 팝업메뉴의 프로퍼티를 선택한다. **객체 프로퍼티** 창의 **설정** 탭에서 **쓰기로 변경**을 선택하면 인디케이터가 된다.

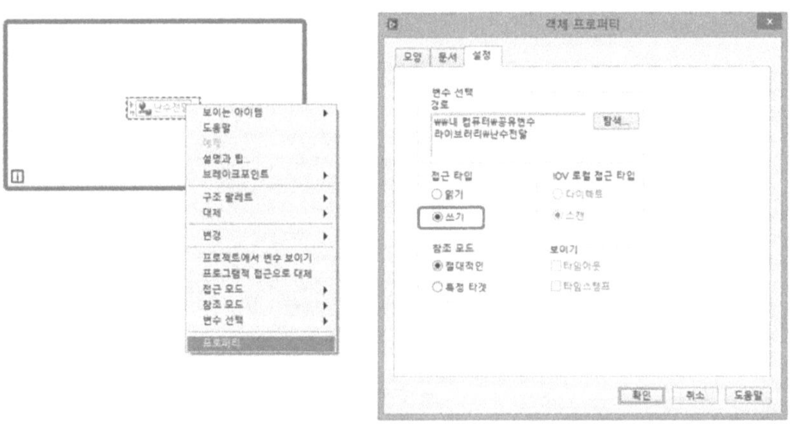

8 다음과 같이 블록다이어그램을 완성한다.

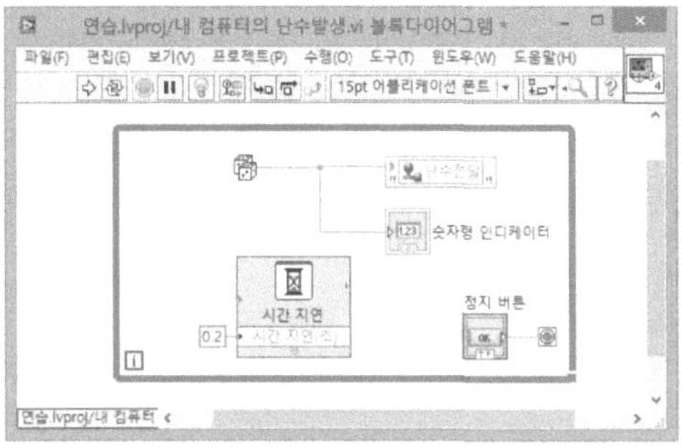

난수 함수는 **함수▶프로그래밍▶숫자형** 팔레트에 있다.

시간 지연 함수는 **함수▶프로그래밍▶타이밍** 팔레트에 있다.

● 블록다이어그램 2

9 내 컴퓨터 의 팝업메뉴에서 **새로 만들기▶VI**를 선택한다. 새 VI는 **디스플레이.vi**로 저장한다.

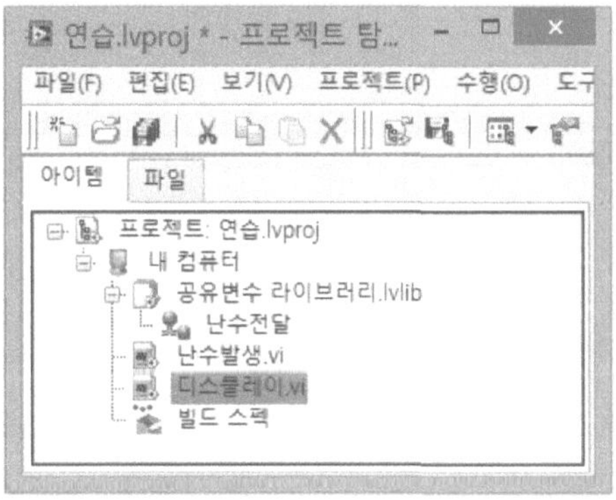

10 프로젝트 탐색기에서 난수 전달 을 드래그 앤 드롭해서 디스플레이.vi의 블록다이어그램에 놓는다. 블록다이어그램을 다음과 같이 완성한다.

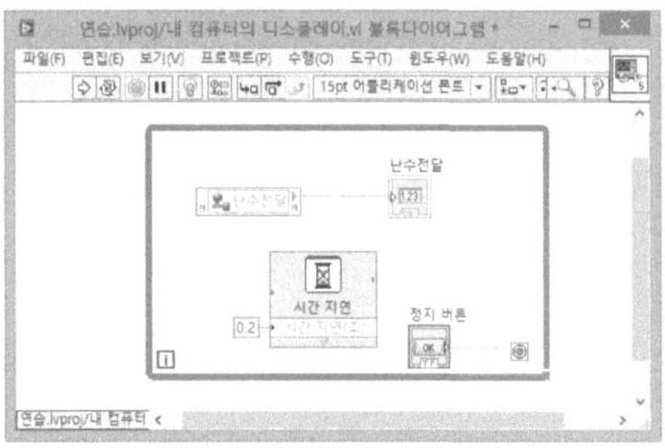

11 **난수발생.vi**와 **디스플레이.vi**의 프런트패널을 정리하고 실행한다. **난수발생.vi**에서 발생된 난수가 **디스플레이.vi**로 전달됨을 확인한다.

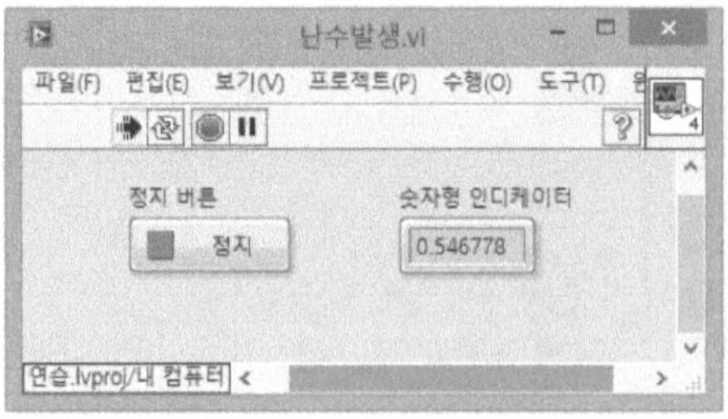

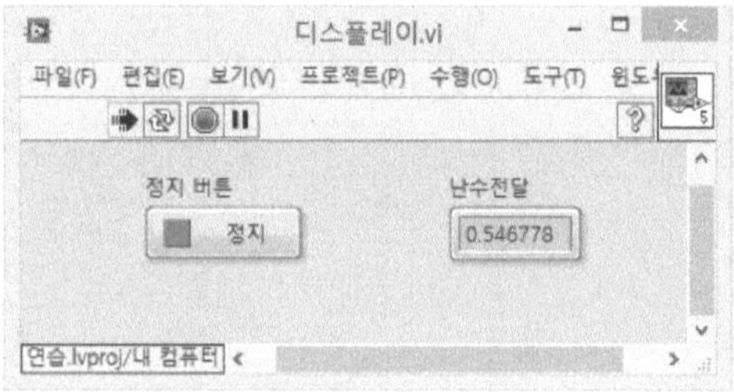

6-03 LabVIEW 배포하기

LabVIEW를 이용하여 VI를 생성한 다음, 실행 파일로 만들어 사용하거나 다른 컴퓨터로 배포할 수 있다. 실행 파일은 독립적인 프로그램으로 LabVIEW 프로그램의 최종 단계다. VI를 실행파일로 만들려면, "어플리케이션 빌더" 또는 "LabVIEW 프로페셔널" 버전이 필요하다.

CHAPTER

07

파일 입, 출력 작업

CONTENTS

7-01 문자열 타입 데이터 쓰기/읽기

예제 7-01 텍스트 데이터의 저장 및 읽기

7-02 Binary 타입 데이터 쓰기/읽기

예제 7-02 난수를 Binary 파일로 저장하고 읽기

7-03 스프레드시트

예제 7-03 스프레드시트 파일 입, 출력 연습

파일 입, 출력(I/O) 작업은 디스크 파일의 저장 작업에 관여한다. LabVIEW에는 단일 함수로 파일 I/O작업을 하는 기능 및 복잡한 파일 I/O에 적절한 파일 I/O 함수를 갖고 있다. 파일 입, 출력 **함수는 함수▶프로그래밍▶파일 I/O** 팔레트에 있다.

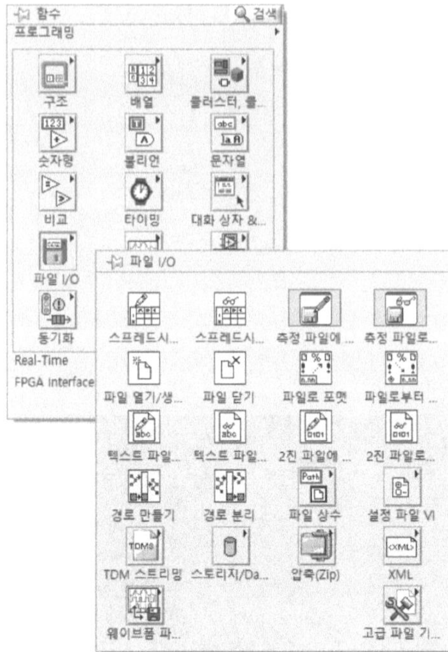

일반적으로 파일 I/O는 3단계 과정으로 구성된다. 먼저, 파일을 생성하거나 열고, 다음 단계는 파일로 데이터를 입, 출력하고, 마지막 단계로 파일을 닫는다. 파일을 생성 또는 열 때는 파일의 위치를 명기한다. 파일의 위치를 명기하는 방법은 2가지 방법을 이용한다. 즉, 프런트패널의 **컨트롤▶일반▶문자열&경로**의 **경로** 를 이용하거나, 블록다이어그램에서 **함수▶프로그래밍▶파일I/O▶파일상수** 팔레트의 함수들을 이용한다. 파일 함수의 사용 목적지를 확인하는 방법은 파일이 열린 상태인지에 좌우된다. 목적지가 열린 파일이면 파일의 **참조번호 참조**(refnum)을 사용하고, 열린 파일이 아니거나 디렉토리인 경우에는 경로를 이용한다.

7-01 문자열 타입 데이터 쓰기/읽기

LabVIEW

문자열로 데이터를 저장하면 워드, 메모장, 엑셀 등에서 파일을 사용할 수 있다. 이는 ASCII 방식으로 데이터를 저장하기에, 다양한 프로그램에서 사용할 수 있지만, Binary 파일 형식보다 파일크기가 커지는 단점이 있다. 만약 고속으로 데이터를 저장하는 경우 ASCII 파일로 데이터를 저장하는 것은 적절하지 않다.

7-01-1 문자열 파일 쓰기

파일 쓰기의 과정은 먼저 파일을 열고, 데이터를 쓰고, 파일을 닫는 단계를 거친다.

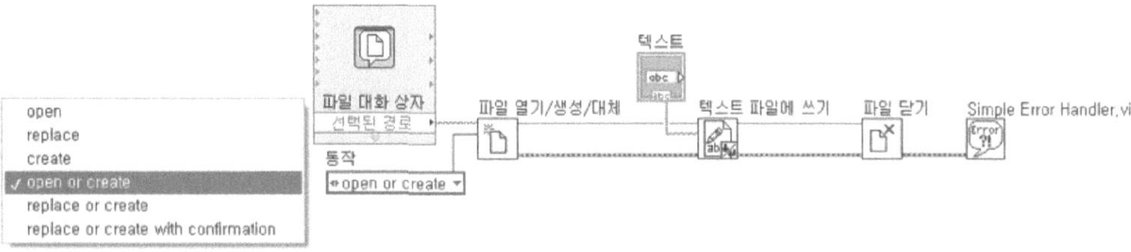

파일 대화 상자 VI는 **함수▶프로그래밍▶파일I/O▶고급파일 기능** 팔레트에 있으며, 파일 경로를 지정하는 대화 상자다.

파일 대화 상자

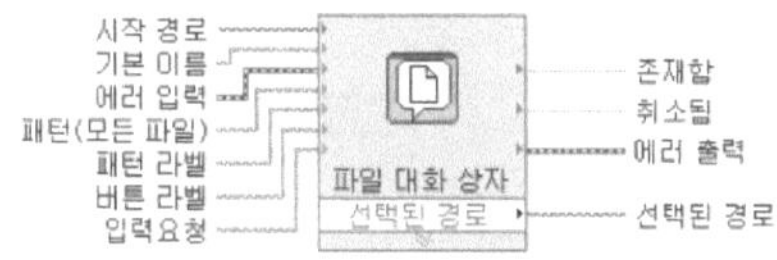

파일 열기/생성/대체(Open/Create/Replace File) 함수는 프로그램적으로 또는 파일 대화상자를 이용하여 대화식으로 기존 파일을 열거나, 새 파일을 생성하거나, 기존 파일을 대체한다. 읽기 위해 열 경우는 [open]을 선택하고, 파일 쓰기에는 주로 [open or create]를 사용한다.

파일 열기/생성/대체
[Open/Create/Replace File]

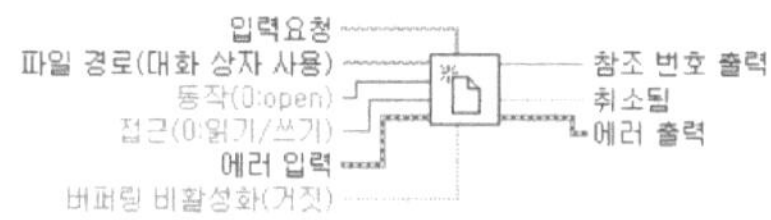

텍스트 파일에 쓰기(Write to Text File) 함수는 문자열 데이터를 저장할 때 사용한다. 텍스트로 저장되면 워드, 메모장, 엑셀 등에서 파일을 읽을 수 있다. ASCII 방식으로 데이터를 저장하기에, 다양한 프로그램에서 사용할 수 있지만, Binary 파일 형식보다 파일 크기가 커지는 단점이 있다.

텍스트 파일에 쓰기
[Write to Text File]

파일 닫기(Close File) 함수는 **참조 번호**로 지정된 열려있는 파일을 닫고, 참조 번호와 관련되어 있는 경로를 반환한다.

파일 닫기
[Close File]

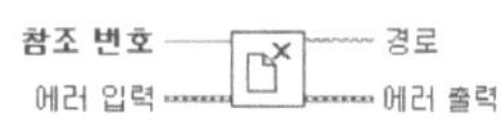

단순 에러 핸들러(Simple Error Handler) VI는 **함수▶프로그래밍▶대화상자 & 사용자 인터페이스** 팔레트에 있다. 이 함수는 에러가 발생하였는지의 여부를 나타낸다. 에러가 발생한 경우, 이 VI는 에러의 설명을 반환하고 선택적으로 대화 상자를 디스플레이한다.

단순 에러 핸들러
[Simple Error Handler.vi]

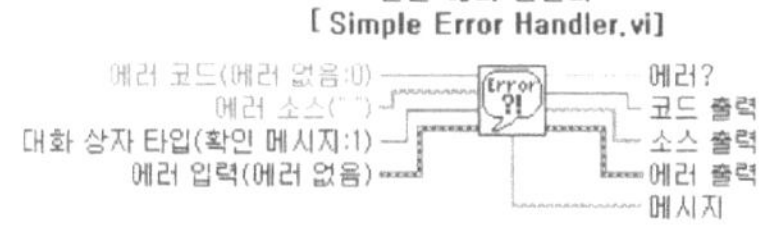

7-01-2 문자열 파일 읽기

저장된 파일을 읽기 위해서는 먼저 파일을 열고, 데이터를 읽고, 파일을 닫는다. 읽을 데이터의 크기를 바이트(Byte) 단위로 입력할 수 있다. 다음은 파일 읽기에 대한 일반적인 과정이다.

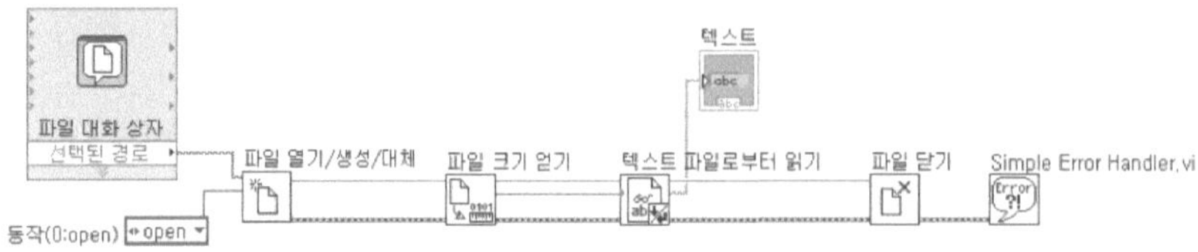

파일 크기 얻기(Get File Size) 함수는 **함수▶프로그래밍▶파일I/O▶고급파일 기능** 팔레트에 있다. 이 함수는 파일의 크기를 바이트로 출력하며, 이를 **텍스트 파일로부터 읽기 함수**의 **카운트**에 연결한다.

텍스트 파일로부터 읽기(Read from Text File) 함수는 **함수▶프로그래밍▶파일I/O** 팔레트에 있다. 텍스트 형식의 파일로부터 데이터를 읽어오는 함수이며, 읽어올 데이터 크기를 **카운트**에 반드시 입력한다.

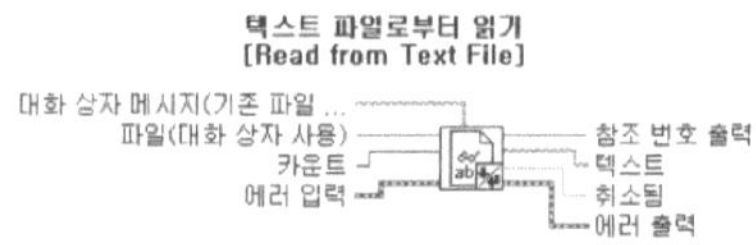

예제 7-01 텍스트 데이터의 저장 및 읽기

숫자형 및 문자형 데이터를 저장하고, 이를 읽어오는 프로그램을 연습한다.

- **블록다이어그램**

1. 새로운 VI를 열고, **텍스트 파일저장.vi**로 저장한다.
2. 블록다이어그램을 다음과 같이 작성한다.

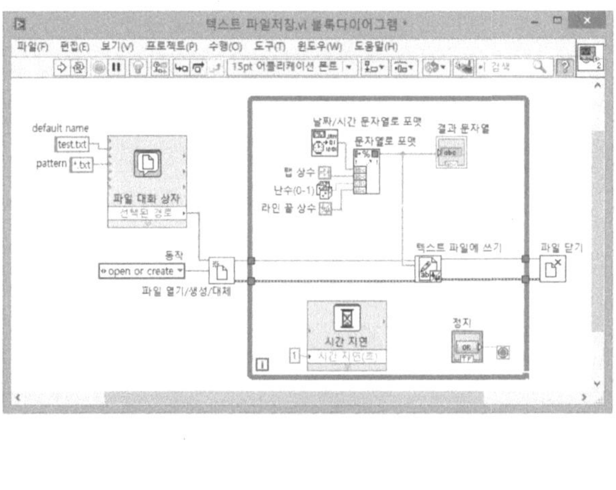

- **"날짜/시간 문자열로 포맷(Format Date/Time String)"** 함수는 **함수▶프로그래밍▶타이밍** 팔레트에 있다. 이 함수는 현재 날짜/시간을 문자열로 출력한다
- **"탭 상수"** 함수는 **함수▶프로그래밍▶문자열** 팔레트에 있다.
- **"난수(0–1)"** 함수는 **함수▶프로그래밍▶숫자형** 팔레트에 있다.
- **"라인 끝 상수"** 함수는 **함수▶프로그래밍▶문자열** 팔레트에 있다.
- **"문자열로 포맷(Format Into String)"** 함수는 다양한 입력 데이터를 결과 문자열로 출력한다.

3 VI를 저장하고, 실행한다. 파일을 저장할 경로 및 파일명을 선택한다. 여기서는 c:₩temp₩test.txt로 파일을 저장하였다.

프런트패널의 **결과 문자열**은 다음과 같은 형태다.

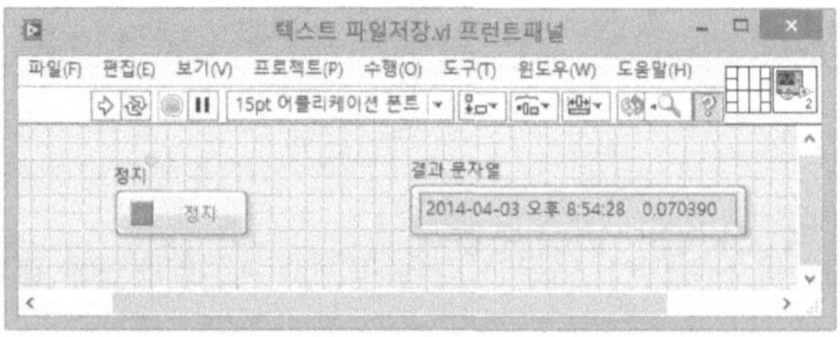

4 다음과 같이 블록다이어그램을 수정한다. 프로그램은 **텍스트 파일저장1.vi**로 저장한다.

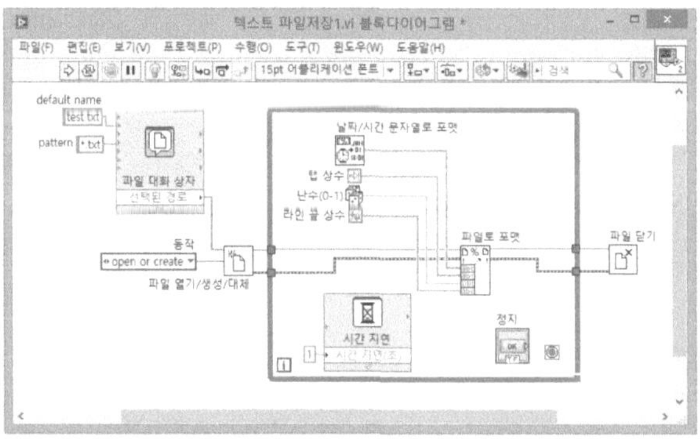

- **"파일로 포맷(Format Into File)"** 함수는 **함수▶프로그래밍▶파일 I/O** 팔레트에 있다. 여기서는 **문자열로 포맷**과 **텍스트 파일에 쓰기** 함수를 **파일로 포맷**으로 대체하였다. 프로그램이 좀 더 간단해짐을 확인할 수 있다.

5 Test.txt 파일을 열어본다. 다음과 같은 결과가 표시된다.

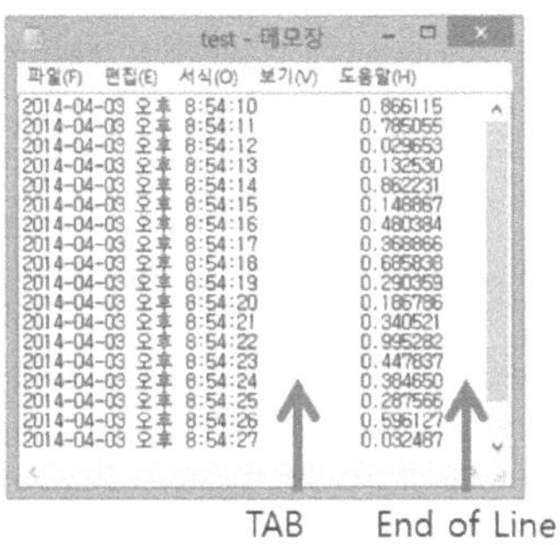

6 새로운 VI를 열고, VI를 **텍스트 파일 읽기.vi**로 저장한다.

7 블록다이어그램을 다음과 같이 작성한다.

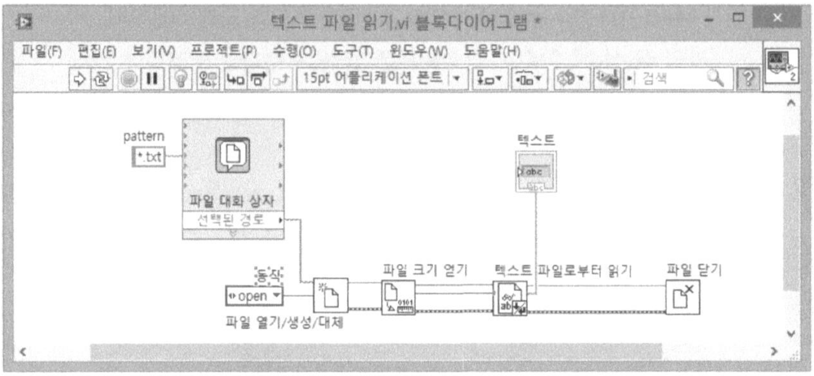

8 VI를 저장하고, 실행한다.

9 앞에서 저장한 test.txt 파일을 선택한다. 다음과 같은 결과가 프런트패널에 표시된다.

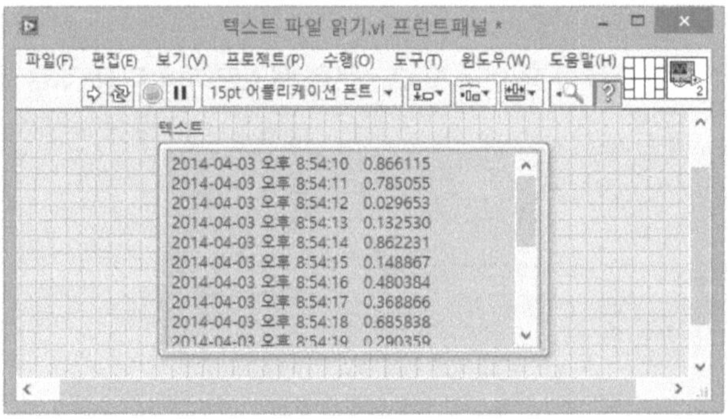

7-02 Binary 타입 데이터 쓰기/읽기

Binary 파일을 이용한 파일 입, 출력은 파일 사이즈를 최적화할 수 있다는 장점이 있다. 또한 Random Access Reading을 구현할 수 있다. Random Access Reading은 파일의 일부분을 임의적으로 접근할 수 있다는 의미이며, 효율적인 파일 읽기의 방법이다. 만약 Random Access Reading을 지원하지 않는 경우에는 전체 파일을 열고 필요한 정보를 발췌해야 되므로, 파일 크기가 클 경우에는 좋은 방법이 아니다. 하지만, 단점은 binary 파일을 읽을 때, 파일이 저장된 방법을 알아야 하고, 저장된 방법을 모르는 경우 읽을 수 없다. 모든 데이터는 파일 내부에 있으므로, 프로그래머의 능력에 따라 데이터를 읽을 수 있다. Binary 파일은 데이터 타입에 대한 명확한 정보 또는 헤더와 같은 편리한 정보가 없으므로, 프로그래머 스스로 알아야 한다. 그러나, LabVIEW에는 Binary 데이터를 쉽게 읽고 쓰는 파일 관련 VI를 갖고 있다.

7-02-1 Binary 파일 쓰기

숫자형 데이터를 파일로 바로 저장할 때, **2진 파일에 쓰기** 함수를 사용하면 Binary 파일 쓰기를 할 수 있다. 다음과 같은 방식으로 VI를 구성한다.

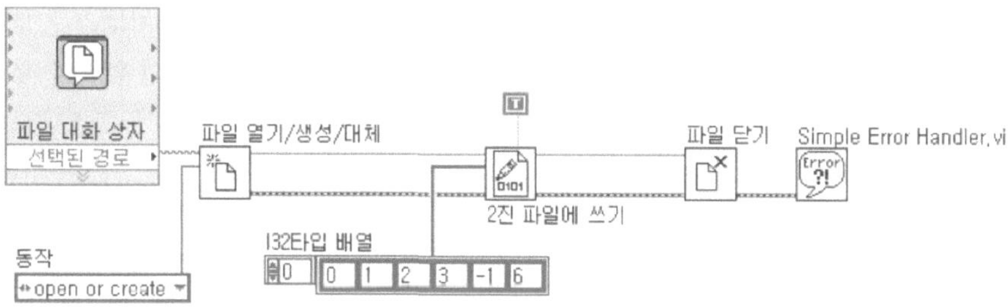

문자열 파일 쓰기에서는 텍스트 파일 쓰기 VI를 사용했지만, Binary 파일 쓰기에서는 **2진 파일에 쓰기** VI를 사용한다.

2진 파일에 쓰기(Write to Binary File) VI는, Binary 파일로 데이터를 저장할 때 사용한다. 파일의 크기를 최적화할 수 있기 때문에 고속으로 많은 데이터를 저장할 때 사용한다. 하지만, Binary 파일을 읽을 때, 파일이 저장된 방법을 알아야 하고, 저장된 방법을 모르는 경우는 읽을 수 없다. **배열 또는 문자열 크기를 앞에 추가?**에 TRUE를 입력한 것은 Header를 추가한다는 의미다. 여기서 사용된 Header 정보는 **2진 파일로부터 읽기** VI에서 사용된다.

I32 숫자형 배열을 Binary 타입으로 저장한다. 참고로 I32는 4바이트 Long 데이터다.

7-02-2 Binary 파일 읽기

Binary로 저장된 데이터를 파일을 읽는 방법은 다음과 같이 작성한다. 앞에서 저장한 Binary 데이터를 읽는 것을 기준으로 설명한다.

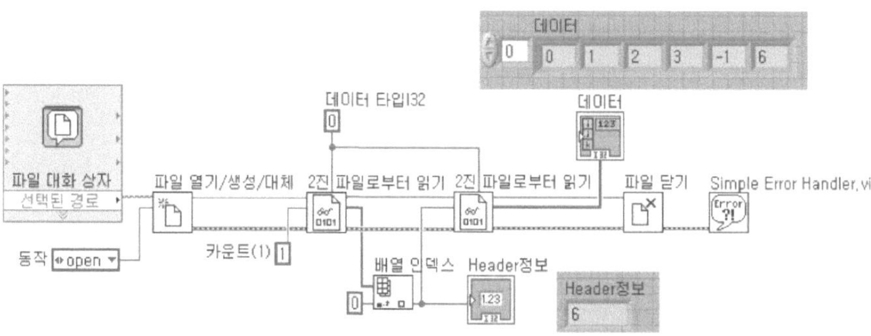

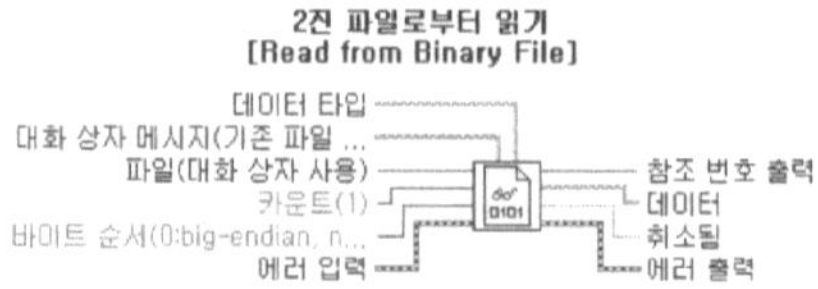

2진 파일로부터 읽기(Read from Binary File) VI는 파일로부터 2진 데이터를 읽고 데이터에서 그 값을 반환한다. **데이터 타입**에 따라 리턴되는 **데이터**가 변한다. Binary 데이터를 읽을 때 주의할 점은 저장한 데이터의 타입을 먼저 알고 있어야 한다. 즉, 0을 **데이터 타입**에 입력하면, 1D 배열이 **데이터**로 출력된다. 앞에 있는 **2진 파일로부터 읽기** VI에 **카운트**1은 읽을 데이터 원소의 개수다.

배열 인덱스 VI는 **함수▶프로그래밍▶배열** 팔레트에 있다. 여기서는 0번 인덱스에 포함된 Header 정보를 출력한다.

예제 7-02 난수를 Binary 파일로 저장하고 읽기

10개의 난수를 Binary 파일로 저장하고, 저장된 Binary 데이터를 읽는 VI를 작성한다.

- **블록다이어그램 1**

1 새로운 VI를 열고, **Binary 파일저장.vi**로 저장한다.

2 프런트패널 및 블록다이어그램을 다음과 같이 작성한다.

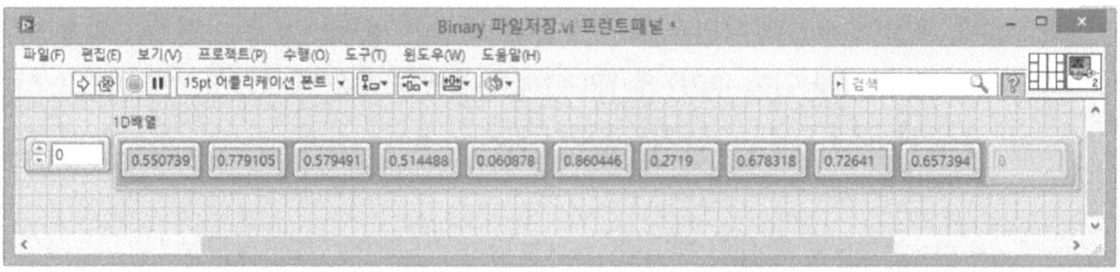

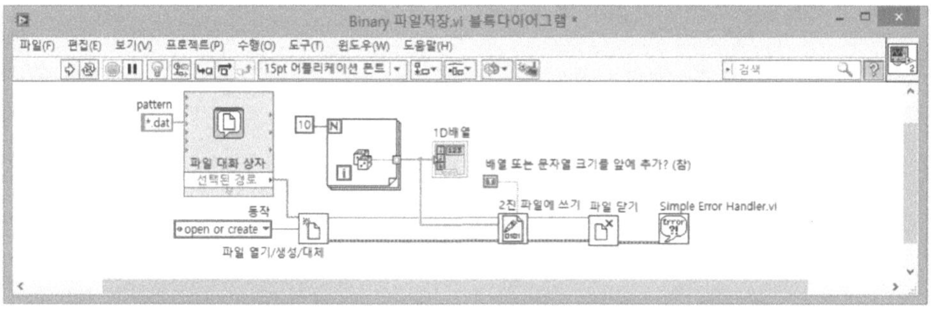

3 VI를 실행한다. 대화상자가 표시되면 test.dat로 데이터를 저장한다.

- **블록다이어그램 2**

4 새로운 VI를 열고, **Binary 파일 읽기.vi**로 저장한다.

5 프런트패널 및 블록다이어그램을 다음과 같이 작성한다.

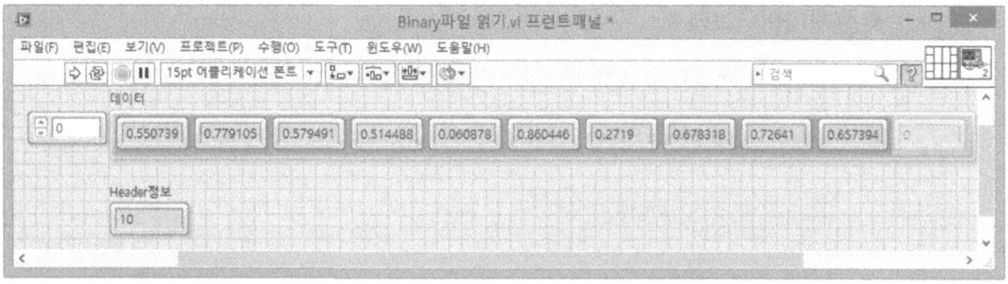

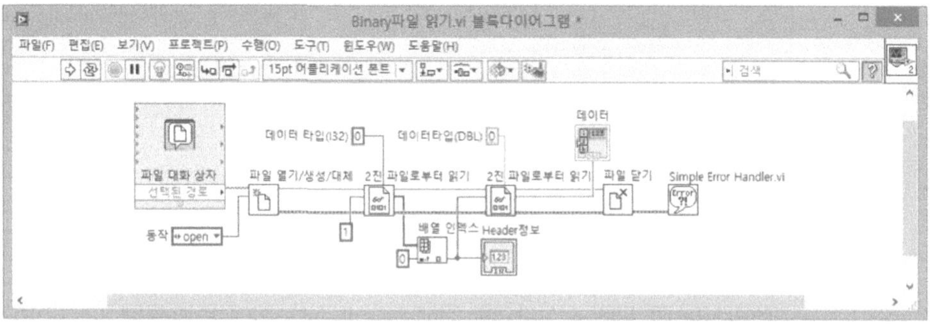

앞에 있는 **2진 파일로부터 읽기** VI는 파일로부터 2진 데이터를 읽고 데이터에서 그 값을 반환한다. 여기에는 Header 정보가 포함되어 있다. 10개의 DBL 타입의 난수를 저장하였기에 **"Header 정보"**에는 10을 출력한다. 이때 데이터 타입은 I32를 입력한다.

Header 정보를 2번째 **2진 파일로부터 읽기** VI의 카운트로 입력된다. 이때 데이터 타입은 DBL을 입력한다.

6 VI를 실행한다.

Binary 파일지장.vi를 실행하였을 때 저장한 데이터가 **Binary 파일 읽기.vi**로 출력한 **"데이터"**와 값이 같은지 확인한다.

7-03 스프레드시트

데이터를 텍스트 파일로 저장하는 경우, 가장 쉬운 방법은 스프레드시트 함수를 이용하는 것이다. 이 경우 1개의 아이콘으로 쉽게 파일을 저장할 수 있는 장점은 있지만, 대량 또는 고속으로 데이터를 저장할 때는 적합하지 않다.

예제 7-03 스프레드시트 파일 입, 출력 연습

일반적으로 파일 I/O는 3단계 과정을 거치지 않고, 1개의 아이콘으로 데이터를 저장하거나 읽을 수 있는 방법을 사용해 본다. **함수▶프로그래밍▶파일 I/O**에 있는 스프레드시트 관련 함수는 파일은 엑셀이나 메모장에서 숫자형 배열을 다룰 때 사용한다.

● **블록다이어그램 1**

1 새로운 VI를 열고, **스프레트시트 파일저장.vi**로 저장한다.

2 다음과 같이 블록다이어그램을 작성한다.

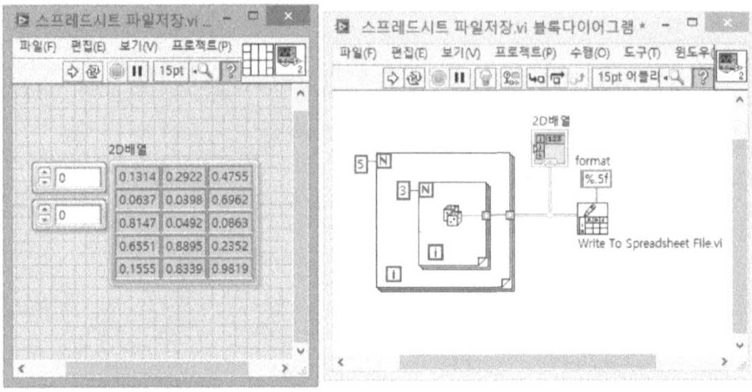

스프레드시트 파일 저장하기를 위해 다음과 같은 2D 배열을 포맷 %.5f으로 저장하는 경우를 고려한다.

- **"스프레트시트 파일에 쓰기(Write To Spreadsheet File)"** 함수는 **함수▶프로그래밍▶파일 I/O** 팔레트에 있다.
- **"난수(0-1)"**를 For 루프 내부에 놓고 2번 감싸주면 2D 배열이 생성된다.
- %.5f 포맷은 소수점 5자리까지 저장한다는 의미다

3 VI를 실행한다. 표시되는 대화상자에서 **스프레트시트.txt**로 데이터를 저장한다.

4 저장한 데이터는 다음과 같은 형태다. %.5f 포맷을 사용하였기에 소수점 아래 5자리로 표시됨을 확인할 수 있다. 참고로, 프런트패널은 소수점 아래 6자리다.

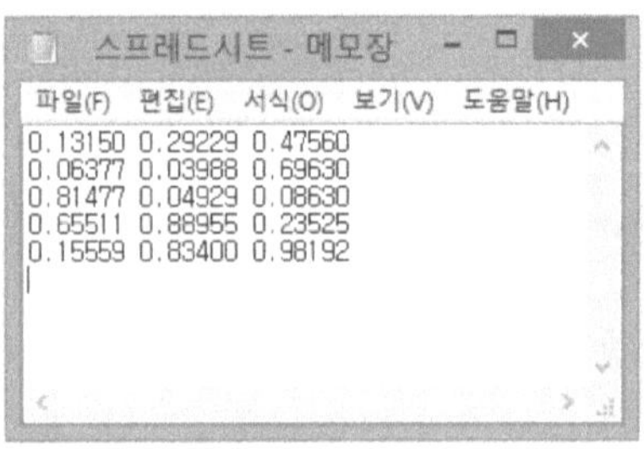

● **블록다이어그램 2**

5 새로운 VI를 열고, **스프레트시트 파일 읽기.vi**로 저장한다.

6 다음과 같이 블록다이어그램을 작성한다.

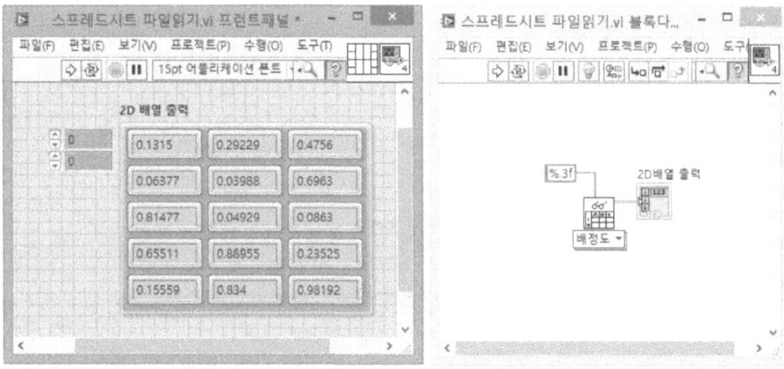

- **"스프레트시트 파일로부터 읽기(Read From Spreadsheet File)"** 함수는 **함수▶ 프로그래밍 ▶ 파일 I/O** 팔레트에 있다. 이 함수는 지정된 문자 오프셋에서 시작하여 숫자형 텍스트 파일로부터 지정된 개수의 라인 또는 행을 읽고 그 데이터를 숫자형, 문자열 또는 2D DBL 배열로 변환한다.

7 VI를 실행한다. 표시되는 대화상자에서, 방금 저장한 **스프레트시트.txt**를 선택한다. %.3f 포맷을 설정하였기에, 소수점 아래 3자리만 표시된다.

MEMO

CHAPTER

08

myRIO 소개

CONTENTS

8-01 디지털/아날로그 신호의 이해

8-02 myRIO 하드웨어 구성

8-03 myRIO의 아날로그 및 디지털 입출력

8-04 myRIO 프로그램 시작하기

myRIO는 쉽게 엔지니어링 작업을 할 수 있는 하드웨어 및 소프트웨어 플랫폼을 갖고 있다. myRIO에는 ARM® CotexTM-A9 프로세서가 탑재되어 있으며, 10개의 아날로그 입력, 6개의 아날로그 출력, 오디오 입, 출력, 최대 40개의 디지털 입, 출력을 할 수 있다. 교육적인 목적으로 설계되었기에, 내장형 WiFi, 3축 가속도 센서, 프로그램 가능한 7개의 LED를 탑재하고 있다. myRIO에 탑재된 IO를 이용한다면, 매우 다양한 어플리케이션에 적용할 수 있다. 본격적인 실습 이전에 사전 지식으로, 아날로그 및 디지털에 대한 기본 내용을 설명한다.

8-01 디지털/아날로그 신호의 이해

아날로그와 디지털 데이터를 측정 또는 제어할 때를 가정한다. 먼저 트랜스듀서(transducer)를 통해 측정할 신호를 전압 또는 전류 등의 전기적 신호로 변환하는 과정이 필요하다. 물리적 양이 전기적 신호로 변환되면, 상태, 비율, 레벨, 모양, 주파수를 포함한 신호를 컴퓨터로 측정할 수 있다.

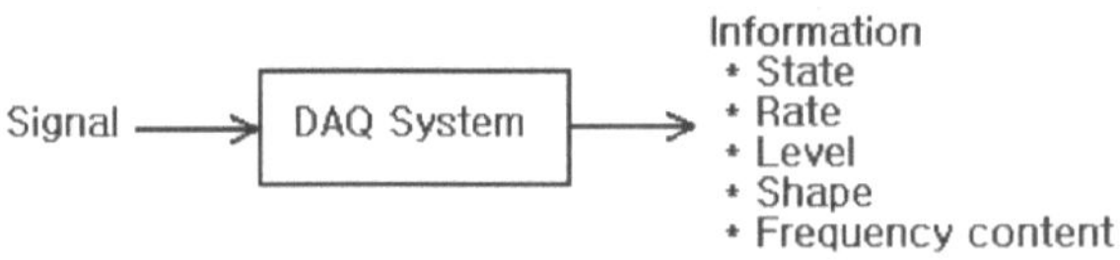

엄밀히 말하면, 모든 신호는 시간에 따라 그 값이 변한다. 그러나, 신호의 측정 방법을 논의하려면, 주어진 신호를 다음의 5가지 종류로 분류해야 한다. 먼저, 모든 신호를 아날로그 또는 디지털로 구분한다. 디지털 신호는 HIGH(on) 레벨 또는 LOW(off) 레벨의 2가지로 구별된다. 반면에 아날로그 신호는, HIGH/LOW 신호 외에 전압 등이 연속적으로 값이 변하는 신호다.

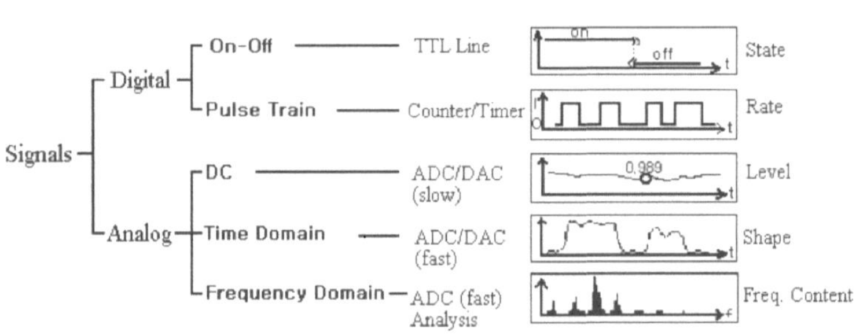

일반적으로 디지털 신호는 2가지 이상으로, 아날로그 신호를 3가지 이상으로 분류한다. 2가지 디지털 신호는 ON/OFF 신호와 PULSE TRAIN 신호다. 3가지 아날로그 신호는 DC 신호, 타임 영역(또는 AC) 신호, 주파수 영역 신호다. 이들 5가지의 신호는 상태, 비율, 레벨, 모양, 주파수를 내포한 신호 정보로 분류된다.

8-01-1 디지털 신호의 분류

디지털 신호는 HIGH와 LOW 등의 디지털 로직을 전압 값의 차이로 표현하며, 디지털 신호는 2가지로 분류된다.

디지털 로직 신호는 일반적으로 저속 상태 디지털 상태에 관련된 정보를 갖고 있다. 예로서, LED 인디케이터 ON/OFF, 밸브 ON/OFF, 스위치 ON/OFF 등은 디지털 로직으로 분류한다.

디지털 Pulse 신호는 상태 변이가 연속으로 발생한다. 정보는 상태 변이 횟수, 변이가 발생하는 비율, 또는 상태 변이가 발생하는 시간과 관련되어 있다. 모터에 탑재된 광학적 엔코더의 출력은 디지털 PULSE 신호의 예이다. 일부 장비는 동작을 위한 펄스 입력을 필요로 한다. 예로서, 스테핑 모터는 모터의 위치와 속도를 제어하기 위해 연속적인 디지털 펄스 입력을 요구한다.

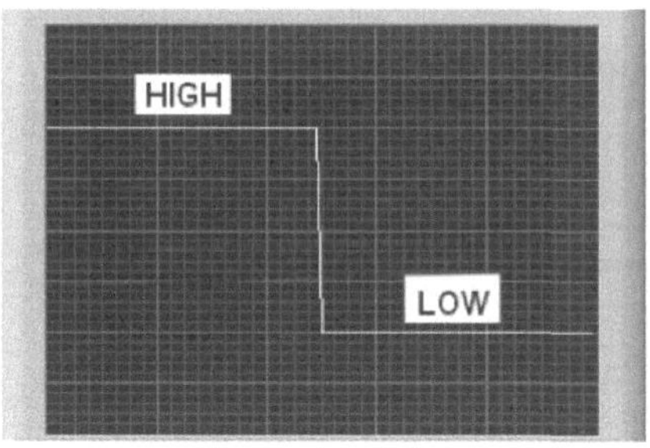

디지털 로직

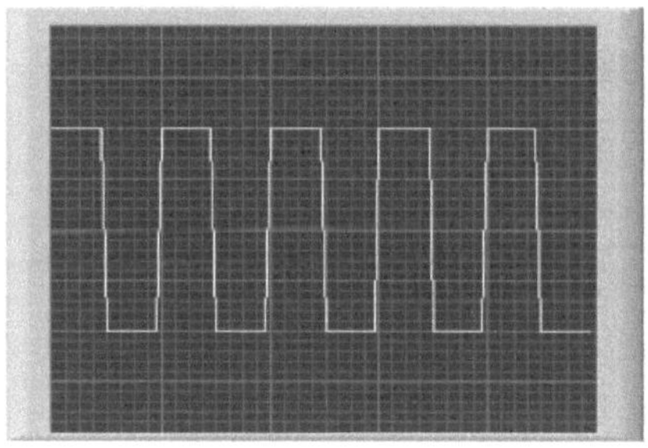
디지털 PULSE

8-01-2 아날로그 신호의 분류

아날로그 신호는 신호 모양을 다루는 것으로, 신호의 크기와 모양이 시간에 따라 연속적으로 값이 변하는 신호다. 일반적으로 아날로그 신호는, DC 신호, 타임 영역(또는 AC) 신호, 주파수 영역 신호의 3가지로 분류한다.

1. 아날로그 DC 신호

아날로그 DC 신호는 정적 또는 저속으로 변하는 신호다. DC 신호의 중요한 특성은 주어진 시점에서 신호의 레벨 또는 진폭의 의미가 중요하다. 아날로그 DC 신호는 저속으로 변하므로, 측정된 레벨의 정밀도는 타임 또는 측정한 비율이 더욱 중요하다. DC 신호를 측정하는 계측기 또는 DAQ 보드는 ADC(analog-to-digital)를 사용하며, 아날로그의 전기적 신호를 컴퓨터가 읽을 수 있는 디지털 신호로 변환한다.

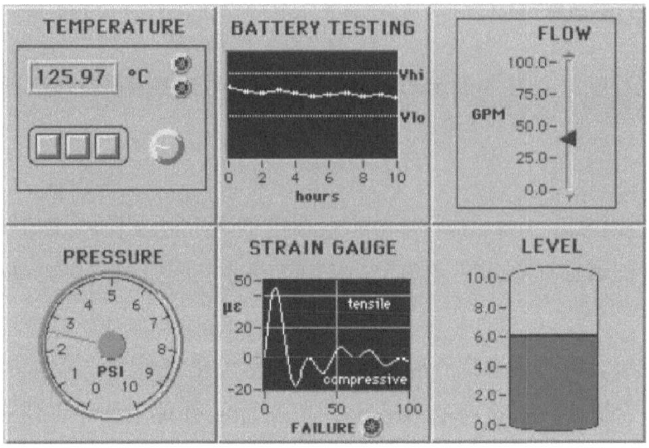

DC 신호는 일반적으로 다음의 조건을 필요로 한다.

- **정밀도/분해능**: 신호 레벨을 정밀하게 측정한다.
- **낮은 밴드 폭**: 신호를 낮은 비율로(소프트웨어를 이용한 타이밍으로 충분함) 측정한다.

2. 아날로그 타임 영역 신호

아날로그 타임 영역 신호는, 신호 레벨 및 시간에 따른 레벨의 변화를 전달하므로 다른 종류의 신호와 다르다. 타임 영역 신호를 측정할 때는 웨이브폼이 관계되며, 경사도, 피크의 위치 및 모양 등과 같은 웨이브폼 형태의 특성이 중요할 수 있다.

타임 영역 신호의 모양을 측정하려면, 측정할 신호를 정밀한 시간 간격으로 측정해야 한다. 이들 측정은 웨이브폼의 모양을 적절하게 재현하는 비율로 해야 한다. 또한, 신호의 유용한 부분을 측정하려면, 연속적인 측정을 할 때 최적의 타임에 시작해야 한다. 그러므로, 아날로그 타임 영역 신호를 측정하는 계측기 또는 DAQ 보드는 ADC, 샘플 클럭, 트리거로 구성되어 있다. 샘플 클럭은 각각의 A/D변환 occurrence를 정밀하게 발생시킨다. 원하는 부분의 신호를 적절하게 측정하려면, 외부의 특정한 조건에 따라 적절한 시점에 측정을 하는 트리거를 사용한다.

아날로그 타임 영역 신호를 측정하려면 다음의 조건을 필요로 한다.

- **높은 밴드 폭**: 신호를 빠른 비율로 측정한다.
- **정밀한 샘플 클럭**: 신호를 정밀한 간격으로 측정한다. 즉, 하드웨어를 이용한 타이밍이 필요하다.
- **트리거**: 정밀한 타임으로 측정을 시작한다.

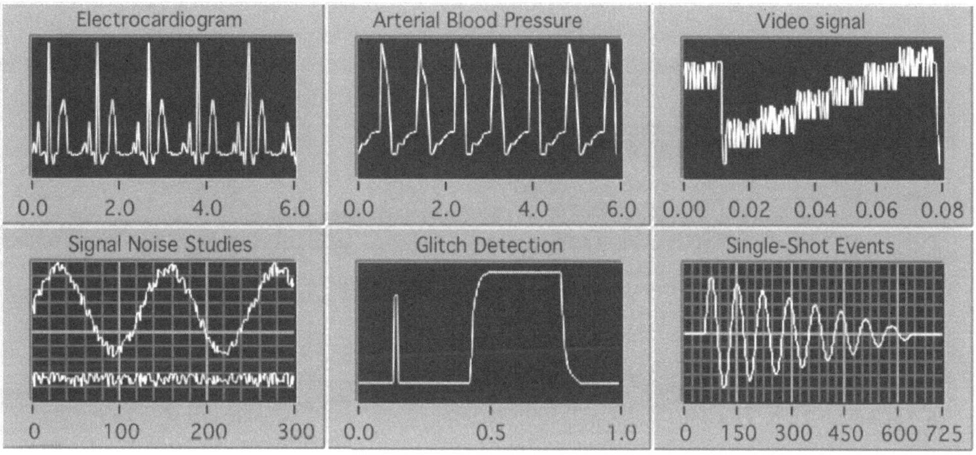

타임 영역 신호는 매우 다양하며, 일부 신호의 종류를 앞에 표시해 놓았다. 공통적으로 이들 신호가 갖고 있는 것은 웨이브폼 모양(레벨 축 대 타임)이 일반적이다.

3. 아날로그 주파수 영역 신호

아날로그 주파수 영역 신호는 시간에 따라 신호가 변하므로 타임 영역 신호와 유사하다. 그러나, 주파수 영역 신호에서 추출한 정보는 신호의 주파수 성분을 기본으로 하므로, 웨이브폼의 모양 또는 시간에 따라 변하는 신호와 다르다.

타임 영역 신호와 동일하게, 주파수 영역 신호를 측정하는 세측기는 웨이브폼을 정밀하게 표시하기 위해 ADC, 샘플 클럭, 트리거를 포함해야 한다. 추가적으로, 계측기는 신호에서 주파수 정보를 추출하기 위한 분석 기능을 포함하고 있어야 한다. 이러한 종류의 디지털 시그널 프로세싱(DSP) 과정은 어플리케이션 소프트웨어, 또는 신호를 신속하고 효율적으로 분석하기 위해 고안된 특별한 DSP 하드웨어를 사용한다.

아날로그 주파수 영역 신호를 측정하려면, DAQ 시스템은 다음의 조건을 요구한다.

- **높은 밴드 폭**: 신호를 빠른 비율로 측정한다.
- **정밀한 샘플 클럭**: 신호를 정밀한 간격으로 측정한다. 즉, 하드웨어를 이용한 타이밍이 필요하다.
- **트리거**: 정밀한 타임으로 측정을 시작한다.
- **분석 함수**: 타임 정보를 주파수 정보로 변환한다.

다음의 그림은 주파수 영역 신호의 예이다. 각각의 예는 측정한 원래 신호 대 시간축의 그래프를 보이며, 또한 시그널 주파수 스펙트럼을 보인다. 이러한 영역의 어플리케이션은 소리와 음향학, 지구 물리학적 신호, 진동, 시스템 전송 함수에 사용된다.

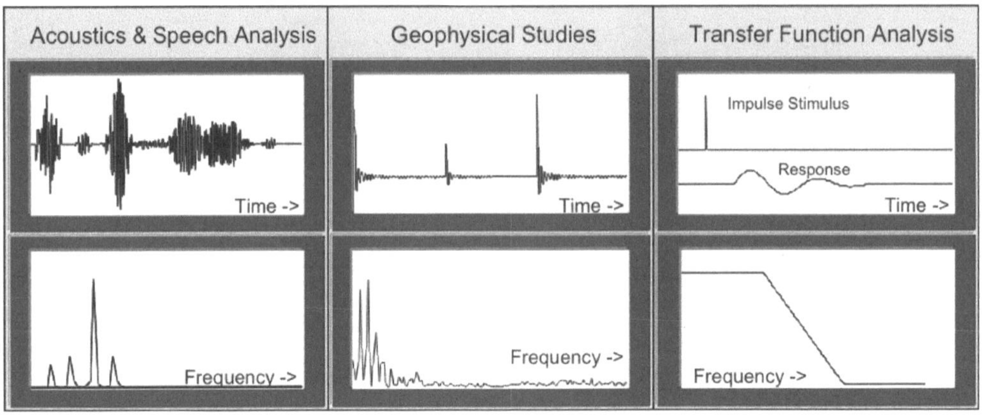

LabVIEW

8-02 myRIO 하드웨어 구성

myRIO-1900 하드웨어 블록다이어그램은 다음과 같다. 아날로그 입, 출력 및 디지털 입, 출력을 직접 외부로 연결해서 사용할 수 있다.

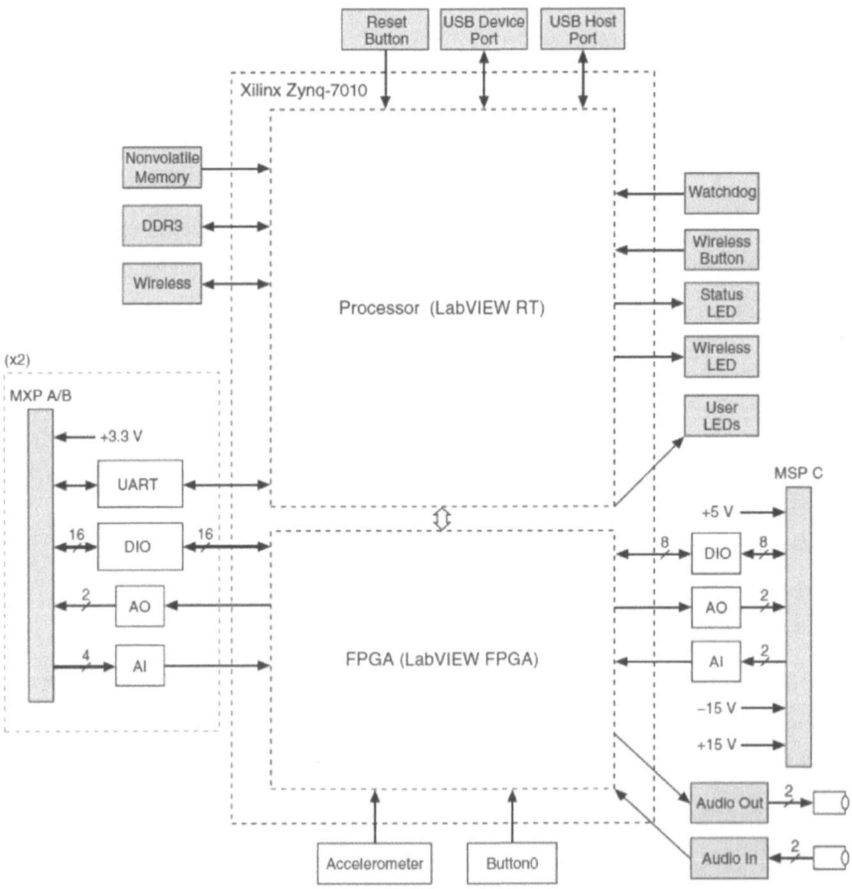

myRIO 전면부 및 후면은 다음과 같다. 전면부의 LED 등은 사용자가 정의해서 사용할 수 있다.

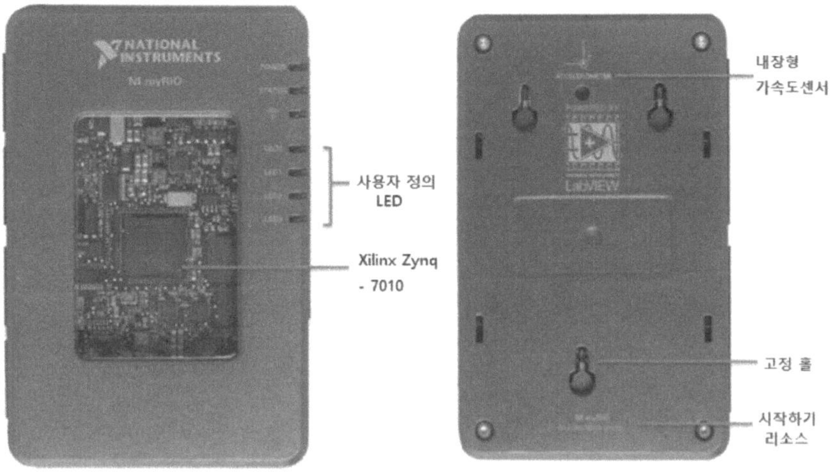

전면부　　　　후면부

myRIO 확장포트 콘넥터(MXP) A, B는 동일한 기능을 수용하며, 독립적으로 프로그램으로 구동할 수 있다. 기본 I/O 설정은 다음과 같으며, LabVIEW FPGA 모듈로 사용자 정의해서 사용할 수 있다.

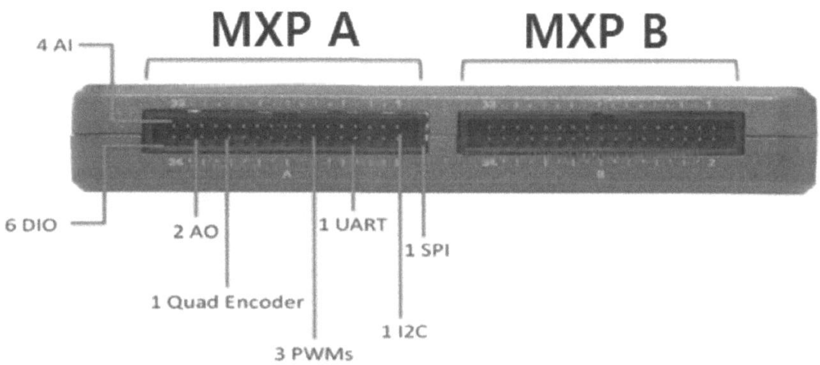

핀	신호	핀	신호
33	+3.3 V	34	DIO15 / I2C.SDA
31	DIO10 / PWM2	32	DIO14 / I2C.SCL
29	DIO9 / PWM1	30	DGND
27	DIO8 / PWM0	28	DGND
25	DIO7 / SPI.MOSI	26	DIO13
23	DIO6 / SPI.MISO	24	DGND
21	DIO5 / SPI.CLK	22	DIO12 / ENC.B
19	DIO4	20	DGND
17	DIO3	18	DIO11 / ENC.A
15	DIO2	16	DGND
13	DIO1	14	UART.TX
11	DIO0	12	DGND
9	AI3	10	UART.RX
7	AI2	8	DGND
5	AI1	6	AGND
3	AI0	4	AO1
1	+5V	2	AO0

myRIO 미니시스템 포트 콘넥터(MSP) C는 myDAQ과 동일한 핀 특성을 갖고 있다. 기본 I/O 설정은 다음과 같다. LabVIEW FPGA 모듈로 사용자 정의해서 사용할 수 있다.

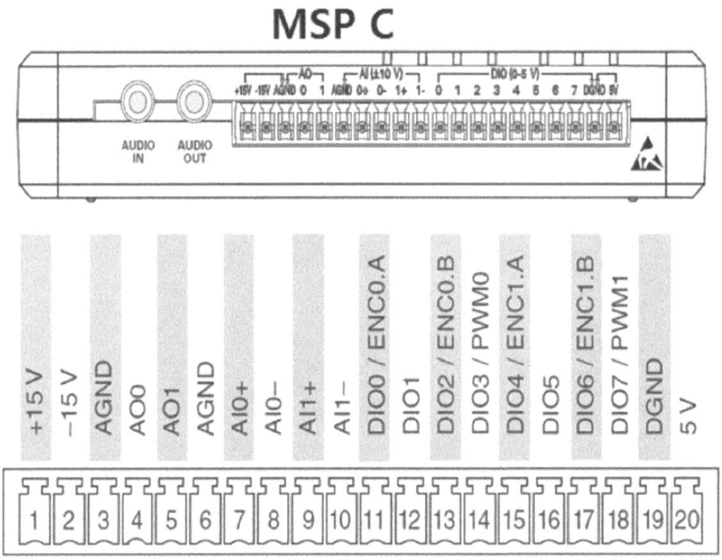

myRIO의 윗면 및 아랫면은 다음과 같다. 윗면에는 USB 연결 및 파워를 공급하며, 아랫면에는 사용자 정의 버튼들이 있다.

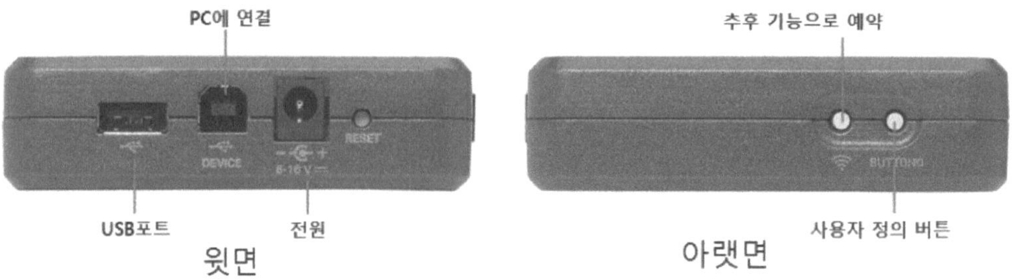

8-03 myRIO의 아날로그 및 디지털 입출력

LabVIEW

● **아날로그 입력**

myRIO-1900의 아날로그 입력 회로 구성은 다음과 같다. 아날로그 입력은 단일 ADC(Analog to Digital Converter)로 멀티 플랙싱된다. MXP 콘넥터 A와 B에는 각각 4개의 Single Ended 채널이 있으며, 전압 입력 범위는 0~5V이다. MSP 콘넥터 C에는 2개의 차동 입력 채널이 있으며, 입력 전압은 ±10V이다. 또한 2개의 오디오 입력 채널에는 ±2.5V를 사용한다.

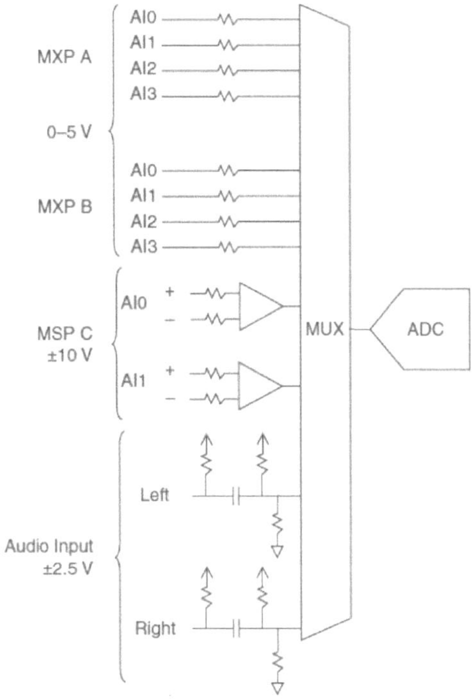

● 아날로그 출력

myRIO-1900의 아날로그 출력 회로는 다음과 같다. 8개의 DAC(Digital to Analog Converter)가 내장되어 있으며, 콘넥터의 위치에 따라 출력 전압이 다르다. 즉, MXP A, B 콘넥터는 0~5V, MSP C는 ±10V, 오디오 콘넥터는 ±2.5V를 출력한다.

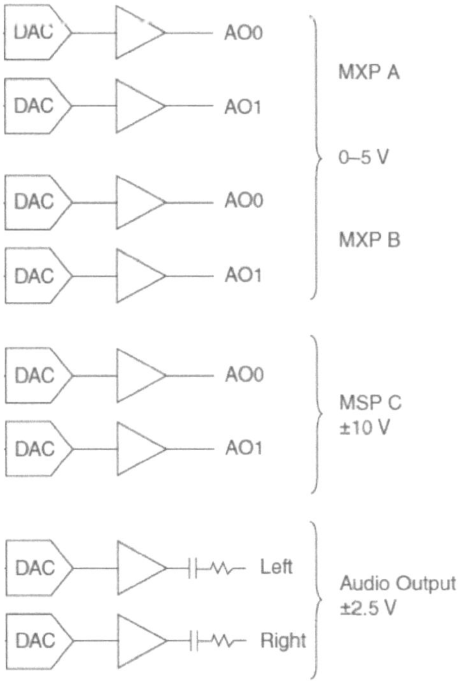

● **디지털 입, 출력**

myRIO-1900에 내장된 DIO라인은 3.3V 특성을 갖고 있다. MXP A, B에는 각각 16개의 디지털 라인이 있다. 0~13번 라인은 40kΩ의 저항으로 3.3V로 pull-up되어 있으며, 14~15번 라인은 2.2kΩ의 저항으로 3.3V로 pull-up되어 있다. MSP 콘넥터 C는 8개의 디지털 라인이 있으며, 40kΩ의 저항으로 DGND에 pull-down되어 있다. 디지털 입, 출력 어플리케이션을 작성할 때는 디지털 라인의 초기 특성을 파악하고 회로를 작성한다.

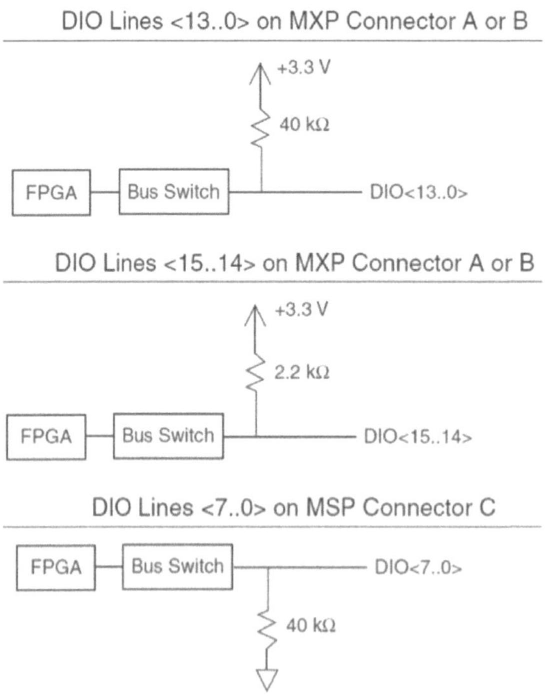

8-04 myRIO 프로그램 시작하기

myRIO를 설정하고 테스트하였으면, myRIO에 프로그램을 직접 작성할 수 있다. myRIO 프로그램 작성은 다음의 단계를 따른다.

파트1: myRIO 프로젝트 생성하기

myRIO로 프로그램을 시작하기 전에, 먼저 myRIO 프로젝트를 생성한다. myRIO 프로젝트로 어플리케이션에 필요한 파일 및 VI를 관리할 수 있다.

1 LabVIEW의 **Getting Started** 윈도우에서 **Create Project**를 클릭한다.

2 **템플릿▶myRIO**에서 **myRIO Project** 템플릿을 선택한다. **"다음"**을 선택한다.

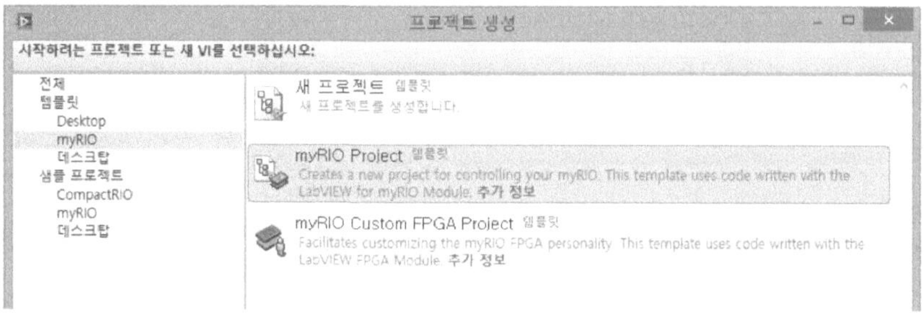

3 Project Name에 **"처음프로젝트"**를 입력한다.

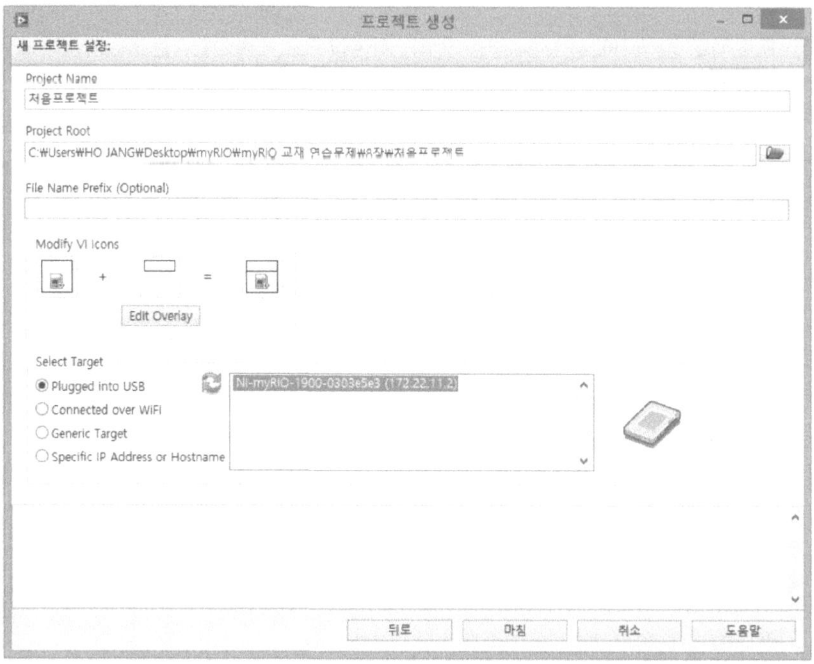

4 Project Root는 프로젝트를 저장할 위치이다. LabVIEW는 모든 프로젝트 파일 및 VI를 이 디렉토리에 저장한다.

5 Select Target는 myRIO를 컴퓨터와 연결한 상태를 표시한다.

6 **"마침"** 버튼을 선택한다.

7 프로젝트 탐색기를 다음과 같이 확장한다.

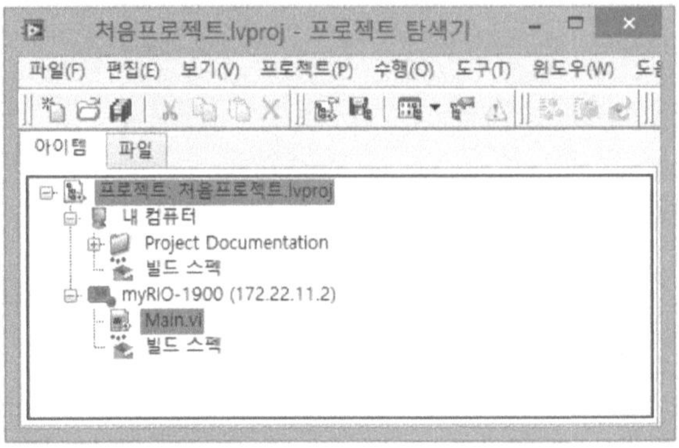

파트2: 가속도 센서 테스트하기

myRIO 내부에는 가속도 센서가 내장되어 있다. 여기서는 가속도 값을 읽고 이를 차트에 표시하는 방법을 습득한다.

1 프로젝트 탐색기에서 Main.vi를 연다. 기본값으로, LabVIEW는 Main.vi의 프런트패널을 다음과 같이 연다.

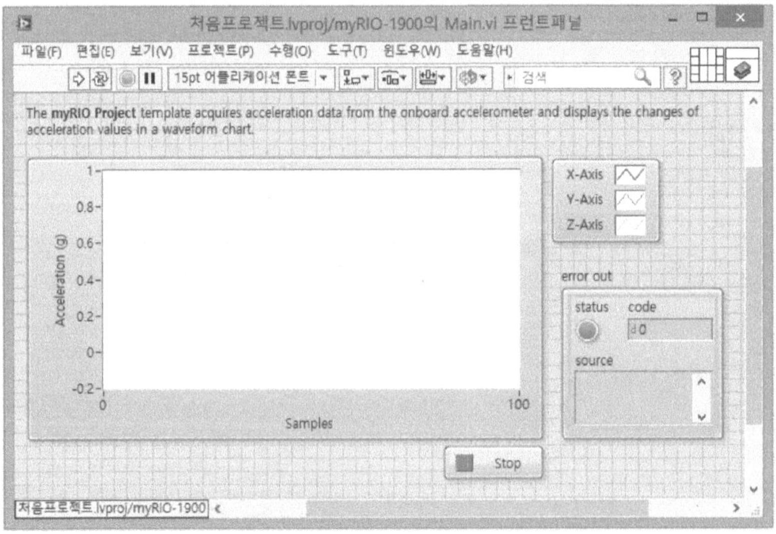

2 ⟨Ctrl-E⟩를 누르면, 블록다이어그램으로 전환한다. 여기서는 Accelerometer Express VI가 myRIO에 내장된 가속도 값을 읽어서, 이를 차트에 표시한다.

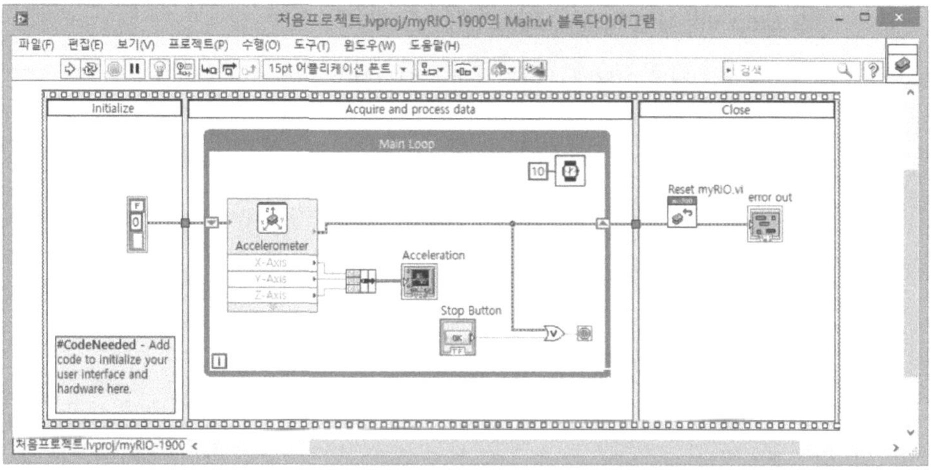

3 Accelerometer Express VI를 더블 클릭하면, 가속도 센서를 설정할 수 있는 대화상자가 표시된다.

4 〈Ctrl-H〉를 누르면, 기본 도움말을 볼 수 있다. 커서를 대화상자의 옵션 값 위에 놓으면, 기본 의미를 알 수 있다.

5 **"OK"** 버튼을 누르면 설정 값이 적용된다.

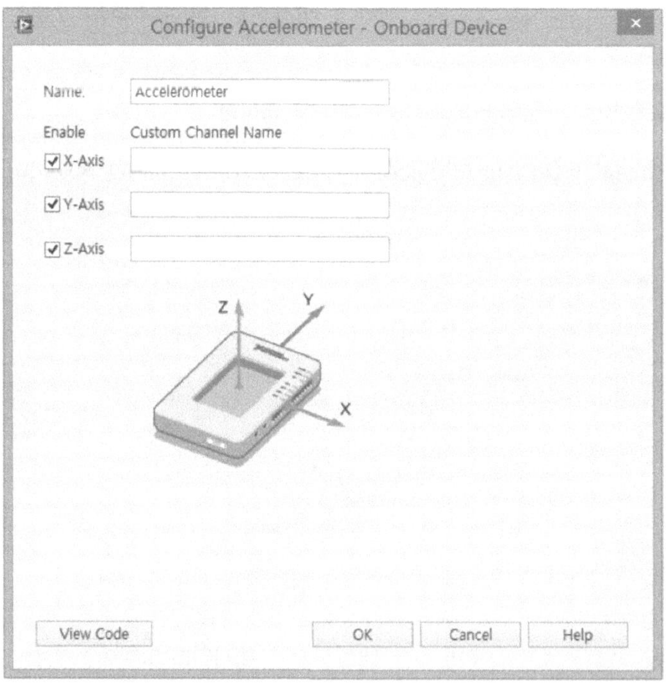

6 〈Ctrl-E〉 버튼을 눌러서, 프런트패널로 이동하고, Run 버튼 ⇨을 클릭한다. myRIO를 회전하고, 흔들어 봄으로써 변경된 X, Y, Z 가속도 값이 차트에 표시되는지 확인한다.

7 **Stop** 버튼을 클릭해서, 프로그램을 종료한다.

8 파일▶저장을 이용해서 프로그램을 저장한다.

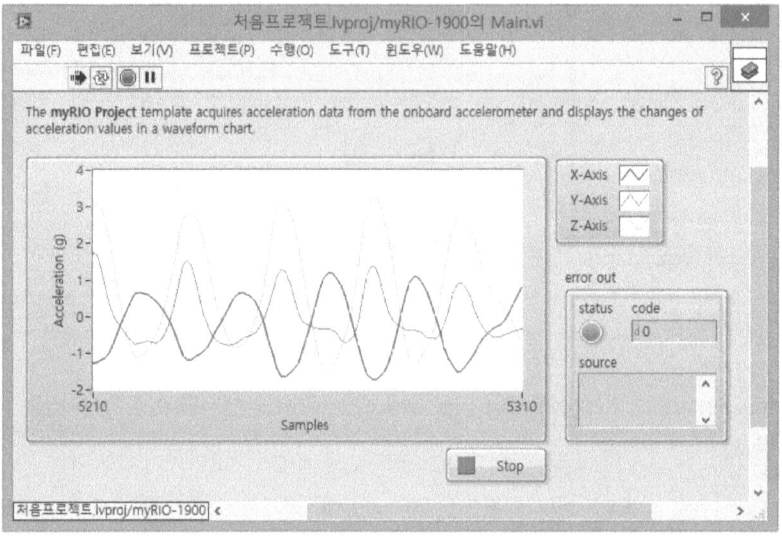

파트3: LED 테스트하기

myRIO에 내장된 4개의 LED를 구동하는 방법을 연습한다. 앞에서 모든 프로그램을 완료한 후 진행할 수 있다.

1 Main.vi의 블록다이어그램의 Functions 팔레트를 표시한다.

2 **Functions▶myRIO▶Onboard Devices**에서 **LED Express VI**를 블록다이어그램에 놓는다.

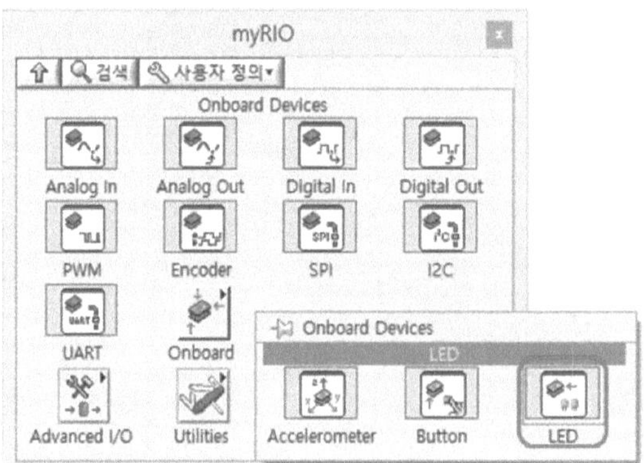

3 LED Express VI를 선택한 다음과 같은 대화상자가 표시된다. 4개의 LED를 모두 테스트하기 위해, **Enable**을 선택한다.

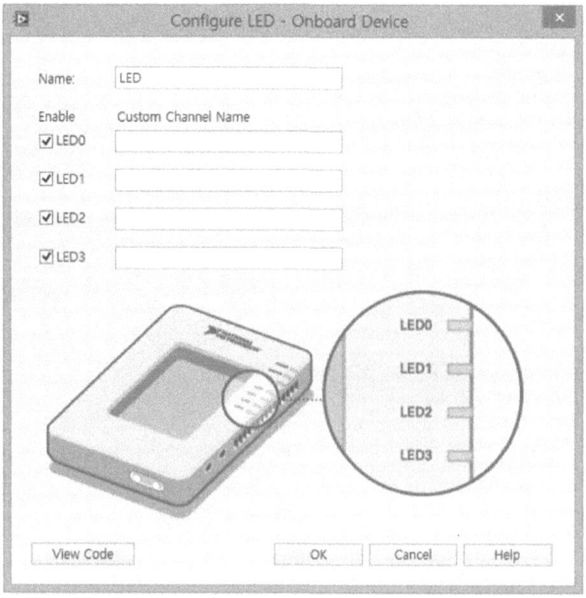

4 다음과 같이 While 루프를 완성한다. 컨트롤 LED0~LED3은 LED Express VI를 팝업하고, 생성▶컨트롤 선택하면 자동 생성된다. 프로그램이 실행되면, 프런트패널에서 LED컨트롤을 클릭하면 myRIO의 LED가 ON/OFF됨을 확인할 수 있다.

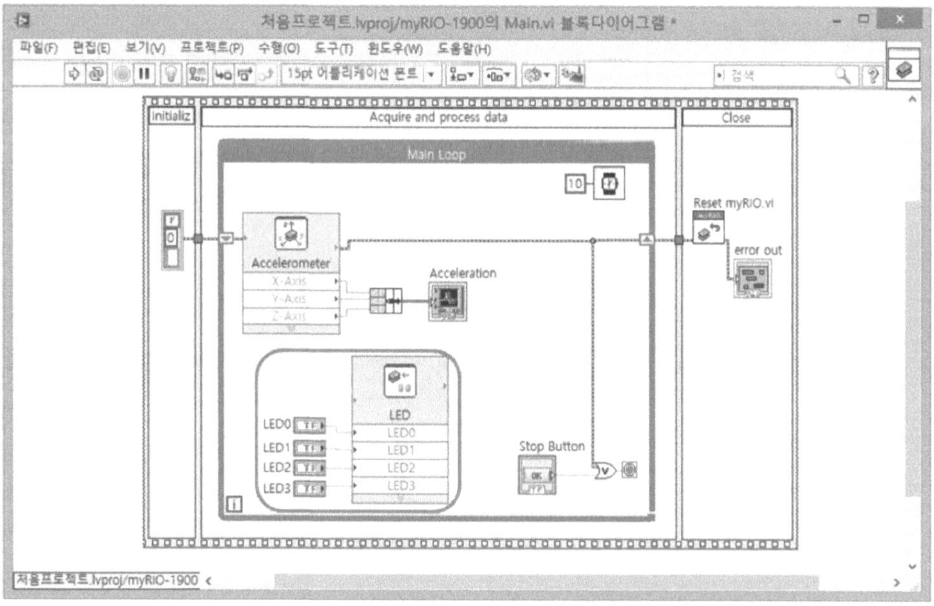

5 〈Ctrl-E〉를 누르면 프런트패널로 전환된다. 본인의 선호하는 타입의 Boolean 컨트롤을 선택하고 정렬한다.

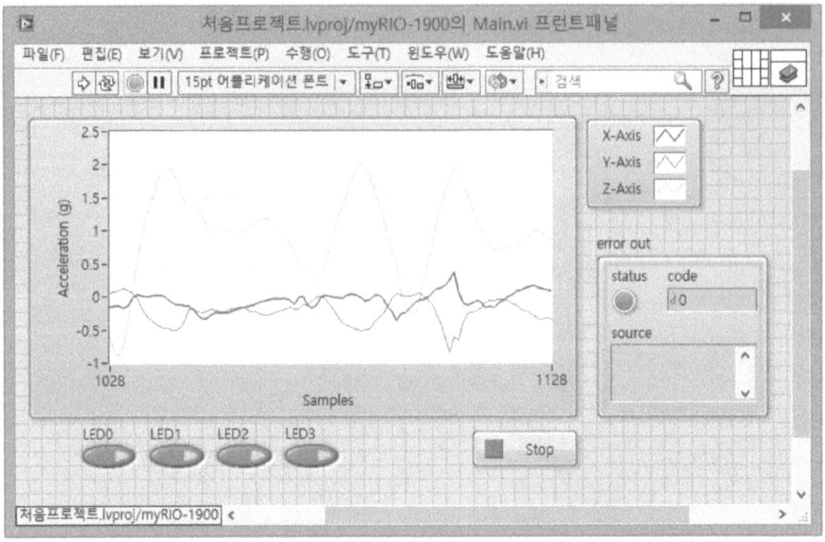

6 Run 버튼을 실행한다.

7 Boolean 컨트롤을 클릭하면 myRIO의 LED가 ON/OFF되는지 확인한다.

8 **Stop** 버튼을 클릭한다.

9 메뉴에서 **파일▶저장**을 선택한다.

파트4: 푸시 버튼 테스트하기

myRIO에 내장된 1개의 푸시 버튼을 구동하는 방법을 연습한다. 앞에서 모든 프로그램을 완료한 후 진행할 수 있다.

1 Main.vi의 블록다이어그램의 Functions 팔레트를 표시한다.

2 **Functions▶myRIO▶Onboard Devices**에서 **Push Button Express VI**를 블록다이어그램에 놓는다.

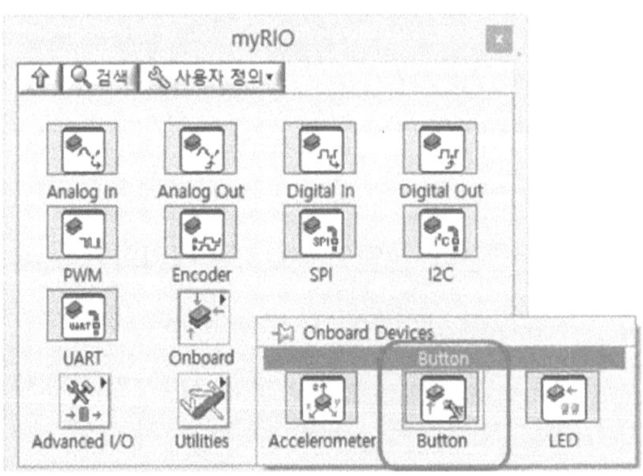

3 Configuration Button 대화상자에서 OK 버튼을 클릭하면 사용자 버튼을 테스트할 수 있다.

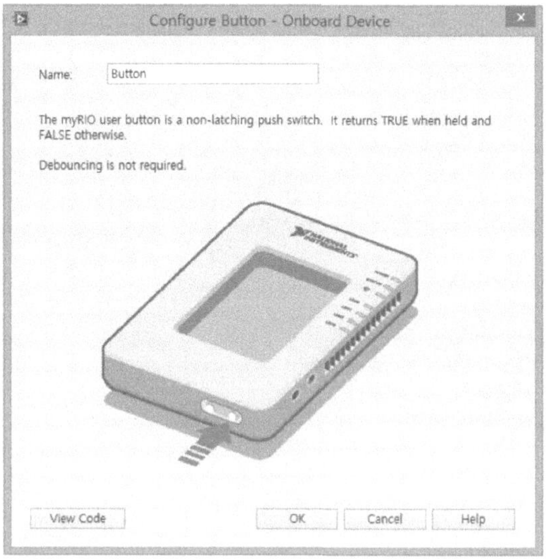

4 **Push Button Express VI**에서 Value 값을 팝업하고, 생성▶인디케이터를 선택하면 불리언 인디케이터가 생성된다.

5 인디케이터 명을 **Button**으로 수정한다.

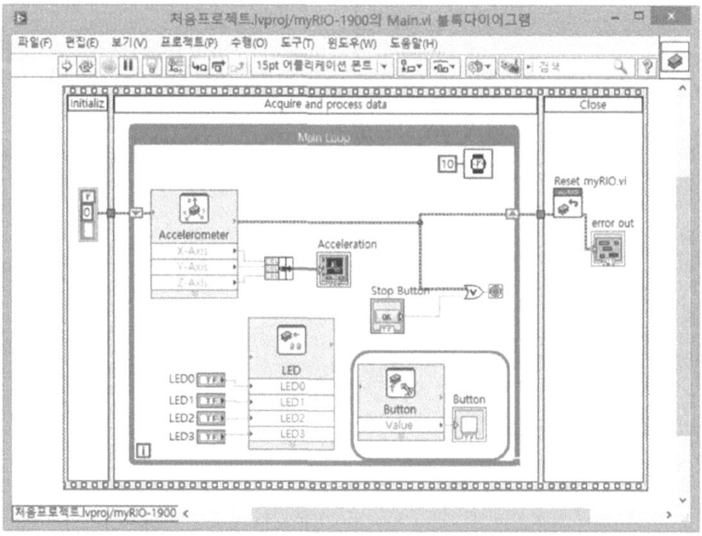

6 〈Ctrl-E〉를 누르면 프런트패널로 전환된다. **Run** 버튼을 클릭한다.

7 본인의 선호하는 타입의 Boolean 컨트롤을 선택하고 정렬한다.

8 **"Stop"** 버튼을 클릭한다.

9 메뉴에서 파일▶저장을 선택한다.

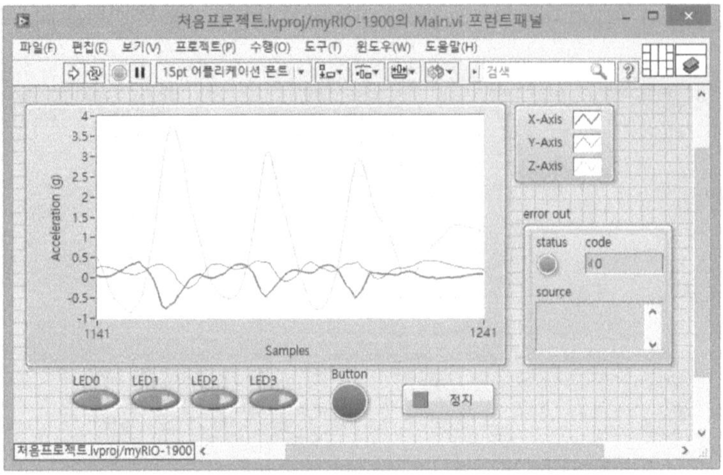

myRIO의 WiFi를 설정하기

myRIO는 다음의 단계를 거치면 WiFi를 통해서 직접 연결할 수 있다. 다음과 같이 NI Web-based Configuration & Monitoring을 이용한다.

1 USB 케이블을 myRIO와 컴퓨터를 연결한다.

2 **NI myRIO USB Monitor** 대화상자에서 **Configure NI myRIO**를 클릭하면, 웹 브라우저에 NI Web–based Configuration & Monitoring이 표시된다. 이미 myRIO를 컴퓨터에 연결했지만, **NI myRIO USB Monitor** 대화상자를 열지 못했다면, 웹 브라우저를 열고 http://172.22.11.2를 입력하면 NI Web–based Configuration & Monitoring이 표시된다.

3 **Network Configuration** 버튼 을 클릭하면 **Network Configuration** 페이지가 표시된다. **Wireless Adapter wlan0**에서 WiFi 설정을 한다.

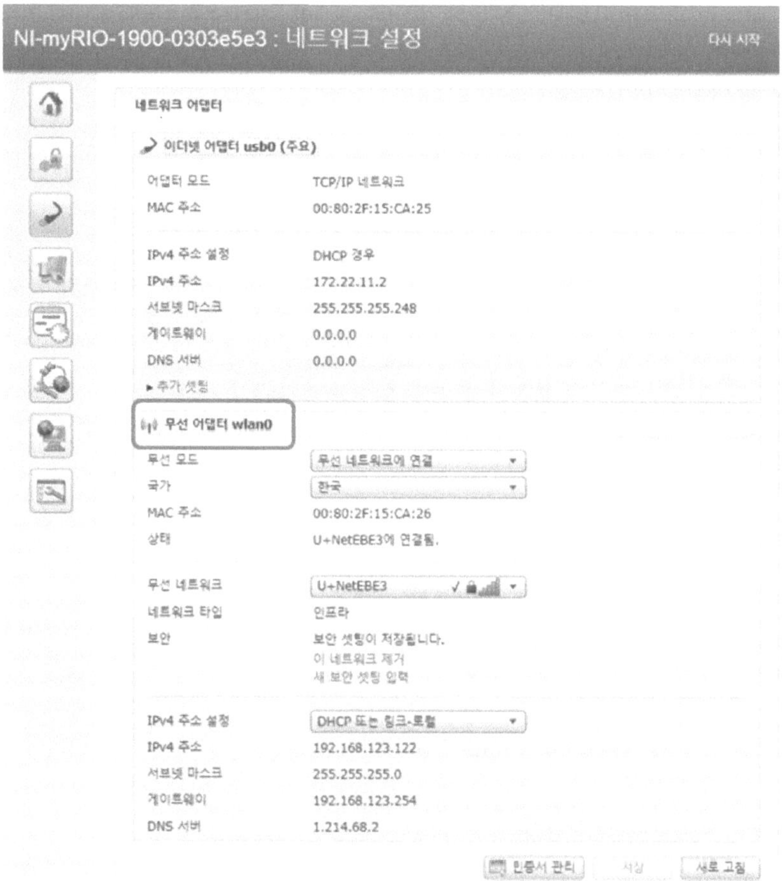

4 **무선 모드**에서 **무신 네트워크 연결**늘 선택한다.

5 **국가**에서 한국을 입력한다. 가능한 무선 네트워크를 선택하기 전에 반드시 국가를 선택한다.

6 **무선 네트워크**에서, 연결하고자 하는 네트워크를 선택한다.

7 선택한 네트워크의 보안 설정 값을 입력한다. myRIO는 Ad Hoc 네트워크를 지원하지 않기에, **네트워크**는 반드시 **인프라**를 선택한다.

8 myRIO가 IP주소를 자동적으로 얻기 위해, **IPv4 주소 설정**에서는 **DHCP 또는 링크-로컬**을 선택한다.

9 WiFi 설정값을 저장하고, myRIO를 무선 네트워크에 연결하려면 저장을 클릭한다.

10 myRIO가 네트워크에 연결되었는지 검증한다. IP주소는 VI를 myRIO에 탑재할 때 사용한다. 다음과 같이 **"Connected over WiFi"**를 선택하면, myRIO를 검색한다.

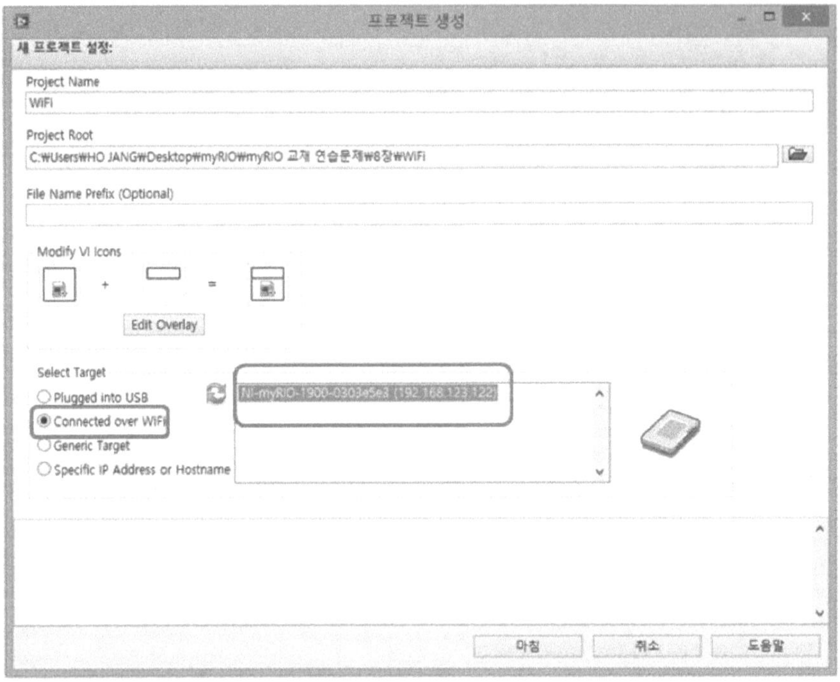

11 USB 케이블을 제거하고, 생성한 프로그램이 동일하게 동작되는지 확인한다.

CHAPTER

09

myRIO를 이용한 임베디드 어플리케이션 실습

CONTENTS

예제 9-01 myRIO를 이용한 LED 출력
예제 9-02 DIP SW를 이용한 디지털 입, 출력
예제 9-03 FND(7-Segment LED) 구동하기
예제 9-04 FND 배열 동적 구동하기
예제 9-05 8x8 DOT 매트릭스 구동하기
예제 9-06 4x4 키 패드 구동하기
예제 9-07 16x2 문자 LCD 구동
예제 9-08 릴레이 구동하기
예제 9-09 엔코더를 이용한 어플리케이션
예제 9-10 써미스터를 이용한 온도 측정
예제 9-11 CdS 센서를 이용한 조도 측정
예제 9-12 OP AMP(연산증폭기)의 응용
예제 9-13 버저/스피커의 응용
예제 9-14 555 타이머 IC를 이용한 4비트 디지털 카운터 만들기
예제 9-15 555 타이머의 PWM으로 LED 배열 컨트롤하기
예제 9-16 서보 모터 구동
예제 9-17 DC 모터 제어
예제 9-18 스테핑 모터 구동
예제 9-19 포토 다이오드 및 포토 트랜지스터의 응용
예제 9-20 포토 인터럽터(Photo Interrupt)의 응용
예제 9-21 인체 감지 센서의 응용
예제 9-22 거리 측정 어플리케이션(적외선 근접 센서)

LabVIEW와 myRIO를 임베디드 어플레케이션에 적용하기 위해서는 LabVIEW 2013 버전 이상의 소프트웨어를 필요로 하며, 산업에서 매우 다양하게 사용되는 어플리케이션을 예제로 사용하였다.

myRIO를 이용하면, 듀얼 코어 ARM® CortexTM-A9 리얼타임 프로세싱과 Xilinx FPGA 직접 설정 가능한 I/O를 체험할 수 있다. myRIO를 이용한 임베디드 프로그램 작성도, 일반 LabVIEW처럼 사용할 수 있기에 매우 사용하기 편리하다. 여기서는 좀 더 프로그램을 쉽게 작성하기 위해서, LabVIEW가 기본적으로 제공하는 템플릿을 사용하였다.

실험에 사용된 부품 중 myRIO 브래드보드는 좀 더 쉽게 myRIO와 연결하기 위해 사용하였다. 브래드보드에 적절한 부품을 배치하고, 브래드보드에 있는 스위치를 ON시키면 +5VDC, +3.3VDC 전원이 공급된다. 전원이 공급되면 브래드보드에 있는 LED가 ON된다.

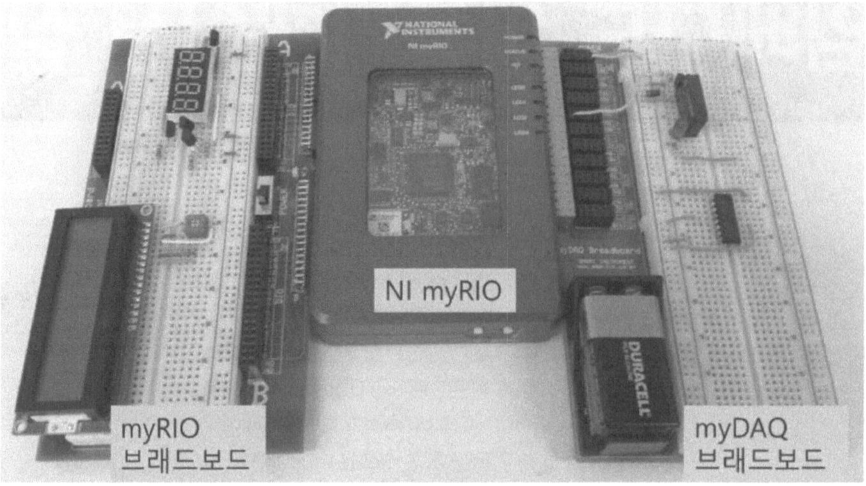

예제 9-01 myRIO를 이용한 LED 출력

1. 기본 이론

LED(Light Emitting Diode)는 빛을 방사하는 다이오드로, 전류를 흘리면 가시광선, 적외선을 발생한다. LED의 동작 원리는 PN 접합을 가지는 반도체이다. 순방향으로 전압을 인가하면 N형 영역에서는 전자가, P형 영역에서는 정공이 PN 접합부로 이동하여 재결합하며, 전자가 가지고 있는 에너지를 빛으로 발산한다. 즉, 자유전자와 정공이 결합 상태가 될 때 발생하는 에너지가 빛이 되어 방사된다. 빛(또는 파장)의 색은 반도체와 첨가물의 종류에 따라 결정된다.

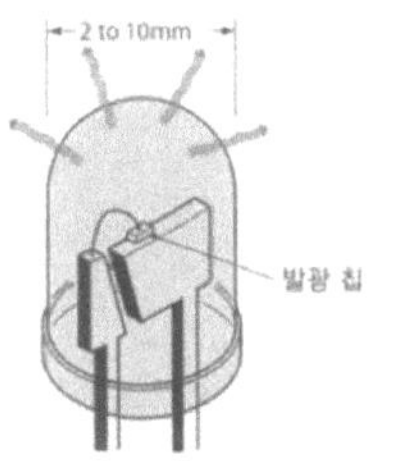

발광 다이오드의 구조

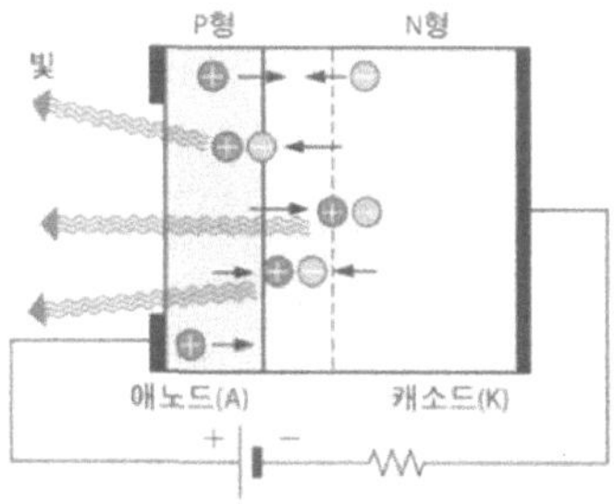

발광 다이오드의 동작 원리

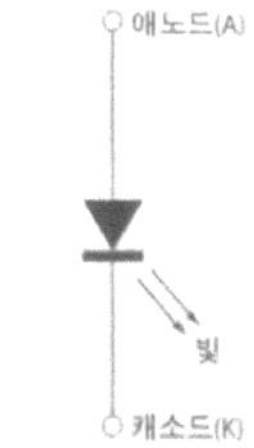

발광 다이오드의 기호

LED의 모양은 다리가 긴 부분이 양극(Anode), 짧은 쪽이 음극(Cathode)이다.

LED의 구동 방식은 시간적으로 일정 전류를 흘리는 정적 구동(Static Drive) 방식, 시간적으로 점멸을 반복하는 동적 구동(Dynamic Drive) 방식이 있다. 점멸 시간이 짧으면 눈으로 보았을 때 정적으로 점등하는 것처럼 보인다. 점멸 주파수가 어느 정도 이하이면 눈으로 깜빡임(flickering)이 발생한다. 일반적으로 50Hz보다 낮으면 눈으로 깜빡임이 인식되기 시작한다.

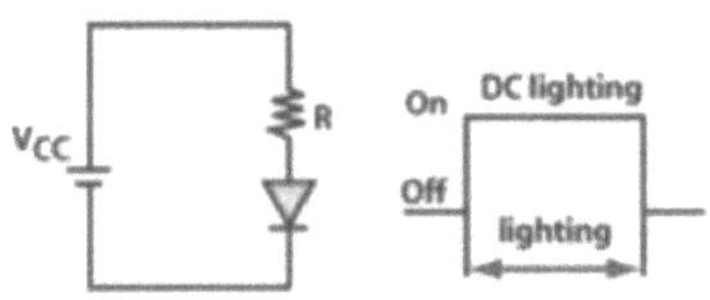

정적 구동

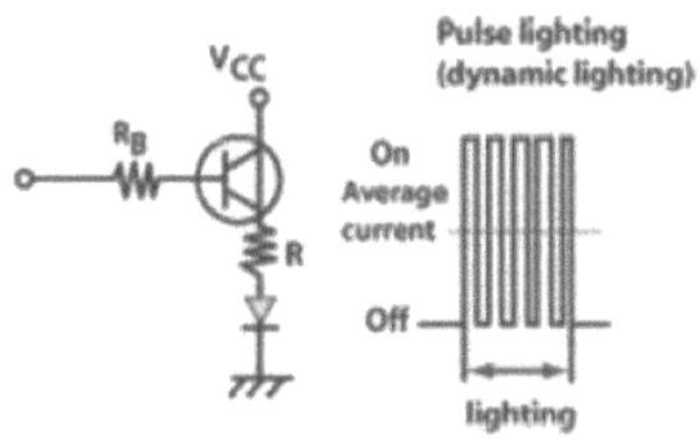

동적 구동

2. 실험 목적

- myRIO 및 LabVIEW 프로그램으로 LED를 ON/OFF하는 실습을 한다. 디지털 출력은 myRIO의 디지털 포트를 이용한다.
- LED의 정적 구동과 동적 구동의 차이점을 이해한다.
- LED의 순방향, 역방향 전기적 특성을 이해한다.
- LED의 밝기와 저항과의 상관 관계를 이해한다.

3. 실험 준비

다음의 부품을 준비한다.

품명	규격	수량
LED	LED(적색)	1
저항	220Ω	1
브래드보드	myRIO Breadboard	1
와이어	Jumper Kit	1

4. 실험 단계

● 회로 구성

다음과 같이 회로를 구성한다. LED의 양극에 3.3V 전압을 인가하고 DIO0에 연결하면, DIO0의 상태에 따라 전류가 흘러서 LED가 켜지게 된다. 여기서 저항 220Ω은 LED에 과전류가 흘러 손상되는 것을 방지하기 위해 사용하였다.

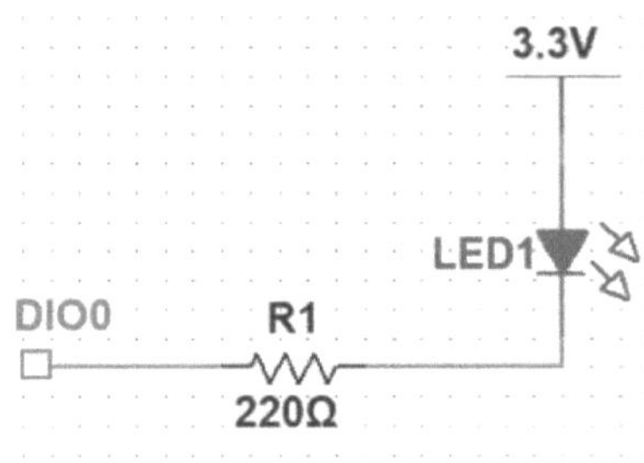

● 브래드보드에 회로 작성

LED는 다이오드이기에 전류는 한쪽 방향으로만 흐른다. 즉, (+)입력은 (+)선에 연결하고, (-)입력은 (-)선에 연결한다. LED는 긴 선이 (+)이다. 또한, LED는 정해진 양의 전류만 처리할 수 있기에, 전류의 흐름을 제한할 수 있는 저항이 필요하다.

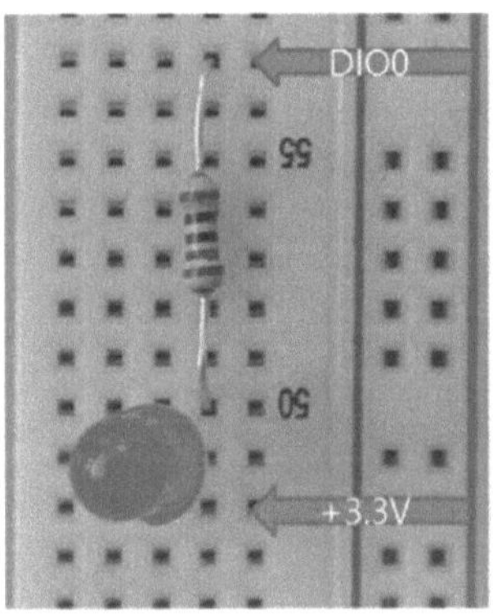

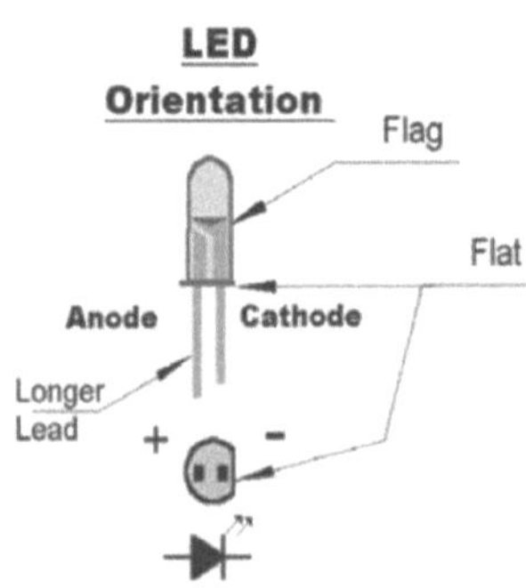

● LabVIEW 프로그램 작성

1 LabVIEW의 **Getting Started** 윈도우에서 **Create Project**를 클릭한다.

2 **템플릿▶myRIO**에서 **myRIO Project** 템플릿을 선택한다. 다음 을 선택한다.

3 Project Name에 **"LED"**를 입력한다.

4 Project Root는 프로젝트를 저장할 위치이다. LabVIEW는 모든 프로젝트 파일 및 VI를 이 디렉토리에 저장한다. 디렉토리에 "LED"를 입력한다.

5 Select Target는 myRIO를 컴퓨터와 연결한 상태를 표시한다.

6 [마침] 을 선택한다.

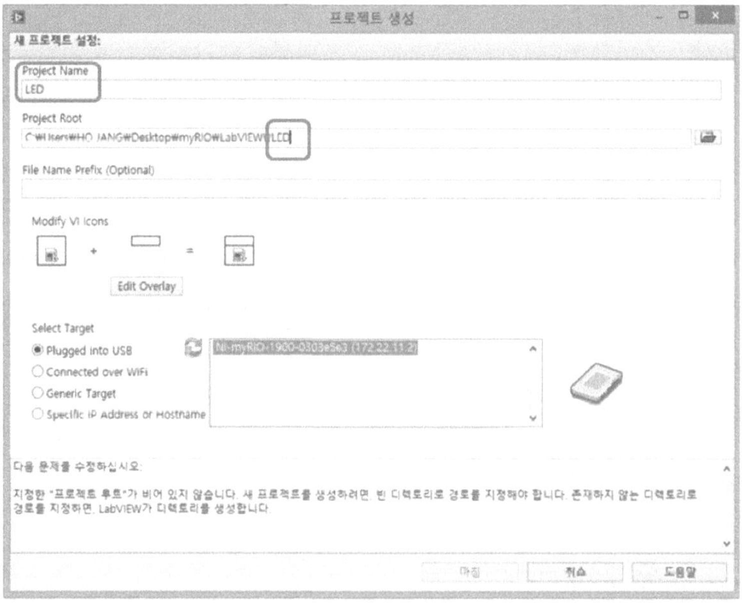

7 프로젝트 탐색기를 다음과 같이 확장한다. **Main.vi**를 **"Main-LED.vi"**로 명칭을 변경한다.

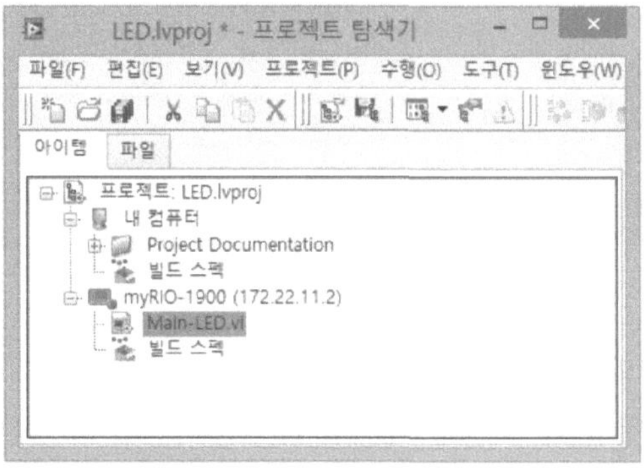

8 **Main-LED.vi**를 더블 클릭해서 오픈한다. LabVIEW가 기본적으로 제공하는 템플릿이 표시된다.

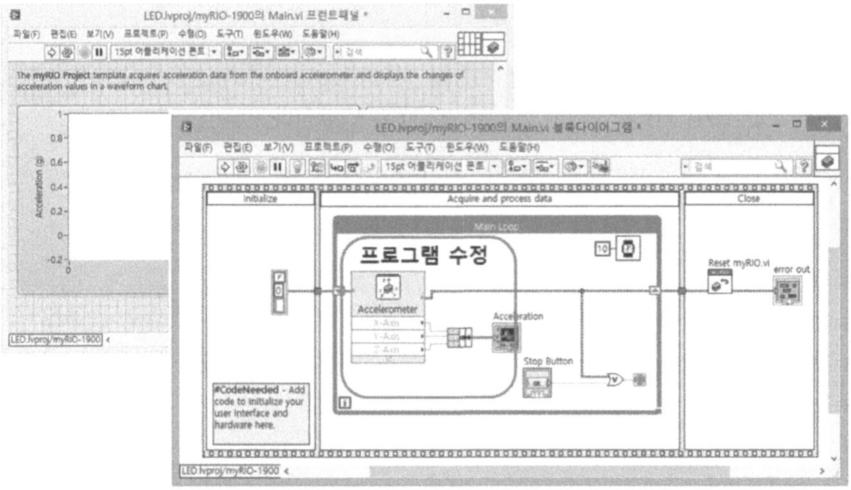

9 **Main Loop** 내부의 프로그램을 수정해서 프로그램을 완성한다.

● **프런트패널**

다음과 같이 프런트패널을 작성한다.

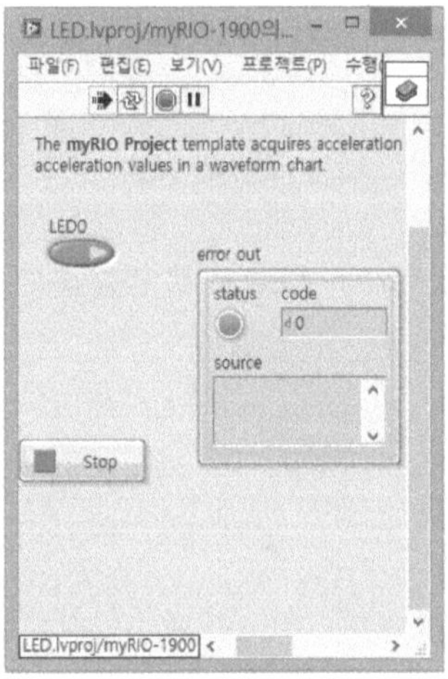

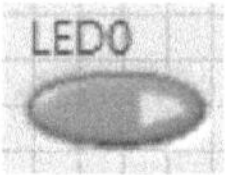

프런트패널의 불리언 팔레트는 스위치, LED 등 다양한 종류의 불리언이 있다. 또는, 블록다이어그램에서 A/DIO0를 팝업 후 **생성▶컨트롤**을 선택하면 자동 생성된다.

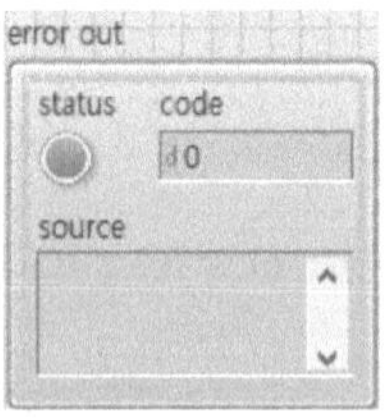

"error out" 출력은 기본 myRIO 템플릿에 제공되는 클러스터이며, 에러를 표시할 때 사용한다.

Stop 정지 버튼은 기본 myRIO 템플릿에 제공되며, 프로그램을 종료할 때 사용한다.

● 블록다이어그램

다음과 같이 블록다이어그램을 수정한다.

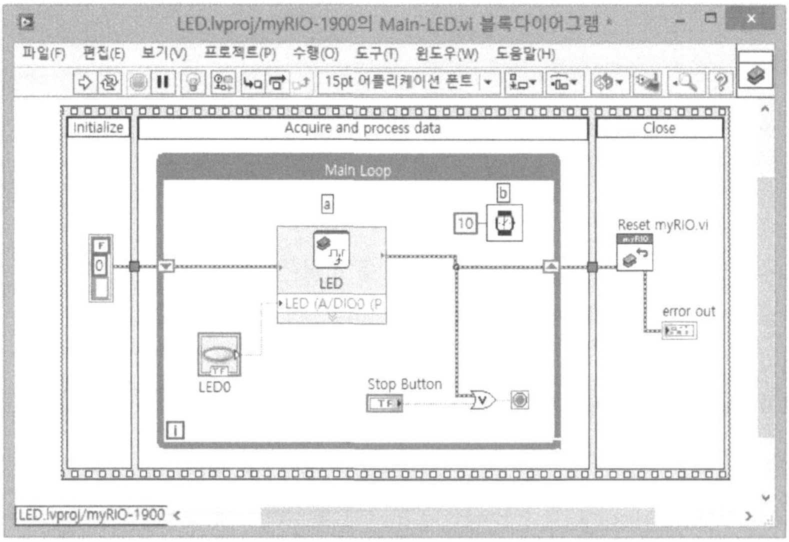

다음의 단계로 블록다이어그램을 작성한다.

a 블록다이어그램의 함수 팔레트에서 **myRIO▶Digital Output**을 선택한다.

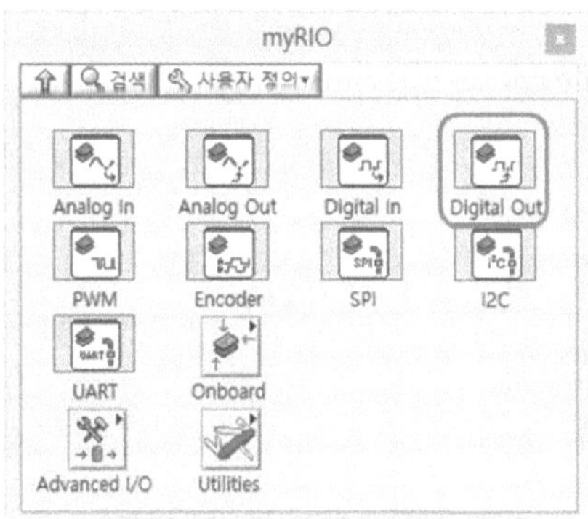

디지털 출력 익스프레스 VI를 이용해서 블록다이어그램을 작성한다. 다음과 같이 출력을 설정하고 "OK" 버튼을 클릭한다.

- Channel: A/DIO0
- Custom Channel Name: LED

b While 루프 지연 함수로 프로그램의 실행속도를 조절한다.

기다림(ms) 함수는 지정된 ms를 대기 시간(ms)만큼 기다리고, ms 타이머의 값을 출력한다. 여기서는 While 루프를 10ms에 1회씩 실행한다.

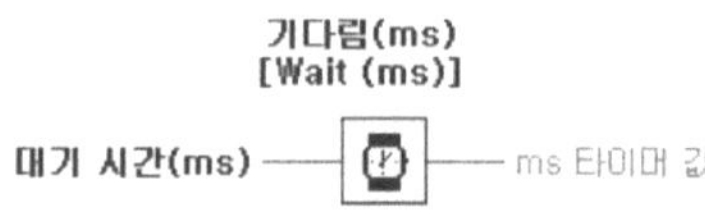

- **프로그램 실행**

10 도구 모음에 있는 Run 버튼 을 클릭하거나 Ctrl과 R을 동시에 눌러서 VI를 실행한다.

- VI가 실행되기 전에 프로젝트를 컴파일해서 NI myRIO에 배포(다운로드)하는 방법을 보여주는 "배포 진행" 창이 나타난다.

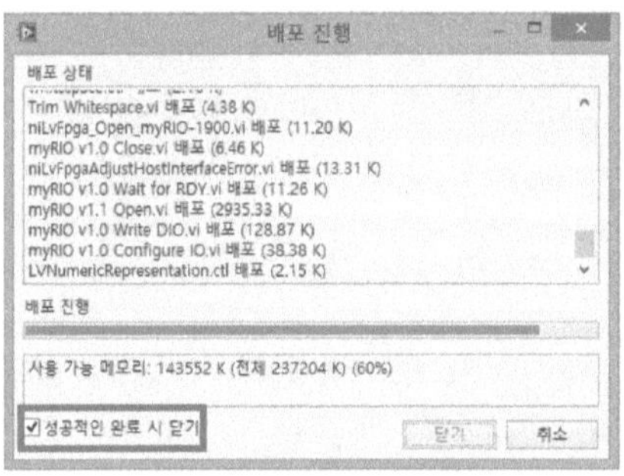

참고: VI가 자동으로 실행되기를 원할 경우, "성공적인 완료 시 닫기" 옵션을 선택한다.

- 프런트패널에서 LED0을 ON/OFF하면 브래드보드의 LED가 점등/점멸되는지 확인한다.

5. 실험 결과 및 과제

4개의 LED를 브래드보드에 탑재하고 0~F값을 순차적으로 점등되는 프로그램을 작성한다.

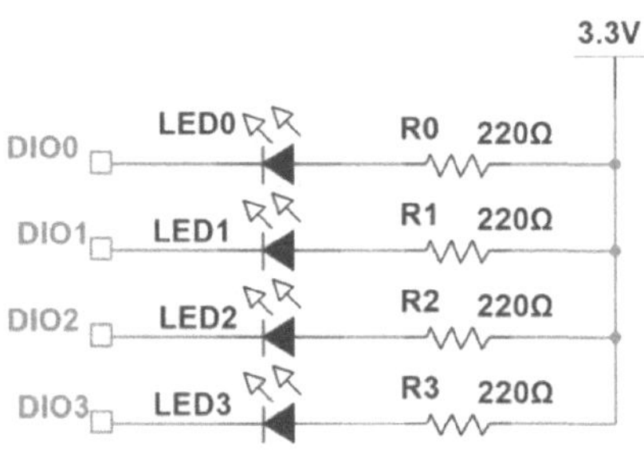

새로운 프로젝트 LEDx4.lvproj를 만들고 프로그램은 Main-LEDx4.vi로 저장한다.

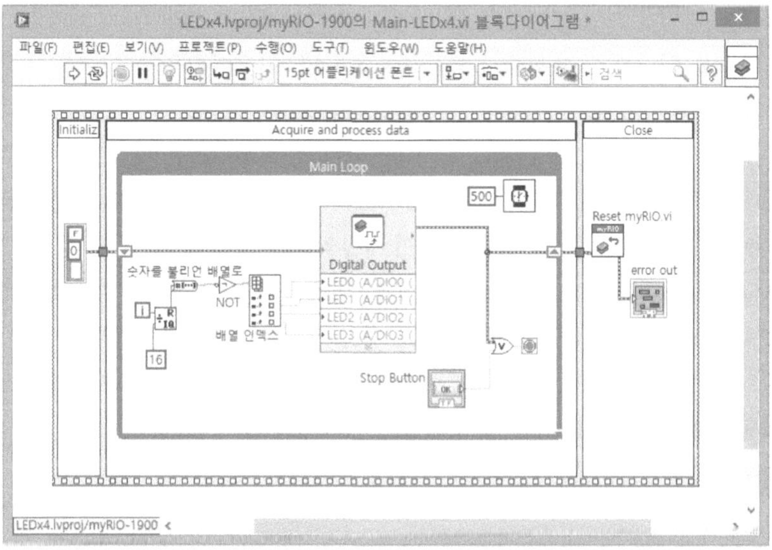

myRIO 콘넥터 MXP A, MXP B의 디지털 입, 출력 라인은 초기상태가 3.3V로 풀업(PULL-UP)되어 있다. 브래드보드의 LED를 ON시키기 위해서는 DIO값이 LOW가 되어야만 LED가 켜진다. 이러한 이유로 NOT 함수를 사용한다.

예제 9-02 DIP SW를 이용한 디지털 입, 출력

1. 기본 이론

DIP 스위치는 일련의 ON/OFF 스위치로서, 하드웨어의 변경 없이 사용자가 회로 기판상에 임의로 선택할 수 있다.

DIP 스위치는 다수의 SPST 스위치를 하나의 구성요소로 통합하는 역할을 한다. "DIP"는 브래드보드와 호환되는 표준 IC 패키지 방식인 "Dual In-line Package"의 약어이며, "SPST"는 가장 단순한 유형의 스위치를 나타내는 "Single Pole, Single Throw"의 줄임말이다.

다음 그림은 널리 사용되고 있는 두 가지 DIP 스위치 방식(8개의 SPST 스위치가 내장된 표준 DIP 스위치와 2진 시퀀스로 SPST 스위치 4개의 개방 상태 및 폐쇄 상태를 제어하는 16포지션 회전식 DIP 스위치)이다.

2. 실험 목적

- DIP 스위치를 입력으로 사용해서 LED를 ON/OFF하는 실습을 한다. 디지털 입, 출력은 myRIO의 디지털 포트를 이용한다.
- DIP 스위치는 N개의 SPST 스위치를 하나의 구성요소로 통합하는 역할을 하며, 각 스위치는 한 위치에서 풀업(PULL-UP)/풀다운(PULL-DOWN) 등의 회로로 사용할 수 있음을 이해한다.
- DIP 스위치와 함께 사용하면 유용한 어레이 저항의 사용 방법을 익힌다.
- 디지털 입력에 연결된 인터페이스 회로는 DIO 내부의 풀업/풀다운 저항기에 연결되어 있기에, 특별히 풀업/풀다운을 연결하지 않아도 됨을 이해한다. 즉, myRIO의 MXP 콘넥터 A와 B에는 풀업 저항기가, MSP 콘넥터 C에는 풀다운 저항기가 연결되어 있다. 이러한 이유로 어레이 저항 없이 실험을 해도 동일한 결과를 얻을 수 있음을 이해한다.
- 푸시 버튼 타입의 스위치의 기능을 DIP 스위치와 차이를 비교한다.

3. 실험 준비

다음의 부품을 준비한다.

품명	규격	수량
LED	LED(적색)	8
DIP 스위치	IC 딥타입의 슬라이드 8핀 DIP 스위치	1
저항	220Ω	8
어레이 저항	9x472J(4.7KΩ) 9pin Sip type	1
브래드보드	myRIO Breadboard	1
와이어	Jumper Kit	1

4. 실험 단계

● 회로 구성

다음과 같이 회로를 구성한다. 브래드보드에 딥 스위치, LED, 저항을 다음과 같이 탑재한다.

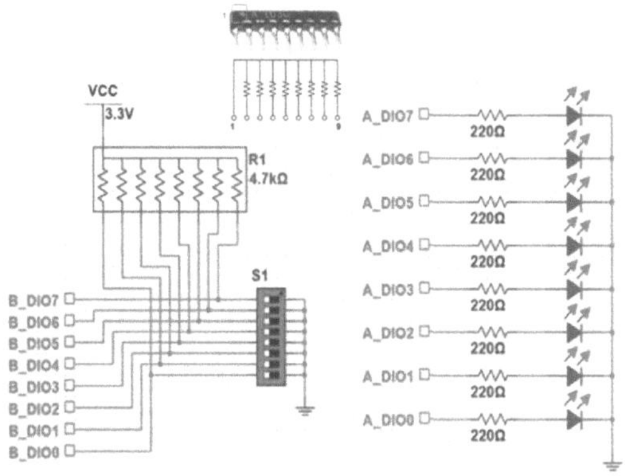

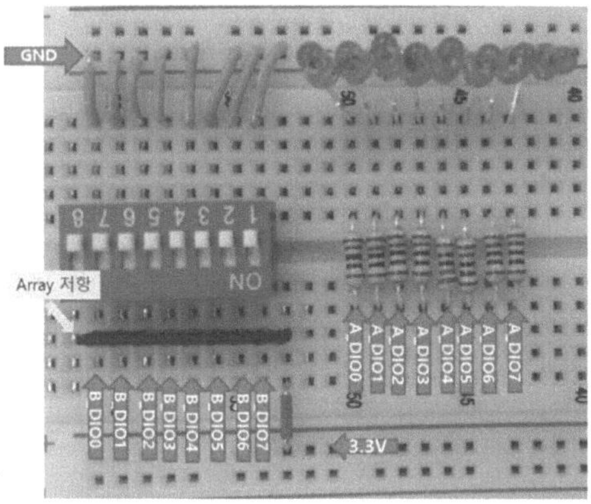

- **LabVIEW 프로그램 작성**

1 LabVIEW의 **Getting Started** 윈도우에서 **Create Project**를 클릭한다.

2 **템플릿▶myRIO**에서 **myRIO Project** 템플릿을 선택한다.

3 Project Name에 **"DipPSW"**를 입력한다.

4 Project Root는 프로젝트를 저장할 위치이다. LabVIEW는 모든 프로젝트 파일 및 VI를 이 디렉토리에 저장한다. 디렉토리에 **"DipSW"**를 입력한다.

5 Select Target는 myRIO를 컴퓨터와 연결한 상태를 표시한다.

6 프로젝트 탐색기를 다음과 같이 확장한다. **Main.vi**를 **"Main-DipSW.vi"**로 명칭을 변경한다.

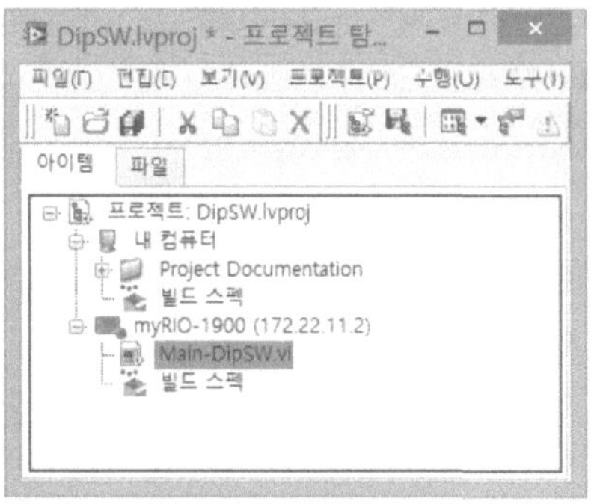

7 **Main-DipSW.vi**를 더블 클릭해서 오픈한다. LabVIEW가 기본적으로 제공하는 템플릿이 표시된다. **Main Loop** 내부의 프로그램을 수정해서 프로그램을 완성한다.

- **프런트패널**

다음과 같이 프런트패널을 작성한다.

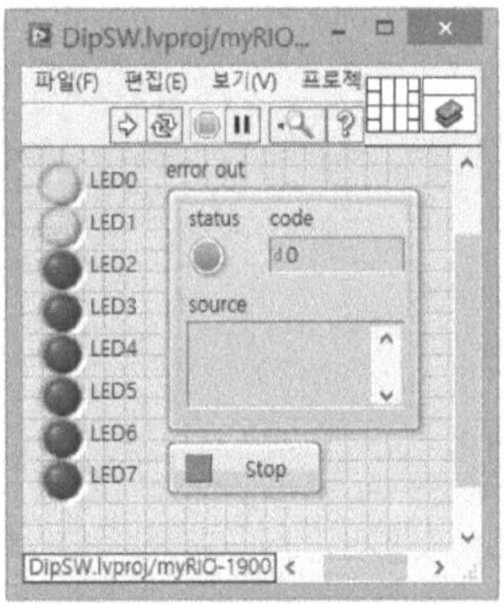

● **블록다이어그램**

다음과 같이 블록다이어그램을 수정한다.

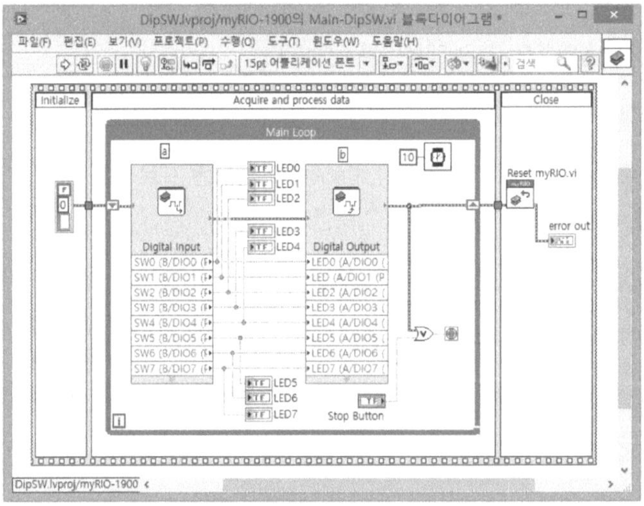

[a] 디지털 입력 익스프레스 VI를 이용해서 블록다이어그램을 작성한다. 다음과 같이 입력을 설정하고 "OK" 버튼을 클릭한다.

- Channel: B/DIO0~B/DIO7
- Custom Channel Name: SW0~SW7

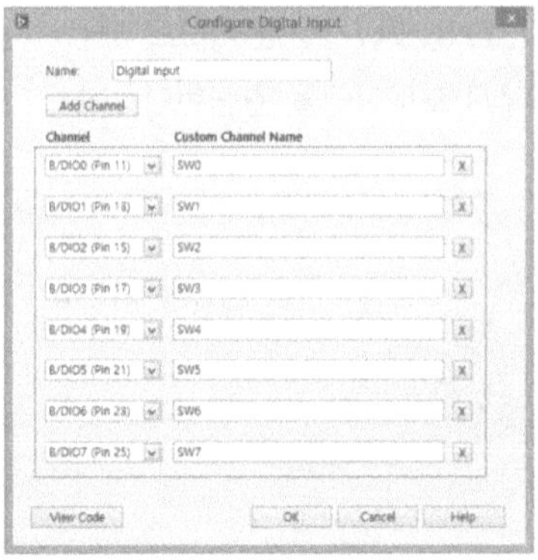

b 디지털 출력 익스프레스 VI를 이용해서 블록다이어그램을 작성한다. 다음과 같이 출력을 설정하고 "OK" 버튼을 클릭한다.

- Channel: A/DIO0~A/DIO7
- Custom Channel Name: LED0~LED7

● **프로그램 실행**

- 도구 모음에 있는 Run 버튼 ⇨을 클릭하거나 Ctrl과 R을 동시에 눌러서 VI를 실행한다.
- B 콘넥터에 연결된 브래드보드의 DIP 스위치를 ON/OFF 위치를 변경해본다. A 콘넥터의 LED가 대응되게 점등되는지 확인한다.

5. 실험 결과 및 과제

DIP 스위치 대신에 푸시 버튼 스위치를 이용해서, myRIO에 내장된 LED0~LED3을 ON/OFF하는 프로그램을 추가로 작성해본다. 푸시 버튼을 누를 때 myRIO에 내장된 LED가 점등되는지 확인한다.

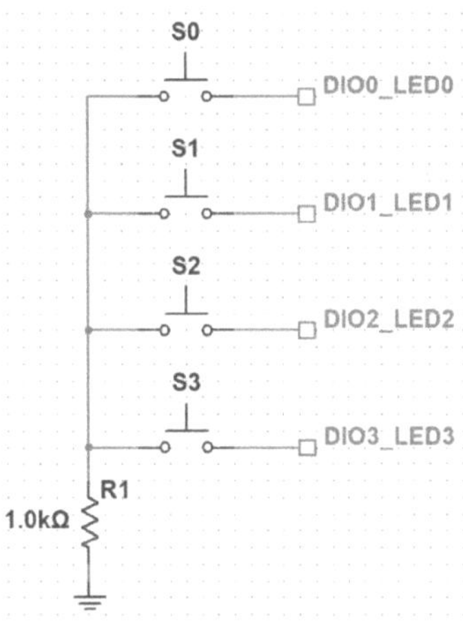

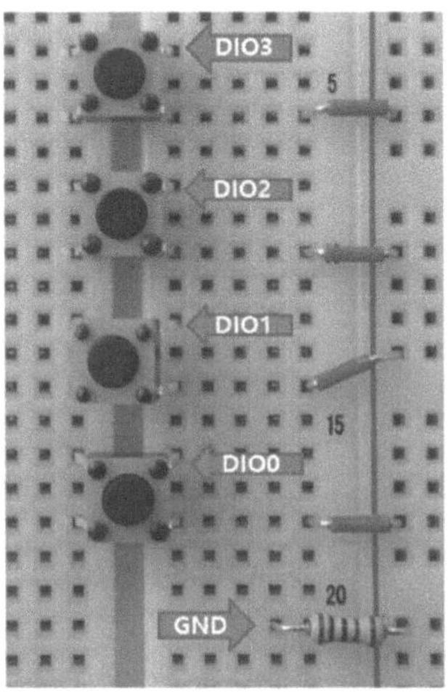

새로운 프로젝트 SW to LED.lvproj를 만들고 프로그램은 Main-SW to LED.vi로 저장한다.

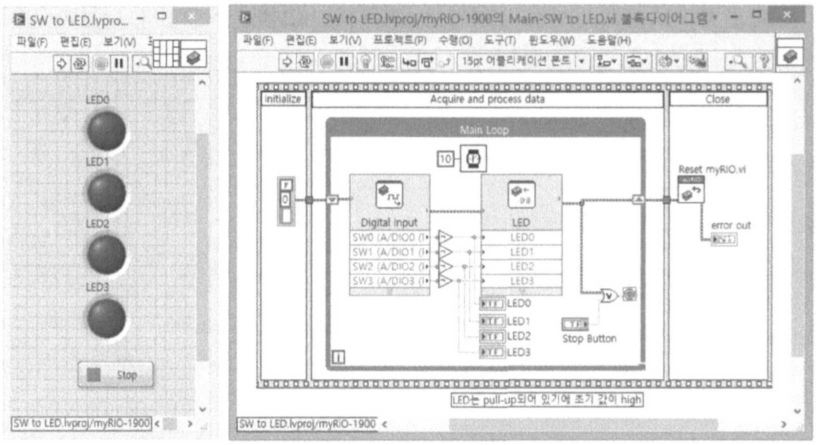

예제 9-03 FND(7-Segment LED) 구동하기

1. 기본 이론

7-Segment LED는 FND라고도 불리는데, 숫자나 문자를 표시하는 데 사용되는 7개의 발광 다이오드(LED)의 모임이다. 공동 라인이 VCC 또는 GND에 연결되느냐에 따라 다른 회로 구성을 할 수 있도록 부품이 나누어져 있다.

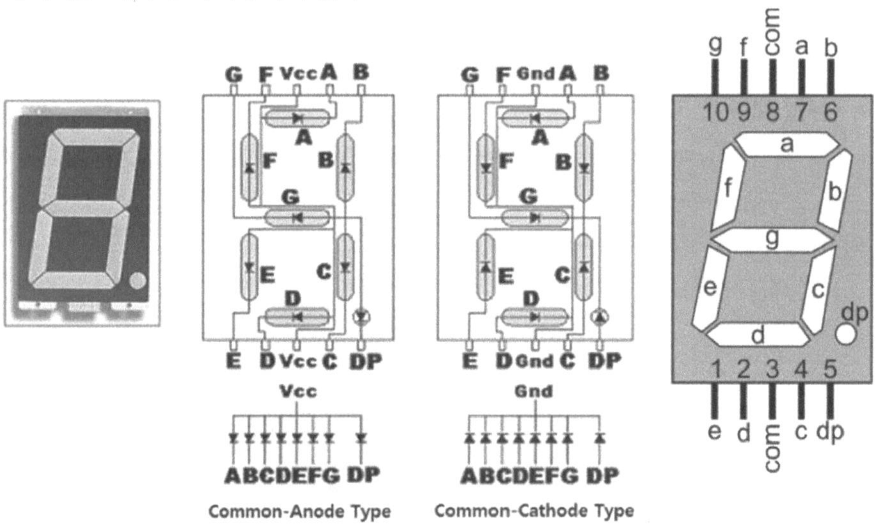

공통 애노드(Common Anode) 형은 다이오드의 애노드를 공통 단자로 사용한다.
애노드 단자에 5V를 주고 캐소드의 각 단자 A~G까지 0V를 주면 다이오드에 전류가 흐르게 되어 발광한다. 다이오드의 파손 방지를 위해 저항을 연결한다.

공통 캐소드(Common Cathode) 형은 다이오드의 캐소드를 공통 단자로 사용한다.
캐소드를 접지시키고, 다이오드의 애노드 단자에 5V를 주면 전류가 흐른다. 다이오드의 파손 방지를 위해 저항을 연결한다.

숫자 3을 표시하기 위해서는 "01001111" 또는 0x4F 값을 디지털 출력으로 보내야 한다(다음 그림에서 a가 LSB이기에, 역순으로 읽는다).

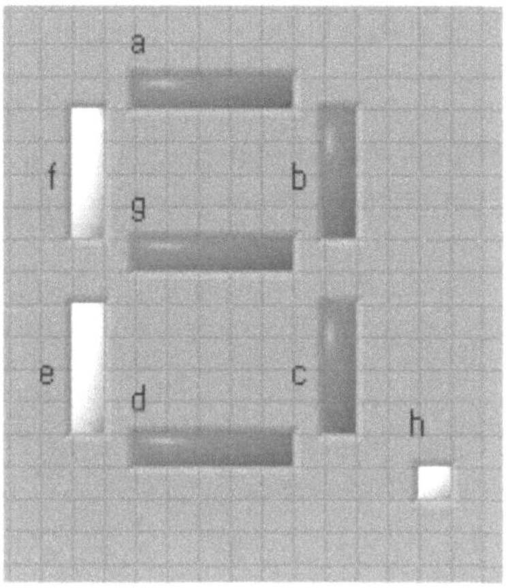

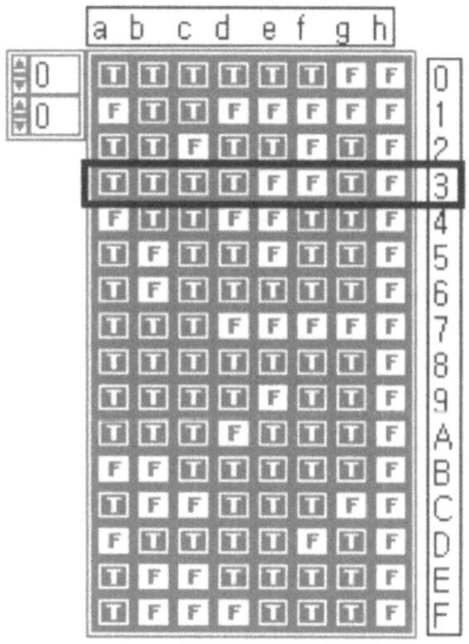

다음의 표는 7-세그먼트를 이용하여 16진수를 표현하기 위한 비트 값을 정리하였다. LabVIEW에서는 16진수 값을 직접 입력해서 7-세그먼트를 동작하거나, T F의 불리언을 이용해서 동작할 수 있다.

〈표〉 7-Segment에서 16진수 표시 방법

16진수	7-Segment의 비트 값								데이터 값(16진수)
	h	g	f	e	d	c	b	a	
0	0	0	1	1	1	1	1	1	0x3F
1	0	0	0	0	0	1	1	0	0x06
2	0	1	0	1	1	0	1	1	0x5B
3	0	1	0	0	1	1	1	1	0x4F
4	0	1	1	0	0	1	1	0	0x66
5	0	1	1	0	1	1	0	1	0x6D
6	0	1	1	1	1	1	0	1	0x7D
7	0	0	1	0	0	1	1	1	0x27
8	0	1	1	1	1	1	1	1	0x7F
9	0	1	1	0	1	1	1	1	0x6F
A	0	1	1	1	0	1	1	1	0x77
B	0	1	1	1	1	1	0	0	0x7C
C	0	0	1	1	1	0	0	1	0x39
D	0	1	0	1	1	1	1	0	0x5E
E	0	1	1	1	1	0	0	1	0x79
F	0	1	1	1	0	0	0	1	0x71

2. 실험 목적

- myRIO 및 LabVIEW 프로그램으로 7-세그먼트 LED(FND)를 구동하는 실습을 한다. 디지털 출력은 myRIO의 디지털 포트를 이용한다.
- 공동 애노드형 및 공통 캐소드 타입의 FND의 특성을 이해한다.
- FND에 숫자가 표시되는 원리를 이해한다.
- BCD 신호를 FND 신호로 변환해 주는 다양한 FND 전용 IC의 사용법을 익힌다.

3. 실험 준비

다음의 부품을 준비한다.

품명	규격	수량
FND (7 segment LED)	S-3191CSR (10mmx13mm), 캐소드 공통	1
저항	220Ω	1
브래드보드	myRIO Breadboard	1
와이어	Jumper Kit	1

4. 실험 단계

● 회로 구성

다음과 같이 회로를 구성한다. 사용한 FND는 캐소드 공통을 사용하였다.

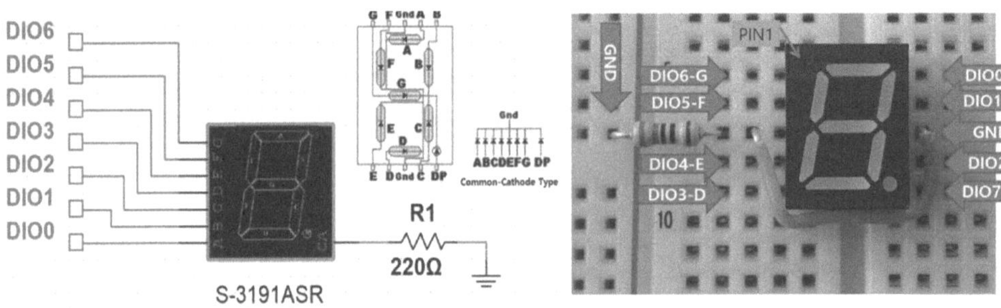

LED의 저항은 무시할 만큼 작고, 220Ω 저항을 사용한다면 총 저항은 220Ω이다. 옴의 법칙에 의해 1개의 LED가 ON되면 디지털 출력을 통한 전류는 3.3V÷220Ω = 15mA이다. 많은 수의 LED가 점등되면 전류가 감소되기에 어두워진다. FND의 데이터 시트를 참고하면, 일반적으로 20mA 이하의 전류를 권장한다.

● LabVIEW 프로그램 작성

1 LabVIEW의 **Getting Started** 윈도우에서 **Create Project**를 클릭한다.

2 **템플릿▶myRIO**에서 **myRIO Project** 템플릿을 선택한다.

3 Project Name에 **"FND"**를 입력한다.

4 Project Root는 프로젝트를 저장할 위치이다. LabVIEW는 모든 프로젝트 파일 및 VI를 이 디렉토리에 저장한다. 디렉토리에 **"FND"**를 입력한다.

5 Select Target는 myRIO를 컴퓨터와 연결한 상태를 표시한다.

6 프로젝트 탐색기를 다음과 같이 확장한다. 자동 생성되는 **Main.vi**를 **Main-FND.vi**로 명칭을 변경한다.

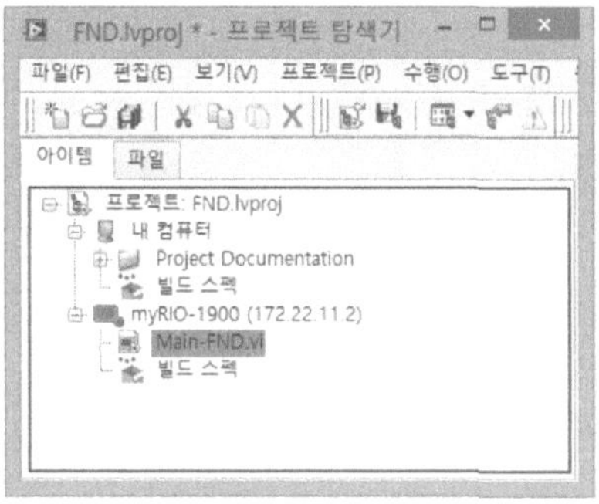

7 **Main-FND.vi**를 더블 클릭해서 오픈한다. LabVIEW가 기본적으로 제공하는 템플릿이 표시된다.

8 **Main Loop** 내부의 프로그램을 수정해서 프로그램을 완성한다.

● **프런트패널**

다음과 같이 프런트패널을 작성한다. 프런트패널의 일반▶장식을 이용해서 FND와 유사한 모양을 만든다.

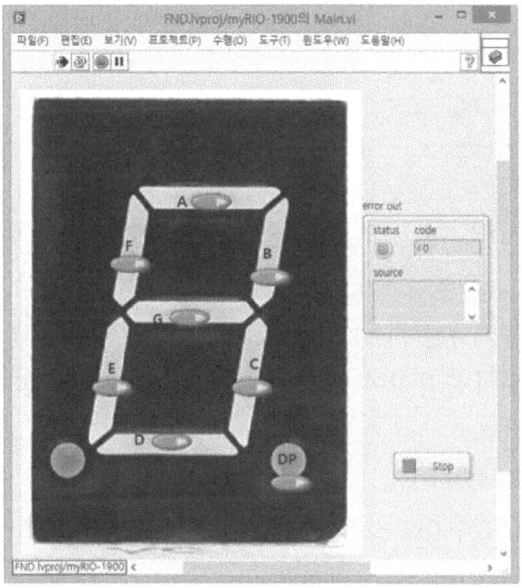

● **블록다이어그램**

다음과 같이 블록다이어그램을 수정한다.

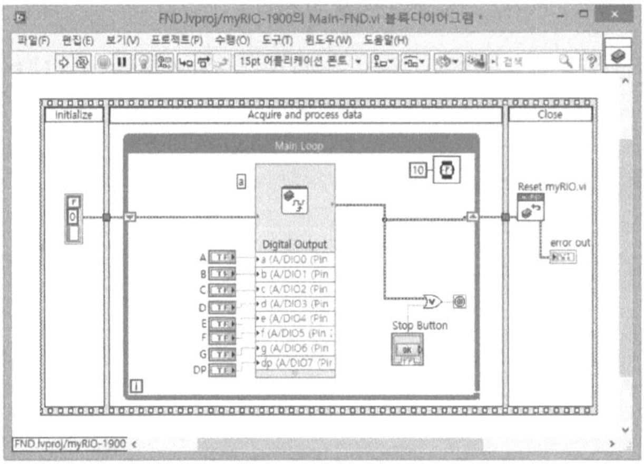

a 디지털 출력 익스프레스 VI를 이용해서 블록다이어그램을 작성한다. 다음과 같이 출력을 설정하고 "OK" 버튼을 클릭한다.

- Channel: A/DIO0~A/DIO7
- Custom Channel Name: a~g, dp

● **프로그램 실행**

- 도구 모음에 있는 Run 버튼 [⇨]을 클릭하거나 Ctrl과 R을 동시에 눌러서 VI를 실행한다.
- 스위치 A~G, DP를 클릭해본다. 스위치 출력 값이 브레드보드의 FND와 일치되는지 확인한다.

● **7-세그먼트에 숫자를 연속적으로 표시하기**

While 루프를 반복할 때마다 FND로 16진수 0x1~0xF를 연속적으로 표시하는 프로그램을 작성한다. 다음과 같이 프런트패널 및 블록다이어그램을 작성한다.

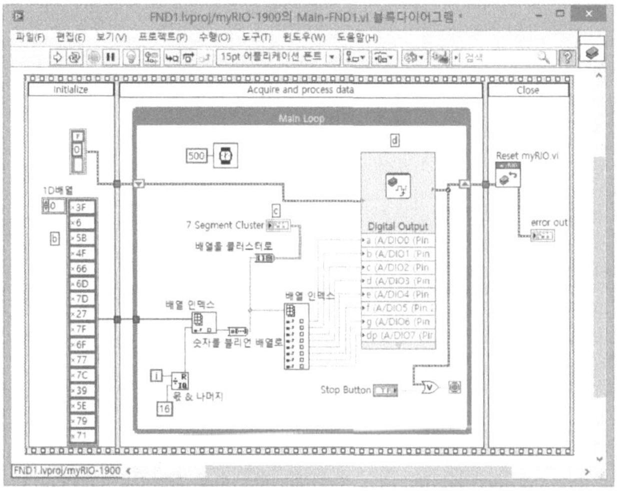

b FND에서 16진수를 표시하기 위한 방법으로, 1차원 배열을 이용한다. 순차적으로 대응하는 16진수 값은 0~F다.

c 프런트패널의 **"7 segment Cluster"**는 클러스터를 이용해서 만들었다.

d 앞에서 사용한 동일한 디지털 출력 익스프레스 VI이다.

다음은 블록다이어그램에서 사용된 주요 함수이다

몫 & 나머지 함수는 입력된 정수의 몫과 나머지를 계산한다.

몫 & 나머지
[Quotient & Remainder]

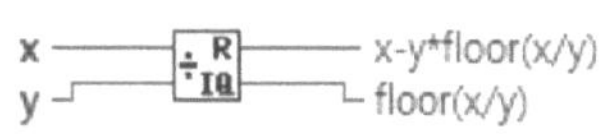

배열을 클러스터로 함수는 1D 배열을 배열 원소와 같은 타입의 원소의 클러스터로 변환한다. 기본적으로 클러스터의 크기는 9로 설정되어 있다. 목적에 맞는 숫자로 변경해서 사용한다.

배열을 클러스터로
[Array To Cluster]

배열 인덱스 함수는 인덱스에 위치한 n차원 배열의 원소 또는 부분 배열을 출력한다.
또한, **배열 인덱스** 함수를 아래로 늘리면 인덱스에 값을 입력하지 않아도 자동적으로 순차적인 원소가 출력된다.

배열 인덱스
[Index Array]

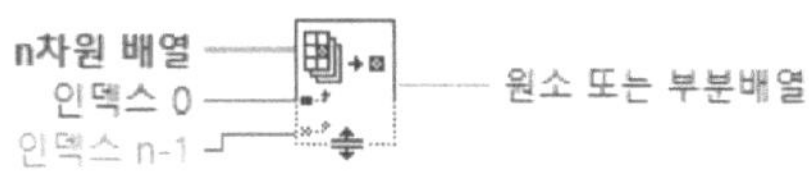

5. 실험 결과 및 과제

FND 전용 IC를 이용하면 입, 출력 핀 및 제어 프로그램을 줄일 수 있다. HEF4511BPIC를 이용해 10진수를 출력하는 프로그램을 작성한다. 다음은 대표적인 FND 전용 IC로 BCD-to-7 Segment IC 일종이다.

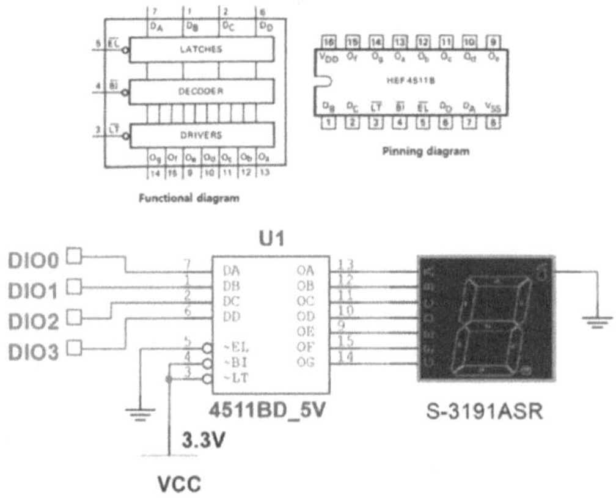

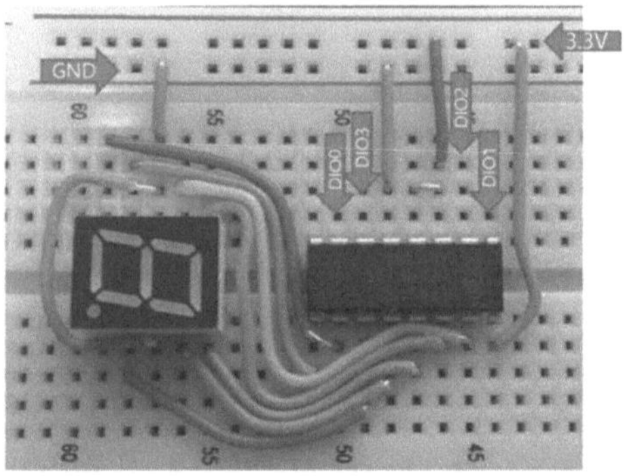

- 새로운 프로젝트 BCD-to-7.lvproj를 만들고 프로그램은 BCD-to-7.vi로 저장하고 프로그램을 실행한다.
- 십진수 0~9가 순차적으로 FND에 출력되는지 확인한다.

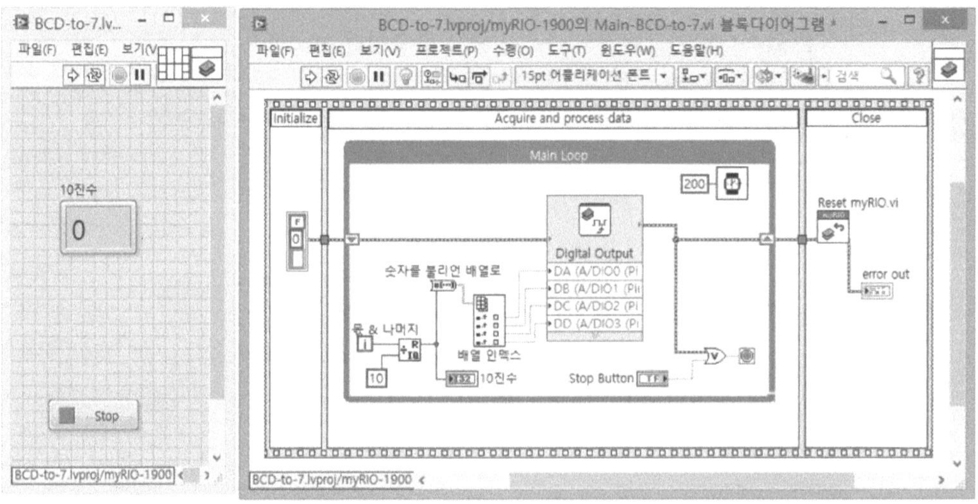

예제 9-04 FND 배열 동적 구동하기

1. 기본 이론

FND 배열은 7-Segment LED가 4개 병렬로 있는 것을 의미한다. 공통 단자가 애노드로 com0, com1, com2, com3로 4개 있으며, 단자 a, b, c, d, e, f, g, dp는 공통으로 사용한다. FND 배열을 이용해 LED를 제어하면, 전체 핀의 개수를 줄일 수 있는 장점이 있으나 동적 구동을 이용하기에 컨트롤은 조금 복잡해진다.

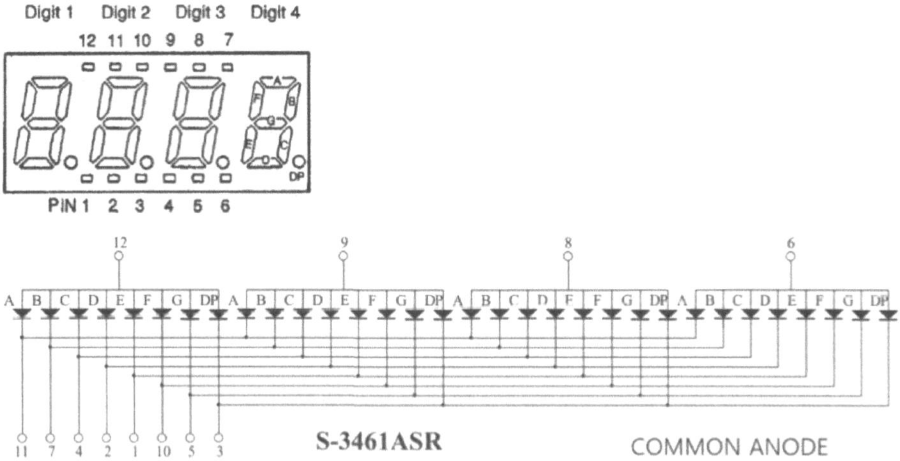

이 제품은 A~G, DP를 모두 공통으로 사용하기 때문에 각 FND에 다른 값을 표시할 때는 동적 구동 방식을 적용해야 된다. 동적 구동은 구동 회로를 단순하게 만들기 위해 사용하는 방식이다. 프로그램 작성 방법은, 디스플레이 군을 나눈 후 각각의 군을 독립적으로 동작시킨 후 그 동작을 빠르게 회전시켜 잔상을 이용하여 디스플레이하는 방식이다.

다음과 같이 1번 FND부터 4번 FND에 각각 1, 2, 3, 4를 출력하는 경우를 고려하자.

이 경우 1~4번 FND는 언제나 하나의 FND만 점등된다. 그리고 각각의 값이 표시되도록 1〉2〉3〉4〉1〉2〉3〉…이런 순서로 빠르게 회전시키면 우리 눈에는 자연스럽게 1, 2, 3, 4가 모두 점등된 경우로 보이게 된다.

2. 실험 목적

- myRIO 및 LabVIEW 프로그램으로 FND 어레이를 구동하는 실습을 한다. 디지털 출력은 myRIO의 디지털 포트를 이용한다.
- 많은 수의 LED를 구동할 때 필요한 동적 구동 방식으로 실습한다.
- FND 어레이에 숫자가 표시되는 원리를 이해한다.
- 상용품으로 판매되는 FND 어레이를 동일한 원리로 구동해본다.

3. 실험 준비

다음의 부품을 준비한다.

품명	규격	수량
4xFND	3461ASR (7세그먼트x4, 색상: 빨강, Anode타입, 29.5mm x 14mm)	1
저항	1kΩ	4
트랜지스터	2N3906, PNP	4
브래드보드	myRIO Breadboard	1
와이어	Jumper Kit	1

4. 실험 단계

● 회로 구성

다음과 같이 FND 배열, 트랜지스터, 저항을 이용해서 회로를 구성한다.

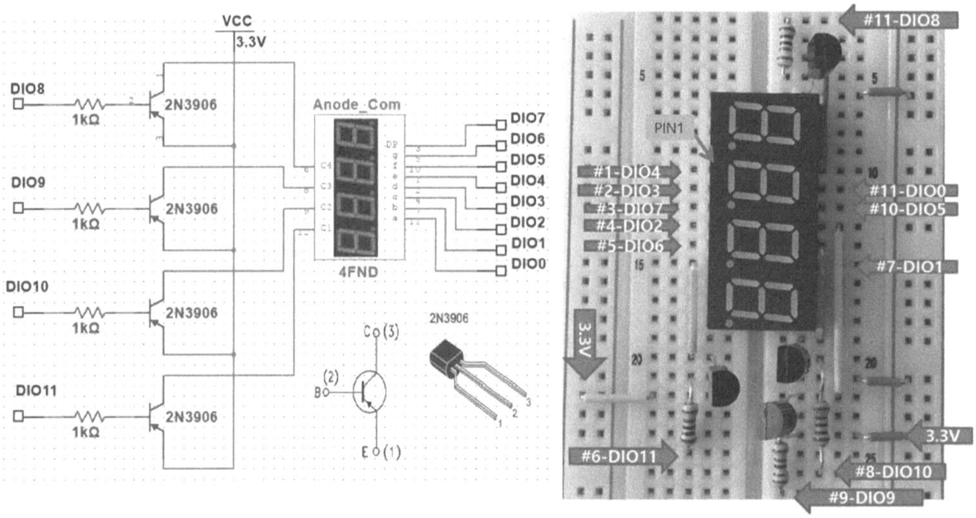

● LabVIEW 프로그램 작성

1. LabVIEW의 **Getting Started** 윈도우에서 **Create Project**를 클릭한다.
2. **템플릿▶myRIO**에서 **myRIO Project** 템플릿을 선택한다.
3. Project Name에 **"FND4"**를 입력한다.
4. Project Root는 프로젝트를 저장할 위치이다. LabVIEW는 모든 프로젝트 파일 및 VI를 이 디렉토리에 저장한다. 디렉토리에 **"FND4"**를 입력한다.
5. Select Target는 myRIO를 컴퓨터와 연결한 상태를 표시한다.
6. 프로젝트 탐색기를 다음과 같이 확장한다. **Main.vi**를 **"Main-FND4.vi"**로 명칭을 변경한다.

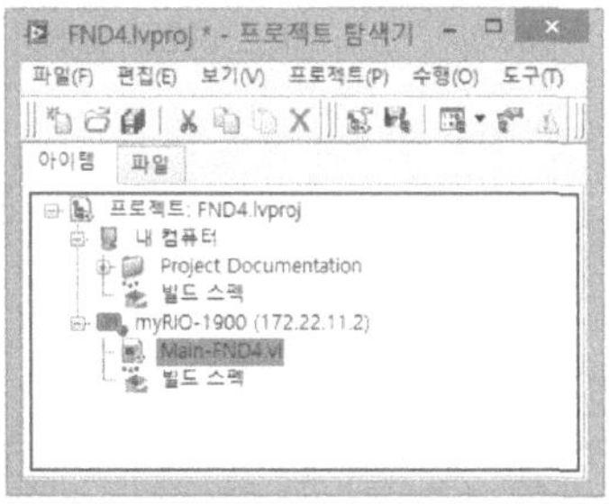

7 **Main-FND4.vi**를 더블 클릭해서 오픈한다. LabVIEW가 기본적으로 제공하는 템플릿이 표시된다.

8 **Main Loop** 내부의 프로그램을 수정해서 프로그램을 완성한다.

- **프런트패널-MAIN**

다음과 같이 프런트패널을 작성한다.

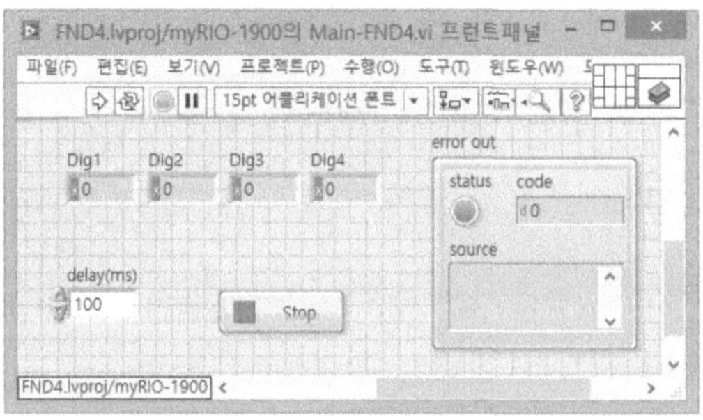

"Dig1"~"Dig4" 인디케이터는 16진수로 표시한다.

"Delay(ms)"는 블록다이어그램의 For 루프의 속도를 제어한다. 루프의 지연을 100ms 정도 입력하면 FND가 1개씩 순차적으로 점등됨을 확인할 수 있다. Delay 시간을 점점 줄여본다. Delay가 줄어들면, 착시 현상에 의해 FND가 마치 정지된 형태로 보인다.

- **서브 VI**

새로운 VI를 만들고 **FND_con.vi**로 저장하면, 프로젝트에 VI가 추가된다.

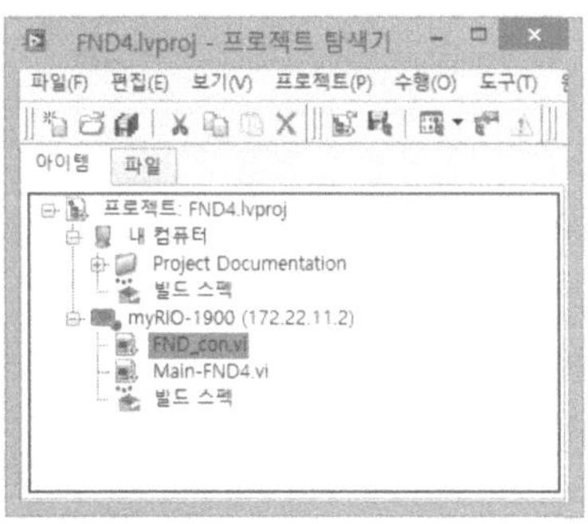

FND_con.vi는 서브 VI로 사용되며 다음과 같이 작성한다. 추후 서브 VI로 사용하기 위해 아이콘 모양을 변경하고, 터미널을 할당한다.

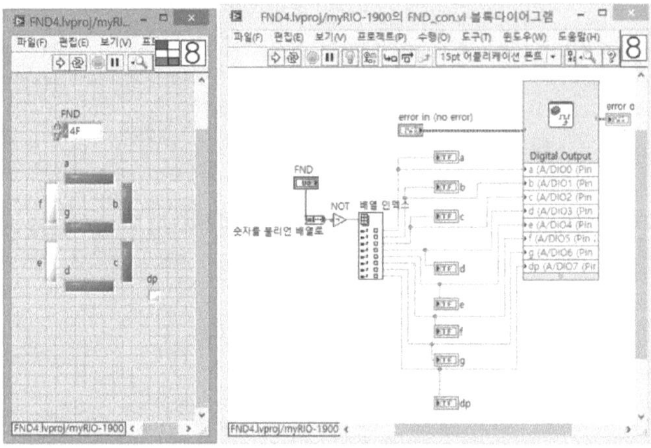

 "FND"는 16진수로 표시하며, a~g, dp는 불리언 인디케이터를 이용해서 만든다.

디지털 출력 익스프레스 VI를 이용해서 블록다이어그램을 작성한다. 다음과 같이 출력을 설정하고 "OK" 버튼을 클릭한다.

- Channel: A/DIO0~DIO7
- Custom Channel Name: a~g, dp

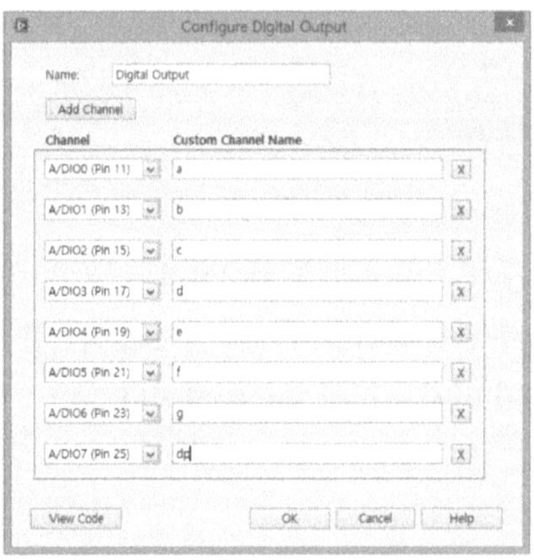

FND_con.vi를 저장하고 Main-FND4.vi에서 서브 VI로 사용한다.

● **블록다이어그램-MAIN**

다음과 같이, Main-FND4.vi의 블록다이어그램을 완료한다.

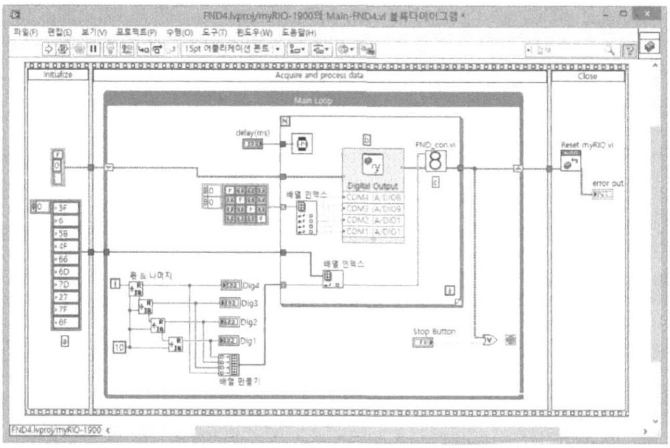

a FND에서 16진수를 표시하기 위한 방법으로, 1차원 배열을 이용한다. 순차적으로 대응하는 16진수 값은 0~9이다.

b 디지털 출력 익스프레스 VI를 이용해서 블록다이어그램을 작성한다. 출력을 설정하고 "OK" 버튼을 클릭한다.

- Channel: A/DIO8~DIO11
- Custom Channel Name: COM4~COM1

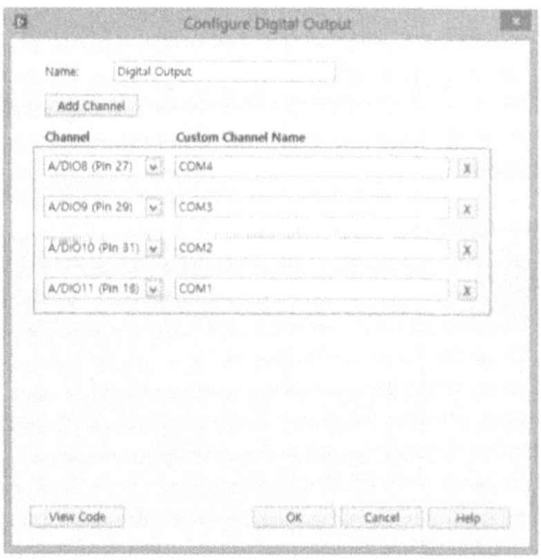

c 앞에서 서브 VI로 작성한 함수이다.

추가적으로 블록다이어그램에 사용된 함수는 다음과 같다.

배열 만들기 함수는 복수의 배열을 연결하거나, 원소를 n차원의 배열에 추가한다.

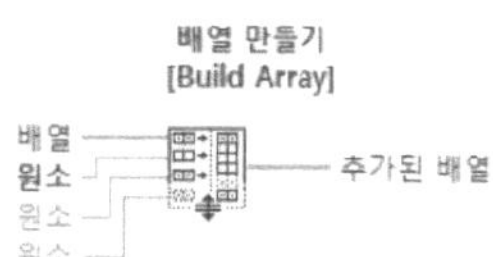

몫 & 나머지 함수는 입력 정수의 몫과 나머지를 계산한다. 여기서는 FND에 0~9를 반복적으로 출력하게 한다.

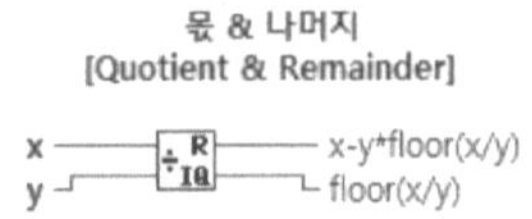

배열 인덱스 함수는 인덱스에 위치한 입력 배열의 원소 또는 부분 배열을 반환한다.

● **프로그램 실행**

- 도구 모음에 있는 Run 버튼 [⇨]을 클릭하거나 Ctrl과 R을 동시에 눌러서 VI를 실행한다. 숫자가 정상적으로 출력되는지 확인한다.
- 프런트패널에서 delay(ms) 값을 변경해본다. 100ms 정도인 경우 동적 구동이 순차적으로 숫자 값이 움직임을 알 수 있다.
- Delay가 2ms 정도로 설정해본다. 착시에 의해 숫자가 정지된 것처럼 보인다.

5. 실험 결과 및 과제

기존 마켓에서 판매되는 FND 배열을 이용하면 좀 더 쉽게 선을 연결할 수 있다. 만약 사용 제품을 주변에 갖고 있다면 다음과 같이 myRIO와 연결하고 동일 프로그램을 실행해서 동일 결과가 얻어지는지 확인한다.

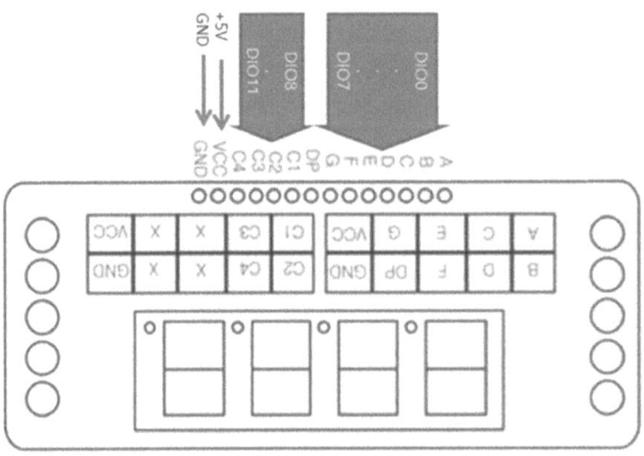

예제 9-05 8x8 DOT 매트릭스 구동하기

1. 기본 이론

Dot Matrix는 가로x세로 LED의 크기 및 개수도 다양하고, LED 점등 시 색깔도 다양한 모듈이다. 또한, 도트 매트릭스는 문자나 그림을 애니메이션화해서 표현할 수 있기에 다양한 정보를 표시하는 데에도 매우 유용하다. 도로 위의 LED 광고판 등이 대표적인 도트 매트릭스이다.

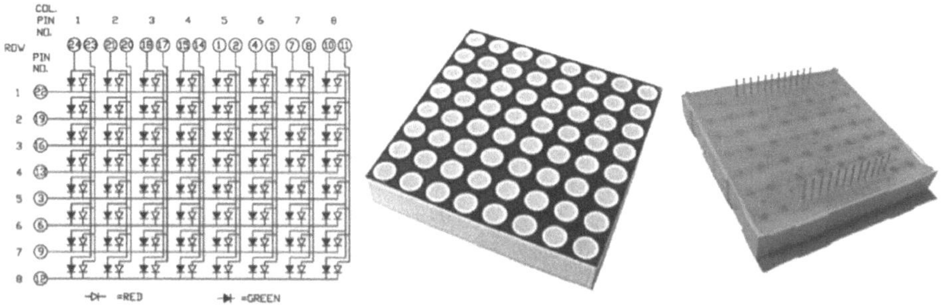

8x8 LED 도트 매트릭스 구조

도트 매트릭스 디스플레이에는 여러 개의 LED들이 격자 모양으로 서로 연결되어 있다. 예로서 8x8 매트릭스의 LED에는 각각의 LED 픽셀당 1개씩 64개의 IO핀이 필요하지만, 모든 양극을 함께 묶고(R1~R8), 모든 음극을 열로 묶으면(C1~C8) 필요한 IO핀은 16개로 줄어든다.

일반적으로 상용화된 DOT MATRIX 모듈에는 반도체 IC 74HC574(Octal D-Type Flip Flops, With 3-State)가 내장되어 있으며, 이 IC를 이용하면 간단히 DIO를 확장할 수 있다.
74HC574는 Octal D-Type Flip Flops(With 3-State)로 다음과 같은 내부 로직을 갖고 있다.

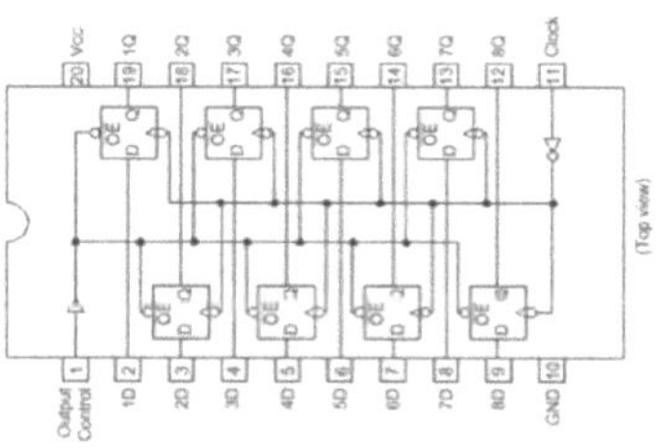

74HC574

D플립플롭이라는 Latch할 수 있는 IC는 D에 입력된 신호가 Clock에 의해 Q에 나타나는 것을 말한다. 즉, D핀에 High 신호가 입력될 때 Clock의 단자가 Low에서 High로 상승할 때 D핀에 입력된 High 신호는 Q의 핀에 출력된다.

DOT MATRIX에 문자 'A'를 출력하는 방법은 다음과 같은 원리를 이용한다.

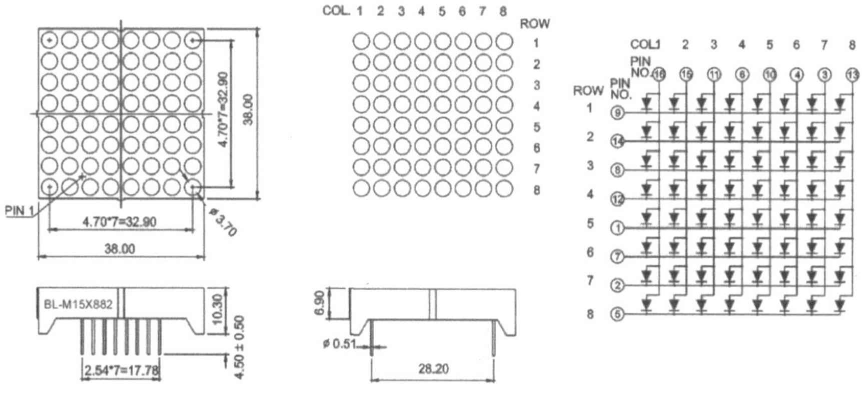

1) 첫 번째 ROW를 선택(첫 번째 ROW만 ON, 나머지 ROW는 OFF)
2) 첫 번째 COL에서 켜야 할 LED를 선택해서 OFF
3) 두 번째 ROW를 선택(두 번째 ROW만 ON, 나머지 ROW는 OFF)
4) 두 번째 COL에서 켜야 할 LED를 선택해서 OFF
……

동일한 방법으로 8줄을 반복한다. 이러한 방법을 빠른 속도로 반복하면 도트 매트릭스에는 원하는 데이터가 정지되서 출력되는 것처럼 보인다.

다음과 같은 A를 만들고자 할 때는 FND 배열과 유사하게 동작시킨다.

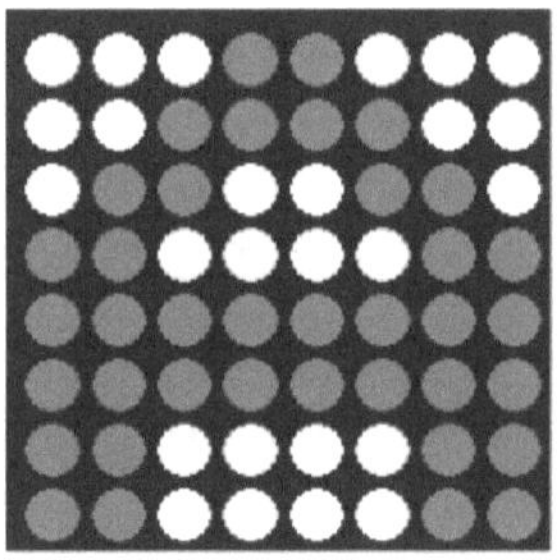

먼저, 다음의 순서로 다이나믹 제어를 하고 이를 빨리 회전시키면 정지된 것으로 보이는 A를 만들 수 있다.

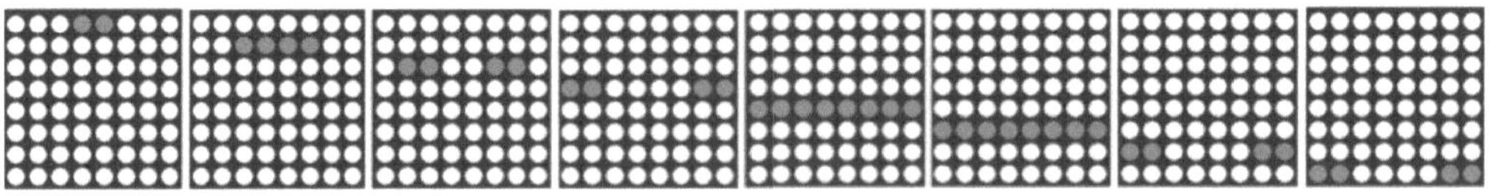

2. 실험 목적

- myRIO 및 LabVIEW 프로그램으로 8x8 도트 매트릭스를 구동하는 방법을 배운다. 디지털 출력은 myRIO의 디지털 포트를 이용한다.
- 상용품으로 판매되는 도트 매트릭스를 이용해서, 많은 수의 LED(128개 LED, 8x8로 3가지 색상 구현)를 구동 실습한다.
- 도트 매트릭스에 숫자 및 문자를 표시하는 원리를 실습한다.
- 도트 매트릭스에서 문자를 스크롤하는 원리를 실습한다.

3. 실험 준비

다음의 부품을 준비한다.

품명	규격	수량
DOT 매트릭스 모듈	8x8 DOT MATRIX MODULE	1
브래드보드	myRIO Breadboard	1
와이어	Jumper Kit	1

4. 실험 단계

● **회로 구성**

8x8 도트 매트릭스를 일일히 브래드보드에 구성하려면 많은 점퍼를 연결해야 된다. 상용품으로 판매되는 일반적인 8x8 도트 매트릭스를 이용해서, 다음과 같이 회로를 구성한다. DOT 매트릭스 모듈에는, WDM-3889 8x8 도트 매트릭스(common anode)를 탑재하고 테스트하였다. 사용한 도트 매트릭스는 3가지 색상을 지원한다.

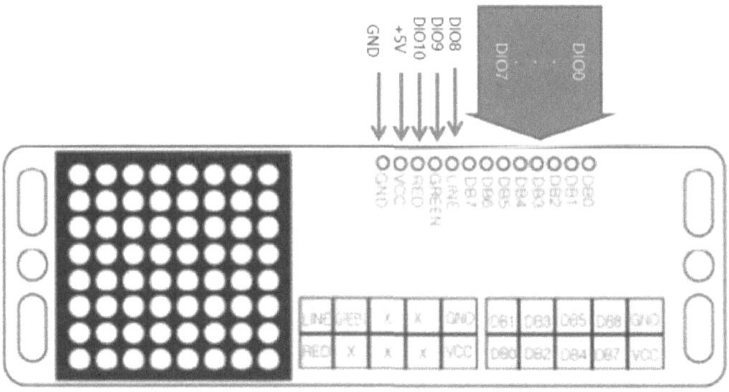

● **LabVIEW 프로그램 작성**

1 LabVIEW의 **Getting Started** 윈도우에서 **Create Project**를 클릭한다.

2 **템플릿▶myRIO**에서 **myRIO Project** 템플릿을 선택한다.

3 Project Namc에 **"DOT MATRIX"**를 입력한다.

4 Project Root는 프로젝트를 저장할 위치이다. LabVIEW는 모든 프로젝트 파일 및 VI를 이 디렉토리에 저장한다. 디렉토리에 **"DOT MATRIX"**를 입력한다.

5 Select Target는 myRIO를 컴퓨터와 연결한 상태를 표시한다.

6 프로젝트 탐색기를 다음과 같이 확장한다. **Main.vi**를 **"Main-DOT MATRIX"**로 명칭을 변경한다.

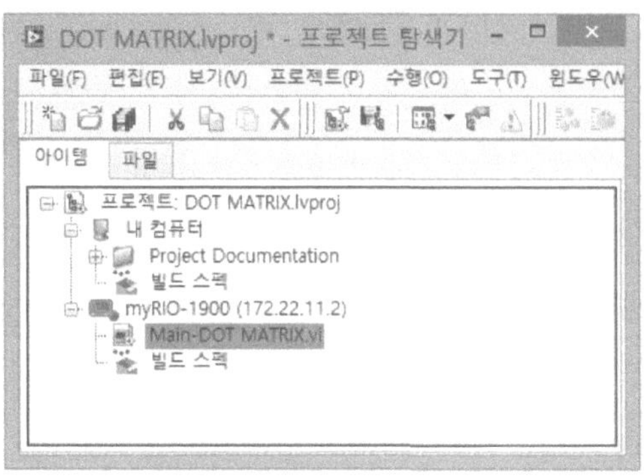

7 **Main-DOT MATRIX**를 더블 클릭해서 오픈한다. LabVIEW가 기본적으로 제공하는 템플릿이 표시된다.

8 **Main Loop** 내부의 프로그램을 수정해서 프로그램을 완성한다. 또한, 추후 작성할 서브 VI 등을 추가로 작성한다.

● 서브 VI

DOT MATRIX.lvproj에 3개의 VI를 추가한다. **CLK contro.vi**는 도트 매트릭스의 클럭을 제어하기 위해, **data array.vi**는 도트 매트릭스의 데이터를 처리하기 위해, **init.vi**는 초기화를 위해 사용한다.

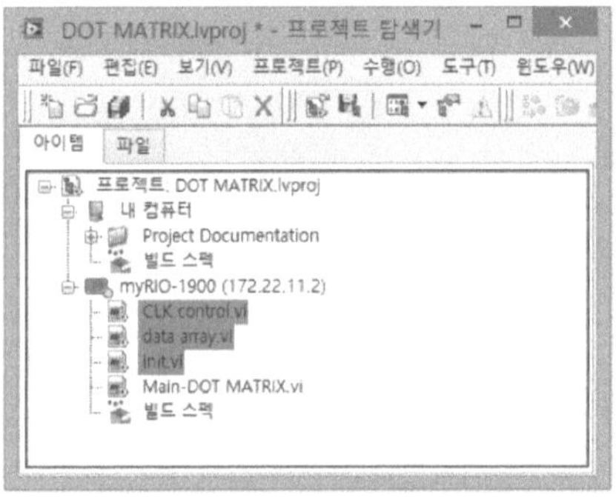

a **Data array.vi**는 다음과 같이 작성한다. 추후 서브 VI로 사용하기 위해 아이콘 모양을 변경하고, 터미널을 할당한다.

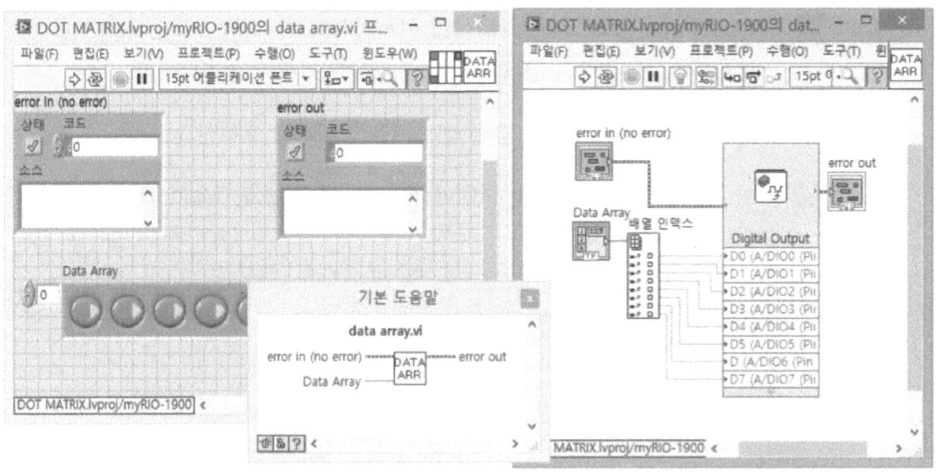

Data array.vi에서, 디지털 출력 익스프레스 VI를 이용해서 블록다이어그램을 작성한다. 다음과 같이 출력을 설정하고 “OK” 버튼을 클릭한다.

- Channel: A/DIO0~A/DIO7
- Custom Channel Name: D0~D7

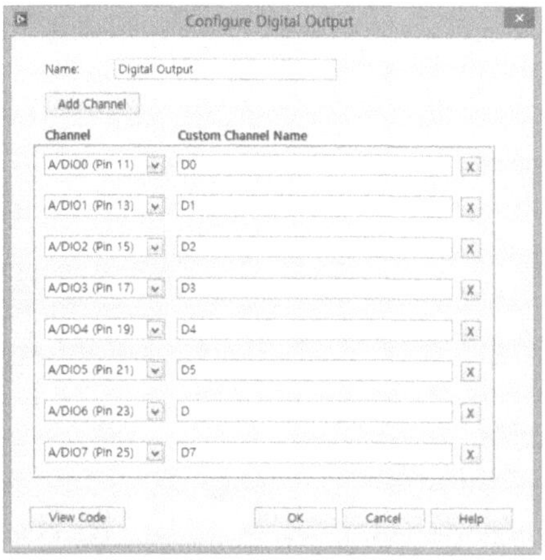

[b] **CLK control.vi**를 작성한다. 추후 서브 VI로 사용하기 위해 아이콘 모양을 변경하고, 터미널을 할당한다.

MATRIX를 구동하기 위해 Clock 신호를 제어하는 프로그램을 작성한다. Clock를 제어하기 위해 먼저 4개의 케이스를 만든다. 즉, LINE을 제어하는 경우, GREEN을 제어하는 경우, RED를 제어하는 경우, ORANGE(GREEN 및 RED를 동시에 ON한 경우)를 제어하는 경우의 케이스를 만든다.

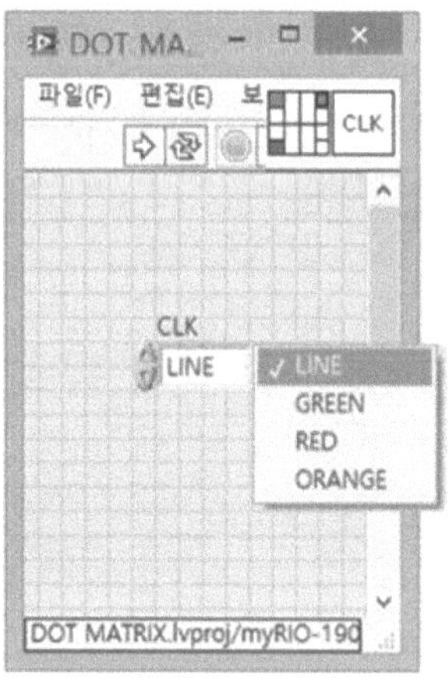

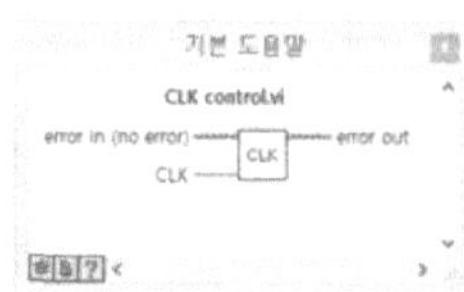

CLK control.vi에서, 디지털 출력 익스프레스 VI를 이용해서 블록다이어그램을 작성한다. 다음과 같이 출력을 설정하고 “OK” 버튼을 클릭한다.

- Channel: A/DIO8~A/DIO10
- Custom Channel Name: LINE, GREEN, RED

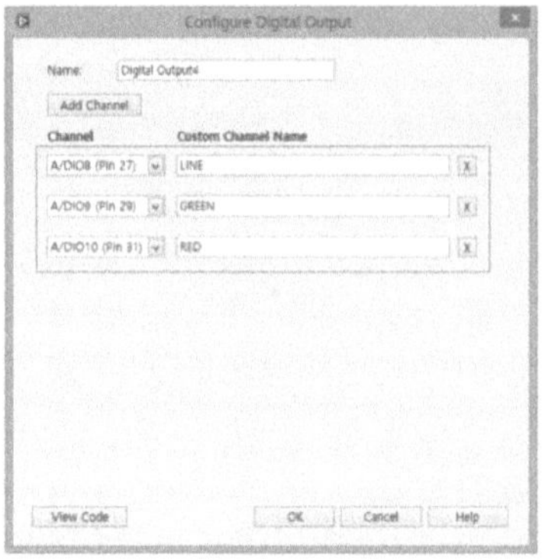

CLK control.vi의 블록다이어그램을 다음과 같이 완성한다. 추후 서브 VI로 사용하기 위해 아이콘 모양을 변경하고, 터미널을 할당한다.

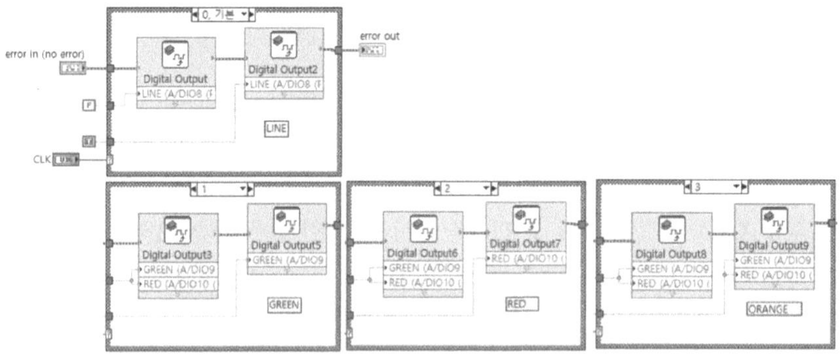

[c] **init.vi**를 이용해서, DOT MATRIX를 초기화하는 함수를 다음과 같이 작성한다. 추후 서브 VI로 사용하기 위해 아이콘 모양을 변경하고, 터미널을 할당한다.

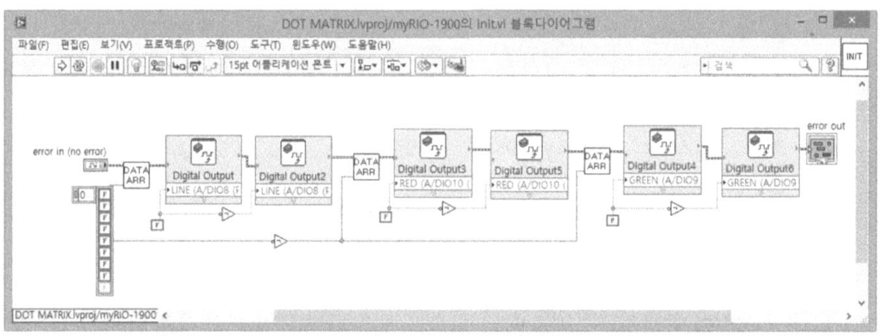

- **블록다이어그램-MAIN**

Main-DOT MATRIX.vi를 완성한다. 이미 작성한 3개의 VI를 서브 VI로 사용한다. 작성할 내용은 문자 "A"를 Dot Matrix에 출력하게 한다.

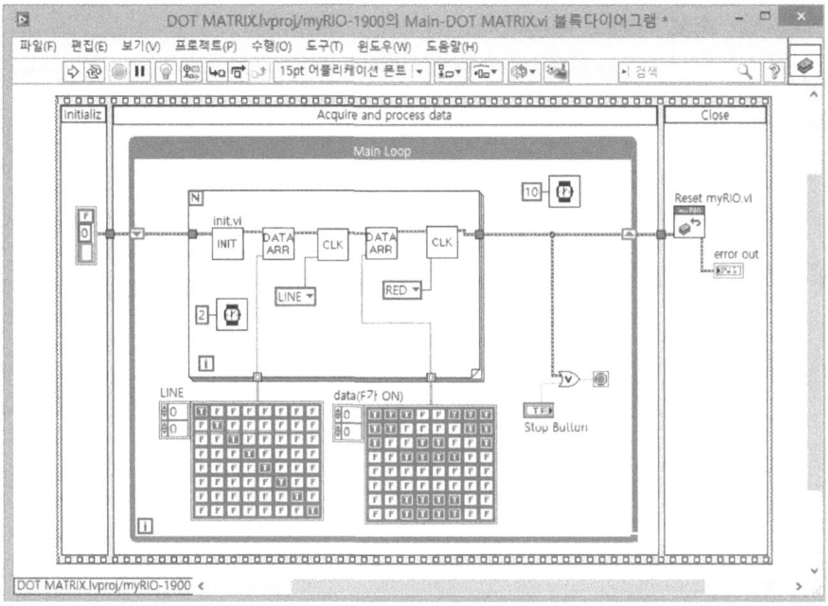

● 프로그램 실행

- 도구 모음에 있는 Run 버튼 을 클릭하거나 Ctrl과 R을 동시에 눌러서 VI를 실행한다.
- 8x8 DOT MATRIX에 'A'가 출력되는지 확인한다.

5. 실험 결과 및 과제

동일한 프로그램 기법을 이용해서 문자 'A'를 스크롤하는 프로그램을 작성해본다. 작성 방법은 5x8 폰트 'A'를 만들고, 만든 배열을 회전시키면 된다.

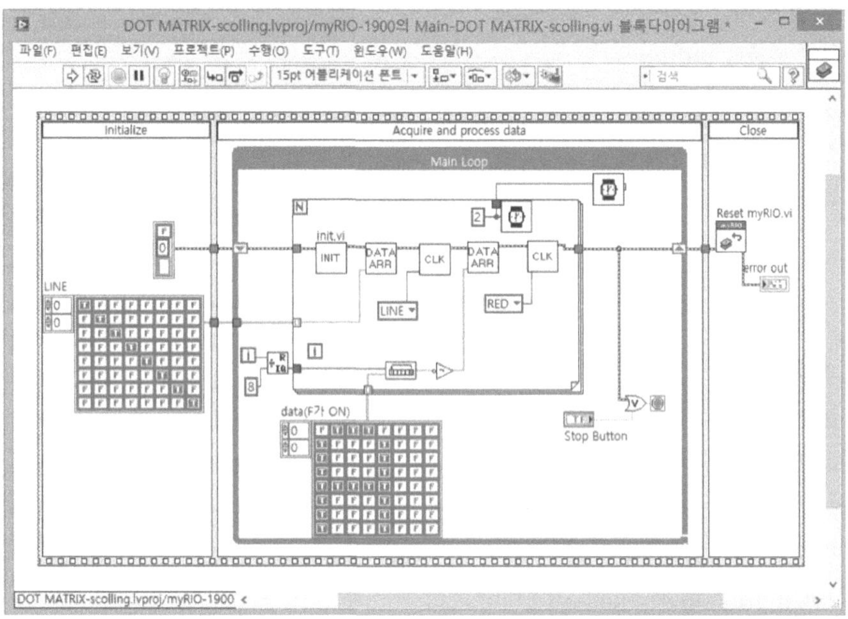

예제 9-06 4x4 키 패드 구동하기

1. 기본 이론

다수의 스위치를 행과 열로 배열하는 방식을 키 매트릭스 구성이라 한다. 여러 개의 키 입력을 받기 위해서는 포트마다 키를 연결하는 방법도 있지만, 이 방법은 포트 낭비가 심하기 때문에 잘 사용되지 않는 방법이다. 다음과 같이 8개의 디지털 라인을 4X4 매트릭스로 구성하면 최대 16개의 키 입력으로 사용할 수 있다.

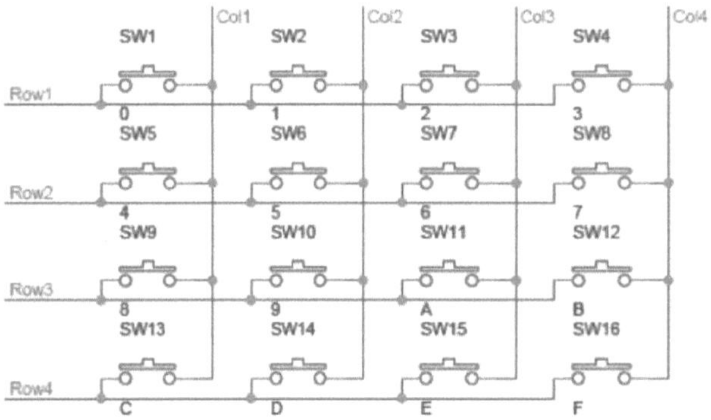

2. 실험 목적

- myRIO 및 LabVIEW 프로그램으로 4x4 키패드를 구동하는 실습을 한다. 디지털 입, 출력은 myRIO의 디지털 포트를 이용한다.
- 키 패드의 동작 원리를 익힌다.
- 눌러진 키패드 값을 LabVIEW로 읽어서, 4칙 연산을 할 수 있게 프로그램 작성을 한다.

3. 실험 준비

다음의 부품을 준비한다.

품명	규격	수량
저항	470Ω	4
키패드	4x4 키패드	1
브래드보드	myRIO Breadboard	1
와이어	Jumper Kit	1

4. 실험 단계

● 회로 구성

4x4 배열의 스위치 입력을 받는 가장 간단한 방법의 회로를 다음과 같이 구성한다. 사용된 4x4 키패드에는 16개의 스위치가 매트리스 방식으로 연결된다. myRIO의 디지털 특성은 콘넥터 별로 특징이 있다. 여기서는 MSP C 콘넥터를 이용한다. 참고로, C 콘넥터는 풀다운(PULL-DOWN) 형태로 디지털 IO가 연결되어 있다.

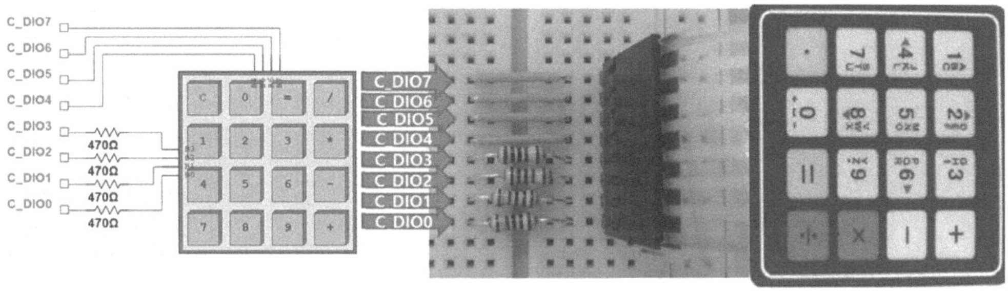

● LabVIEW 프로그램 작성

1 LabVIEW의 **Getting Started** 윈도우에서 **Create Project**를 클릭한다.

2 **템플릿▶myRIO**에서 **myRIO Project** 템플릿을 선택한다.

3 Project Name에 **"KEYPAD"**를 입력한다.

4 Project Root는 프로젝트를 저장할 위치이다. LabVIEW는 모든 프로젝트 파일 및 VI를 이 디렉토리에 저장한다. 디렉토리에 **"KEYPAD"**를 입력한다.

5 Select Target는 myRIO를 컴퓨터와 연결한 상태를 표시한다.

6 프로젝트 탐색기를 다음과 같이 확장한다. **Main.vi**를 **"Main-KEYPAD.vi"**로 명칭을 변경한다.

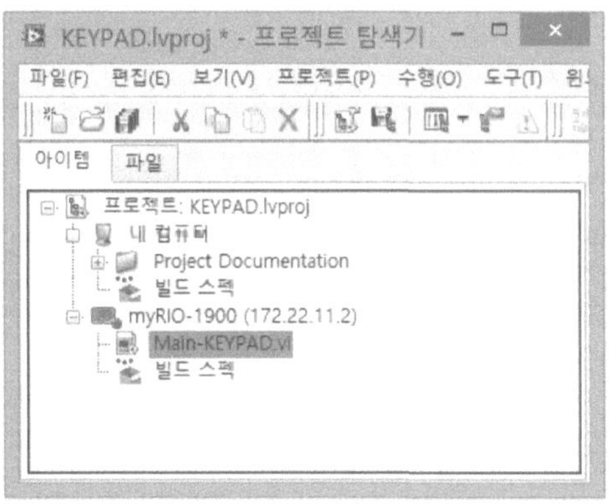

7 **Main-KEYPAD.vi**를 더블 클릭해서 오픈한다. LabVIEW가 기본적으로 제공하는 템플릿이 표시된다.

8 **Main Loop** 내부의 프로그램을 수정해서 프로그램을 완성한다.

● **프런트패널**

다음과 같이 프런트패널을 작성한다. 프런트패널의 **"4x4 key"**는 2차원 인디케이터 배열 위에 텍스트를 입력한 것이다.

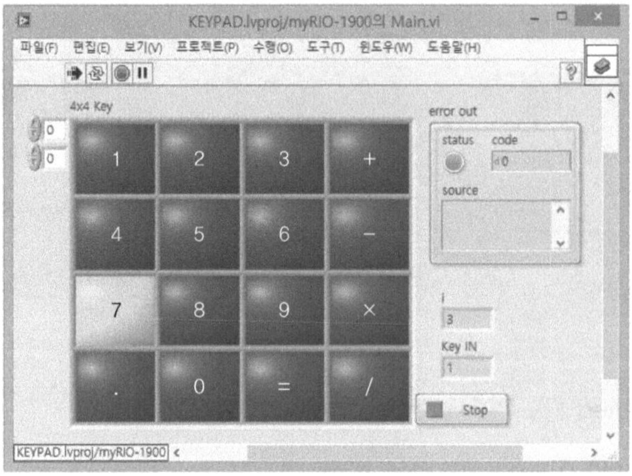

- **블록다이어그램**

다음과 같이 블록다이어그램을 수정한다.

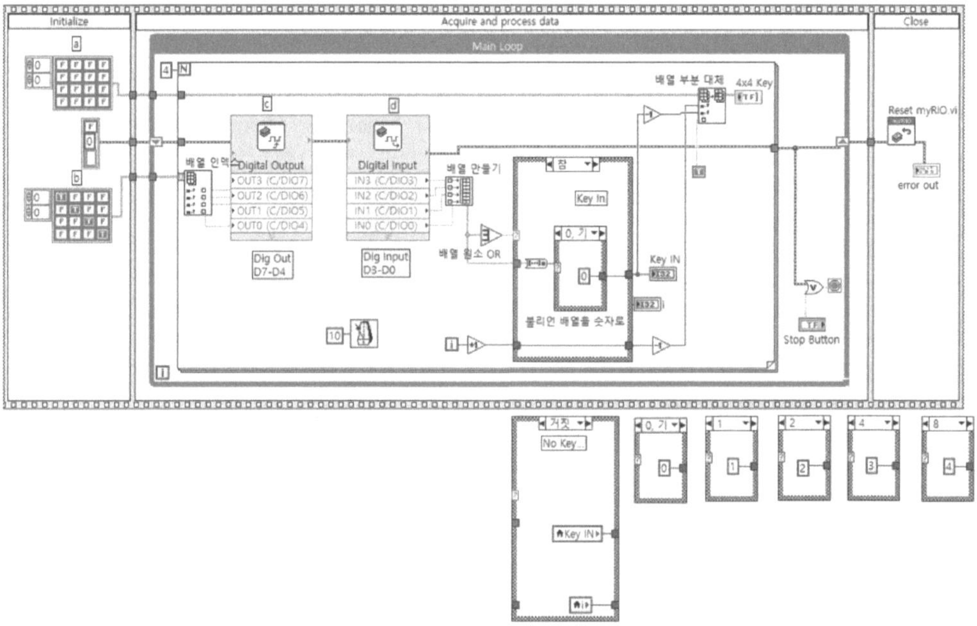

a 키패드를 FALSE로 초기화한다.

b 일반적인 키패드 동작 방식으로, 출력라인 DIO 7:4에 HIGH를 출력하였을 때, 입력 DIO 3:0이 눌린 버튼을 체크한다. 만약 키가 눌렸으면 어떤 키인지를 확인하는 방식으로 진행된다.

c 블록다이어그램에서, 디지털 출력 익스프레스 VI를 이용해서 블록다이어그램을 작성한다. 다음과 같이 출력을 설정하고 "OK" 버튼을 클릭한다.

- Channel: C/DIO4~C/DIO7
- Custom Channel Name: OUT0~OUT3

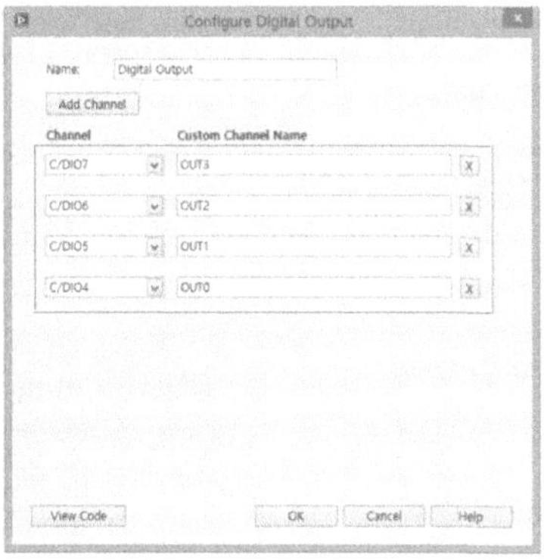

d 디지털 입력 익스프레스 VI를 이용해서 블록다이어그램을 작성한다. 다음과 같이 입력을 설정하고 “OK” 버튼을 클릭한다.

- Channel: C/DIO0~C/DIO3
- Custom Channel Name: IN0~IN3

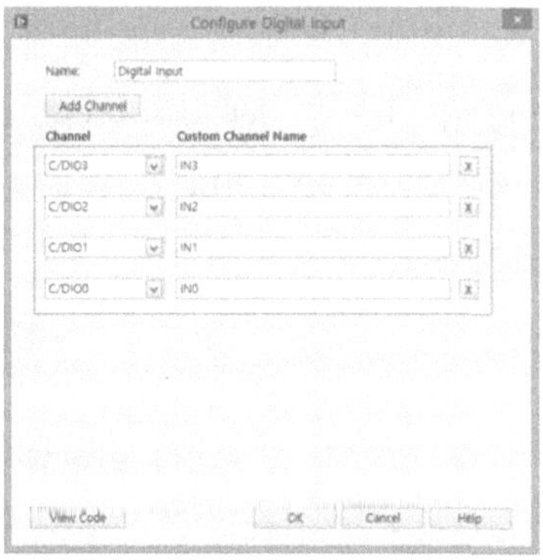

블록다이어그램에 사용된 주요 함수는 다음과 같다.

배열 만들기 함수는 복수의 배열을 연결하거나, 원소를 n차원의 배열에 추가한다.

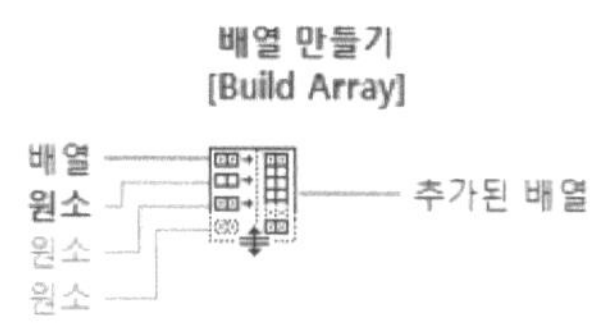

배열 인덱스 함수는 인덱스에 위치한 n차원 배열의 원소 또는 부분 배열을 출력한다.
또한, **배열 인덱스** 함수를 아래로 늘리면 인덱스에 값을 입력하지 않아도 자동적으로 순차적인 원소가 출력된다.

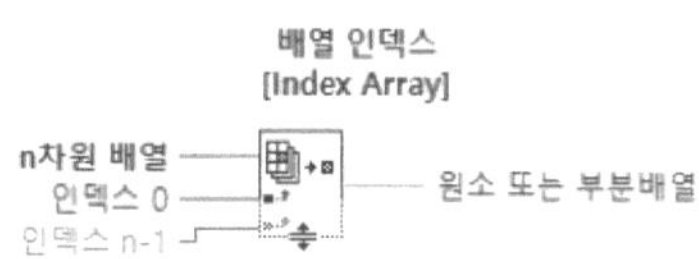

배열 원소 OR VI는 **불리언 배열**의 모든 원소가 거짓인 경우 FALSE를 출력한다. 여기서는 DIO3~DIO0의 디지털 입력을 읽어서 키가 눌려졌으면 TRUE를 출력한다.

배열 원소 OR
[Or Array Elements]

배열 부분 대체 함수는 **인덱스**에서 지정하는 포인트에서 원소 또는 부분배열을 대체한다. 여기서는 2차원 배열에서, 키가 눌러진 위치의 인덱스에 TRUE를 출력한다.

배열 부분 대체
[Replace Array Subset]

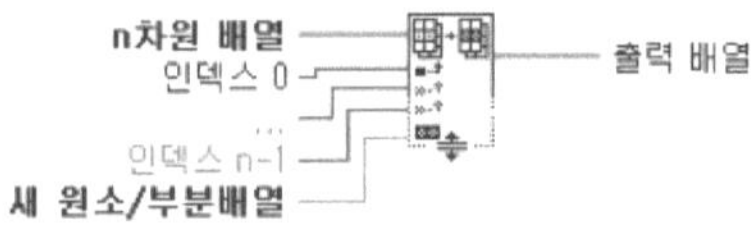

불리언 배열을 숫자로 함수는 배열을 숫자의 2진 형으로 해석하여 **불리언 배열**을 정수로 변환한다.

불리언 배열을 숫자로
[Boolean Array To Number]

● **프로그램 실행**

- 도구 모음에 있는 Run 버튼 [⇨]을 클릭하거나 Ctrl과 R을 동시에 눌러서 VI를 실행한다.
- 외부 키를 입력할 때 대응하는 키에 LED가 점등되는지 확인한다. 이 프로그램은 다른 키가 입력되기 전에는 기존 키를 래치한 상태를 유지한다.

5. 실험 결과 및 과제

작성한 VI는 키가 입력되면 여기에 대응되는 LED가 점등되는 구조이다. 입력된 키를 실제 키 값인 숫자 0~9, 4칙연산 기호 등으로 변환되게 프로그램을 수정한다.

예제 9-07 16x2 문자 LCD 구동

1. 기본 이론

시중에서는 일반적으로 LCD와 제어부를 하나로 묶은 LCD 모듈로 구할 수 있다.
일반적인 16x2 문자 LCD는 다음과 같은 특징을 가지고 있다.

1 5V의 단일 전원으로 동작한다.

2 CG(Character Generator) ROM, CG RAM, DD(Display Data) RAM을 내장하고 있다.

3 인터페이스가 표준화되어 있고, 8bit 데이터 버스, 4bit 데이터 버스 중 선택해서 제어가 가능하다.

4 내부 제어 명령이 거의 표준화되어 있어서 제조회사나 모델에 상관 없이 동일한 방법으로 구동 가능하다.

5 LCD 모듈은 일반적인 I/O 인터페이스 반도체 소자에 비해 액세스 시간이 상당히 길어 동작이 느리다.

6 영문 ASCII 문자와 일본어 표시가 가능하며 8개의 사용자 정의 문자를 만들어 사용할 수 있다.

7 자동 커서 증가, 커서 이동, 커서 디스플레이 유무를 조작할 수 있다.

8 문자를 5 x 7(혹은 5 x 10) 도트 매트릭스 방식으로 표시한다.

9 DD RAM, CG RAM에 데이터를 읽고 쓸 수 있다.

10 백라이트 모델이 있어 어두운 곳에서도 화면을 볼 수 있고 백라이트 광원도 다양하다.

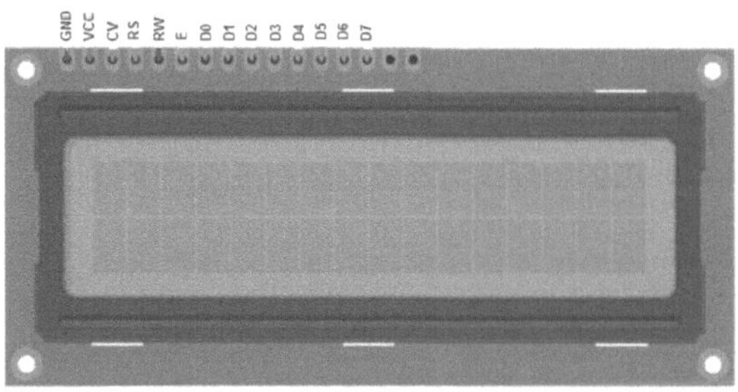

외부 핀은 다음과 같은 기능을 한다.

핀	신호명	기능
1	GND	전원 GND
2	Vcc	전원 +5V
3	Vo	화면 밝기 제어 동작 전압(4.2V〈Vcc–Vo〈4.6V)
4	RS	Register Select(1=data, 0=instruction)
5	R/W	Read/Write(1=CPU〈–LCD, 0=CPU–〉LCD)
6	E	Enable signal for read/write(H–〉L로 토글시킨다)
7	DB0	(LSB)
8	DB1	
9	DB2	
10	DB3	데이터버스
11	DB4	(4비트 인터페이스 모드에서는 DB0~DB3 버스 사용 불가)
12	DB5	(4비트 인터페이스 모드에서는 DB7~DB4 버스 사용 가능)
13	DB6	
14	DB7	(MSB)

핀 4, 5, 6은 제어 포트이고 7~14는 데이터 I/O 포트이다.

LCD 제어기 모듈은 2개의 8비트 레지스터 명령 레지스터(IR, Instruction Register)와 데이터 레지스터(DR, Data Register)가 있으며 다음의 기능을 한다.

- 명령 레지스터(IR): 화면 클리어, 커서 이동, DDRAM(Display Data RAM), CGRAM(Character Generator RAM)에 대한 어드레스 정보 등 제어 코드를 갖고 있다.
- 데이터 레지스터(DR): DDRAM, CGRAM에 쓴 데이터나 읽은 데이터를 일시적으로 보관한다.

레지스터의 선택은 RS 핀을 이용하고, 읽기와 쓰기는 R/W 핀을 사용한다.

RS	R/W	동작 상태
0(Instruction Register)	0(Write)	IR 쓰기(각종 제어명령 쓰기)
0(Instruction Register)	1(Read)	IR값 읽기
1(Data Register)	0(Write)	DR 쓰기
1(Data Register)	1(Read)	DR 읽기

다음은 LCD 모듈에 문자 등을 표시하기 위한 명령어 세트로, 프로그램을 작성 시 이용한다. 데이터 버스는 4비트(D4~D7를 이용) 또는 8비트(D0~D7를 이용)를 이용한 프로그램을 작성할 수 있다.

기능	제어신호		제어 명령									실행시간 (max)
	RS	R/W	D7	D6	D5	D4	D3	D2	D1	D0	Description	
Clear Display	0	0	0	0	0	0	0	0	0	1	화면을 모두 지우고 커서를 home으로 위치시킨다.	1.52ms
Return Home	0	0	0	0	0	0	0	0	1		커서만 home으로 위치시킨다. (데이터 보존)	1.52ms
Entry Mode Set	0	0	0	0	0	0	0	1	L	S	LCD를 read/write할 때 DD RAM 어드레스 증가(L=1), 감소(L=0), 화면 시프트할 것(S=1)인지 안 할 것(S= 0)인지 지정한다.	37us
Display ON/OFF Control	0	0	0	0	0	0	1	D	C	B	화면 On/Off(D), 커서 On/Off(C), 커서를 깜박이게 할 것인지(B)를 지정한다.	37us
Cursor or Display Shift	0	0	0	0	0	1	S	R			커서를 이동시킨다. (R=1이면 오른쪽, R=0이면 왼쪽)	37us
Function Set	0	0	0	0	1	D	N	F			데이터 비트 제어(8bit : D=1, 4bit : D=0), 화면 행 수(2행 : N=1), 폰트 크기(F)를 지정한다.	37us
Set CGRAM Address	0	0	0	1	CG RAM Address						CG RAM을 선택한다.	37us
Set DDRAM Address	0	0	1	DD RAM Address							DD RAM을 선택한다.	37us
Read Busy Flag and Address	0	0	B	Address Counter							LCD 모듈이 내부 동작중임을 나타내는 BF(Busy Flag) 및 어드레스 카운터의 내용을 읽는다.	0us

Write Data to RAM	1	0									CGRAM 또는 DDRAM에 데이터를 쓴다.	41us
Read Data from RAM	1	1									CGRAM 또는 DDRAM의 데이터를 읽는다.	41us

DD RAM은 표시할 문자들의 ASCII 코드가 저장되어 있는 내부 메모리이며 모두 80개의 번지가 있다.

그 중에서 2 x 16 CLCD는 32개만을 사용한다. 그리고 이 주소에 해당하는 위치가 실제 출력 위치이다. 다음은 DD RAM Address이다.

Digit	1	2	3	4	5	6	7	8	9	10	11	12	13	14	15	16	Display position
1-Line	00	01	02	03	04	05	06	07	08	09	0A	0B	0C	0D	0E	0F	DD RAM Address
2-Line	40	41	42	43	44	45	46	47	48	49	4A	4B	4C	4D	4E	4F	(Hexadecimal)

문자 데이터는 데이터 시트에 잘 나와 있고 그 중 일부를 발췌했다. 아래와 같은 형태로 출력이 되고 데이터 값 자체는 ASCII 코드와 일치하므로 편리하다.

다음은 문자를 출력할 위치를 표시하는 CGRAM(Character Generator RAM)에 대한 어드래스 정보이다.

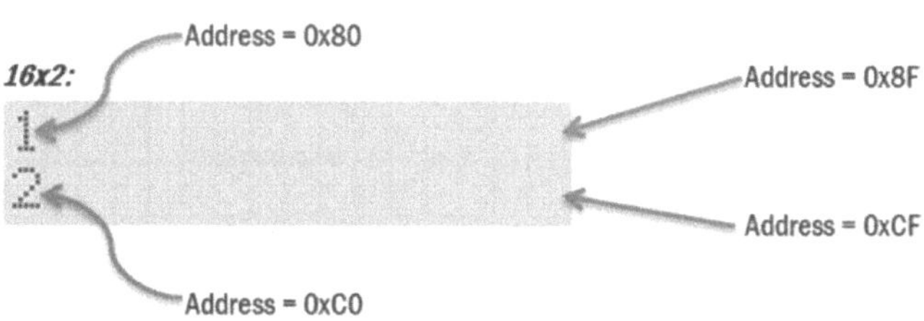

문자 출력은 다음과 같은 단계로 진행한다.

- 1행 1열에 'A' 출력: IR(명령 레지스터)▶0x80, DR(데이터 레지스터)▶0x41(ASCII 코드 'A')
- 2행 1열에 '1' 출력: IR▶0xC0, DR▶0x31(ASCII 코드 '1')
- 1행 4열부터 "abc" 출력: IR▶0x83,
  DR▶0x61(ASCII 코드 'a'), DR▶0x62(ASCII 코드 'b'), DR▶0x63(ASCII 코드 'c')

LCD를 사용하기 위해서는 간단한 초기화 과정이 필요하다. 이는 사용 준비를 하기 위한 절차이며 4bit로 제어할 것인지, 8bit로 제어할 것인지 설정하기 위함이다. 여기서는 8비트만 갖고 사용하는 예를 설명하며, 다음의 절차로 프로그램을 작성한다.

	전원ON										
	Vcc가 4.5V된 후 30ms이상 대기										
	RS	RW	D7	D6	D5	D4	D3	D2	D1	D0	
Function Set	0	0	0	0	1	1	N	F	*	*	(N=0: 1Line Mode, N=1:2Line Mode)
0x38	39us이상 대기										(F=0:Display Off, F=1:Display On)
Display OFF	0	0	0	0	0	0	1	0	0	0	
0x08	39us이상 대기										
Display Clear	0	0	0	0	0	0	0	0	0	1	
0x01	1.53us이상 대기										
Entry Mode Set	0	0	0	0	0	0	0	1	L	S	(L=0: Decrement Mode, L=1:Increment Mode)
0x06	초기화 종료										(S=0:Display shift off, S=1:Display shift on)

LCD 모듈을 제어하기 위해서는 각 제어신호의 타이밍을 고려하여 프로그램을 작성한다. 일반적인 반도체 소자에 비해 엑세스 시간이 길기에 유의해서 프로그램을 작성한다.

● 쓰기 타이밍 차트

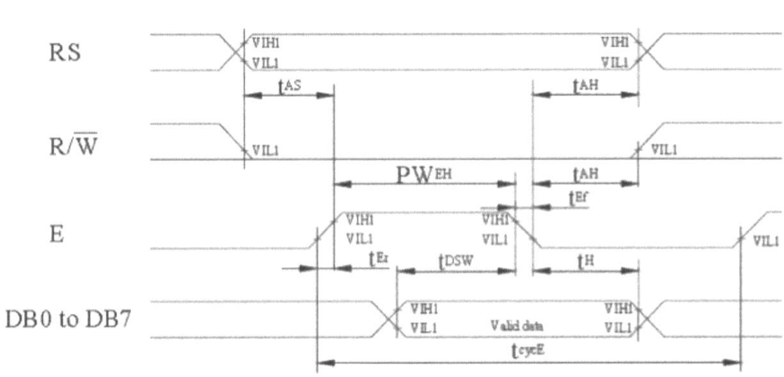

● 읽기 타이밍차트

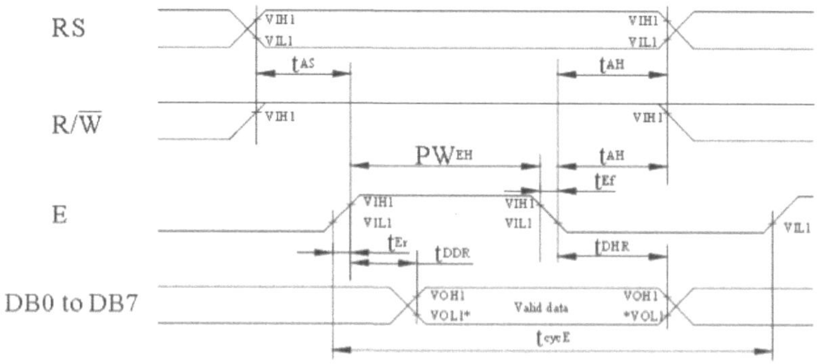

2. 실험 목적

- myRIO 및 LabVIEW 프로그램으로, 산업에 매우 다양하게 사용되는 16x2 LCD 모듈을 DIO로 구동하는 방법을 실습한다.
- LCD 구동에 필요한 초기화 함수, 데이터와 커맨드 등을 이해한다.
- 온도 센서를 추가하고, 온도 값을 읽어서 이를 LCD에 표시한다.

3. 실험 준비

다음의 부품을 준비한다.

품명	규격	수량
LCD 모듈	16x2 LCD 모듈	1
가변저항	10kΩ	1
브래드보드	myRIO Breadboard	1
와이어	Jumper Kit	1

4. 실험 단계

● 회로 구성

다음과 같이 회로를 브래드보드에 구성한다.

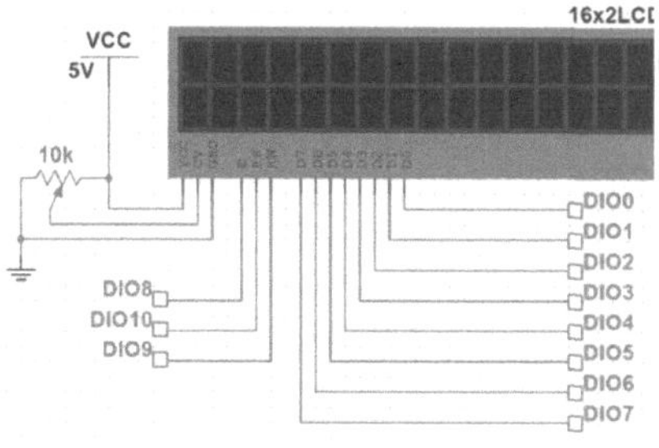

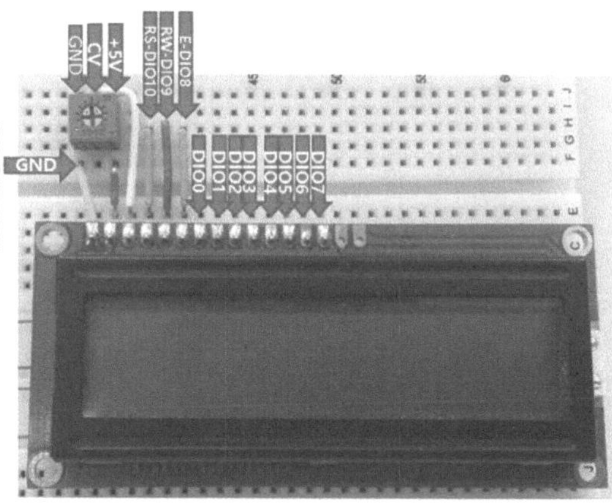

● **LabVIEW 프로그램 작성**

1 LabVIEW의 **Getting Started** 윈도우에서 **Create Project**를 클릭한다.

2 **템플릿▶myRIO**에서 **myRIO Project** 템플릿을 선택한다.

3 Project Name에 **"LCD_16x2"**를 입력한다.

4 Project Root는 프로젝트를 저장할 위치이다. LabVIEW는 모든 프로젝트 파일 및 VI를 이 디렉토리에 저장한다. 디렉토리에 "LCD_16x2"를 입력한다.

5 Select Target는 myRIO를 컴퓨터와 연결한 상태를 표시한다.

6 프로젝트 탐색기를 다음과 같이 확장한다. **Main.vi**를 **"Main-LCD_16x2.vi"**로 명칭을 변경한다.

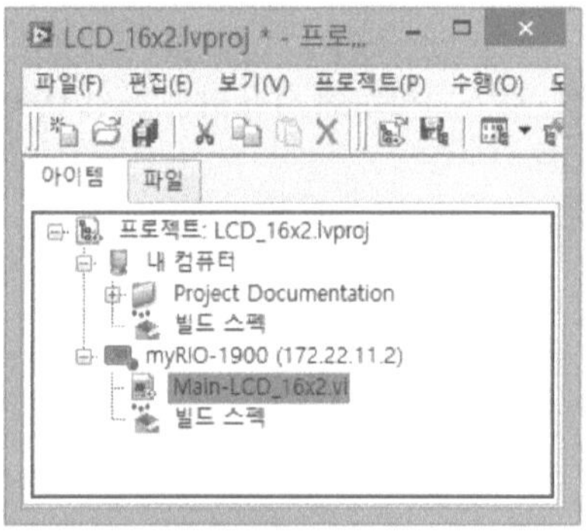

7 **Main-LCD_16x2.vi**를 더블 클릭해서 오픈한다. LabVIEW가 기본적으로 제공하는 템플릿이 표시된다.

8 **Main Loop** 내부의 프로그램을 수정해서 프로그램을 완성한다.

● **프런트패널-MAIN**

다음과 같이 프런트패널 Main-LCD_16x2.vi를 작성한다. 프런트패널에는 문자열 인디케이터를 이용한다.

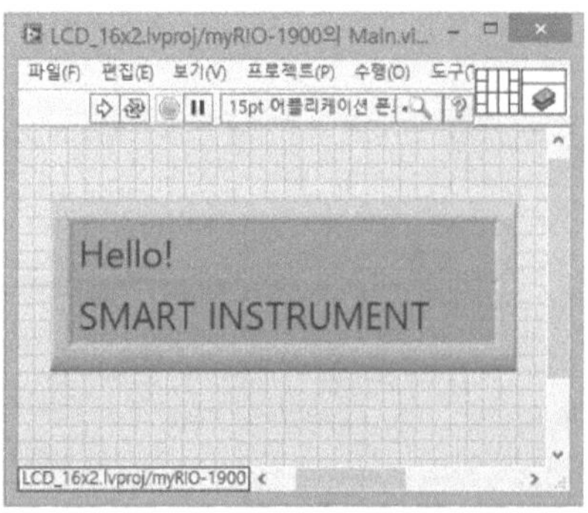

● **서브 VI**

Main-LCD_16x2.vi에 사용될 서브 VI다. 메인 블록다이어그램을 작성하기 전에 먼저 완성한다. LCD_16x2.lvproj에 4개의 VI를 추가한다. 프로그램을 간략하게 표시하기 위해 다음과 같은 4개의 SubVI를 작성한다. 순차적으로, 8bit data.vi, command function.vi, data function.vi, init LCD.vi를 작성하고 이를 프로젝트에 추가한다.

a **8 bit data.vi**는 8비트 데이터를 쉽게 사용하기 위해서 프로젝트에 추가되었다. 추후 서브 VI로 사용하기 위해 아이콘 모양을 변경하고, 터미널을 할당한다.

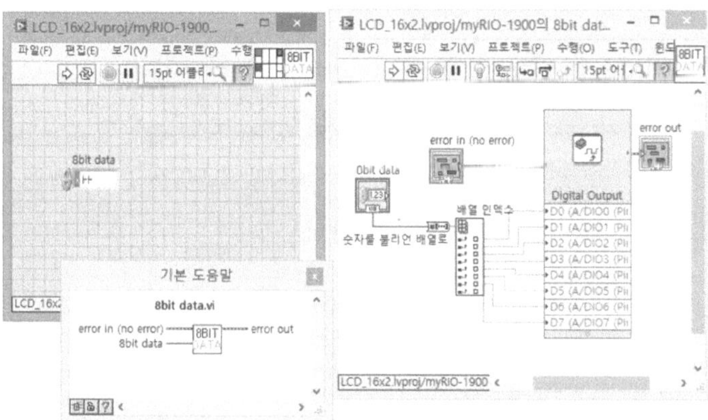

프런트패널에서 숫자형 컨트롤을 생성한다. 또한, 추후 서브 VI로 사용하기 위해 아이콘 모양을 변경하고, 터미널을 할당한다.

 **"8bit data"**는 16진수 입력 형태로 변경한다.

디지털 출력 익스프레스 VI를 이용해서 블록다이어그램을 작성한다. 다음과 같이 디지털 출력을 설정하고 "OK" 버튼을 클릭한다.

- Channel: A/DIO0~A/DIO7
- Custom Channel Name: D0~D7

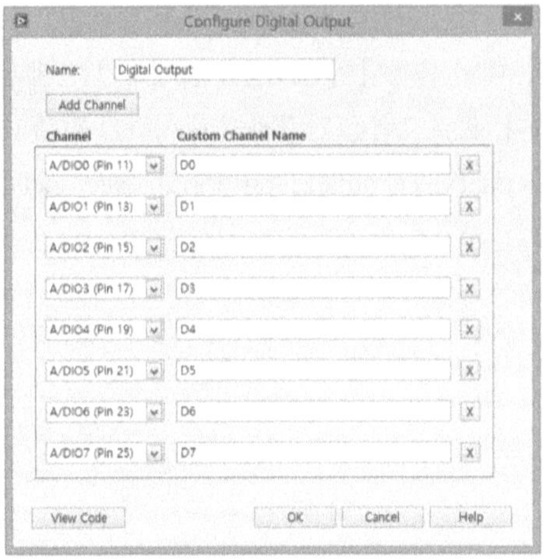

b **command_function.vi**는 LCD의 커맨드를 사용할 때 사용한다. LCD는 데이터 버스로 전달되는 값이 데이터인지 Command인지를 모르며 사용자가 이를 지정해야 한다. 추후 서브 VI로 사용하기 위해 아이콘 모양을 변경하고, 터미널을 할당한다.

커맨드 함수는 RS핀 신호가 LOW이며 다음과 같이 작성한다. Enable은 HIGH▶LOW 펄스로 토글시킨다.

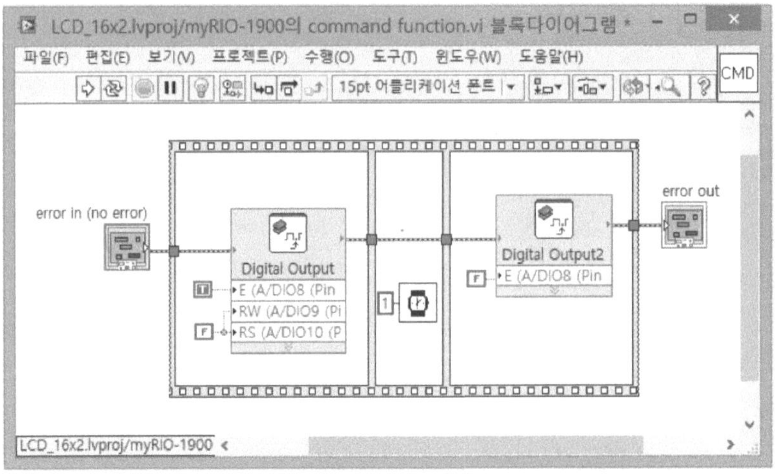

디지털 출력 익스프레스 VI를 이용해서 블록다이어그램을 작성한다. 다음과 같이 디지털 출력을 설정하고 "OK" 버튼을 클릭한다.

- Channel: A/DIO8~A/DIO10
- Custom Channel Name: E, RW, RS

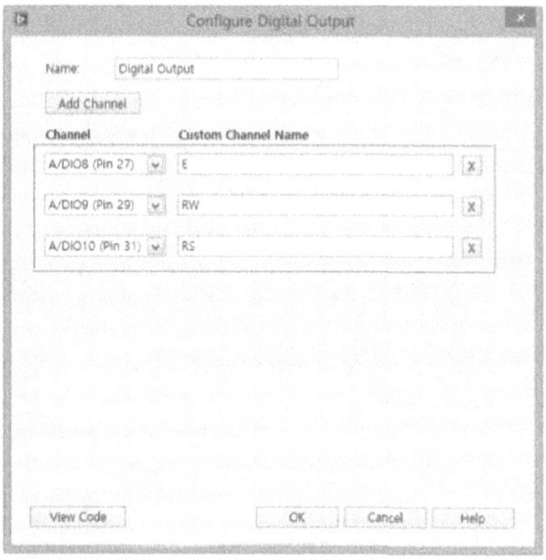

c **data_function.vi**는 데이터 함수인 경우 사용한다. 데이터 함수는 RS핀 신호가 HIGH이며 다음과 같이 작성한다. 추후 서브 VI로 사용하기 위해 아이콘 모양을 변경하고, 터미널을 할당한다.

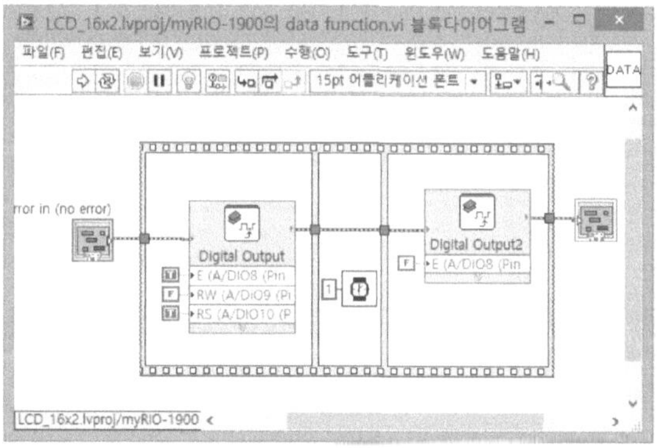

d LCD 초기화 함수 **init LCD.vi**는 LCD를 초기화하기 위해 다음과 같이 프로그램을 작성한다. 추후 서브 VI로 사용하기 위해 아이콘 모양을 변경하고, 터미널을 할당한다.

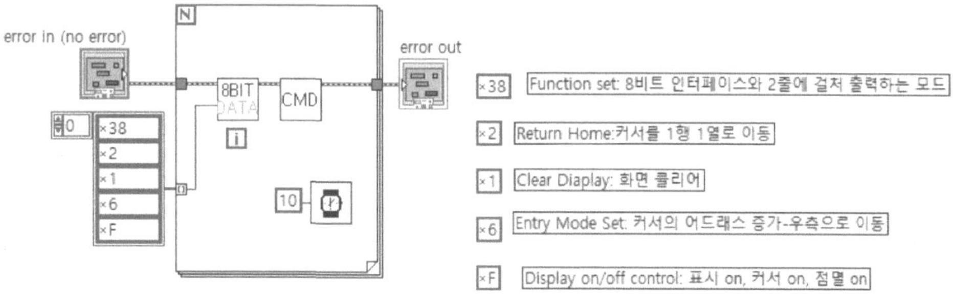

- **블록다이어그램-MAIN**

Main-LCD_16x2.vi에 프로그램의 블록다이어그램을 다음과 같이 완성한다. 16x2 LCD의 1번째 라인에는 "Hello!" 문자가 표시되며, 2번째 라인에는 "SMART INSTRUMENT"가 표시된다.

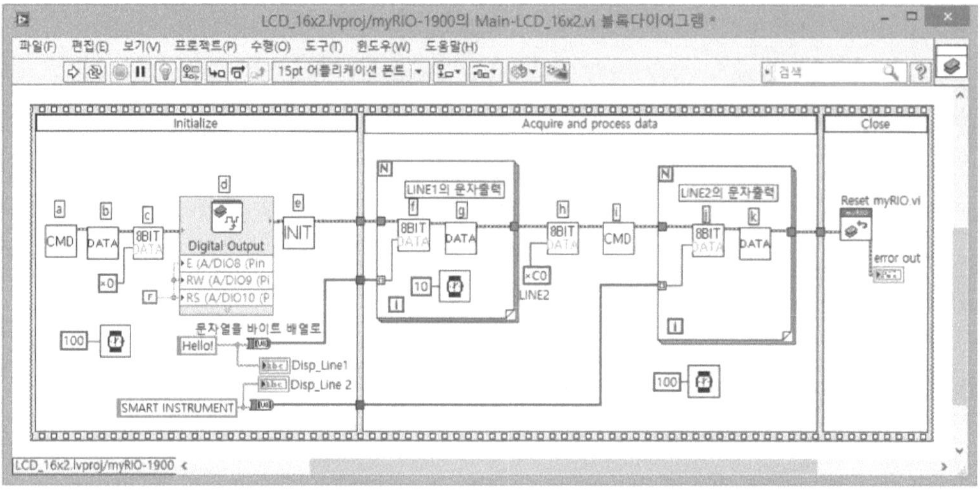

● **프로그램 실행**

• 도구 모음에 있는 Run 버튼 을 클릭하거나 Ctrl과 R을 동시에 눌러서 VI를 실행한다.

• 16x2 LCD에 데이터가 다음과 같이 출력되었는지 확인한다.

5. 실험 결과 및 과제

LM35 IC 온도 센서는 섭씨1℃ 10mV/℃를 선형적으로 출력한다. 이 센서를 이용해서 측정한 온도 값을 LCD에 실시간으로 출력한다.

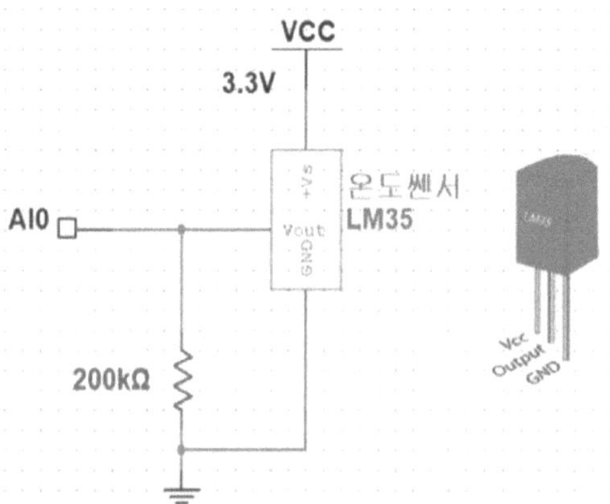

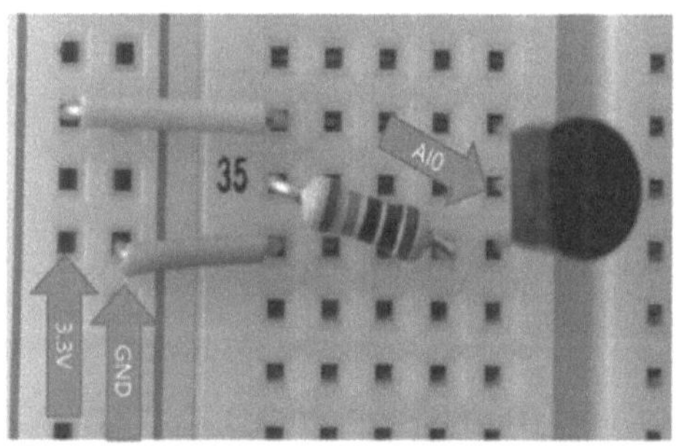

다음과 같이 프런트패널을 작성한다.

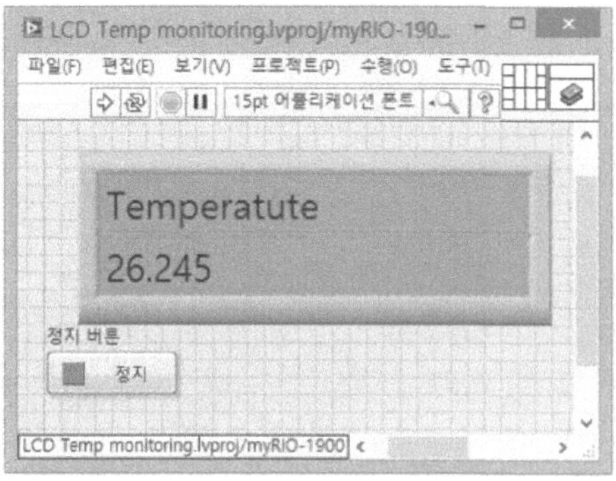

블록다이어그램은 다음과 같이 수정해서 작성한다.

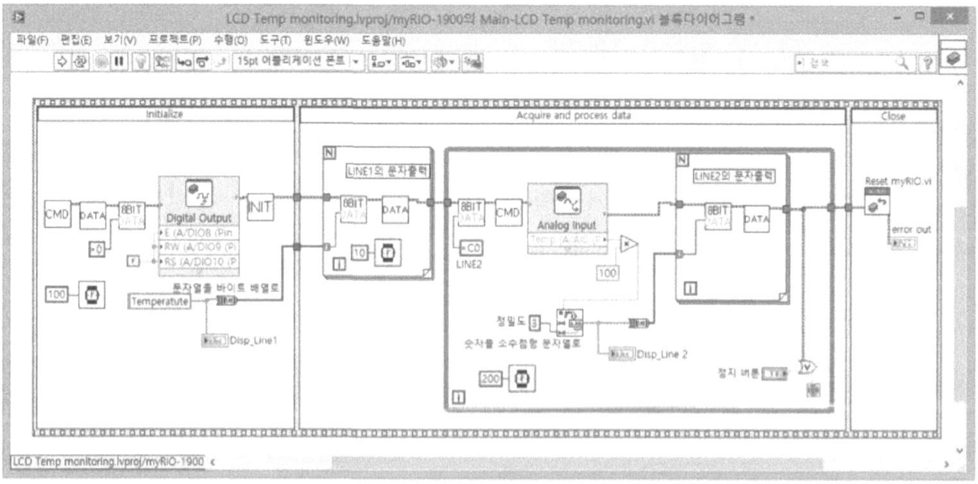

UART가 지원되는 LCD를 이용해서 myRIO에 있는 가속도 센서의 값 및 버튼 스위치 상태를 디스플레이한다. 신호 연결은 3.3V, GND, UART TX만 연결하면 되며, 속도 9600점퍼로 맞춘다.

다음은 사용된 프런트패널 및 블록다이어그램이다.

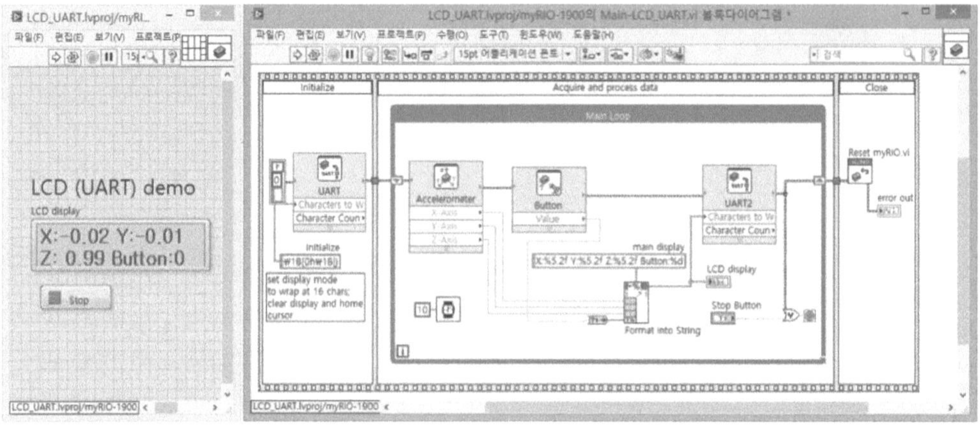

예제 9-08 릴레이 구동하기

1. 기본 이론

릴레이(또는 계전기)는 전자석의 힘으로 스위치를 ON/OFF해주는 부품을 말한다. 릴레이의 동작 원리는 전자석의 코일에 전류가 흐르면 전자력이 발생되어 철편을 당기고, 그 철편의 동작에 따라 접점을 ON/OFF한다.

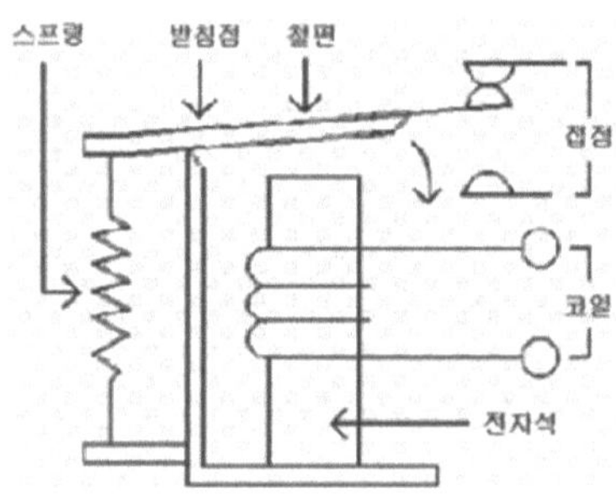

릴레이의 종류는 유접점 릴레이와 무접점 릴레이로 분류된다.

● 유접점 릴레이

유접점 릴레이는 문자 그대로 접점부를 가지고 있으며, 전자 작용에 의하여 기계적으로 접점을 ON/OFF시켜서 신호나 전류, 전압을 ON/OFF하기 때문에 전자 릴레이라고 부르며, 일반적으로 릴레이라고 하는 것은 대부분 유접점 릴레이를 말한다.

릴레이는 다음과 같은 타입으로 분류한다.
FORM A, B는 SPST(Single Pole Single Throw) 단일 입력에 단일 출력 스위치 타입이다. A와 B의 차이는 리셋 상태이다. 즉, FORM A는 초기 상태가 OPEN이지만, FORM B는 초기 상태가 CLOSED이다.

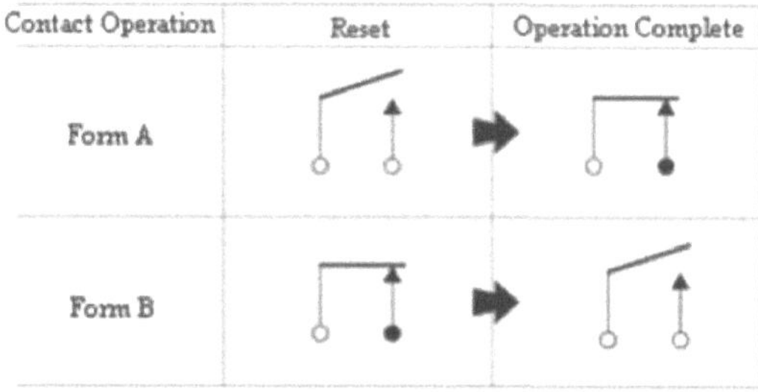

FORM C, D는 SPDT(Single Pole Double Throw) 스위치 타입을 기반으로 한다. 동작적인 차이점으로서 FORM C 스위치는, 변경 전 모두 OPEN 상태가 된 후 상태가 변경된다. 이러한 이유로 BBM(Break Before Make)라 부르기도 한다. 반면 FORM D 스위치는, 양쪽 연결을 먼저 CLOSE하고 스위치 상태를 변경한다. 이러한 이유로 MBB(Make Before Break)라 부르기도 한다.

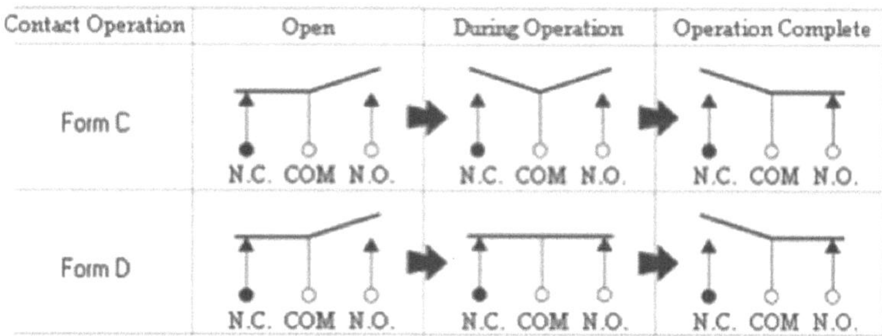

코일의 상태에 따른 NC(Normaly Closed) 및 NO(Normally Open)에 대한 상태는 다음과 같다.

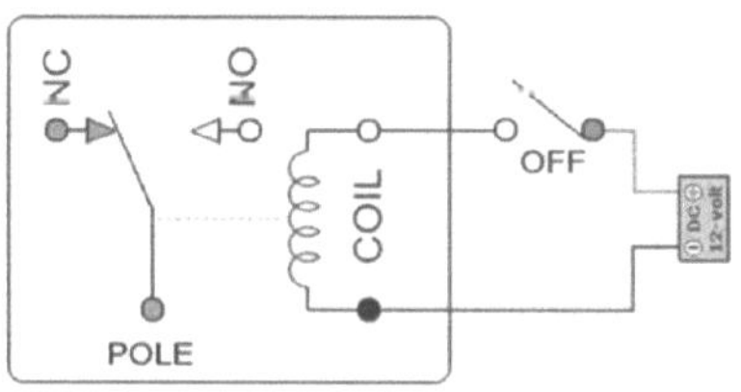

NC: 코일이 OFF되면 COM(POLE) 단자와 연결됨

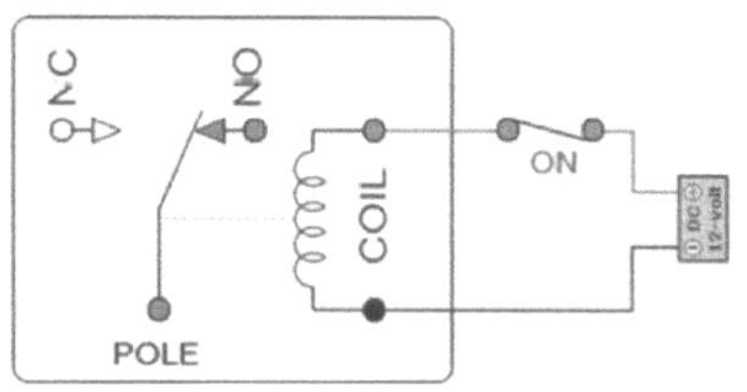

NO: 코일이 ON되면 COM(POLE) 단자와 연결됨

● **무접점 릴레이**

무접점 릴레이는 논리 처리용 무접점 릴레이와 솔리드 스테이트 릴레이(SSR)로 분류된다. 반도체 기술의 발달로 기계식 코일내장형 릴레이의 기능을 반도체 소자로 대체한 것이 SSR(Solid State Relay; 무접점 반도체 릴레이)이다. SSR은 기계적 접점이 없으므로 신뢰성이 높고 수명이 길며 노이즈와 충격에 강하고 소신호 동작이 가능하며 응답 속도가 빨라 생활기기, 산업기기, 사무기기 등 광범위한 분야에서 정밀 제어에 활용이 가능한 제품이다.

다음 그림에서 스위치가 ON되면 발광 다이오드에 전류가 흐르고, 광학적으로 결합시킨 포토 트랜지스터가 동작한다. 그리고 제로크로스 회로가 동작해서 교류 전압의 제로 전압 근방에서 출력 회로의 트라이악 회로가 도통된다. 따라서, 전원에서 트라이악을 통한 부하에 전류가 공급된다. 다음으로 스위치가 OFF되면 SSR은 트라이악의 동작 특성에 따라 부하전류의 제로점 근방에서 차단된다. 이 부하에 흐른 전류파형은 부하의 종류에 따라 변한다.

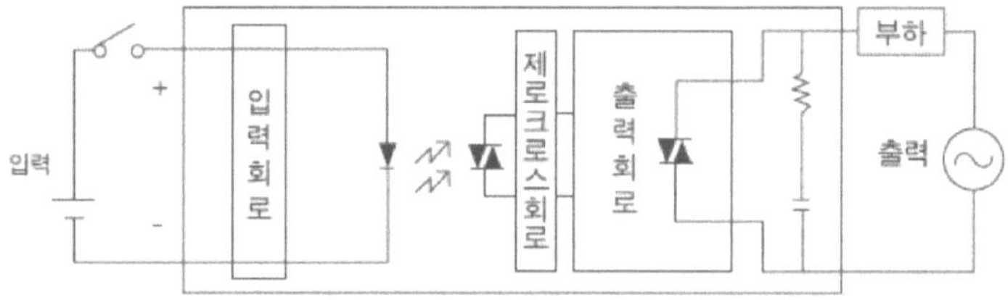

2. 실험 목적

- myRIO 및 LabVIEW 프로그램으로 릴레이를 구동하는 실습을 한다. 디지털 출력은 myRIO의 디지털 포트를 이용한다.
- 유접점, 무접점 릴레이의 동작 원리를 익힌다.
- 릴레이에 사용되는 주요 용어 FORM A, C, SPST, SPDT를 구분할 수 있게 한다.
- 릴레이 코일 상태에 따른 NC, NO를 구분할 수 있게 한다.
- 많은 수의 릴레이를 구동할 때 편리한 반도체 IC에 대해 조사를 한다.

3. 실험 준비

다음의 부품을 준비한다.

품명	규격	수량
저항	1kΩ	1
릴레이	NAIS, JQ1-5V(접점:1C, Amp:5A)	1
다이오드	1N4001	1
TR	2N3904,NPN	1
브래드보드	myRIO Breadboard	1
와이어	Jumper Kit	1

4. 실험 단계

● 회로 구성

다음과 같이 회로를 구성한다. myRIO 또는 마이컴 등으로 10mA 이상의 소자를 구동시키는 가장 쉬운 방법은 릴레이를 이용하는 것이다. 하지만 릴레이 자체도 50mA 정도의 전류를 사용하기 때문에 myRIO의 DIO에서 나오는 전류로는 구동할 수 없다. 이 때문에 작은 트랜지스터를 이용해서 릴레이를 구동하고 그 릴레이로 24VDC 및 고전류(1A 이상)의 소자를 구동시킬 수 있다.

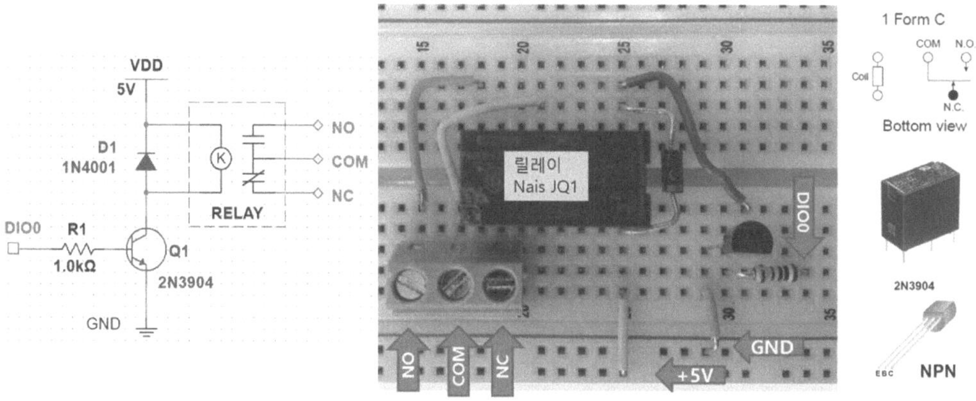

여기서 사용된 다이오드 D1(1N4001)은 릴레이를 OFF 시 역기전력을 방전하기 위한 부품이다. 릴레이의 용량은 사용부하에 따라 결정한다. 최대용량의 70% 이상은 사용하지 않은 것이 좋다.

- **LabVIEW 프로그램 작성**

1 LabVIEW의 **Getting Started** 윈도우에서 **Create Project**를 클릭한다.

2 **템플릿▶myRIO**에서 **myRIO Project** 템플릿을 선택한다.

3 Project Name에 **"RELAY"**를 입력한다.

4 Project Root는 프로젝트를 저장할 위치이다. LabVIEW는 모든 프로젝트 파일 및 VI를 이 디렉토리에 저장한다. 디렉토리에 **"RELAY"**를 입력한다.

5 Select Target는 myRIO를 컴퓨터와 연결한 상태를 표시한다.

6 프로젝트 탐색기를 다음과 같이 확장한다. **Main.vi**를 **"Main-RELAY.vi"**로 명칭을 변경한다.

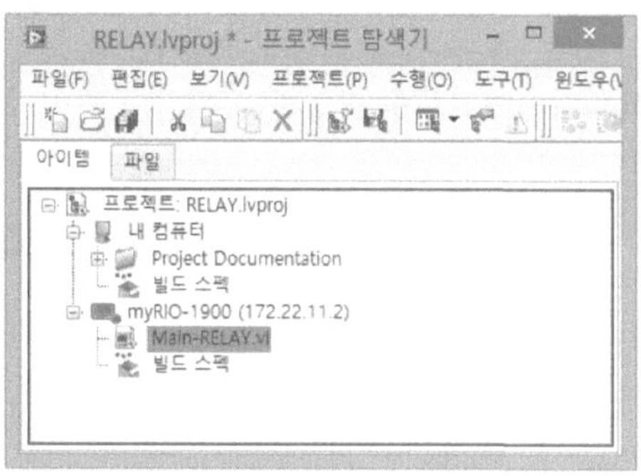

7 **Main-RELAY.vi**를 더블 클릭해서 오픈한다. LabVIEW가 기본적으로 제공하는 템플릿이 표시된다.

8 **Main Loop** 내부의 프로그램을 수정해서 프로그램을 완성한다.

● **프런트패널**

다음과 같이 프런트패널을 작성한다. **"Relay"**는 불리언 스위치로, 단순 ON/OFF 역할만 한다.

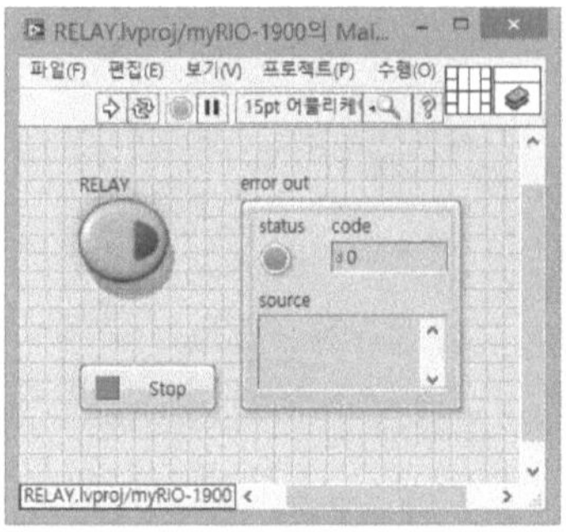

● **블록다이어그램**

다음과 같이 블록다이어그램을 수정한다.

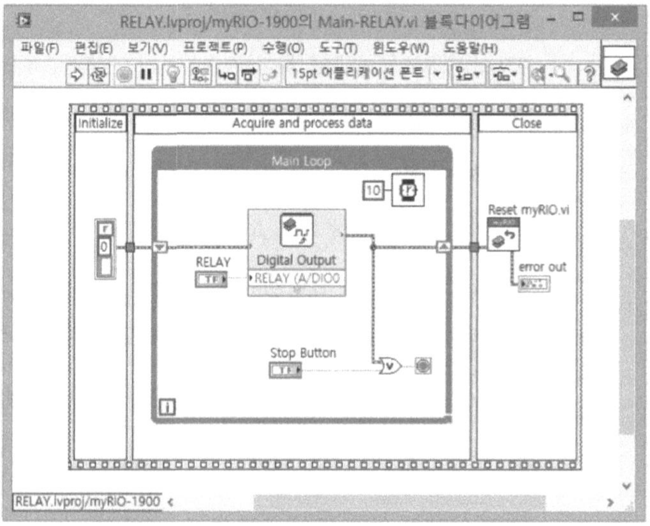

디지털 출력 익스프레스 VI를 이용해서 블록다이어그램을 작성한다. 다음과 같이 출력을 설정하고 "OK" 버튼을 클릭한다.

- Channel: A/DIO0
- Custom Channel Name: RELAY

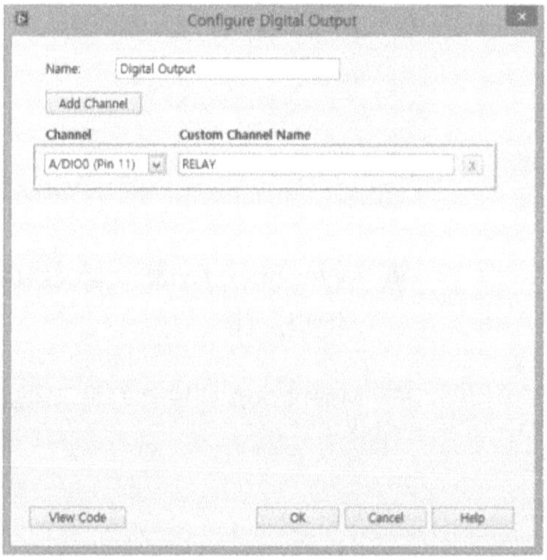

● **프로그램 실행**

• 도구 모음에 있는 Run 버튼 [⇨]을 클릭하거나 Ctrl과 R을 동시에 눌러서 VI를 실행한다.

• RELAY 버튼을 ON/OFF하면 릴레이가 구동되는지 확인한다. 릴레이가 구동되면 소리가 들린다.

5. 실험 결과 및 과제

다음과 같은 회로를 구성하고, 램프 등을 ON/OFF하는 실험을 한다. 릴레이의 출력인 COM, NO, NC 단자에 외부 회로를 연결하면 사용된 릴레이에 따라 220VAC, 24VDC 전원, 램프 등을 제어할 수 있다. 만약 고전압이 관련된 실험을 할 때는 정확한 핀의 위치를 선택해야 된다. 실수로 고전압이 myRIO에 연결되면 장비가 손상될 수 있다.

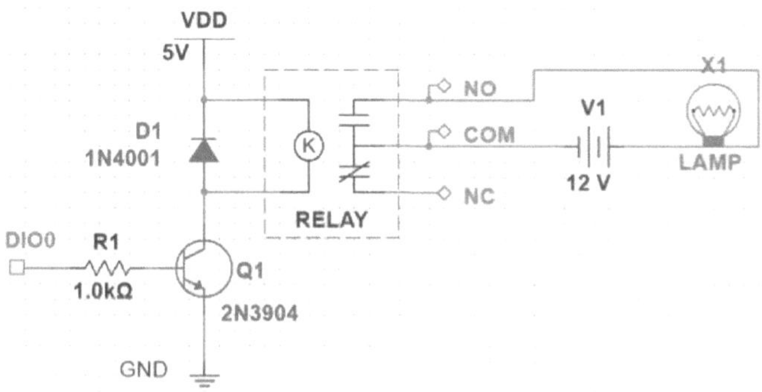

또한, 많은 수의 릴레이를 쉽게 구동하기 위한 방법을 조사한다. 예로서, ULN2803은 NPN, High-Current Darlington Arrays로 릴레이 구동회로를 매우 간단하게 구성할 수 있다.

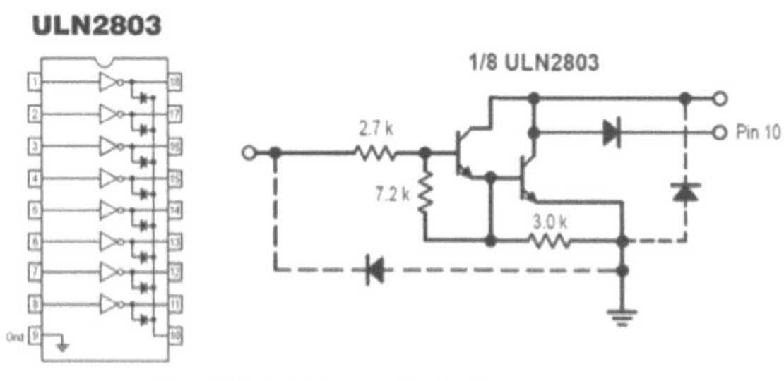

Octal High Voltage, High Current
Darlington Transistor Arrays

예제 9-09 엔코더를 이용한 어플리케이션

1. 기본 이론

엔코더는 모션 또는 위치를 측정하는 전자기계 디바이스이며, 대부분의 엔코더는 펄스 트레인의 형태로 전기 신호를 제공하는 광학 센서를 사용한다. 여기서의 펄스 트레인은 모션, 방향 또는 위치로 변형할 수 있다.

펄스 엔코더의 종류는 다음과 같이 분류된다.

구분	종류
운동 형태	로타리(rotary) 펄스 엔코더
	리니어(linear) 펄스 엔코더
측정 원리	옵티컬 펄스 엔코더
	마그네틱 펄스 엔코더
	레이저 펄스 엔코더
펄스 카운트 방식	증분형(incremental) 펄스 엔코더
	절대치형(absolute) 펄스 엔코더
출력 형태	TTL 로직
	Open Collector
	Line driver

로타리 엔코더(rotary encoder)는 샤프트의 회전 모션 측정에 사용된다. 다음 그림에서 보듯이 로타리 엔코더는 광원(Light Source), 디스크, 디스크 반대편의 빛 감지기(Photo transistor)로 구성된다. 회전 샤프트에 탑재되는 디스크에는 디스크에 코딩된 불투명 및 투명 패턴이 있다. 디스크가 회전하면 불투명한 부분이 빛을 차단하며 유리가 투명한 곳은 빛이 통과하도록 되어 있다. 이는 사각파 펄스를 생성하게 되고 이것이 위치 또는 모션으로 읽혀진다. 엔코더는 회전당 100에서 6,000세그먼트를 가진다. 즉, 본 엔코더가 100세그먼트의 엔코더에 대해 3.6도 해상도, 6,000세그먼트 엔코더에 대해 0.06도 해상도를 제공함을 의미한다.

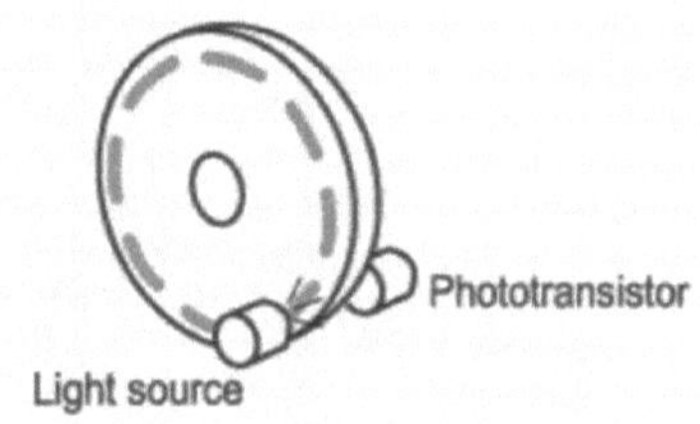

선형 엔코더(Linear Encoder)는 회전 디스크 대신 표면에 투명 슬릿이 있는 고정된 반투명 스트립이 있어서 광원-감지기 어셈블리가 움직이는 본체에 부착되어 있다는 것을 제외하고는 로타리 엔코더와 동일한 원리로 작동한다.

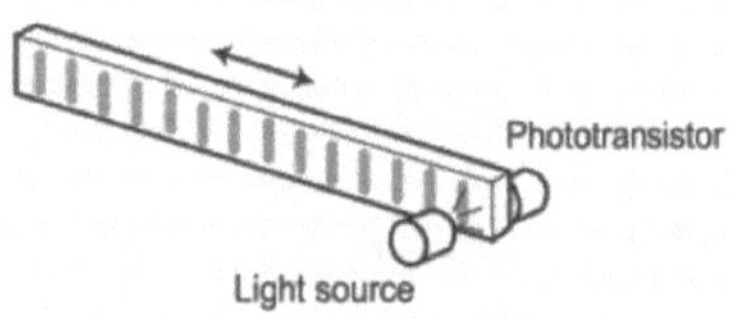

구적 엔코더에서 출력되는 펄스는 카운트 방식에 따라, **절대치형**(absolute), **증분형**(incremental)으로 나누어진다.

증분형 구적 엔코더는, 90도의 각을 이루는 두 개의 코드 트랙을 사용하면 두 개 출력 채널 A, B는 회전의 위치와 방향을 나타낸다. 메인 스케일이 등간격으로 새겨진 협 피치의 슬릿을 광학적으로 읽고, 카운트함으로써 이동량만을 측정하는 방식이다.

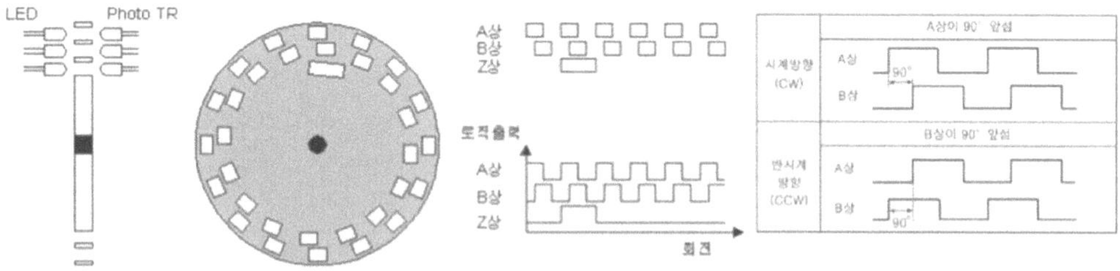

증분형 엔코더

흔히 A상, B상, Z상(Z상은 1회전에 한 번의 신호만 나온다)의 세 종류의 사각 구멍인 슬릿이 있으며, 이 방식에서는 정도를 높이기 위해 슬릿 간격을 매우 미세하게 할 수 있다.

광학적 또는 전기적인 처리에 의해 더욱 분해능을 향상시킬 수 있다. 분해능 면에서 우수한 특징이 있지만, 절대 위치의 측정이 곤란하기 때문에 전원 투입 후, 절대 위치의 검출이 필요하다. 외부 노이즈 등에 의한 오동작이 있을 경우, 그 오차를 자기 수복할 수 없다는 단점이 있다.

동작 원리는 슬릿이 있는 디스크가 회전하면, 광센서로부터 펄스 출력을 얻을 수 있는데, 이 펄스의 수가 디스크가 회전한 각도에 비례하게 된다. 그러므로 어느 기준 각도로부터 발생하는 펄스 수를 카운트하면, 디스크 축의 회전각도를 알 수 있다. 홈위치를 잡는 Z상 외에 A, B의 두 상이 필요한 것은 회전 방향을 판단하기 위한 것으로, 두 슬릿의 간격은 90° 위상차를 가지도록 구성된다.

만일, 1회전당 200슬롯이 있다면 1회전이 360°이므로 분해능은 360°/200 = 1.8°가 된다. 인크리멘탈 인코더는 각속도 계측에도 이용될 수 있는데, 이 경우에는 단위 시간당 펄스 수를 카운트하여 얻어 낸다.

구적 엔코더를 손으로 돌리면, 스위치가 ON/OFF되는 역할을 하며, 스위치의 기계적 진동이나 접촉에 의해 스위치를 여러 번 누른 것으로 인식할 수 있다. 이를 바운스 효과(bounce effect)가 나타나는데 이를 채터링(chattering)이라 한다. 이러한 바운스 현상을 제거하는 것을 디바운스(debounce)라 한다.

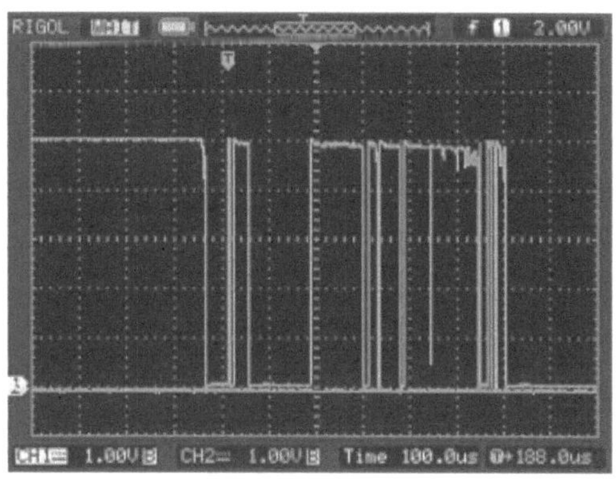

바운스를 제거하기 위해서는 다음과 같이 슈미트 트리거를 이용한다.

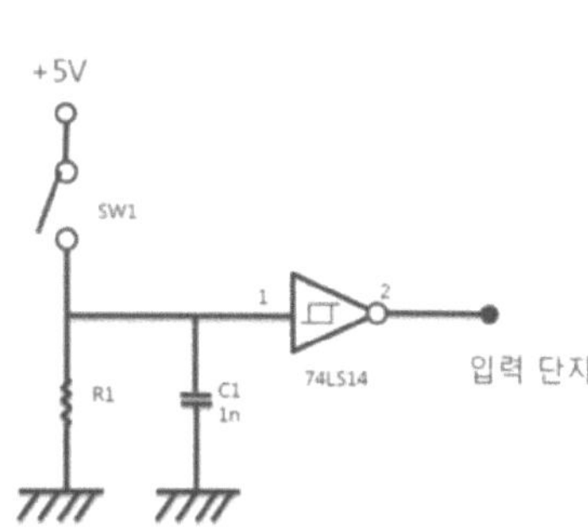

슈미트 트리거는 입력 진폭이 소정의 값을 넘으면 급격이 작동하여 거의 일정한 출력을 내고, 소정의 값 이하면 즉시 복구하는 소자이다. 슈미트 트리거를 이용하면 스위치가 안정적으로 눌러 있는 경우에만 출력을 내고, 기계적으로 접촉이 불안전한 경우는 출력을 내지 않는다.

2. 실험 목적

- myRIO 및 LabVIEW 프로그램으로 엔코더 신호를 측정하는 실습을 한다. 엔코더 입력은 myRIO의 엔코더 라인을 이용한다.
- 구적 엔코더의 구적 웨이브폼 A, B, Z상의 동작 원리를 익힌다.
- LabVIEW의 NI myRIO 함수에서 제공하는, 카운트 결과와 방향을 표시하는 데 필요한 subVI를 이해한다.
- 엔코더 웨이브폼에는 스위치 떨림 현상이 나타나므로 떨림 방지 회로에 대해 이해를 한다.

3. 실험 준비

다음의 부품을 준비한다.

품명	규격	수량
저항	3.3kΩ	2
캐패시터	세라믹 0.01uF	2
엔코더	쿼드러처(증분) 엔코더	1
브래드보드	myRIO Breadboard	1
와이어	Jumper Kit	1

4. 실험 단계

● 회로 구성

다음과 같이 회로를 구성하고, 브래드보드에 부품을 장착한다. 엔코더는 마치 스위치와 유사한 역할을 한다.

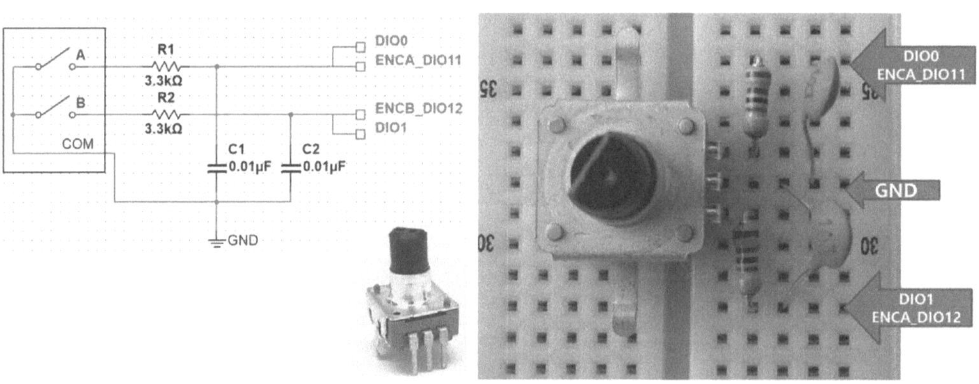

● LabVIEW 프로그램 작성

1 LabVIEW의 **Getting Started** 윈도우에서 **Create Project**를 클릭한다.

2 **템플릿▶myRIO**에서 **myRIO Project** 템플릿을 선택한다.

3 Project Name에 **"ENCODER"**를 입력한다.

4 Project Root는 프로젝트를 저장할 위치이다. LabVIEW는 모든 프로젝트 파일 및 VI를 이 디렉토리에 저장한다. 디렉토리에 **"ENCODER"**를 입력한다.

5 Select Target는 myRIO를 컴퓨터와 연결한 상태를 표시한다.

6 프로젝트 탐색기를 다음과 같이 확장한다. **Main.vi**를 **"Main–ENCODER.vi"**로 명칭을 변경한다.

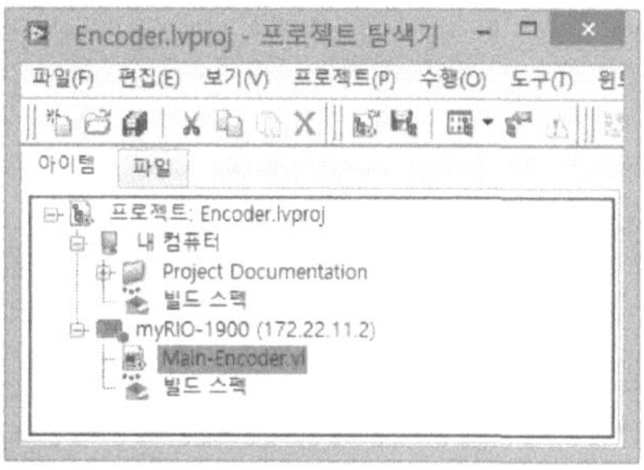

7 **Main–ENCODER.vi**를 더블 클릭해서 오픈한다. LabVIEW가 기본적으로 제공하는 템플릿이 표시된다.

8 **Main Loop** 내부의 프로그램을 수정해서 프로그램을 완성한다.

● 프런트패널

다음과 같이 프런트패널을 작성한다. "Reset Counter" 컨트롤을 클릭하면 카운터가 0으로 리셋되고 다시 한 번 클릭하면 카운트가 계속된다.

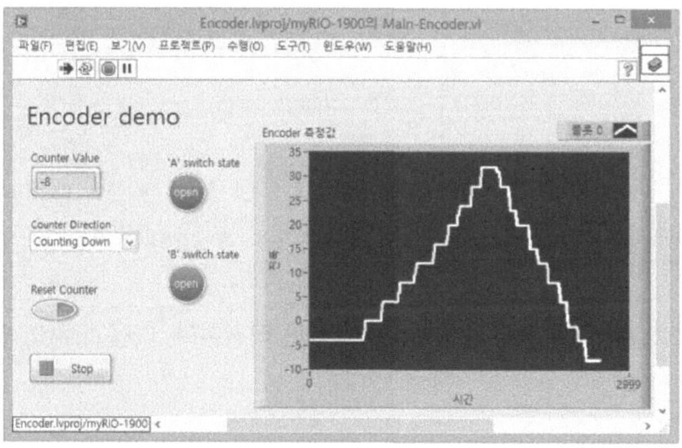

● **블록다이어그램**

다음과 같이 블록다이어그램을 수정한다.

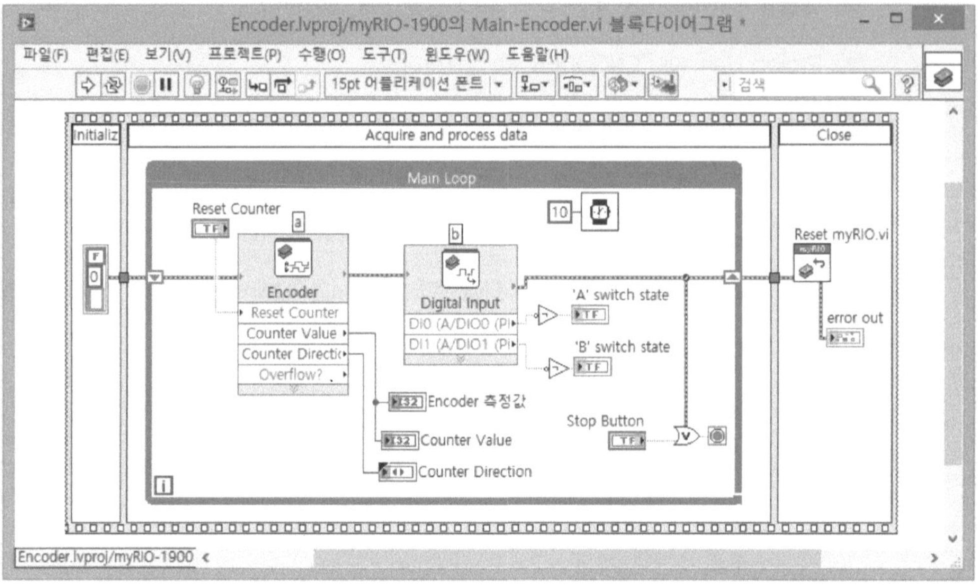

a 엔코더 익스프레스 VI를 이용해서 블록다이어그램을 작성한다. 다음과 같이 ENCODER를 설정하고 "OK" 버튼을 클릭한다. Encoder의 **"Counter Direction"**을 팝업해서, 카운터 방향 인디케이터를 만든다.

- Channel: A/ENC

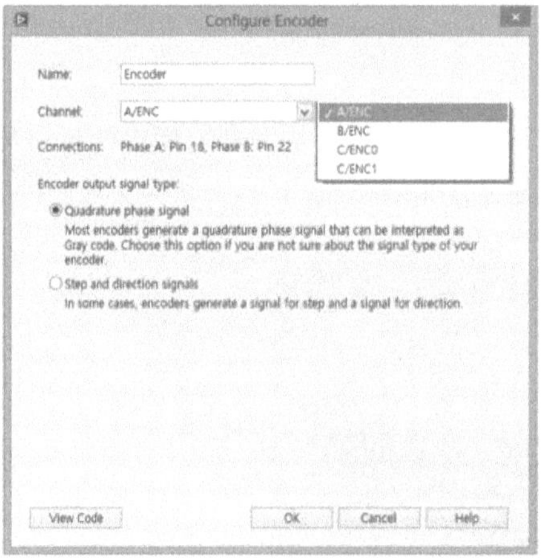

b 디지털입력 익스프레스 VI를 이용해서 블록다이어그램을 작성한다. 다음과 같이 입력을 설정하고 "OK" 버튼을 클릭한다.

- Channel: A/DIO0~A/DIO1
- Custom Channel Name:DI0~DI1

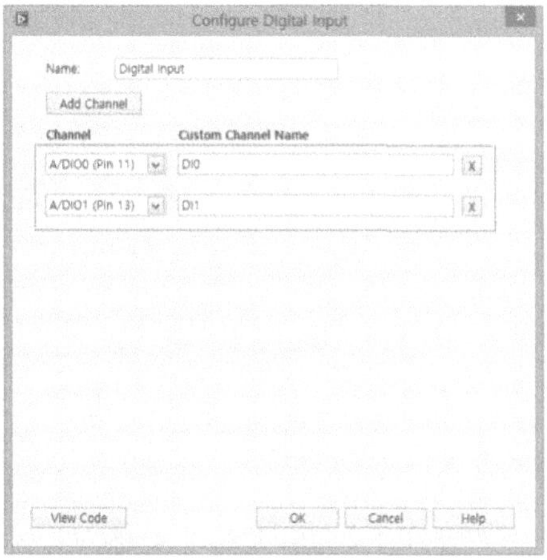

● **프로그램 실행**

- 도구 모음에 있는 Run 버튼 을 클릭하거나 Ctrl과 R을 동시에 눌러서 VI를 실행한다.
- 엔코더는 A/B 스위치 전환 카운터를 지원하는데, 정상적인 경우 엔코더를 시계 방향으로 한 눈금 돌릴 때마다 4씩 증가하고 엔코더를 시계 반대 방향으로 한 눈금 돌릴 때마다 4씩 감함을 확인한다.
- 사용한 엔코더는 한 눈금을 돌릴 때마다 값이 4씩 UP/DOWN되며, 12단계 눈금으로 되어 있다. 즉, 정상적으로 360도 회전 시 카운트되는 값은 48이 되는지 확인한다.

5. 실험 결과 및 과제

실험에 사용한 엔코더는 증분형(incremental) 형식으로, 마치 스톱 워치와 유사한 기능을 한다. 또 하나의 대표적인 절대치형(absolute) 엔코더는 원점에 대한 각도를 측정하기에, 마치 현재의 시간을 표시하는 것과 유사하다. 절대치 엔코더(absolute encoder)의 구조 및 원리를 조사해본다.

예제 9-10 써미스터를 이용한 온도 측정

1. 기본 이론

써미스터(Thermistor)는 Thermally sensitive resistor의 합성어로 산화 금속으로 만들어진 반도체로서 온도계수(단위 온도당 저항 변화량)가 큰 특징이 있다.

써미스터의 종류는 정특성 온도 계수를 따르는 PTC(Positive Temperature Coefficient) 써미스터가 있다. PTC는 온도가 증가할 때 저항도 함께 증가하는 특성을 가진다. NTC(Negative Temperature Coefficient)는 PTC와 반대의 특성을 갖는다. 또한 CTR(Critical Temperature Resistor)은 NTC와 유사하지만 특정 온도에서 전기 저항이 급속히 변하는 특성이 있기에 "급변 써미스터"라 부른다. 가장 많이 사용되는 써미스터는 NTC 타입이다.

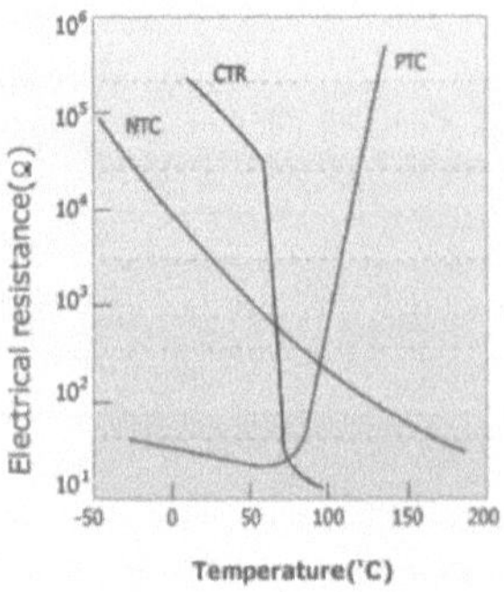

각종 Thermistors의 저항 – 온도특성

전류를 써미스터에 공급하면 써미스터는 저항이기에 전압 강하가 발생한다. 이때 오옴의 법칙에 의해, 온도에 따라 가변되는 써미스터 저항에 걸리는 전압 및 전류를 계산할 수 있다. 센서와 함께 제공되는 다항식을 이용하면, 저항 값을 온도로 환산할 수 있다.
써미스터는 온도에 따른 저항 값이 변경되는 센서이다. 멀티미터를 갖고 있다면 써미스터를 손으로 만질 때 변경되는 저항 값을 관찰한다. 온도가 올라감에 따라 저항이 감소하는 현상을 발견할 수 있는데 이것은 NTC(negative temperature coefficient) 써미스터의 중요한 특성이다. 반도체 소자로부터 생산되는 써미스터는 저항치의 변화가 음으로 극히 크고 비선형적 특성을 나타낸다. 아래 그래프를 보고 써미스터와 RTD(100 백금 저항 온도 소자)의 온도 변화에 대한 저항 특성을 비교해 본다.

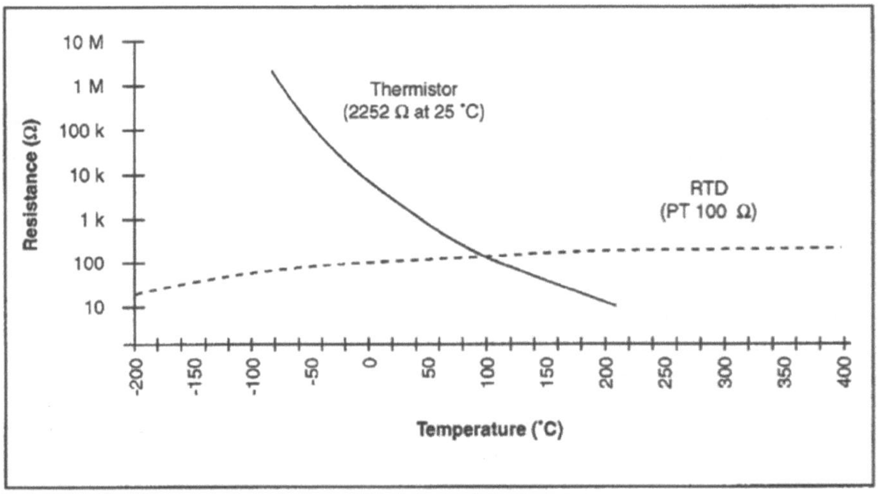

Resistance-Temperature Curve of a Thermistor

2. 실험 목적

- myRIO 및 LabVIEW 프로그램으로, 저가형 써미스터를 이용해서 온도를 측정한다.
- myRIO의 아날로그 입력 채널의 특성을 이해한다.
- 온도 값과 써미스터의 저항 값의 상관 관계를 실험한다.

- 써미스터로부터 측정한 전압 값을 저항으로 환산하고, 이를 온도로 변환하는 과정을 실험한다.
- 실험에 사용된, 써미스터의 저항 값과 온도와의 상관 관계를 그래프로 표시한다.

3. 실험 준비

다음의 부품을 준비한다.

품명	규격	수량
써미스터	NTC-10KD-5J	1
저항	10kΩ	1
브레드보드	myRIO Breadboard	1
와이어	Jumper Kit	1

4. 실험 단계

● 회로 구성

다음과 같이 회로를 구성하고, 브래드보드에 써미스터 및 저항을 탑재한다. 써미스터는 극성이 없기 때문에 연결하기가 용이하다.

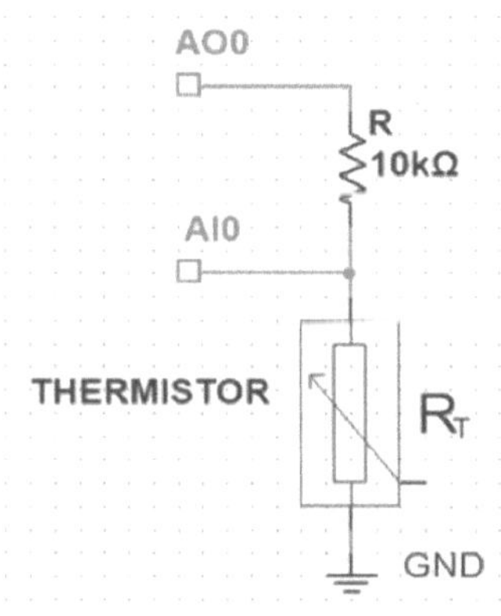

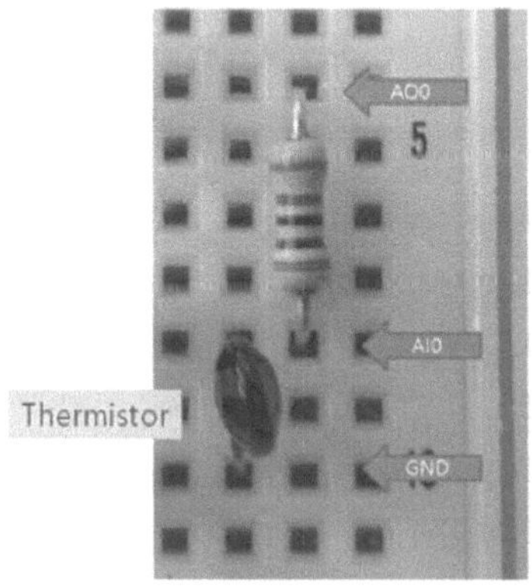

● LabVIEW 프로그램 작성

1. LabVIEW의 **Getting Started** 윈도우에서 **Create Project**를 클릭한다.
2. **템플릿▶myRIO**에서 **myRIO Project** 템플릿을 선택한다.
3. Project Name에 **"THERMISTOR"**를 입력한다.
4. Project Root는 프로젝트를 저장할 위치이다. LabVIEW는 모든 프로젝트 파일 및 VI를 이 디렉토리에 저장한다. 디렉토리에 **"THERMISTOR"**를 입력한다.
5. Select Target는 myRIO를 컴퓨터와 연결한 상태를 표시한다.

6 프로젝트 탐색기를 다음과 같이 확장한다. **Main.vi**를 **"Main-THERMISTOR.vi"**로 명칭을 변경한다.

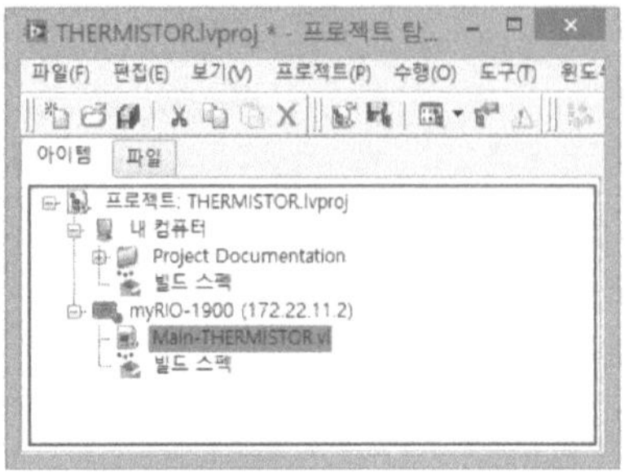

7 **Main-THERMISTOR.vi**를 더블 클릭해서 오픈한다. LabVIEW가 기본적으로 제공하는 템플릿이 표시된다.

8 **Main Loop** 내부의 프로그램을 수정해서 프로그램을 완성한다.

- **프런트패널-MAIN**

다음과 같이 프런트패널을 작성한다. **"Temperature"**는 웨이브폼 차트이다.

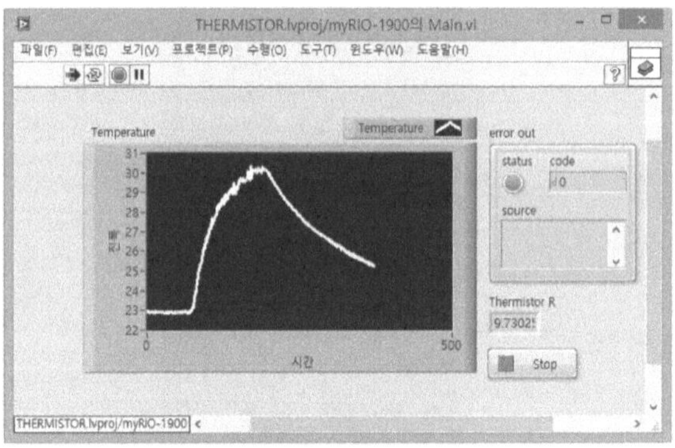

- **서브 VI**

THERMISTOR.lvproj에 2개의 VI를 추가한다. **V to R.vi**는 전압 값을 저항으로, **R to T.vi**는 저항 값을 온도로 환산하기 위한 서브 VI이다.

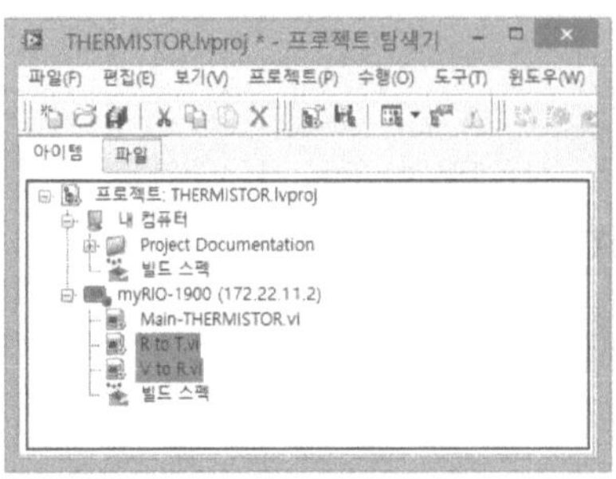

a V to R.vi는 전압을 저항으로 환산하는 VI이다. 추후 서브 VI로 사용하기 위해 아이콘 모양을 변경하고, 터미널을 할당한다.

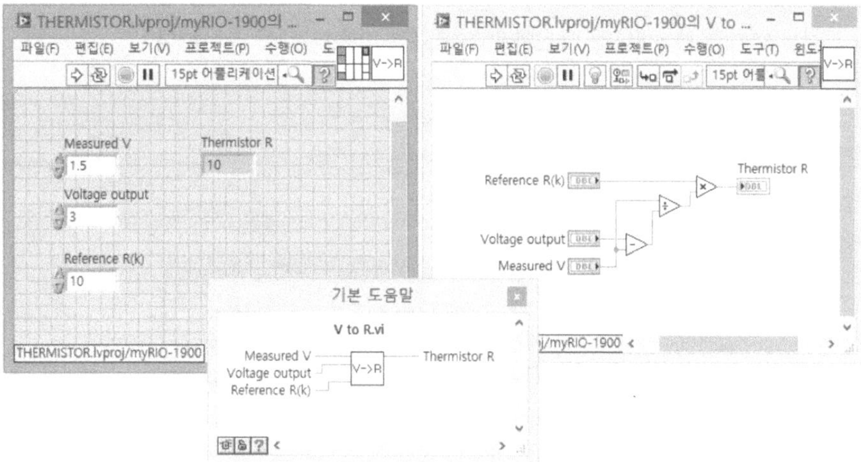

10kΩ 저항과 10kΩ 써미스터를 직렬로 연결한 회로가 구성되었다. 분압 회로에 의해 아날로그 출력 AO0로 0~+5V를 공급하면 10kΩ 써미스터에 걸리는 전압은 0~2.5V가 된다. 오옴의 법칙에 의해 AO0로 +3V를 공급하면 써미스터의 저항은 다음과 같이 표시된다.

R_T=R1*V_T/(3−V_T)　　　　　　V_T는 써미스터에 걸리는 전압으로 쉽게 측정된다.

실온 25도에서 써미스터는 10kΩ의 저항값을 갖고 있다. 현재의 온도와 써미스터의 저항 값을 대략적으로 비교해 본다.

b R to T.vi는 써미스터의 저항(R)을 온도(T)로 환산하는 프로그램이다. 추후 서브 VI로 사용하기 위해 아이콘 모양을 변경하고, 터미널을 할당한다.

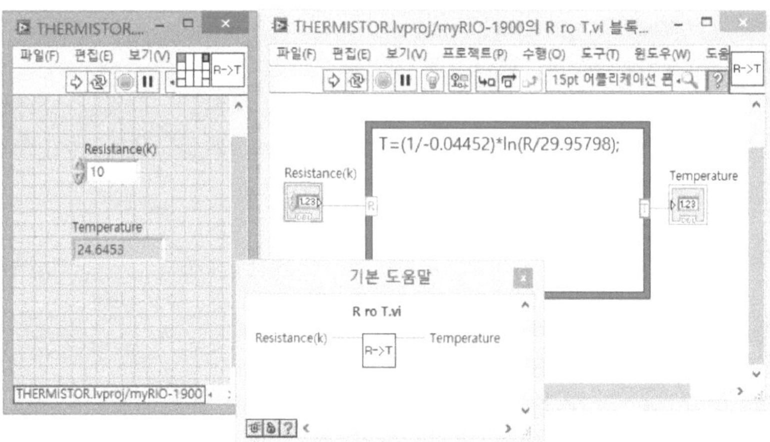

전형적인 써미스터의 온도는 다음의 공식에 따라 계산된다. 일반적으로 써미스터는 저항과 온도의 상관 관계로 표시할 수 있다. NTC 써미스터는 온도 저항계수 ΔR/ΔT는 음이고, 반응선도는 비선형(exponential)이며, 온도 변화에 따라 저항 값이 수십 배씩 변할 수 있다.

● **블록다이어그램–MAIN**

서브 VI가 포함된 **Main–THERMISTOR.vi**를 다음과 같이 작성한다.

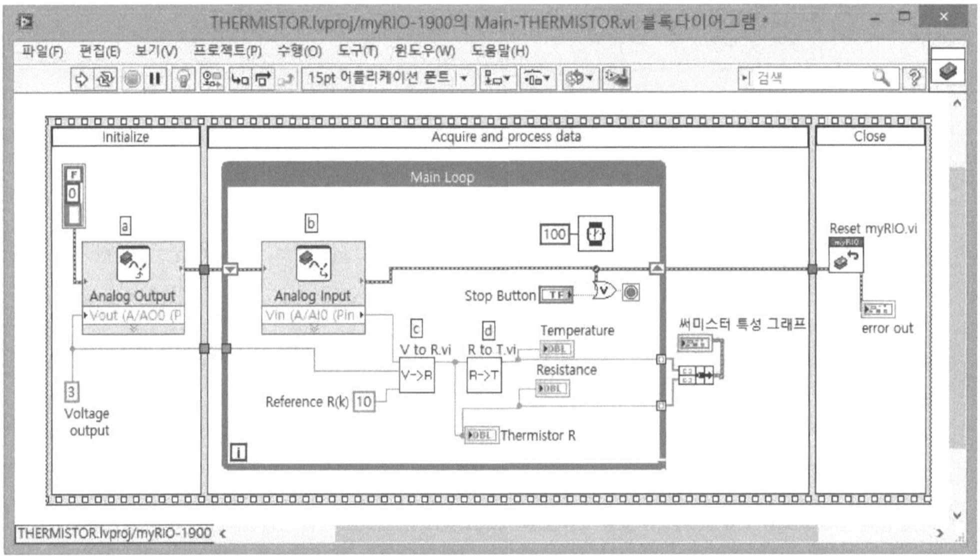

a While 루프를 실행하기 이전에는 아날로그 출력 AO0으로 3VDC를 써미스터에 인가한다. 아날로그 출력 익스프레스 VI를 이용해서 블록다이어그램을 작성한다. 다음과 같이 회로에 인가할 전압 출력을 설정하고 "OK" 버튼을 클릭한다.

- Channel: A/AO0
- Custom Channel Name: Vout

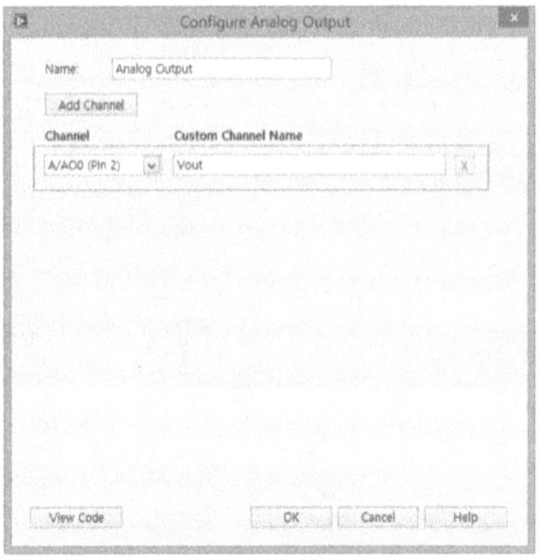

b 아날로그 입력 익스프레스 VI를 이용해서 블록다이어그램을 작성한다. 다음과 같이 써미스터로부터 읽을 전압 채널을 설정하고 "OK" 버튼을 클릭한다.

- Channel: A/AI0
- Custom Channel Name: Vin

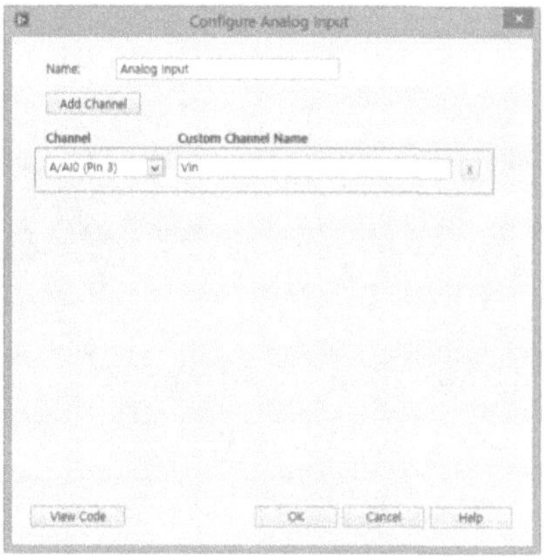

c 앞에서 작성한, 전압을 저항으로 환산하는 VI이다.

d 앞에서 작성한, 저항을 온도로 환산하는 VI이다.

● **프로그램 실행**

- 도구 모음에 있는 Run 버튼 ⇨을 클릭하거나 Ctrl과 R을 동시에 눌러서 VI를 실행한다.
- 써미스터를 손으로 만지면 온도가 올라가는지 확인한다. 또한, 온도가 올라갈 때 대응하는 저항 값이 감소하는지 확인한다.
- 현재의 온도와 비교해서 측정한 온도가 적정한지 검증한다.

5. 실험 결과 및 과제

프로그램을 수정하여, 써미스터의 저항 값과 온도와의 상관 관계를 그래프로 표시하라. 사용한 써미스터는 NTC 타입이다.

다음과 같이 프로그램을 수정한다. 프런트패널에는 측정한 온도 및 써미스터의 저항 값을 동시에 표시할 수 있게 다음과 같이 작성한다.

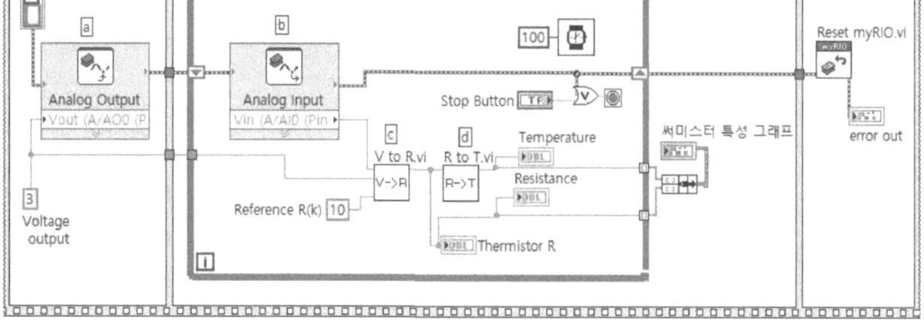

다음과 같이 NTC 써미스터는 온도와 저항은 반비례한다. 다음의 "써미스터 특성그래프"를 참조한다.

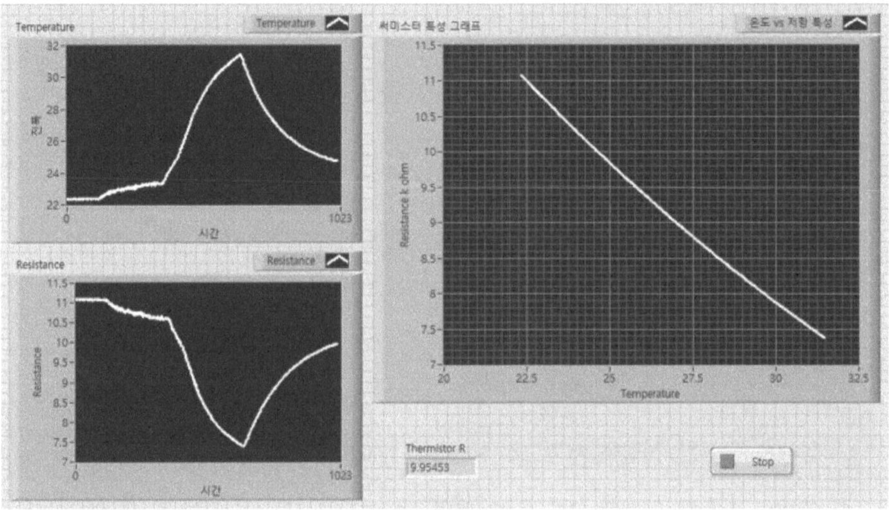

예제 9-11 CdS 센서를 이용한 조도 측정

1. 기본 이론

광센서는 빛을 감지하여 이를 다시 처리가 용이한 양으로 변환하는 소자(트랜스듀서, 변환기 Transducer)라 하며, 다음과 같은 종류가 있다.

● **광센서 종류**

분 류	센서의 종류	특 징	주용도
광도전 효과형	광도전 셀	소형, 고감도, 저가	카메라 노출계, 포토릴레이, 광제어
광기전력 효과형	포토 다이오드 포토 트랜지스터 포토 사이러스터 (포토리플렉터, 포토 인터럽터) CCD, MOS 이미지센서 태양전지	소형, 저가, 전원 불필요, 대출력, 대전류 제어	카메라 EE 시스템, 스트로보, 광전스위치, 바코드 리더, 카드 리더, 화상판독, 조광시스템, 레벨 제어
광전자 방출형	광전자 증배관 광전관	초고감도, 응답속도 빠름, 펄스 계측, 미약광 검출, 펄스 카운터	정밀 광계측 기기, 극미약광 검출
자외선 센서	Si자외선 포토다이드 UV트론	소형, 전원 불필요 고감도	의료기기, 분석기기
복합형	포토 커플러 포토 인터럽터	아날로그 검출	무접점 릴레이, 전자장치 노이즈 커트, 광전 스위치, 레벨 제어, 광전식 카운터

● **광도전 효과**

반도체에 빛을 조사하면 반도체 중 캐리어 밀도가 증가하여 도전율이 증가하는 현상이다. 외부로부터의 빛의 에너지에 의하여 가전자대의 자유전자가 전도대에 여기되어 그 결과 도전성을 나타내게 되는 현상이다.

● **광기전력 효과형**

PN 접합에서 P형과 N형 반도체의 경계층에 빛을 조사하면 전자와 정공(전자정공쌍)이 발생한다. 전계와 열확산에 의해 PN 접합의 전위장벽을 뛰어넘어 이동하여 기전력을 발생하는 현상이며 광전효과의 일종으로서 반도체의 PN 접합이나 반도체와 금속의 접합면에 빛이 입사했을 때 기전력이 발생하는 현상이다.

● **광전자 방출효과**

금속이나 금속산화물 등에 빛이 닿았을 때 일의 함수보다도 큰 에너지를 얻게 된다. 원자상의 전자가 금속표면에서 방출되는 효과를 가리키며 그 효과를 이용하는 수광면을 광전면이라 한다.

CdS 광센서는 광 신호에 의해 저항의 가변되는 소자를 말한다. 극성이 없으므로 전류의 방향은 신경쓰지 않아도 된다. 광센서는 CdS로 빛 감지부가 황화카드뮴이라는 화학물질로 이루어져 있다. CdS는 전기장판 비슷한 표면에 닿는 빛의 세기가 강하면 저항이 낮아지고, 빛의 세기가 약하면 저항이 높아진다.

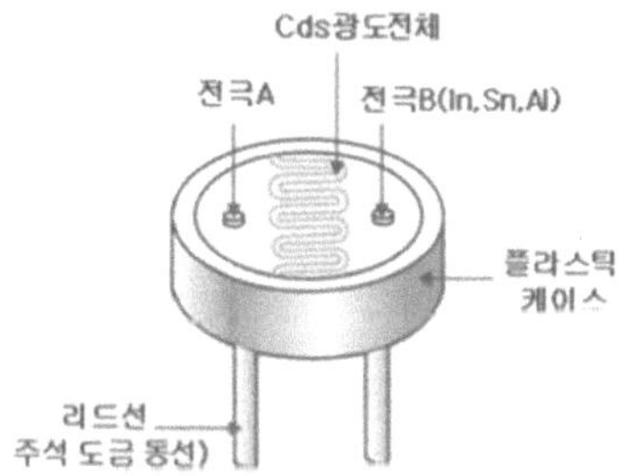

CDS셀의 외관 모양

CdS는 조도 센서라 부르기도 하며 다음과 같은 특징이 있다.

1) 광센서의 가장 기본적인 센서로서, 빛의 밝기에 대하여 전기적인 성질로 변환시켜 주는 역할을 하는 센서이다.
2) CdS는 가장 보편적으로 사용되는 조도 센서로서 밝기에 비례하여 저항이 선형적으로 증가하는 것이 아니라 로그 그래프에 가까운 형태를 그리기 때문에 정확한 Lux 값을 구하기보다는 "밝다/어둡다" 정도만을 판별하기에 적합한 센서다.
3) 다른 이름으로는 광도전셀이라고 불리기도 하며 어두운 곳에서는 절연체와 같이 저항이 높아졌다가 가시광선이 닿으면 도체와 같이 저항이 낮아지는 성질을 가진다.
4) 이 센서는 고감도, 소형, 저가격, 가시광선에 민감하다 등의 장점이 있지만 반응시간이 느려 즉각적인 반응을 필요로 하는 센서에는 적합하지 않다. 광량이 많을 시 빨라지는 등 광량에 따라 반응시간이 달라지긴 하지만 오히려 불완전한 요소가 될 수 있다.
5) 정확한 Lux의 수치를 측정하고 싶다면 포토 다이오드 소자를 사용한다. CdS와 같이 광센서

의 일종이며 가시광선부터 적외선까지 다양한 영역의 광원을 감지할 수 있지만 가격이 상대적으로 비싸고 주변회로가 복잡해진다는 단점이 있다. 하지만 밝기 대비 저항 값이 선형적으로 나와서 수치화하기 좋고 프로그램 소스가 간단해진다는 장점도 있다.

2. 실험 목적

- myRIO 및 LabVIEW 프로그램으로, 조도센서 CdS의 전압, 저항을 측정한다.
- CdS 센서에서 읽은 전압을 저항 값으로 환산해본다.
- 밝기와 CdS 저항 값의 상관 관계를 실험한다.
- CdS 센서를 통해서 빛을 감지할 때, 어두워지면 조명이 자동적으로 켜지는 회로를 작성해본다.

3. 실험 준비

다음의 부품을 준비한다.

품명	규격	수량
CdS 센서	CdS 센서(GL5537)	1
저항	10kΩ	1
브래드보드	myRIO Breadboard	1
와이어	Jumper Kit	1

4. 실험 단계

● 회로 구성

다음과 같이 회로 및 브래드보드를 완성한다. CdS 센서는 저항과 같이, 특별한 극성이 없기에 연결하기가 용이하다.

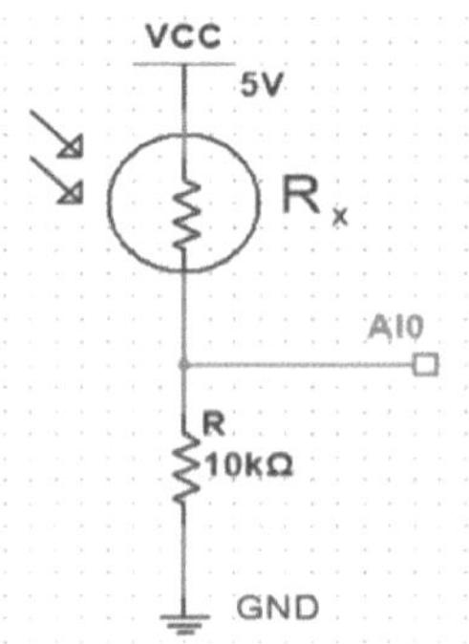

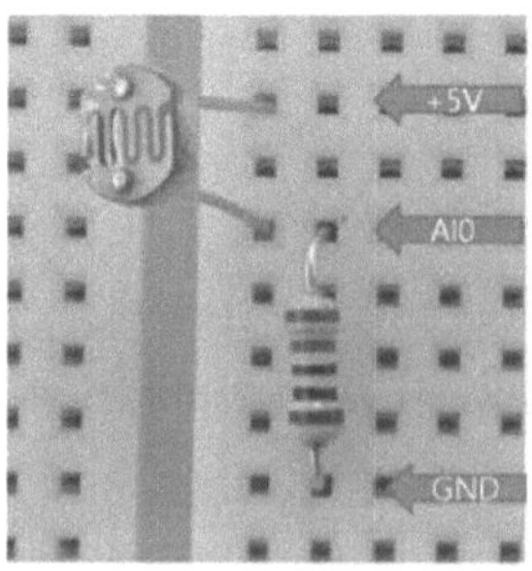

● LabVIEW 프로그램 작성

1 LabVIEW의 **Getting Started** 윈도우에서 **Create Project**를 클릭한다.

2 **템플릿▶myRIO**에서 **myRIO Project** 템플릿을 선택한다.

3 Project Name에 **"PhotoCell"**을 입력한다.

4 Project Root는 프로젝트를 저장할 위치이다. LabVIEW는 모든 프로젝트 파일 및 VI를 이 디렉토리에 저장한다. 디렉토리에 **"PhotoCell"**을 입력한다.

5 Select Target는 myRIO를 컴퓨터와 연결한 상태를 표시한다.

6 프로젝트 탐색기를 다음과 같이 확장한다. **Main.vi**를 **"Main-PhotoCell.vi"**로 명칭을 변경한다.

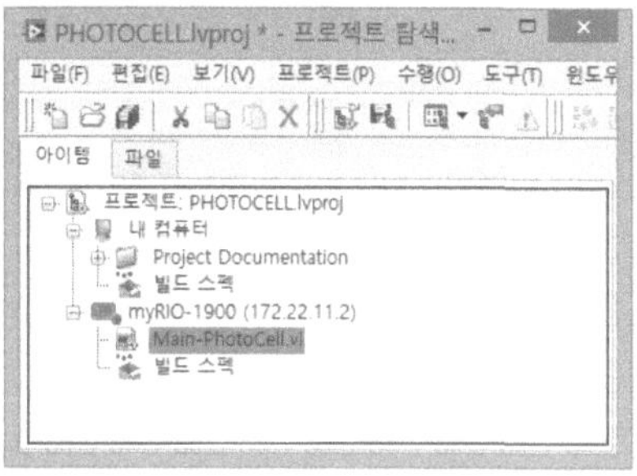

7 **Main-PhotoCell.vi**를 더블 클릭해서 오픈한다. LabVIEW가 기본적으로 제공하는 템플릿이 표시된다.

8 **Main Loop** 내부의 프로그램을 수정해서 프로그램을 완성한다.

● **프런트패널**

다음과 같이 프런트패널을 작성한다.

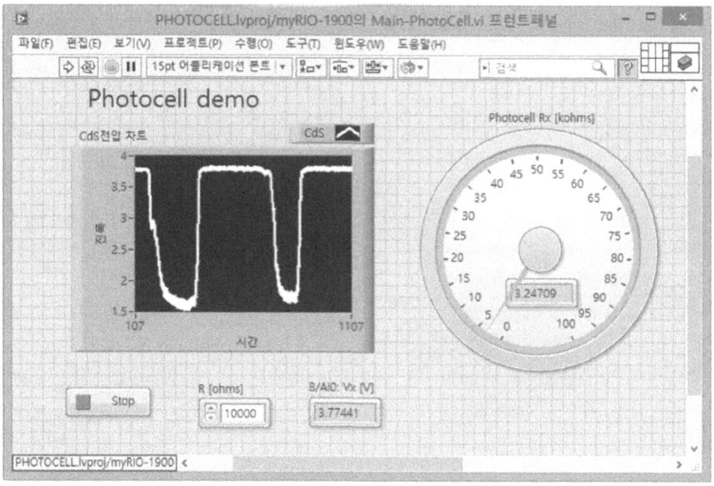

● **블록다이어그램**

다음과 같이 블록다이어그램을 수정한다.

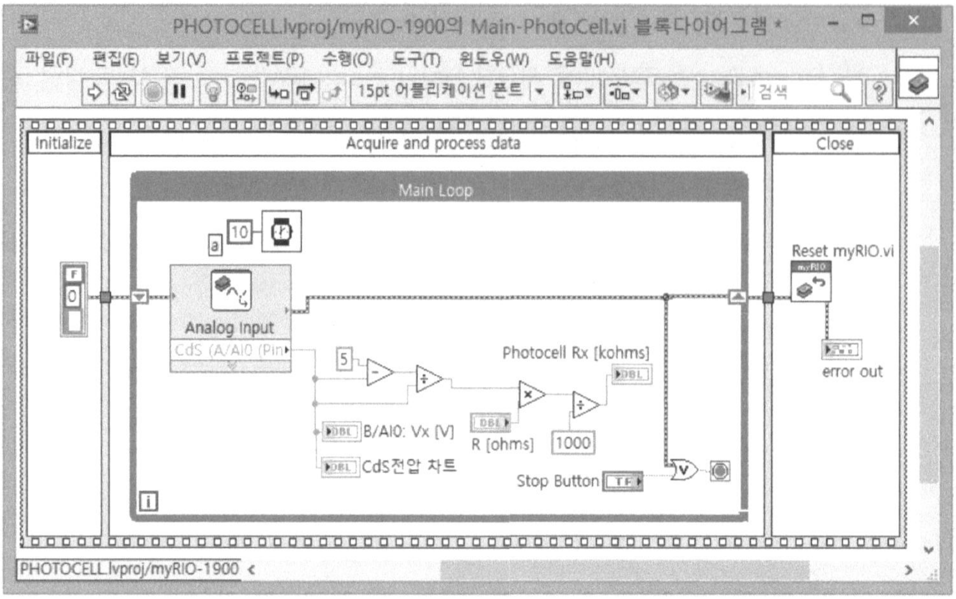

[a] 아날로그 입력 익스프레스 VI를 이용해서 블록다이어그램을 작성한다. 다음과 같이 입력을 설정하고 "OK" 버튼을 클릭한다.

- Channel: A/AI0
- Custom Channel Name: CdS

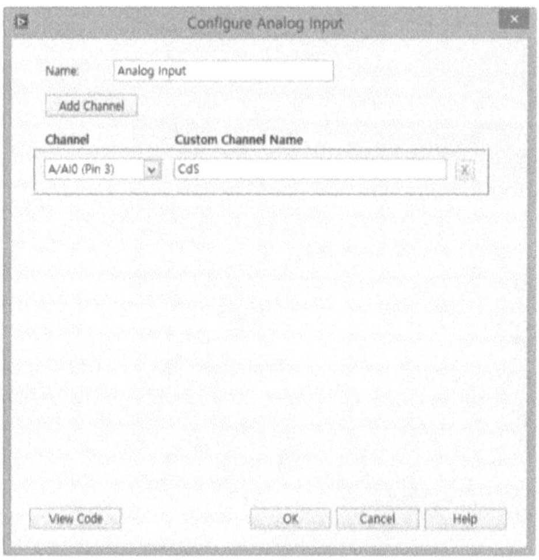

● **프로그램 실행**

- 도구 모음에 있는 Run 버튼 을 클릭하거나 Ctrl과 R을 동시에 눌러서 VI를 실행한다.
- CdS 센서를 손으로 막아서 빛을 차단한다. 또한 휴대폰의 플래쉬 등을 센서에 쪼여본다. 어두우면 전압이 낮아지고, 밝으면 전압이 높아진다.
- CdS 센서는 어두우면 저항 값이 증가함을 확인할 수 있다.

5. 실험 결과 및 과제

CdS 센서를 통해서 빛을 감지할 때, 어두워지면 조명이 자동적으로 켜지는 회로를 작성해본다.

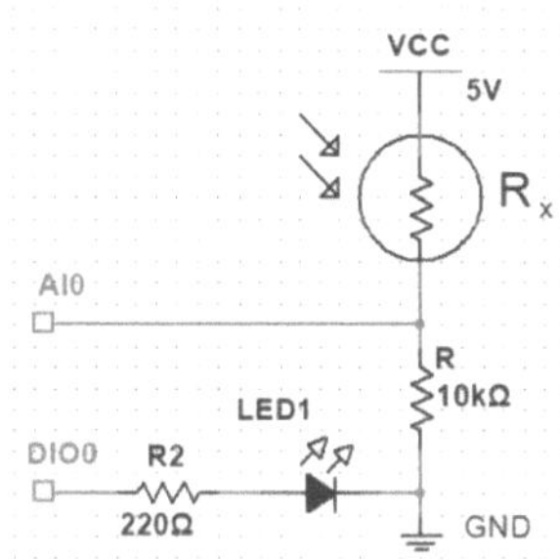

조건에 따라 LED를 ON/OFF하기 위해서는 다음과 같이 블록다이어그램을 수정하고 저장한다. 센서를 손으로 가릴 때 LED가 ON되는지 확인한다. 즉, CdS 센서에서 읽은 전압 값이 3V 이상일때 디지털 라인0으로 TRUE를 출력하는 프로그램으로 수정한다.

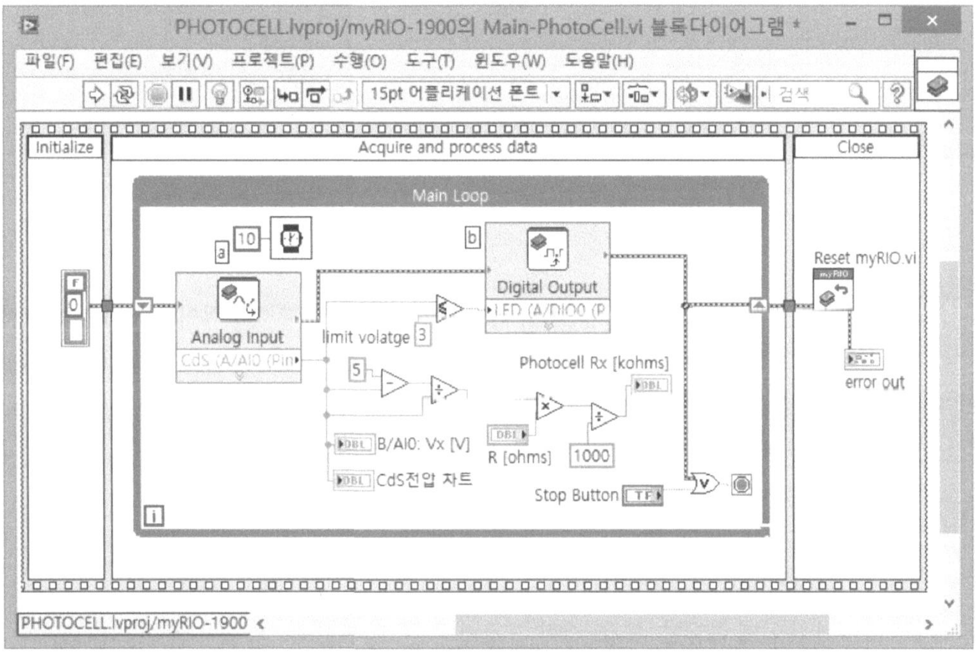

예제 9-12 OP AMP(연산증폭기)의 응용

1. 기본 이론

연산증폭기(OP AMP)는, 전자회로의 설계에서 다양한 형태로 등장하는 매우 중요한 회로이며, 두 개의 입력단자와 한 개의 출력단자를 갖는다. 연산증폭기는 두 입력단자 전압 간의 차이를 증폭하는 증폭기이기에 입력단은 차동 증폭기로 되어 있다. 연산증폭기는 저항이나 캐패시터 등의 소자와 조합하는 것으로 덧셈과 뺄셈, 미분과 적분 등의 연산을 할 수 있다. 이들은 각각 가산회로, 뺄셈회로, 미분회로, 적분회로로 부른다.

연산증폭기를 사용하여 사칙연산이 가능한 회로 구성을 할 수 있으므로, 연산자의 의미에서 연산증폭기라고 부른다. 연산증폭기를 사용하여서 미분기 및 적분기를 구현할 수 있다. 연산증폭기가 필요로 하는 전원은 기본적으로는 두 개의 전원인 +Vcc 및 -Vcc가 필요하다. 물론 단일 전원만을 요구하는 연산증폭기 역시 상용화되어 있다. 신호 증폭을 위한 주 증폭기의 종류로는 전압증폭기와 전류증폭기가 있지만 여기서는 전압증폭기만을 논의한다.

연산증폭기의 기호는 다음과 같이 표시한다.

- **반전(inverting) 입력단자**: 입력신호와 출력신호가 반전 위상(180도 위상차)을 가짐
- **비반전(Noninvering) 입력단자**: 입력신호와 출력신호가 동일 위상을 가짐
- **출력단자**: (+)전원과 (-)전원이 인가되는 단자
- **오프셋 제거(offset nulling)**: 단자와 주파수 보상을 위한 단자

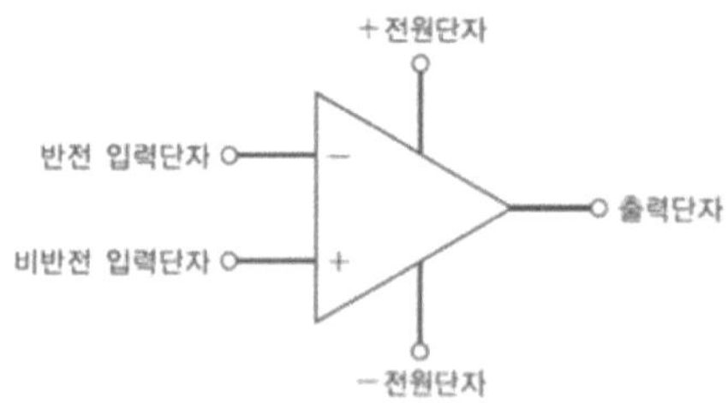

● 이상적인 연산증폭기

전자소자의 동작 특성을 이해하기 위한 초기 가정은 먼저 이상적이라고 가정하는 것이다. 이상적 가정 하에서는 모든 것이 단순해지며, 이상적 동작 특성은 실제적인 전자소자가 무엇을 궁극적인 목표로 하는가를 알려 준다.

다음 조건을 만족하는 연산증폭기를 이상적인 연산증폭기라고 부른다.

- 무한대의 전압이득 : Av = ∞
- 무한대의 입력저항 : Rin = ∞
- 영 옴인 출력저항 : Rout = ∞
- 무한대의 대역폭 : B = ∞ (입력단에 인가된 신호에 포함된 모든 주파수 성분을 증폭할 수 있음을 의미)
- 오프셋(offset) 0인 전압과 전류(기준치로부터 이탈안된 이상적인 경우)
- 온도에 따른 소자 파라미터 변동이 없어야 한다.

입력전압 Vin , 출력전압 Vout, 전압이득 A , 입력저항 Rin, 출력저항 Rout , 그리고 두 개의 전원인 +Vcc와 -Vcc를 보인다.

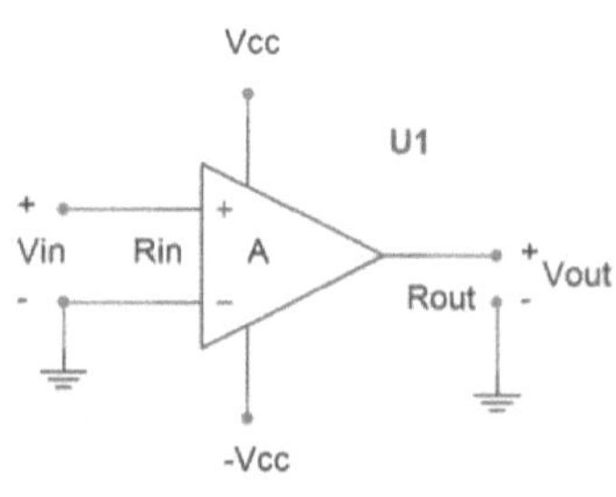

● **상용화된 연산증폭기**

상용화된 연산증폭기로 대표적인 IC인 LM741의 구조이다.

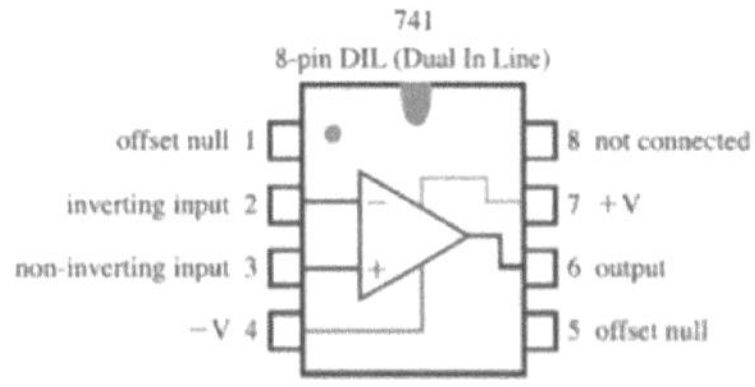

LM741을 이상적인 경우와 비교하였다.

파라미터	LM741	이상적인 경우
개방루프 이득	200,000	∞
입력저항	2 MΩ	∞
입력 바이어스 전류	80 nA	0
출력저항	75 Ω	0
공통모드 제거비	90 dB	∞
단위이득 대역폭	1 MHz	∞

다음 그림은 보드선도(Bode plot)에 의해서 직선화된 741 연산증폭기의 주파수 응답이다.

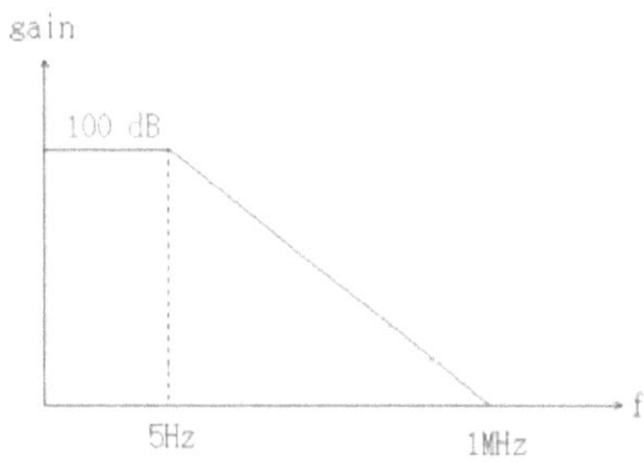

실제적인 연산증폭기는 이상적인 연산증폭기와는 달리 몇 가지의 제약을 받게 된다. 그 중의 하나는 유한한 증폭도와 대역폭이다. 참고로 741 연산증폭기의 경우, 직류 이득은 약 100[dB]이다. 여기서 직류 이득이란 5[Hz]이내의 이득을 가리킨다. 직류 이득으로부터 3[dB] 낮아진 점의 3[dB] 대역폭은 5[Hz]이다. 그리고 이득이 0[dB]인 점의 대역폭은 1[MHz]이다.

● **가상 단락(virtual short)**

두 입력단자 사이의 전압이 0에 가까워 두 단자가 단락(short)된 것처럼 보이지만, 두 단자의 전류 0인 특성을 가진다.

● **가상 접지(virtual ground)**

이상적인 연산증폭기의 전압이득이 무한대이기에, 증폭기 입력단자 간의 전압은 0이 되며 이는 단락을 의미한다. 이 단락 현상을 물리적인 실제적 단락이 아니기에 이를 가상 접지라고 한다.

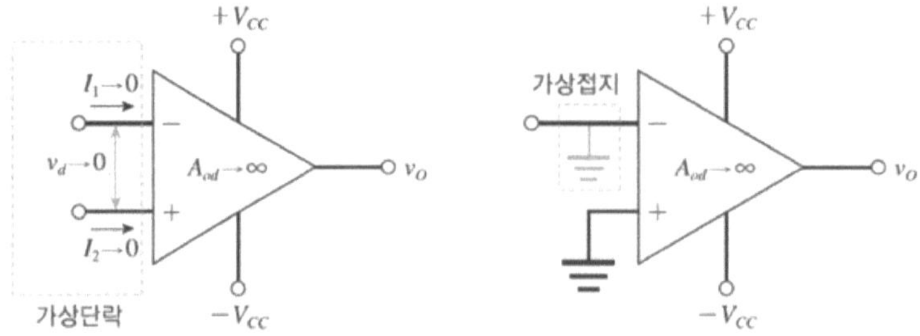

(a) 가상단락 (b) 가상접지

가상단락과 가상접지의 개념

● **반전 증폭기(Inverting Amplifier)**

다음은 반전 증폭기이다.

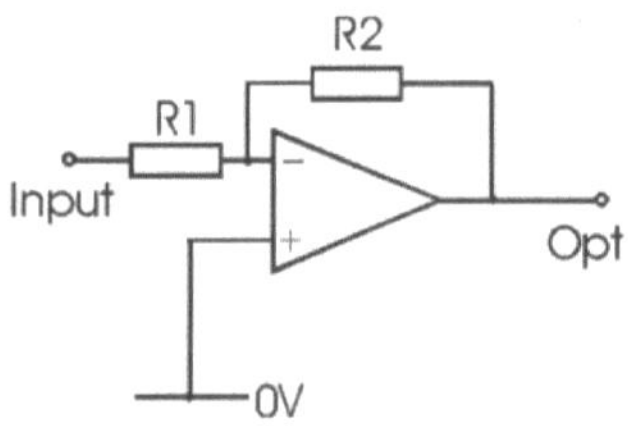

이 회로의 출력은 입력의 180도 뒤집힌 파형이다. 즉, 위상이 반대이다.
이 회로의 이득(Gain)을 구해보면, 이상적인 Op-Amp는 입력 임피더스가 무한대다.

모든 전류는 R1과 R2를 타고 흐르므로, R1과 R2에 흐르는 전류는 같다.
여기에 옴의 법칙을 적용하면 Vout /R2 = -Vin/R1이 된다.
이득 Gain = 출력/입력이므로 다음과 같다.

Gain = -R2/R1

R2보다 R1을 크게 선정하면 증폭기가 아닌 감쇄기로도 동작이 가능하게 된다.
Ideal한 Op-Amp는 이론상 증폭률이 무한대이다.

● **비반전 증폭기(Noninverting Amplifier)**

다음은 비반전 증폭기이다.

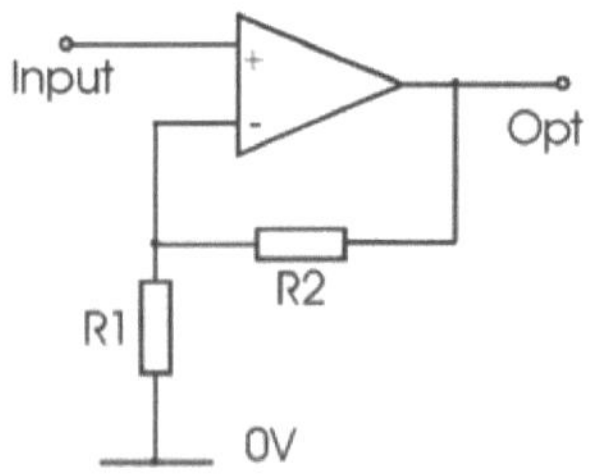

비반전 증폭기는 입력 위상 그대로 출력으로 나온다.

비반전 증폭기에서의 이득도 역시 기본적인 Op-Amp의 성질에 따라 전류는 R1과 R2를 따라 흐른다. 반전 증폭기와 다른 점이 있다면 여기서는 병렬이다.

Vin = Vout x R1 / (R1 + R2)이 된다.

이득 Gain = 출력/입력이므로 다음과 같다.

Gain = 1 + R2 / R1

비반전 증폭기는 최소 1 이상의 증폭률을 가진다.

반전 증폭기와 비반전 증폭기는 상황에 따라 발진회로나 감쇄회로 등으로 선택되어 쓰인다.

2. 실험 목적

비반전 증폭기에서는 입력전압과 출력전압의 위상 차이가 영이고, 반전 증폭기에서는 입력전압과 출력전압의 위상 차이는 역상인 180°가 된다.

- 연산 증폭기의 기본적인 반전 증폭 및 비반전 증폭기에 대한 실습을 한다.
- myRIO 및 LabVIEW 프로그램으로, 증폭된 신호를 관찰한다. 증폭된 신호의 이득을 계산한다.
- 연산 증폭된 이득을 자동적으로 계산하는 프로그램을 작성한다.

3. 실험 준비

다음의 부품을 준비한다.

품명	규격	수량
저항	1kΩ 10kΩ	2 2
OPAMP	LM741	2
브래드보드	myRIO Breadboard	1
와이어	Jumper Kit	1

4. 실험 단계 1 – 반전 증폭(Invering Amplifier)

● **회로 구성 1**

다음과 같이 회로를 구성한다. myRIO에서 A 컨넥터 대신에 C 컨넥터를 사용하는데 이는 ±10V 입력을 지원하기 때문이다.

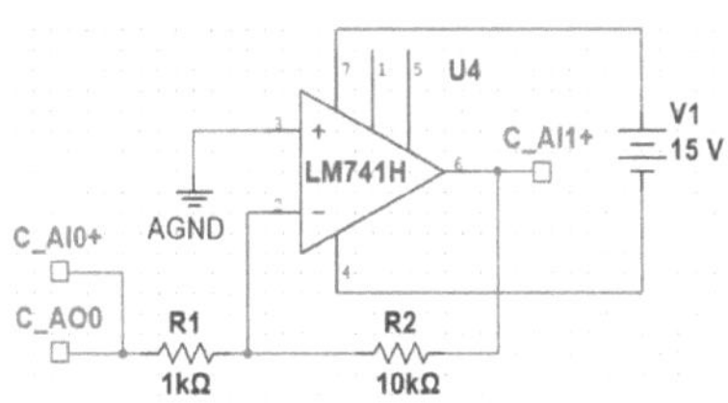

Inverting Amplifier

• 브래드보드 위에, 10배의 이득을 가지는 기본 741 반전 연산 증폭 회로를 구성한다.
• 연산 증폭기는 +15V와 - 15V DC의 두 개의 전원을 사용하는 것에 주의한다.
• AGND, AI0-, AI1-, DGND를 공통으로 연결하고, LM741의 3번 핀과 연결한다.
• AO0를 AI0+에 연결하고 R1과 연결한다. 이는 아날로그 출력 값을 AI0에서 보기 위함이다.

● **LabVIEW 프로그램 작성**

1 LabVIEW의 **Getting Started** 윈도우에서 **Create Project**를 클릭한다.

2 **템플릿▶myRIO**에서 **myRIO Project** 템플릿을 선택한다.

3 Project Name에 **"OPAMP"**를 입력한다.

4 Project Root는 프로젝트를 저장할 위치이다. LabVIEW는 모든 프로젝트 파일 및 VI를 이 디렉토리에 저장한다. 디렉토리에 **"OPAMP"**를 입력한다.

5 Select Target는 myRIO를 컴퓨터와 연결한 상태를 표시한다.

6 프로젝트 탐색기를 다음과 같이 확장한다. **Main.vi**를 **"Main-OPAMP.vi"**로 명칭을 변경한다.

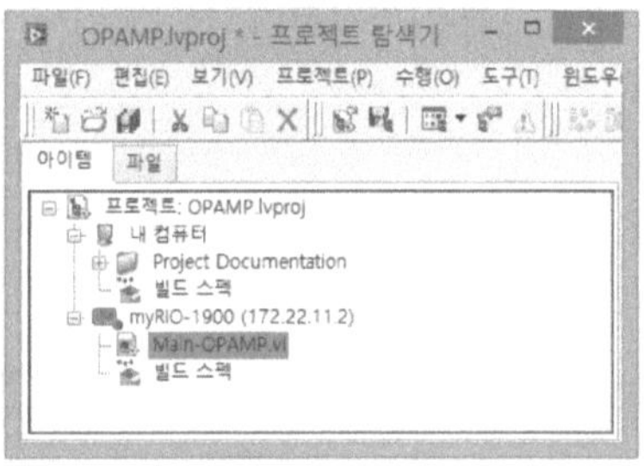

7 **Main-OPAMP.vi**를 더블 클릭해서 오픈한다. LabVIEW가 기본적으로 제공하는 템플릿이 표시된다.

8 **Main Loop** 내부의 프로그램을 수정해서 프로그램을 완성한다.

● **프런트패널**

다음과 같이 프런트패널을 작성한다. 프런트패널에는 원래 출력 신호와 증폭된 신호를 표시하는 차트를 표시한다.

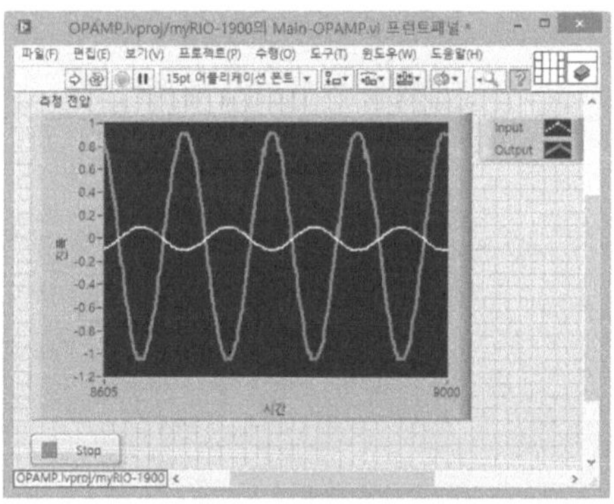

● **블록다이어그램**

다음과 같이 블록다이어그램을 수정한다.

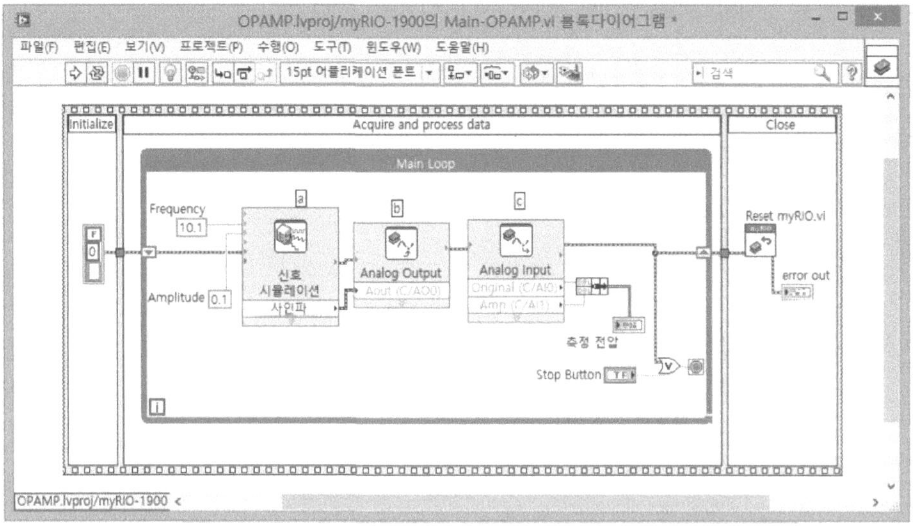

[a] **"신호 시뮬레이션"** 함수는 사인파, 사각파, 삼각파, 톱니파, 또는 노이즈 신호를 시뮬레이션한다. 여기서는 주파수 10.1Hz, 진폭 0.1V의 sine파를 출력하게 하였다.

[b] 아날로그 출력 익스프레스 VI를 이용해서 블록다이어그램을 작성한다. 다음과 같이 아날로그 출력을 설정하고 "OK" 버튼을 클릭한다.

- Channel: C/AO0
- Custom Channel Name: Vout

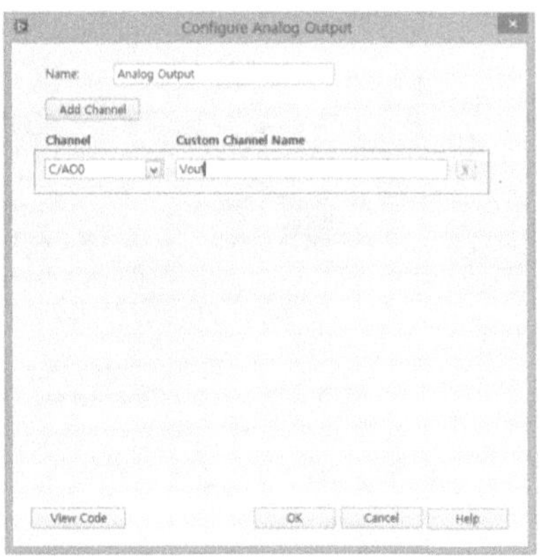

[c] 아날로그 입력 익스프레스 VI를 이용해서 블록다이어그램을 작성한다. 다음과 같이 아날로그 입력을 설정하고 "OK" 버튼을 클릭한다.

- Channel: C/AI0~C/AI1
- Custom Channel Name: Original, Amp

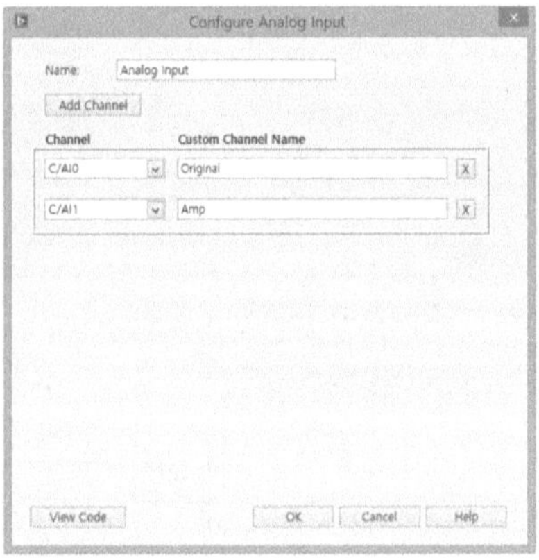

- **프로그램 실행 1**
- 도구 모음에 있는 Run 버튼을 클릭하거나 Ctrl과 R을 동시에 눌러서 VI를 실행한다.
- 입력 전압 및 연산 증폭기 출력 전압이 나타나는 것을 관찰한다.
- 연산 증폭기 입력과 출력의 진폭을 측정한다. 출력 신호가 입력에 대해 반전된 것에 주목한다. 이것은 반전 증폭기에 의한 결과임을 알 수 있다.
- 이상적인 연산 증폭기 모델을 사용해서 회로의 gain을 계산한다.

Calculated Vout/Vin = ______________

5. 실험 단계 2 – 비반전 증폭(Noninvering Amplifier)

- **회로 구성 2**

다음과 같이 비반전 증폭회로를 재구성한다.

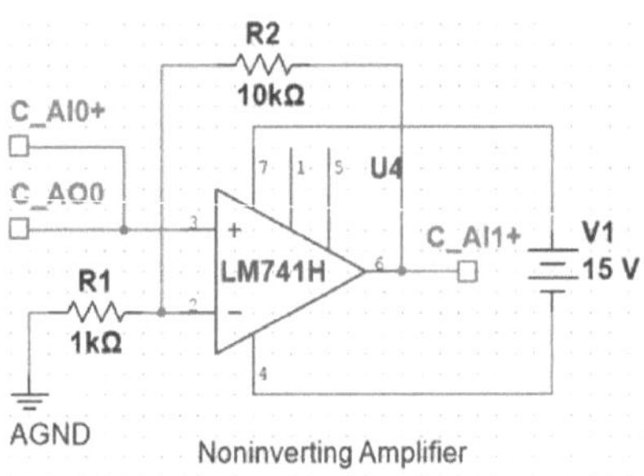

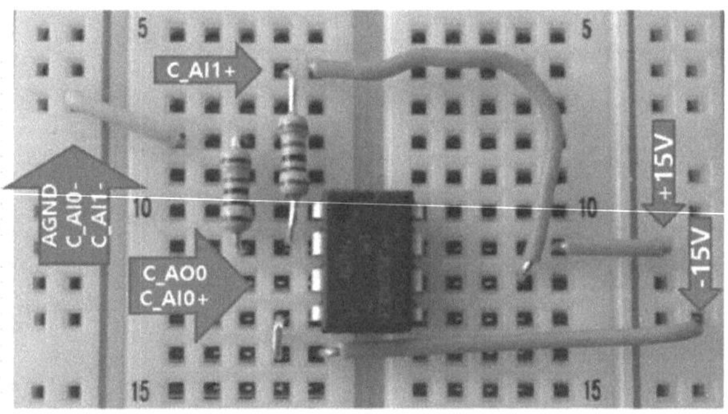

- **프로그램 실행 2**
- 동일한 Main–OPAMP.vi를 실행한다.

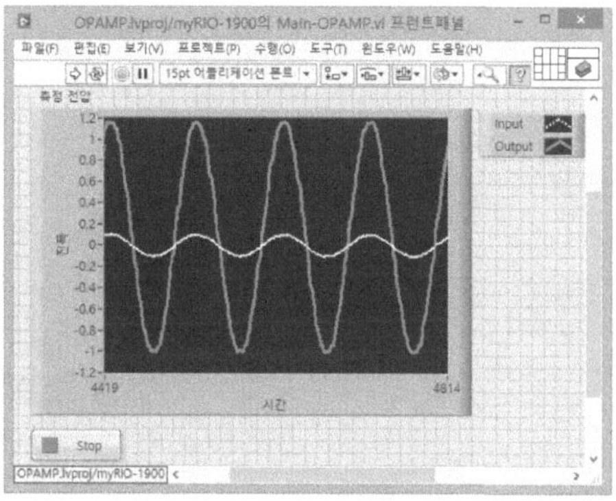

- 10배 증폭된 것을 확인한다.
- 이상적인 연산 증폭기 모델을 사용해서 회로의 gain을 계산한다.

Calculated Vout/Vin = ______________

6. 실험 결과 및 과제

다음과 같이 프로그램을 수정해서 gain을 자동적으로 구하는 프로그램을 완성한다. 실험에 사용된 저항은 1kΩ과 100kΩ이기에 약 10근처의 gain 값을 얻는다.

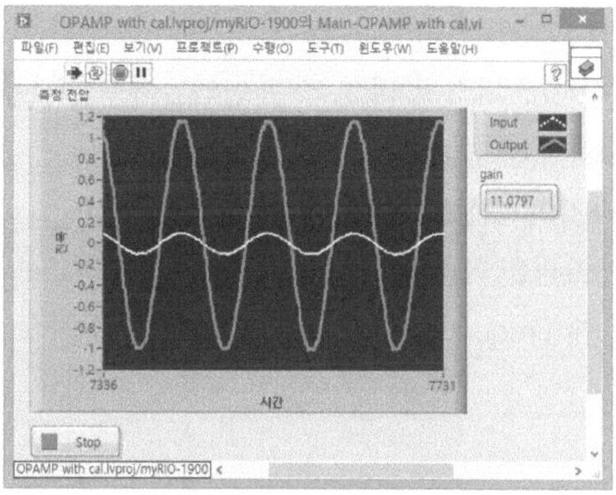

다음은 작성한 블록다이어그램이다.

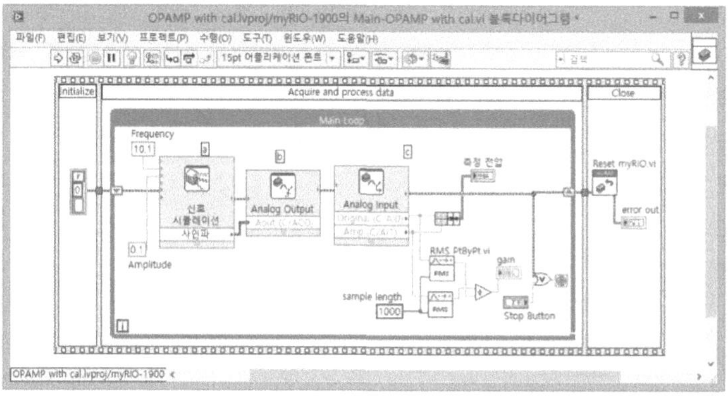

예제 9-13 버저/스피커의 응용

1. 기본 이론

버저(buzzer) 또는 비퍼(beeper)는 소리 신호 알림 장치이며, 기계, 전자기계, 압전 방식으로 되어 있다.

압전 버저(Piezzo Buzzer)

버저의 내부에는 흰색 디스크가 있다. 인가되는 전압이 진동하면 디스크가 진동하여 소리를 생성한다. 역으로 디스크를 진동하면 전압이 생성되는데, 이때는 가속도 센서 등에 활용할 수 있다.

버저의 동작은 가청 주파수 범위 이상의 신호음을 생성할 수 있다. 스피커 코일은 전원을 켰을 때 80mA에서 5V의 전압을 유지하도록 on-off 작동이 설계되어 있다. 따라서 디지털 출력에서 생성된 사각파를 스피커가 주기적으로 발산하는 PWM 방식이 스피커를 작동하는 가장 간편한 방법이다. 코일을 구동하려면 트랜지스터 기반의 인터페이스 회로가 필요하다.

2. 실험 목적

- myRIO 및 LabVIEW 프로그램으로, 버저/스피커에 대한 표준 인터페이스 회로를 구현하고 버저/스피커가 올바르게 작동하는지 검사한다.
- 버저의 내부 구조를 이해하고, 압전 소자의 특성에 대해 이해한다.
- 가속도 센서와 버저의 동작 특성의 차이점을 파악하다.
- LabVIEW 프로그래밍 기법을 통해 음계(Frequencies of Musical Notes and Octaves) 신호를 출력하는 연습을 한다.

3. 실험 준비

다음의 부품을 준비한다.

품명	규격	수량
버저	GEC090	1
다이오드	IN4001	1
트랜지스터	2N3904, NPN	1
저항	1kΩ	1
브래드보드	myRIO Breadboard	1
와이어	Jumper Kit	1

4. 실험 단계

● 회로 구성

다음과 같이 회로를 구성하고, 브래드보드에 부품을 탑재한다. 다이오드 및 트랜지스터는 방향성이 있기에, 신중하게 탑재한다.

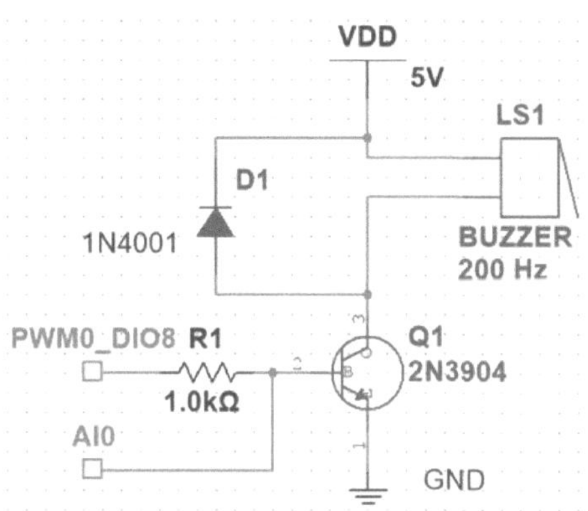

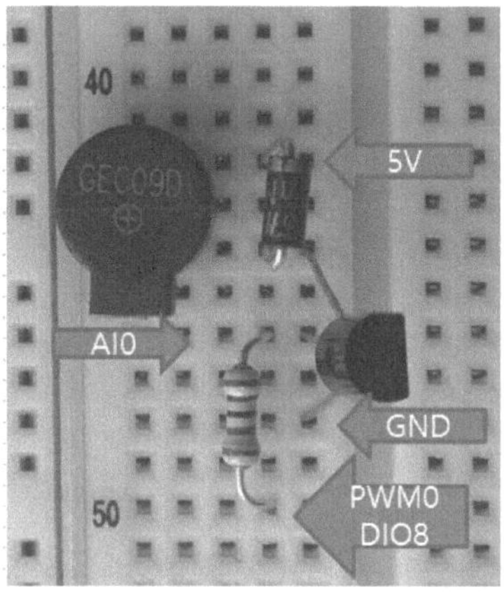

● LabVIEW 프로그램 작성

1. LabVIEW의 **Getting Started** 윈도우에서 **Create Project**를 클릭한다.

2. **템플릿▶myRIO**에서 **myRIO Project** 템플릿을 선택한다.

3. Project Name에 **"BUZZER"**를 입력한다.

4. Project Root는 프로젝트를 저장할 위치이다. LabVIEW는 모든 프로젝트 파일 및 VI를 이 디렉토리에 저장한다. 디렉토리에 **"BUZZER"**를 입력한다.

5. Select Target는 myRIO를 컴퓨터와 연결한 상태를 표시한다.

6. 프로젝트 탐색기를 다음과 같이 확장한다. **Main.vi**를 **"Main-BUZZER.vi"**로 명칭을 변경한다.

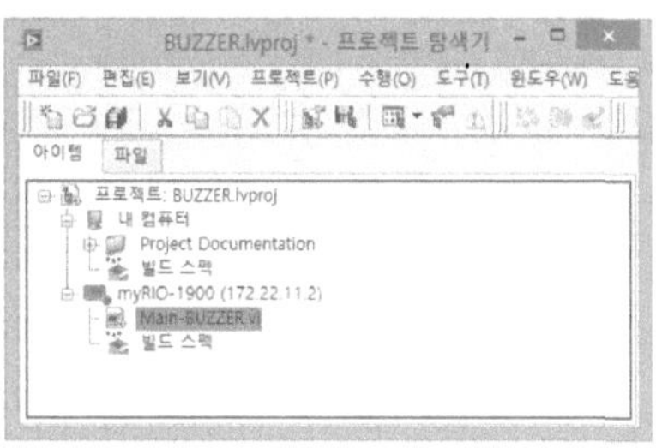

7. **Main-BUZZER.vi**를 더블 클릭해서 오픈한다. LabVIEW가 기본적으로 제공하는 템플릿이 표시된다.

8. **Main Loop** 내부의 프로그램을 수정해서 프로그램을 완성한다.

● 프런트패널

다음과 같이 프런트패널을 작성한다. 프런트패널에는 PWM 주파수를 가변하기 위한 **"수직 채움 슬라이드"** 및 PWM 파형을 보기 위한 **"웨이브폼 차트"**가 있다.

● 블록다이어그램

다음과 같이 블록다이어그램을 수정한다.

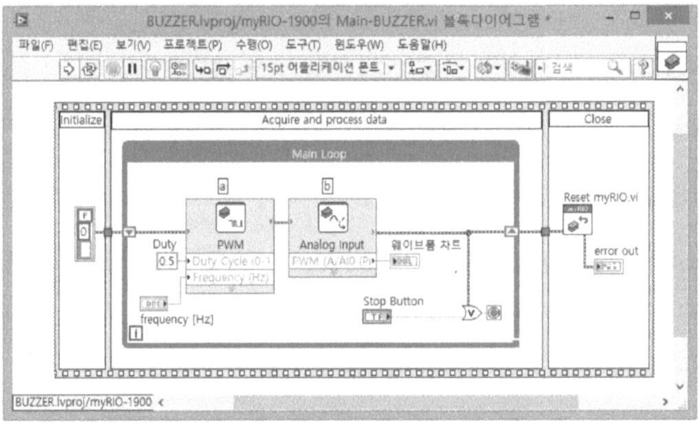

a PWM 익스프레스 VI를 이용해서 블록다이어그램을 작성한다. 다음과 같이 PWM을 설정하고 "OK" 버튼을 클릭한다.

- Channel: A/PWM0

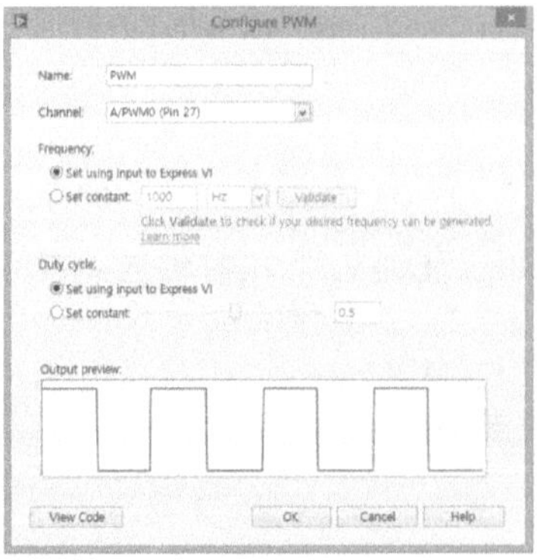

b 아날로그 입력 익스프레스 VI를 이용해서 블록다이어그램을 작성한다. 다음과 같이 입력을 설정하고 "OK" 버튼을 클릭한다. 여기서는 PWM 신호를 아날로 신호로 입력 받아서 듀티 및 주파수를 관찰한다.

- Channel: A/AI0
- Custom Channel Name: PWM

● 프로그램 실행

- 도구 모음에 있는 Run 버튼 ⇨ 을 클릭하거나 Ctrl과 R을 동시에 눌러서 VI를 실행한다.
- 프런트패널에서 PWM "frequency" 값을 변경해본다. 주파수 값이 증가함에 따라, 사운드는 어떻게 변하는가?
- 차트에 표시되는 PWM 신호를 관찰한다.

5. 실험 결과 및 과제

정상적으로 버저가 동작한다면, LabVIEW 프로그램을 수정해서 멜로디를 출력해본다. 계명 별로 고유 주파수를 갖고 있기에, 이를 이용하면 음계를 출력할 수 있다.

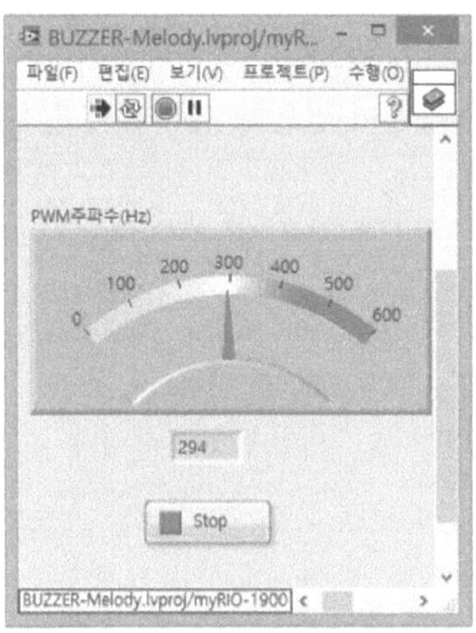

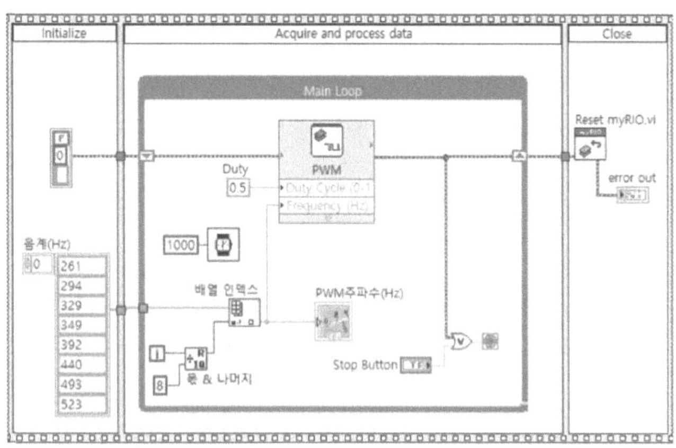

예제 9-14 555 타이머 IC를 이용한 4비트 디지털 카운터 만들기

1. 기본 이론

555 타이머는 기본적으로 타이머의 역할을 하며 타임 영역은 수십 us~수십 분이다. 단순타임 사용 및 반복타임으로 사용할 수 있다. 발진기(구형파) 및 PWM 제어 등으로 사용할 수 있으며, 무궁무진한 어플리케이션을 만들 수 있다.

555는 응용회로 설계에 사용하기에 아주 편리한 특성을 가지고 있다. 우선 외관적으로 8핀뿐이고, 동작하는 전압의 범위도 4~15V로 신축성이 있어 까다롭지 않고, 동작 주파수 범위도 1/50Hz에서 1MHz까지 넓은 영역에서 동작한다. 온도특성도 50ppm/℃로 아주 우수한 편이며, 회로의 동작은 555 외부에 자리잡은 저항(R), 캐패시터(C) 값과 연결 방법만으로 정해진다. 이와 같이 555를 사용한 회로의 안정성과 정확도는, 555 IC 외부의 저항(R)과 캐패시터(C)의 특성에만 의존하므로 쉽게 고급기능의 회로를 만들 수 있다는 장점이 있다. 이런 이유들로 555는 어디에서나 발견할 수 있는 IC가 되었다.

555 Timer IC의 응용회로는 연속발진 회로와 펄스회로, 두 가지로 크게 나누어진다.

연속발진(Astable circuit) 회로는 동일한 주기의 구형파(사각모양의 신호파)를 무한히 발생시키는 회로로 수많은 응용분야를 가지고 있다. 대표적인 사례로 일정한 높이의 소리를 발생시키는 회로를 들 수 있다

펄스 발생(Monostable circuit) 회로는 최소 10ms에서 최장 1시간 이상의 폭을 가진 단일 펄스를 생성할 수 있으므로 트리거 회로나 기준신호 발생 등 다양한 응용분야에서 활약하고 있다. 대표적인 사례로는 타이머 회로를 들 수 있다

555 Timer IC의 작동을 확인할 수 있는 회로를 만들어본다. 555 IC를 사용하여 회로를 만들려면, 우선 사용하려고 하는 555가 정상적으로 동작한다는 확신이 필요하다. 다음과 같은 회로를 고려한다. 2개의 LED가 번갈아가면서 점등/점멸해야만 된다.

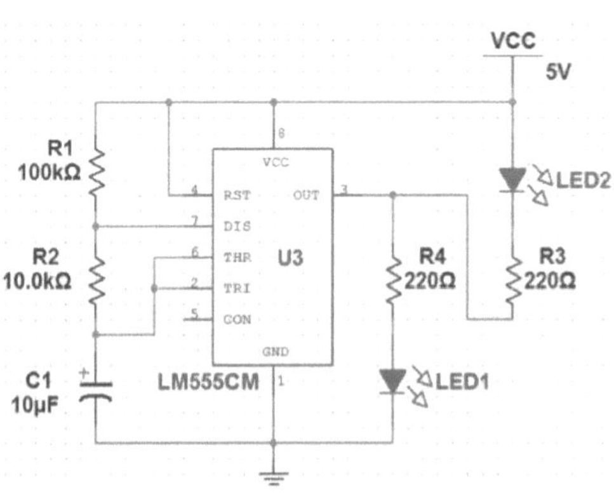

회로에 대한 대략적인 설명은 다음과 같다.
R3, R4는 LED에 흐르는 전류를 제한하기 위해 사용하였다.

LED 점등 원리는 다음과 같다. 즉, 전원을 가하면 R1과 R2를 통해서 C1이 충전이 되며, 드레시홀드에 걸리는 전압이 점점 높아진다. 이 상태에서는 3번 단자에서의 출력이 HIGH가 된다.(이때는 GND 측에 연결된 LED가 켜짐). 드레시홀드 단자에 걸리는 전원전압의 2/3이 넘게 되면 충전은 멈추고 출력은 LOW가 되면서 Discharge 단자로 C1에 충전된 전하가 방전되기 시작한다. 이때는 VCC 측에 연결된 LED가 켜지게 된다. 다시, C1의 전압이 점점 낮아져서 전원전압의 1/3이 되면 트리거 단자에 신호가 가해져서 다시 출력이 HIGH가 되고, 앞서 설명한 과정이 반복되어 LED가 깜빡거리게 된다.

GND 측에 연결된 LED가 켜지는 시간은 대략적으로 THIGH = 0.693(R1 + R2) * C1이며,
VCC 측에 연결된 LED가 켜지는 시간은 대략적으로 TLOW = 0.693 * R2 * C1이 된다.

캐패시터의 용량이 커지면 당연히 주기(T)도 길어진다. 이 회로는 자전거용 점멸등에 사용할 수 있다.

카운터(counter)는 신호를 입력할 때마다 회로 내부에 저장하고 있는 값을 +1(점증: increment)하거나 -1(점감: decrement)하는 회로를 말한다. 점증동작 회로를 상향 카운터(up counter), 점감동작 회로를 하향 카운터(down counter)라 한다.

74LS93은 비동기식 상향 카운터이다. 74LS93은 2진 카운터와 8진 카운터가 독립적으로 내장되어 있다. 입력을 연결하는 방법에 따라, 다양한 방법으로 사용할 수 있다.

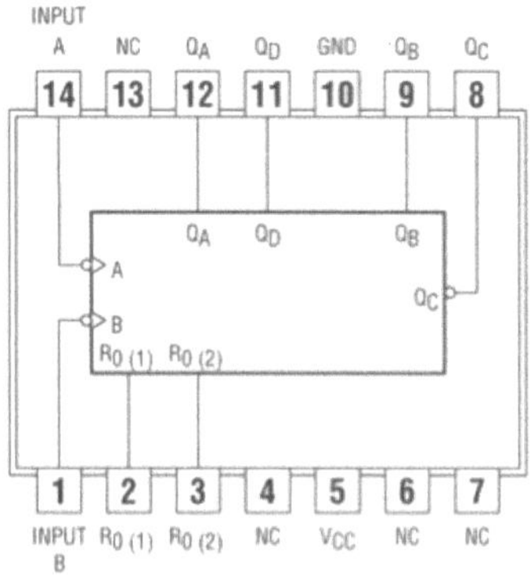

비동기식 카운터는 첫 번째 플립플롭의 CP(clock pulse) 입력에만 클럭 펄스가 입력되고, 다른 플립플롭은 각 플립플롭의 출력을 다음 플립플롭의 CP 입력으로 사용한다. 다음의 논리 회로도를 참조한다.

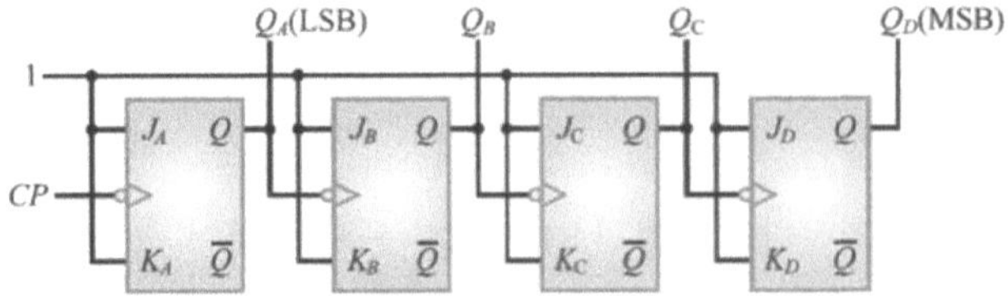

논리 회로도

각 플립플롭은 클록펄스의 하강에지에서 변화한다. QA에서는 입력 클럭 주파수의 1/2, QB에서는 1/4, QC에서는 1/8, QD에서는 1/16 주파수를 갖는 구형파가 얻어진다.

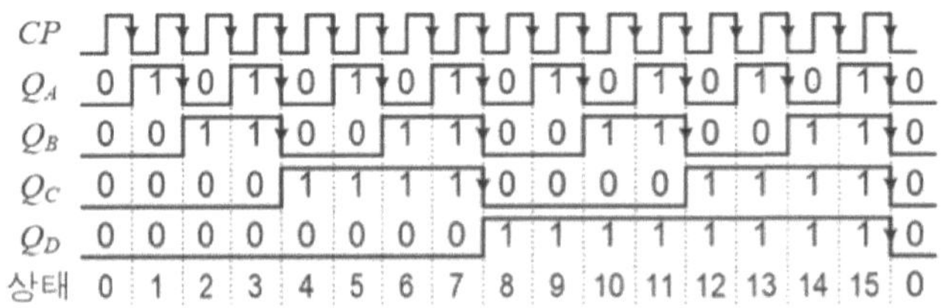

타이밍 도

2. 실험 목적

- 산업에 매우 광범위하게 사용되는 555 타이머의 유용한 기능을 이해하고, 대표적인 어플리케이션을 제작해본다.
- myRIO 및 LabVIEW 프로그램으로, 555 타이머에서 연속 발진으로 발생하는 펄스 신호를 모니터링한다.
- 카운터의 원리를 실험을 통해 터득한다.
- 555 타이머 출력과 myRIO의 PWM 출력과 비교해 실험한다.

3. 실험 준비

다음의 부품을 준비한다.

품명	규격	수량
LED	5파이 LED(적색) 5파이 LED(녹색)	1 1
캐패시터	전해 캐패시터 10uF	1
저항	220Ω 10kΩ 100kΩ	2 1 1
타이머 IC	LM555 Timer	1
카운터 IC	74LS93, 4-BIT BINARY COUNTER	1
브래드보드	myRIO Breadboard	1
와이어	Jumper Kit	1

4. 실험 단계

● 회로 구성

다음과 같이 회로를 구성한다.

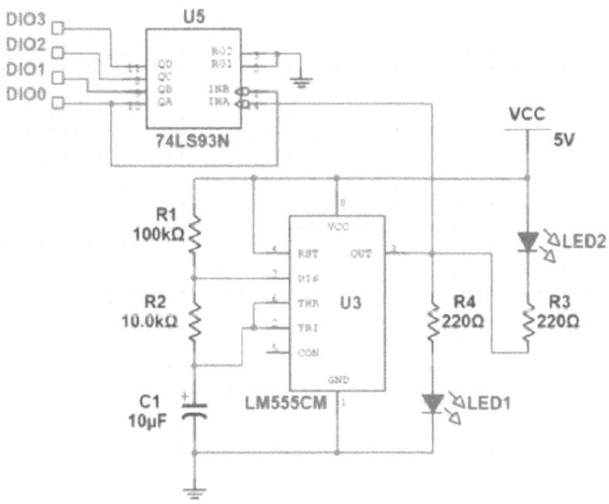

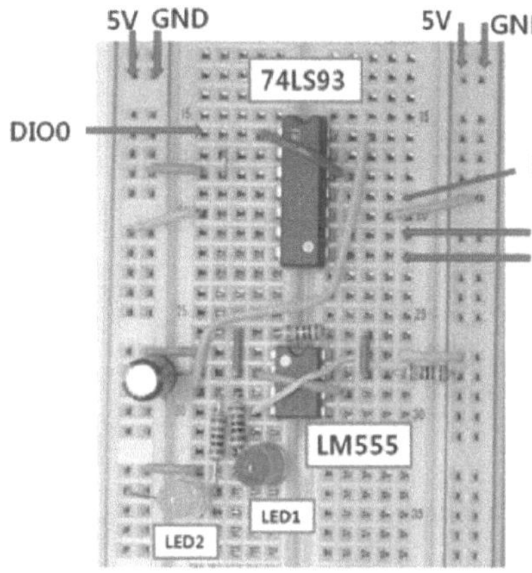

- 555 디지털 클럭 회로 옆에 74LS93 카운터(비동기식)를 브래드보드에 탑재해 회로를 구성한다. 이 칩은 2진 카운터와 8진 카운터가 내장되어 있다.
- 555 타이머 3번 핀 출력단자에 LED 2개를 사용하여 출력파형의 High 상태와 Low 상태를 모두 모니터링할 수 있도록 하였다.

● LabVIEW 프로그램 작성

1. LabVIEW의 **Getting Started** 윈도우에서 **Create Project**를 클릭한다.
2. **템플릿▶myRIO**에서 **myRIO Project** 템플릿을 선택한다.
3. Project Name에 **"555TIMER"**를 입력한다.
4. Project Root는 프로젝트를 저장할 위치이다. LabVIEW는 모든 프로젝트 파일 및 VI를 이 디렉토리에 저장한다. 디렉토리에 "555TIMER"를 입력한다.
5. Select Target는 myRIO를 컴퓨터와 연결한 상태를 표시한다.
6. 프로젝트 탐색기를 다음과 같이 확장한다. **Main.vi**를 **"Main–555Timer.vi"**로 명칭을 변경한다.

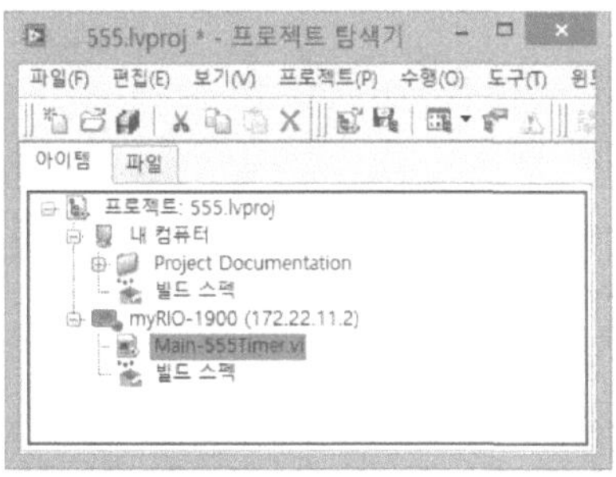

7 **Main-555Timer.vi**를 더블 클릭해서 오픈한다. LabVIEW가 기본적으로 제공하는 템플릿이 표시된다.

8 **Main Loop** 내부의 프로그램을 수정해서 프로그램을 완성한다.

● 프런트패널

다음과 같이 프런트패널을 작성한다. **"4비트 불리언"**은 1차원 불리언 배열 인디케이터이다. 또한, "74LS93 signals"는 웨이브폼 차트로 **"다층 플롯"** 타입을 선택하였다.

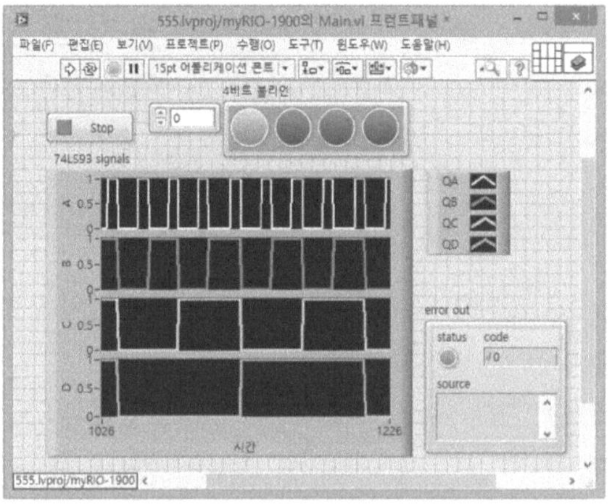

● 블록다이어그램

다음과 같이 블록다이어그램을 수정한다.

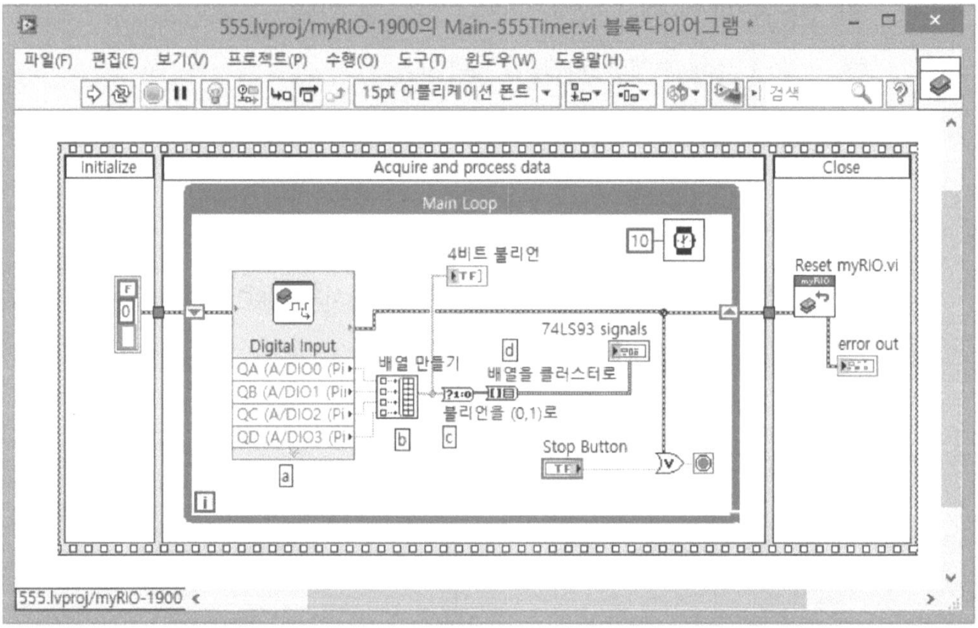

a 디지털 입력 익스프레스 VI를 이용해서 블록다이어그램을 작성한다. 다음과 같이 디지털 입력을 설정하고 "OK" 버튼을 클릭한다.

- Channel: A/DIO0~A/DIO3
- Custom Channel Name: QA, QB, QC, QD

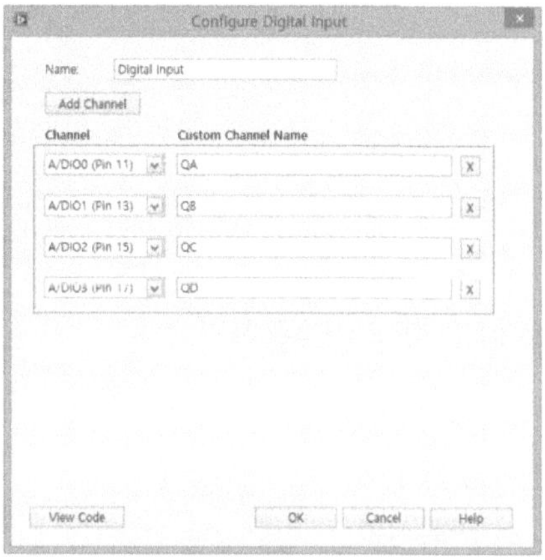

블록다이어그램에 사용된 주요 함수는 다음과 같다.

배열 만들기 함수는 복수의 배열을 연결하거나 원소를 n차원의 배열에 추가한다.

불리언을 (0,1)로 VI는 불리언 값을 숫자 0,1로 변경한다. 변경된 숫자는 차트에 표시할 때 필요하다.

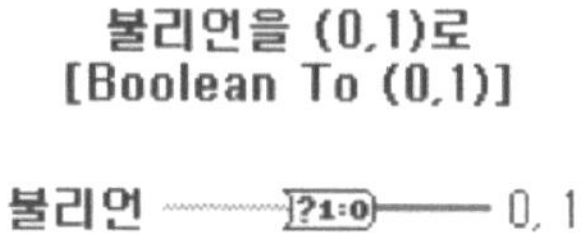

배열을 클러스터로 VI는 1차원 배열을 클러스터로 변경한다. 기본 클러스터의 크기는 9이다. 팝업 후 클러스터 크기를 4로 조절하면 4개의 데이터만 차트에 표시된다.

● **프로그램 실행**

- 도구 모음에 있는 Run 버튼 ⇨을 클릭하거나 Ctrl과 R을 동시에 눌러서 VI를 실행한다.
- 2진 카운터에 출력되는 디지털 값을 관찰한다. 카운터되는 원리를 이해한다.

5. 실험 결과 및 과제

555 타이머 대신에, myRIO에 탑재된 PWM 신호를 카운터 입력으로 사용한다. PWM 주파수를 변경하면서 카운터 파형을 관찰한다. 동일한 결과가 나타나는지 확인한다.

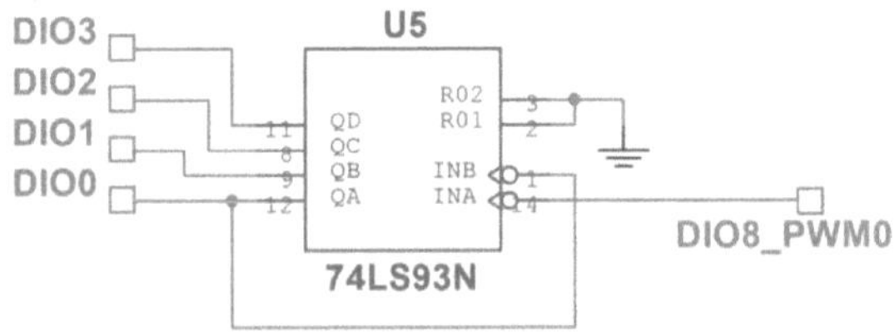

예제 9-15 555 타이머의 PWM으로 LED 배열 컨트롤하기

1. 기본 이론

PWM은 펄스 변조(Pulse modulation) 방식의 일종으로, 변조 신호의 크기에 따라서 펄스의 폭을 변화시키는 방식이다. 다음 그림과 같이 신호파의 진폭이 클 때는 펄스의 폭이 커지고, 진폭이 작을 때는 펄스의 폭이 작아진다. 이때 펄스의 위치와 진폭은 변하지 않는다. PWM의 장점으로는 열에너지로 손실되는 대부분의 에너지를 펄스 폭으로 변조시켜 효율을 극대화할 수 있다.

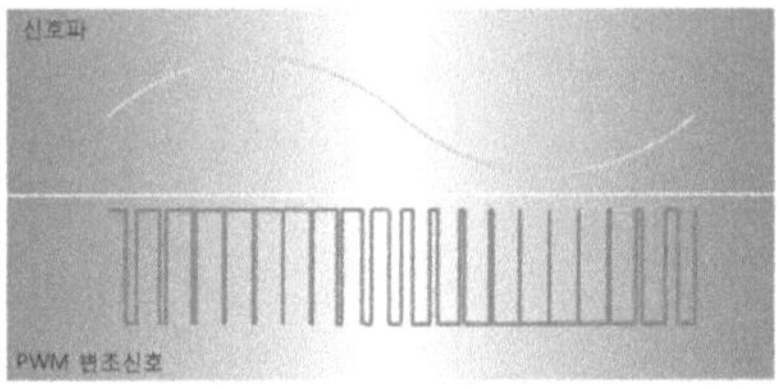

PWM의 특징은 주파수는 그대로 두고 펄스 폭만 변화시키며 펄스의 듀티비를 변화하여 파워를 조절한다. T(주기)=1/Fsw(스위칭 주파수)이다.

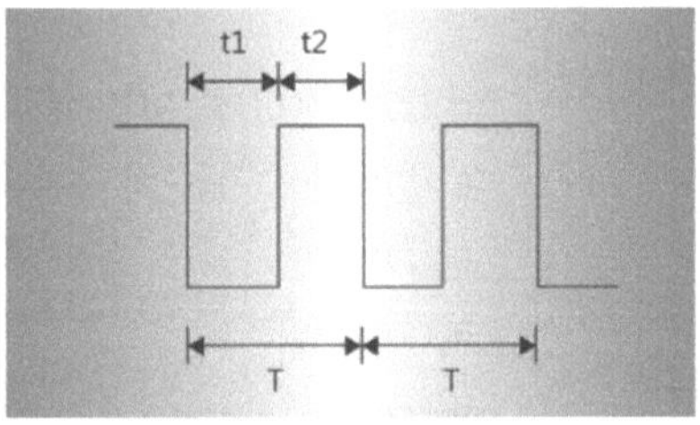

PWM의 기본 개념 및 myRIO를 이용한 PWM 생성에 대한 이론을 설명한다. PWM의 응용 영역은 매우 광범위하기에, 여기에서는 중요한 기본 개념을 명확히 연습한다.

듀티 사이클은 한 주기에서 ON의 비율을 %로 나타낸 것으로, ON/OFF의 비율에 따라 평균 전압이 결정된다. 모터를 동작할 때 듀티 사이클 비율이 높게 되면 모터로 전달되는 평균 전압이 증가하여 파워가 높아진다. 즉, 듀티 사이클을 크게 하면 모터의 속도를 증가시킬 수 있다.

다음 그림은 다양한 듀티 사이클의 PWM 신호를 표시한다.

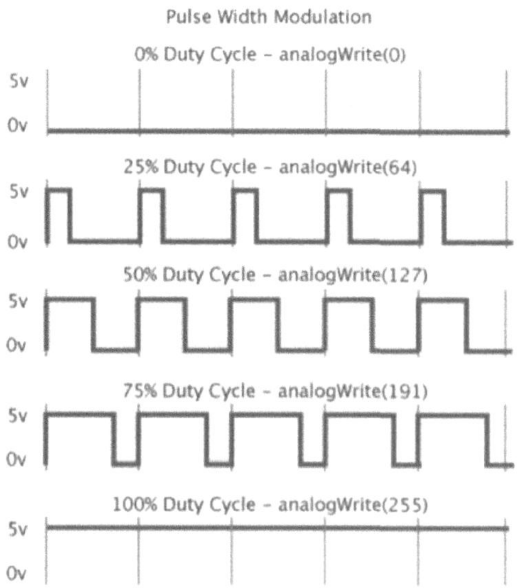

그림: 다양한 듀티에 의한 PWM 신호

2. 실험 목적

- 555 타이머를 이용해서 PWM 신호를 만들고 듀티비를 조절함으로써 LED의 밝기를 조절하는 연습을 한다.
- myRIO 및 LabVIEW 프로그램으로, 가변저항 값을 변경해 보면서 변경되는 듀티 사이클을 모니터링한다.
- 듀티비를 변경할 때 LED 조명 밝기와의 상관 관계를 실험한다.
- myRIO로 PWM 신호를 생성하고, 듀티비를 변경해 본다. 듀티비가 변할 때 DC 값의 변화를 관찰한다.

3. 실험 준비

다음의 부품을 준비한다.

품명	규격	수량
LED	5파이 LED(적색) 5파이 LED(녹색)	2 2
캐패시터	세라믹 캐패시터, 0.1 uF	1
저항	100Ω 1kΩ	2 1
가변저항	10kΩ	1
타이머 IC	LM555 Timer	1
다이오드	1N4001	2
트랜지스터	2N3904, NPN	1
브래드보드	myRIO Breadboard	1
와이어	Jumper Kit	1

4. 실험 단계

● 회로 구성

다음과 같이 회로를 구성한다. 트렌지스터, LED, 다이오드를 사용할 때는 방향에 유의한다.

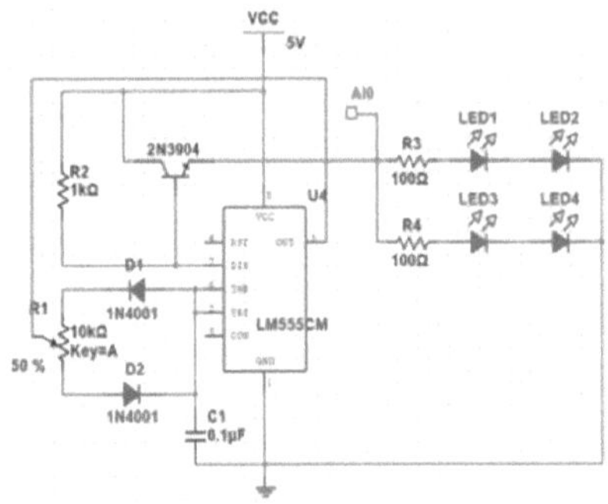

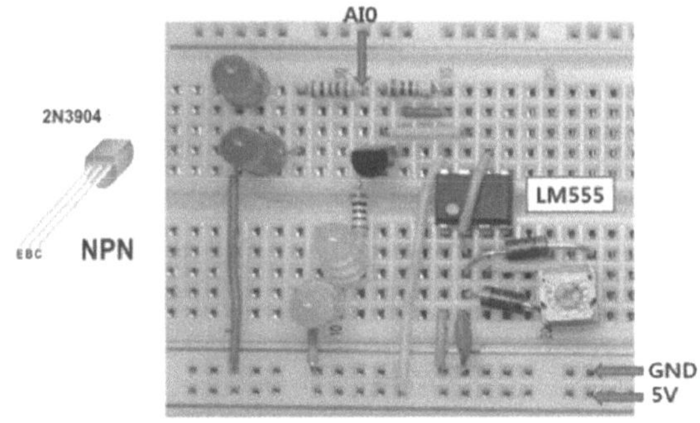

● LabVIEW 프로그램 작성

1. LabVIEW의 **Getting Started** 윈도우에서 **Create Project**를 클릭한다.

2. **템플릿▶myRIO**에서 **myRIO Project** 템플릿을 선택한다.

3. Project Name에 **"PWM"**를 입력한다.

4. Project Root는 프로젝트를 저장할 위치이다. LabVIEW는 모든 프로젝트 파일 및 VI를 이 디렉토리에 저장한다. 디렉토리에 **"PWM"**를 입력한다.

5. Select Target는 myRIO를 컴퓨터와 연결한 상태를 표시한다.

6. 프로젝트 탐색기를 다음과 같이 확장한다. **Main.vi**를 **"Main-PWM.vi"**로 명칭을 변경한다.

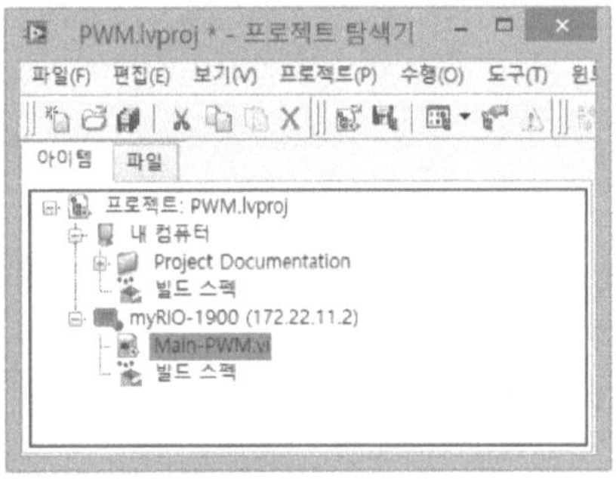

7. **Main-PWM.vi**를 더블 클릭해서 오픈한다. LabVIEW가 기본적으로 제공하는 템플릿이 표시된다.

8. **Main Loop** 내부의 프로그램을 수정해서 프로그램을 완성한다.

- **프런트패널**

다음과 같이 프런트패널을 작성한다. "PWM chart"는 웨이브폼 그래프로, PWM 신호 상태를 보기 위해 사용하였다.

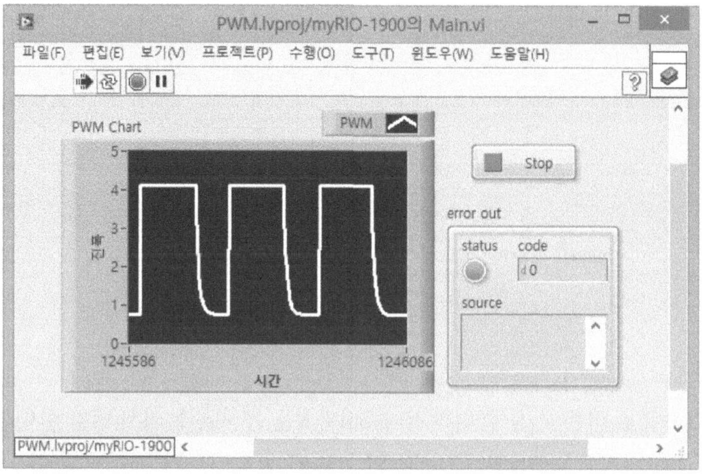

- **블록다이어그램**

다음과 같이 블록다이어그램을 수정한다.

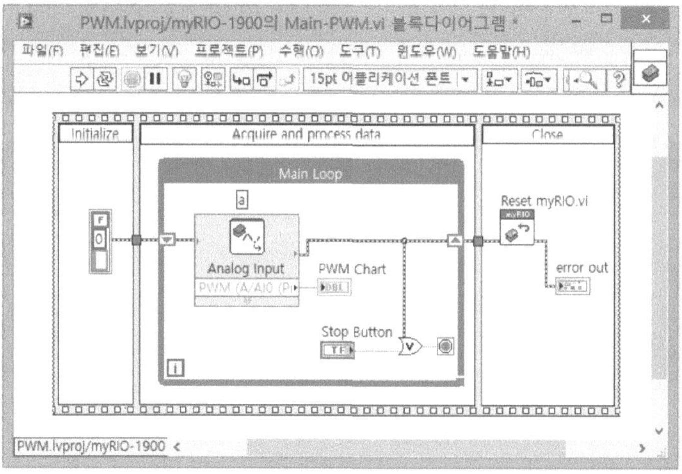

[a] 아날로그 입력 익스프레스 VI를 이용해서 블록다이어그램을 작성한다. 다음과 같이 아날로그 입력을 설정하고 "OK" 버튼을 클릭한다.

- Channel: A/AI0
- Custom Channel Name: PWM

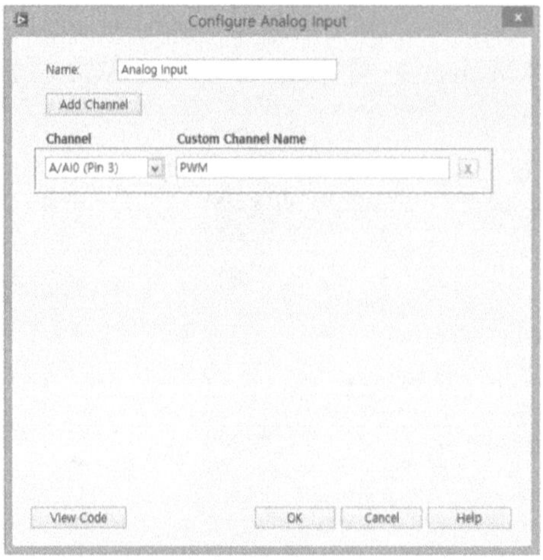

● **프로그램 실행**

- 도구 모음에 있는 Run 버튼 ⇨ 을 클릭하거나 Ctrl과 R을 동시에 눌러서 VI를 실행한다.
- 브래드보드의 가변저항을 조절해본다. 펄스의 듀티가 변경되는지 확인하다. 듀티 비율에 따른 LED의 밝기는 어떻게 변하는지 확인한다.

5. 실험 결과 및 과제

듀티가 변하면 평균 전압이 변하며, LED의 밝기가 변한다. myRIO의 PWM 출력의 듀티를 변경할 때 평균 전압이 어떻게 변하는지 확인한다. 다음과 같이 프로그램을 수정해서, 평균값을 구한다.

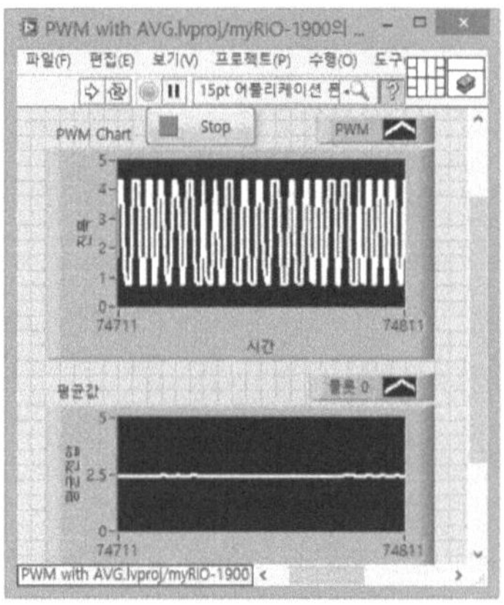

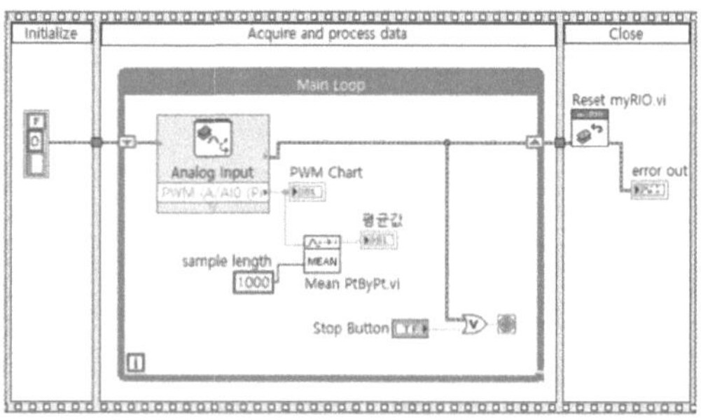

예제 9-16 서보 모터 구동

1. 기본 이론

서보 모터는 일반적인 DC 모터와 달리 펄스의 주기로 정, 역, 정지의 동작을 하는 특수 모터이다. 서보 모터는 작동 방법이 간단하고 360도 회전하지 않고 대략 180도 정도 회전이 필요한 곳에 사용한다. 이러한 특성 때문에 RC 서보 모터는 RC 자동차의 앞 바퀴의 조향이나 RC 헬리콥터의 로터 및 뒤 날개 등을 제어할 때 사용한다. RC 서보 모터는 펄스 폭에 의해 각도를 조절하는 모터로 내부적으로 센서가 필요 없다.

서보 모터의 종류는 아날로그 서보 및 디지털 서보로 구분된다.

- **아날로그 서보**: 원하는 각도에서 서보를 멈춘 채로 고정하려면, PWM 신호를 연속해서 계속 준다.
  펄스폭으로 위치(각도)를 제어하는 부품으로, 위치 피드백을 내부에서 구성하고 있으므로 외부에서의 처리가 불필요하다.

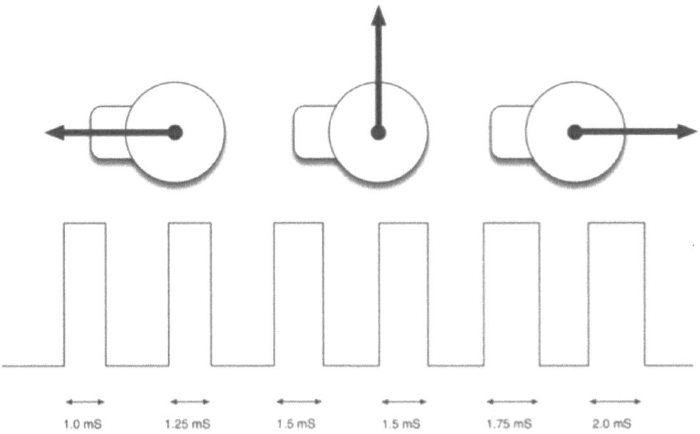

  0.7ms 이하이면 0도(좌측으로 90도)
  1.5ms 에서는 90도(중심)
  2.3ms 이상에서는 180도(우측으로 90도)

- **디지털 서보**: 한 번 원하는 각도의 PWM 신호를 주면, 다음 신호가 있을 때까지 그 각도를 유지하고 있다. 최근 로봇전용으로 RS-232, RS-422 등을 지원하는 서보도 있다.

서보 모터의 구조는 직류 모터의 회전축에 감속기어를 연결하고 여러 번 감속된 기어의 마지막 회전축을 외부로 인출하고 있다. 인출된 마지막 회전축의 내부에는 가변저항을 연결하여 이 회전축이 움직인 각도만큼 따라서 움직이는 가변저항의 저항값을 내장된 전자회로에 되먹여 입력된 펄스폭에 비례하는 각도를 출력한다.

서보 모터는 작은 크기로 좌우 90도 이내의 각도를 움직이므로 커다란 감속비를 채용하여 상대적으로 큰 힘을 낼 수 있으며 토크는 2.5*kg/cm*, 속도는 0.2~0.9초/60도 정도의 성능을 가진다. 또한 RC 비행기에 조립하기 위해 가벼운 재질로 만들어져 있다.

일반적인 서보 모터의 구조는 다음과 같다.

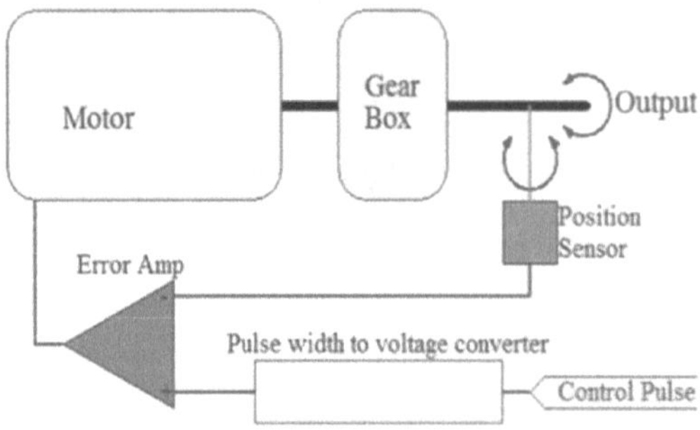

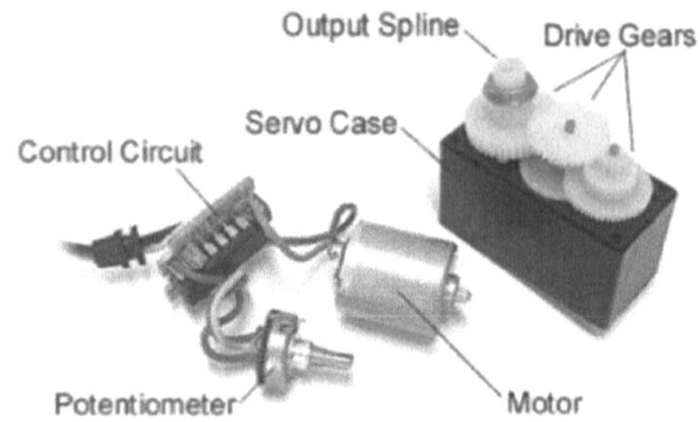

2. 실험 목적

서보를 자동으로 앞뒤로 움직이게 만들어보고, 포텐셔미터를 추가하여 서보의 포지션을 제어한다.

- myRIO 및 LabVIEW 프로그램으로, 서보 모터를 구동하는 실험을 한다. myRIO의 PWM 출력을 이용해서 서보 모터를 구동한다.
- 서보 모터의 구조를 이해한다.
- 서보 모터 구동에 필요한 다양한 펄스 주파수에 대해 이해한다.
- 서보 모터의 위치를 PWM 대신에 포텐셔미터로 조절하는 실습을 한다.

3. 실험 준비

다음의 부품을 준비한다.

품명	규격	수량
서보 모터	HES-288(standard servo)	1
캐패시터	전해 캐패시터 220uF	1
브래드보드	myRIO Breadboard	1
와이어	Jumper Kit	1

4. 실험 단계

● 회로 구성

다음과 같이 회로를 구성한다. 서보 모터가 많은 전력을 끌어다 쓰면, myRIO가 오동작할 수 있다. 이러한 현상을 방지하려면 캐패시터를 추가한다.

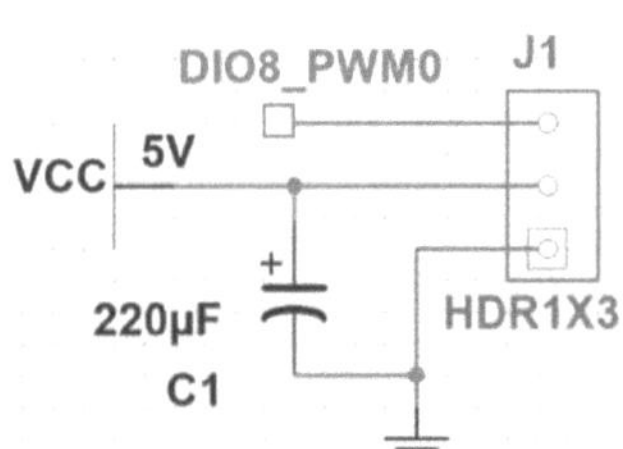

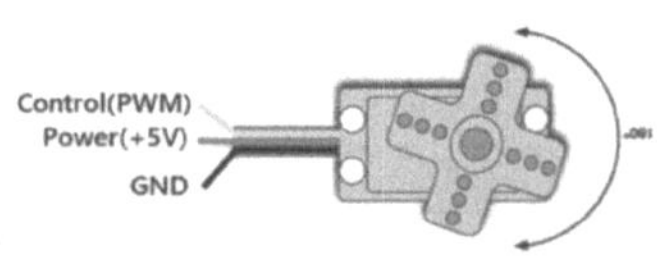

서보 모터는 3개의 리드선을 가지고 있는데 보통 빨강이 5V, GND는 검정이나 갈색이다. 나머지 리드선은 제어 리드선으로 보통 오렌지색이나 노랑색을 띄고 있다.

● LabVIEW 프로그램 작성

1 LabVIEW의 **Getting Started** 윈도우에서 **Create Project**를 클릭한다.

2 **템플릿▶myRIO**에서 **myRIO Project** 템플릿을 선택한다.

3 Project Name에 **"Servo Motor"**를 입력한다.

4 Project Root는 프로젝트를 저장할 위치이다. LabVIEW는 모든 프로젝트 파일 및 VI를 이 디렉토리에 저장한다. 디렉토리에 **"Servo Motor"**를 입력한다.

5 Select Target는 myRIO를 컴퓨터와 연결한 상태를 표시한다.

6 프로젝트 탐색기를 다음과 같이 확장한다. **Main.vi**를 **"Main-Servo Motor.vi"**로 명칭을 변경한다.

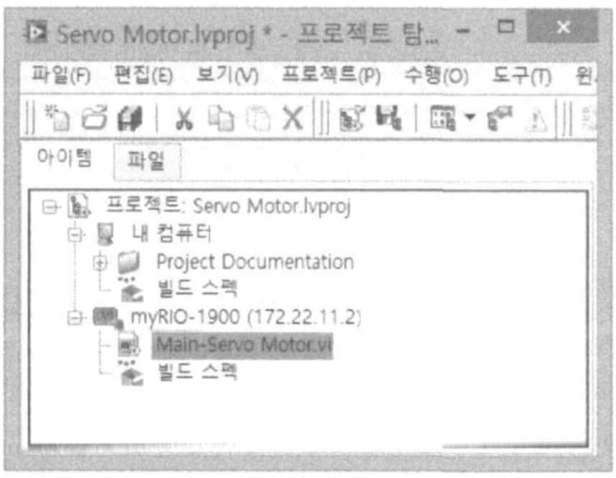

7 **Main-Servo Motor.vi**를 더블 클릭해서 오픈한다. LabVIEW가 기본적으로 제공하는 템플릿이 표시된다.

8 **Main Loop** 내부의 프로그램을 수정해서 프로그램을 완성한다.

● 프런트패널 및 블록다이어그램

다음과 같이 프런트패널 및 블록다이어그램을 작성한다. 프런트패널에는 듀티와 PWM 주파수를 변경할 수 있게 하였다.

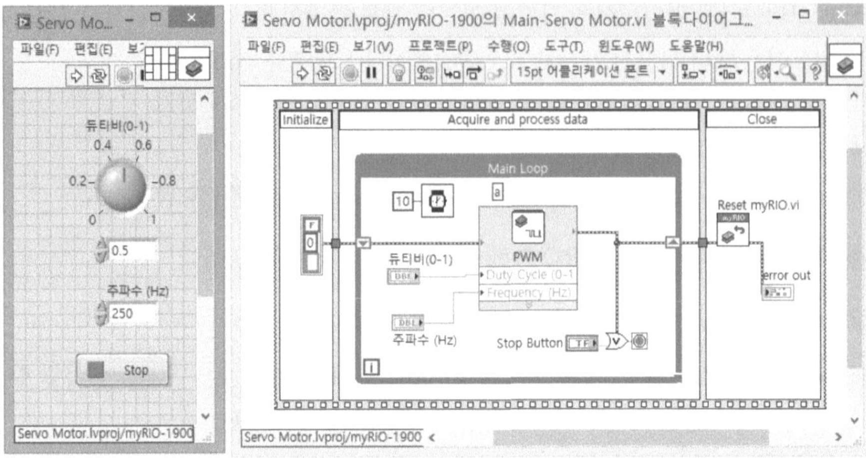

a PWM 익스프레스 VI를 이용해서 블록다이어그램을 작성한다. 다음과 같이 PWM 출력을 설정하고 "OK" 버튼을 클릭한다.

- Channel: A/DIO8_PWM0

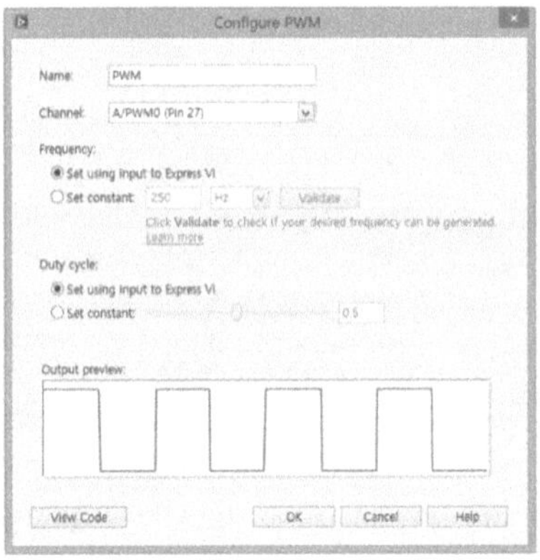

● **프로그램 실행**

- 도구 모음에 있는 Run 버튼을 클릭하거나 Ctrl과 R을 동시에 눌러서 VI를 실행한다.
- 프런트패널에서 **"듀티비"** 값을 0.0~1.0 단계별로 변경해본다. 듀티 값 변경에 따른 서보 모터의 각도를 관찰한다.
- 서보의 위치를 셋팅하기 위해 포텐셔미터로부터 나오는 아날로그 값을 AI0부터 읽으면 0에서 5V의 값이 읽히게 된다.

5. 실험 결과 및 과제

가변 저항을 이용해서 서보 모터를 회전시키는 프로그램을 다음과 같이 완성한다. 가변 저항 값을 변경하면, 아날로그 입력 값이 변하고, 이를 듀티 변경에 사용하였다.

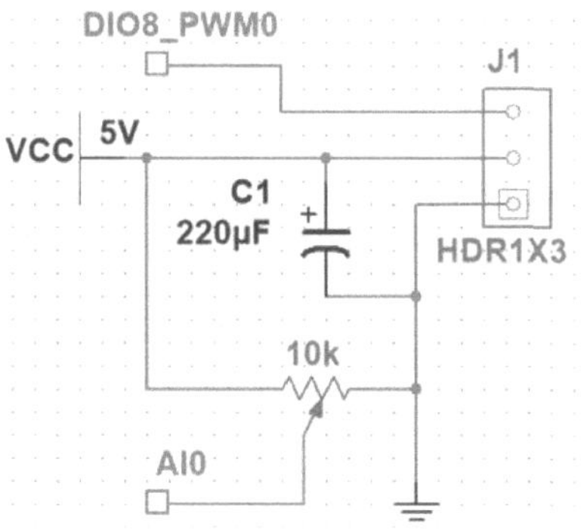

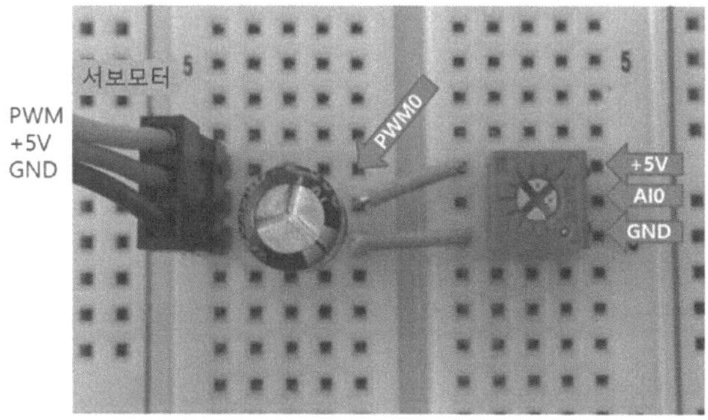

가변 저항에서 읽은 전압 값의 변화가 심해서, 서보 모터가 불규칙적으로 움직이면 그 원인을 찾고 해결 방안을 제시하라.

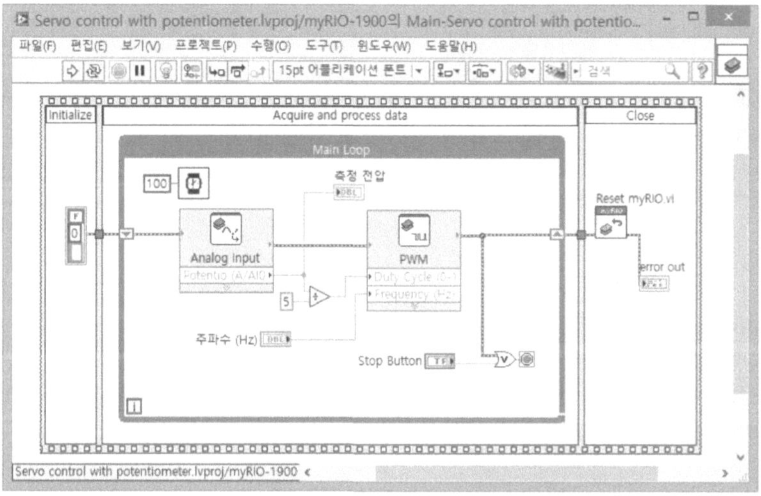

예제 9-17 DC 모터 제어

1. 기본 이론

DC 모터란, 고정자로 영구자석을 사용하고, 회전자(전기자)로 코일을 사용하여 구성한 것이다. 전기자에 흐르는 전류의 방향을 전환함으로써 자력의 반발, 흡인력으로 회전력을 생성시키는 모터이다. 모터는 플레밍의 법칙에 따라 전기적 에너지를 운동(기계) 에너지로 변환한다.

DC 모터는 모형 자동차, 무선조정용 장난감 등을 비롯하여 여러 방면에서 가장 널리 사용되고 있으며, 일반적으로 DC 모터는 회전 제어가 쉽고, 제어용 모터로서 아주 우수한 특성을 가지고 있다고 할 수 있다.

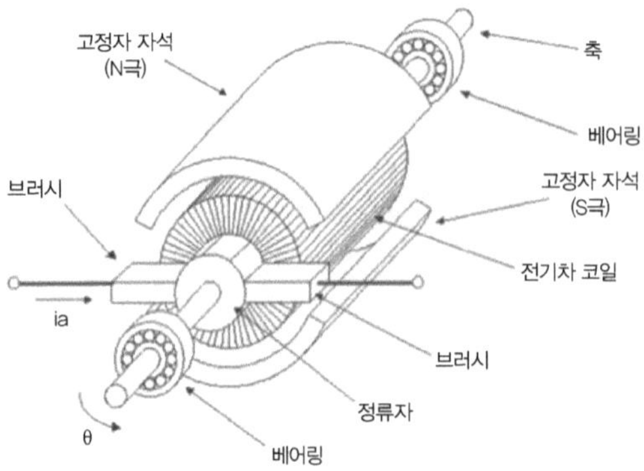

DC 모터의 가변속 제어법 중에서, PWM 방식은 결과적으로는 구동전압을 바꾸고 있는 것과 같은 효과를 내고 있지만, 그 방법이 펄스폭에 따르고 있으므로 펄스폭 변조(PWM: Pulse Width Modulation)라 부르고 있다.

구체적으로는 모터 구동전원을 일정 주기로 On/Off하는 펄스 형상으로 하고, 그 펄스의 듀티비(On 시간과 Off 시간의 비)를 바꿈으로써 실현하고 있다. 이것은 DC 모터가 빠른 주파수의 변화에는 기계 반응을 하지 않는다는 것을 이용하고 있다.

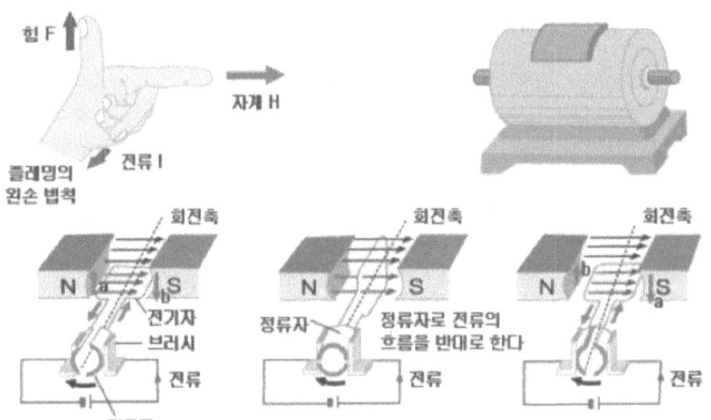

직류모터의 구조

2. 실험 목적

- myRIO 및 LabVIEW 프로그램으로, DC 모터를 구동하는 실험을 한다. myRIO의 PWM 출력을 이용해서 DC 모터를 구동한다.
- DC 모터의 동작 원리 및 구조를 이해한다.
- DC 모터 주변에서 발생하는 신호를 모니터링한다.
- 상용 제품으로 판매되는 DC 모터 컨트롤러 IC를 이용해서 DC 모터를 컨트롤해 본다. 속도 조절 외에 추가로 정회전, 역회전 등을 구현할 수 있는지 확인한다.

3. 실험 준비

다음의 부품을 준비한다.

품명	규격	수량
DC 모터	소형, 5V DC 모터	1
MOSFET	ZVP2110A, MOSFET, P, E-LINE ZVN2110A, MOSFET N-Chnl IRF510PBF, MOSFET N-Chan 100V 5.6 Amp	1 1 1
다이오드	1N4001	1
브래드보드	myRIO Breadboard	1
와이어	Jumper Kit	1

4. 실험 단계

● 회로 구성

다음과 같이 회로를 구성한다.

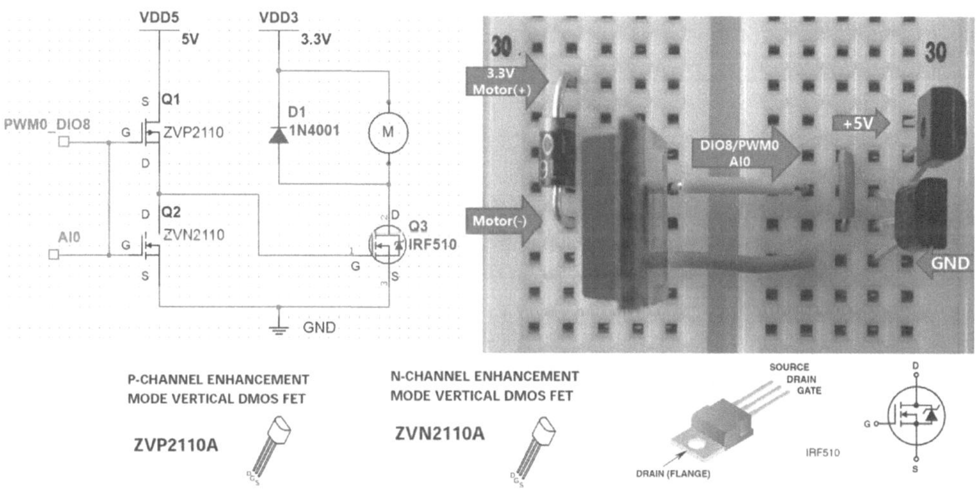

● LabVIEW 프로그램 작성

1 LabVIEW의 **Getting Started** 윈도우에서 **Create Project**를 클릭한다.

2 **템플릿▶myRIO**에서 **myRIO Project** 템플릿을 선택한다.

3 Project Name에 **"PWM Motor Control"**을 입력한다.

4 Project Root는 프로젝트를 저장할 위치이다. LabVIEW는 모든 프로젝트 파일 및 VI를 이 디렉토리에 저장한다. 디렉토리에 **"PWM Motor Control"**을 입력한다.

5 Select Target는 myRIO를 컴퓨터와 연결한 상태를 표시한다.

6 프로젝트 탐색기를 다음과 같이 확장한다. **Main.vi**를 **"Main-PWM Motor Control"**로 명칭을 변경한다.

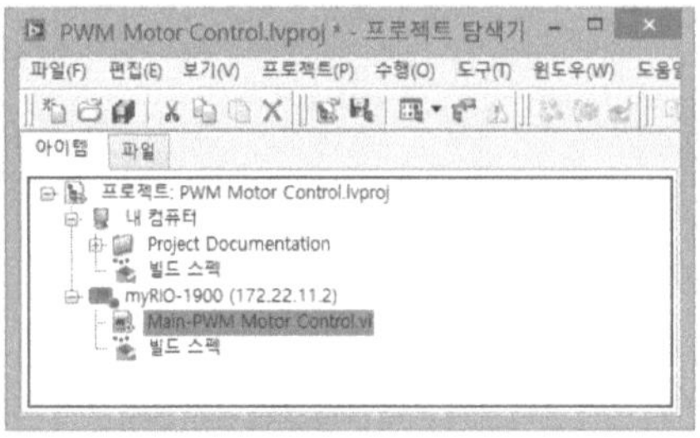

7 **PWM Motor Control**을 더블 클릭해서 오픈한다. LabVIEW가 기본적으로 제공하는 템플릿이 표시된다.

8 **Main Loop** 내부의 프로그램을 수정해서 프로그램을 완성한다.

- **프런트패널**

다음과 같이 프런트패널을 작성한다.

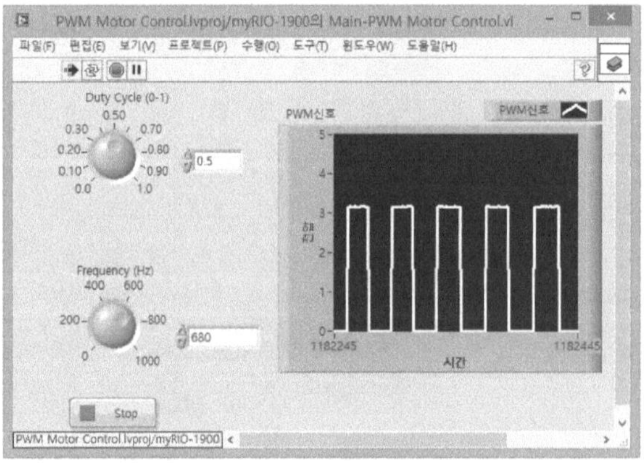

- **블록다이어그램**

다음과 같이 블록다이어그램을 수정한다.

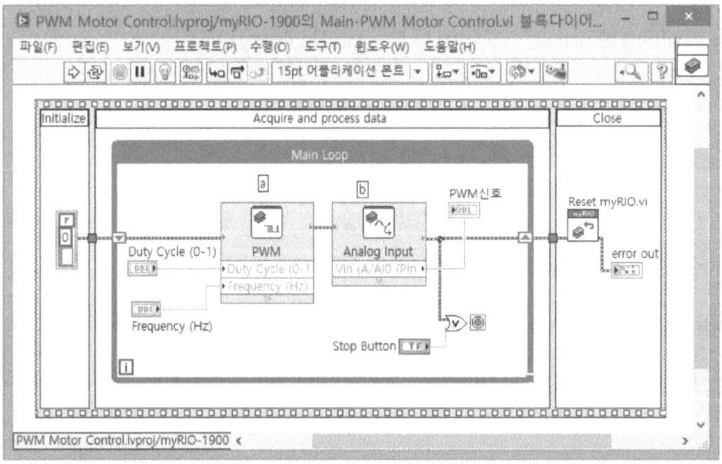

a PWM 익스프레스 VI를 이용해서 블록다이어그램을 작성한다. 다음과 같이 PWM 출력을 설정하고 "OK" 버튼을 클릭한다.

- Channel: A/PWM0

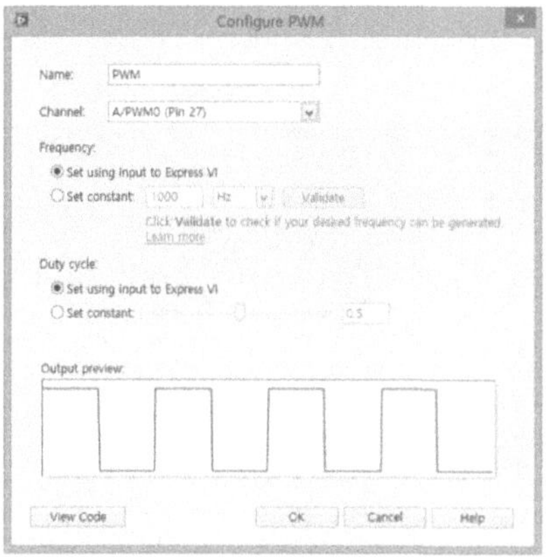

b 아날로그 입력 익스프레스 VI를 이용해서 블록다이어그램을 작성한다. 다음과 같이 아날로그 입력을 설정하고 "OK" 버튼을 클릭한다.

- Channel: A/AI0
- Custom Channel Name: PWMout

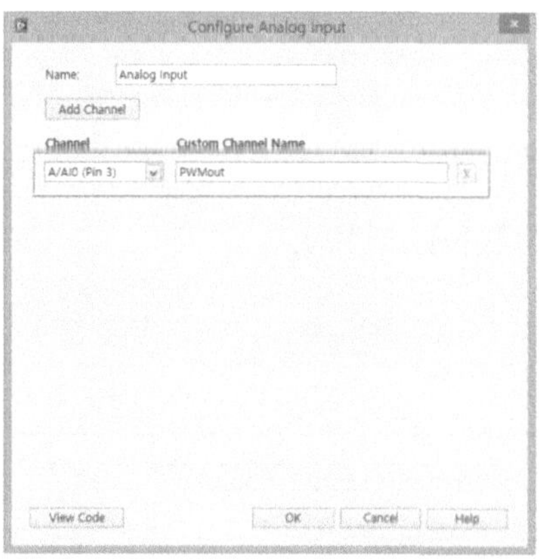

- **프로그램 실행**

- 도구 모음에 있는 Run 버튼을 클릭하거나 Ctrl과 R을 동시에 눌러서 VI를 실행한다.
- 프런트패널에서 PWM의 "Duty Cycle" 값을 변경해 본다. 듀티 값이 변경될 때 파형의 변화를 관찰한다. 이때 DC 모터의 속도 변화를 관찰한다.
- 다음과 같이 추가적인 아날로그 신호를 연결하고, DC 모터 주변에서 출력되는 신호를 관찰한다.

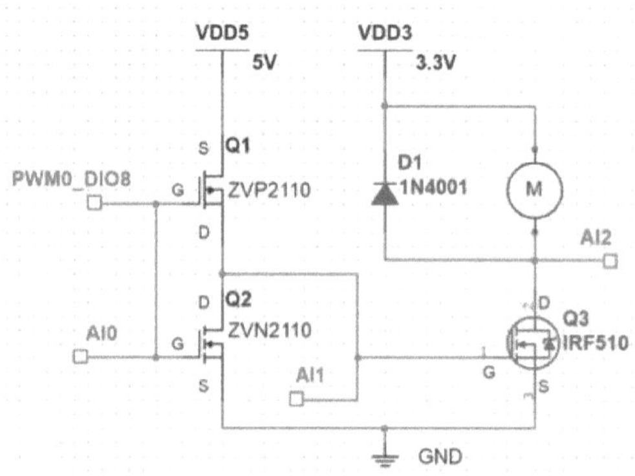

다음은 프런트패널에 표시된 모터 신호이다.

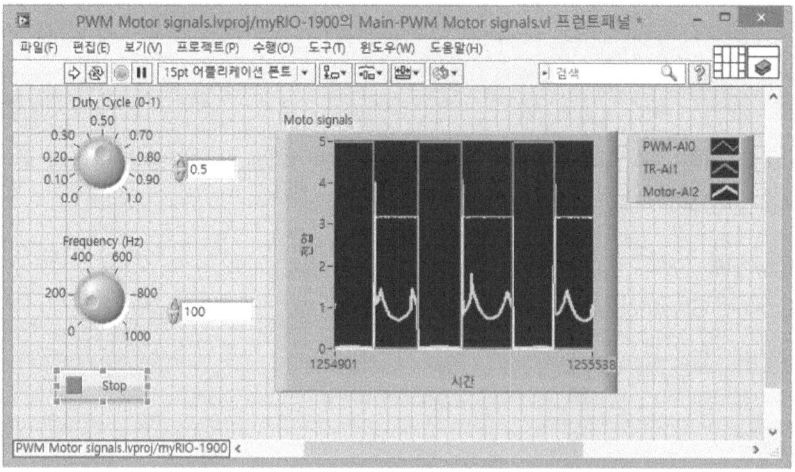

다음은 모터 신호를 읽기 위해 작성한 블록다이어그램이다.

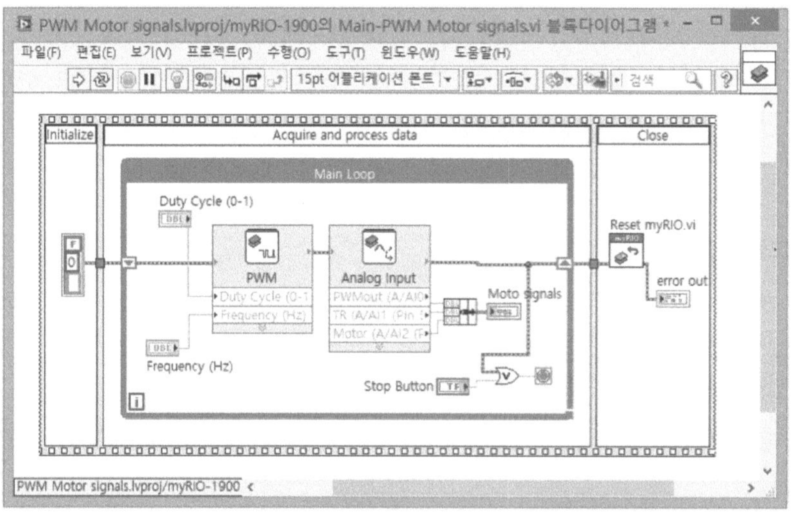

5. 실험 결과 및 과제

모터 구동 IC L293D를 이용하면 DC 모터를 쉽게 구동할 수 있다.

다음과 같은 회로를 구성한다.

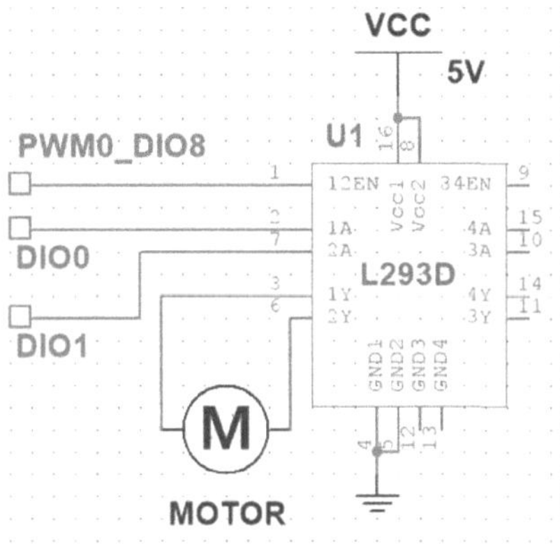

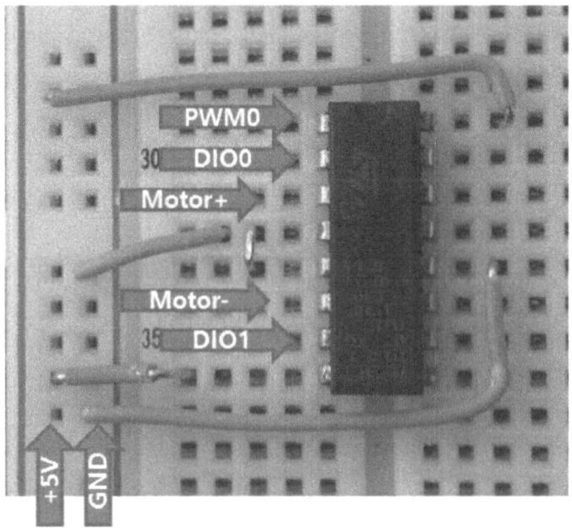

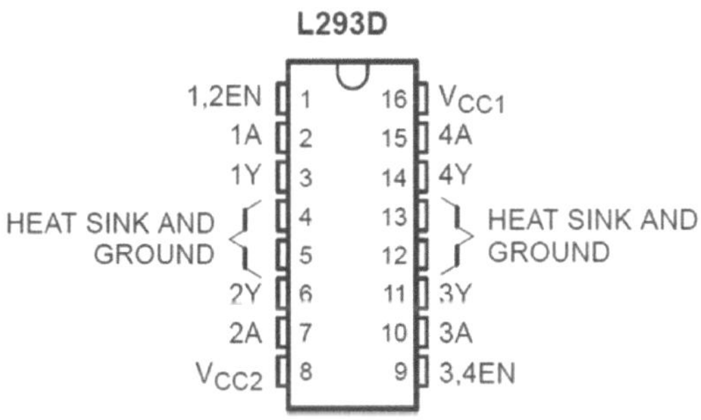

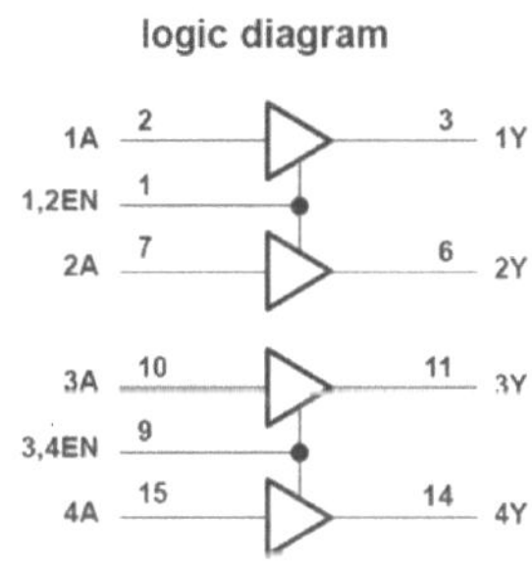

다음과 같이 프런트패널 및 블록다이어그램을 작성한다.

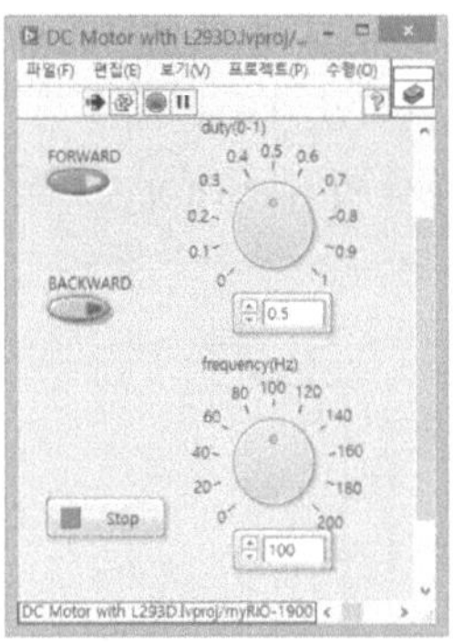

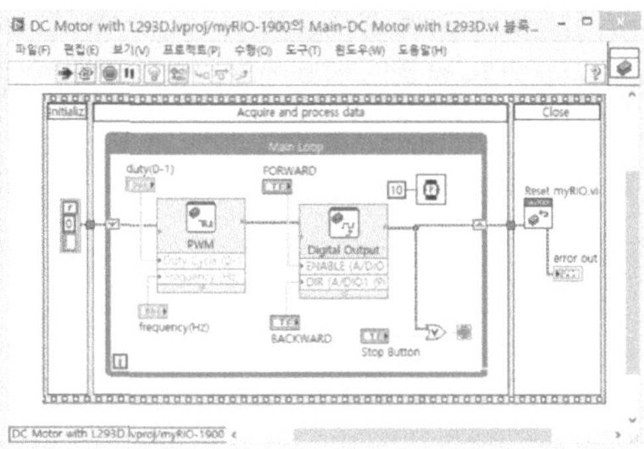

- 프런트패널에서 "FORWARD" 버튼을 누르면 A방향으로 모터가 회전한다.
- BACKWARD"를 클릭하면 A의 반대방향으로 모터가 회전한다.
- 만약 2개의 버튼을 모두 클릭하거나, 모두 클릭하지 않으면 모터는 정지한다.
- "duty"와 "frequency" 값을 변경해서 모터의 회전속도를 체크한다.

예제 9-18 스테핑 모터 구동

1. 기본 이론

스테핑 모터는 스텝에 의해 구동되는 모터이다. 4개의 모터상이 있어서 한 스텝 한 스텝 진행하면서 모터가 회전한다. 스테핑 모터는 AC 서보, DC 서보 모터에 비하여 값이 저렴하고 정확한 각도 제어에 유리하여 우리 주위에서 쉽게 접할 수 있다.

스테핑 모터는 펄스에 의해 디지털적으로 제어하는 것이 가능하므로 마이크로 컨트롤러에서 사용하기에 적합한 모터이다. 스테핑 모터는 다른 모터와 달리 모터의 위치를 검출하기 위한 피드백 없이, 정해진 각도를 회전하고, 상당히 높은 정확도로 정지할 수 있다. 그리고, 시스템에 적용된 뒤에도 초기 성능이 만족되어 있으면, 보수가 용이하며, 매우 신뢰성이 높은 시스템을 구성할 수 있다. 또한 다른 모터에 비해 정지 시 매우 큰 유지 토크(정지 토크)가 있기 때문에 전자 브레이크 등의 유지 기구를 필요로 하지 않다. 회전 속도에 있어서도 스테핑 모터에 부여하는 펄스 비율에 비례하므로 임의로 제어할 수 있다. DC 모터는 회로는 간단하지만 제어하는 방법이 복잡하다. 반면 스테핑 모터는 구동회로는 상대적으로 복잡하지만 제어는 훨씬 용이하다.

스테핑 모터 구조

4상 스텝 모터의 구조

스텝 모터 구동 시스템은 제어 회로, 구동 회로, 스텝 모터로 구성된다. myRIO를 스텝 모터 제어 회로로 사용하고, 구동 회로는 상용제품으로 판매하는 일반적인 제품을 사용해서 구동회로에 적용할 수 있다. 또한 ULN2803과 같은 반도체 IC를 이용해서 직접 스테핑 모터를 구동할 수 있다.

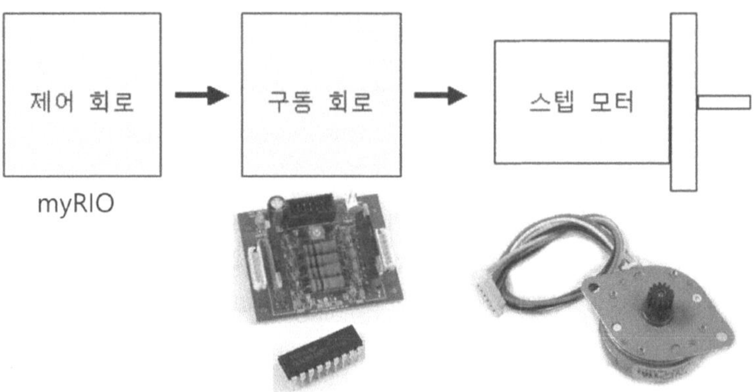

● **스텝 모터의 구동 방식**

유니폴라(unipolar)	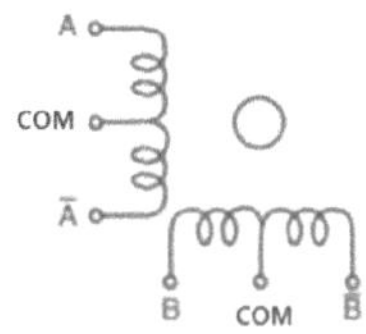 Unipolar (4-phase)	권선에 한쪽 방향으로만 전류가 흐르며, 권선의 중앙에 공통(common) 전원 단자가 있다.
바이폴라(bipolar)	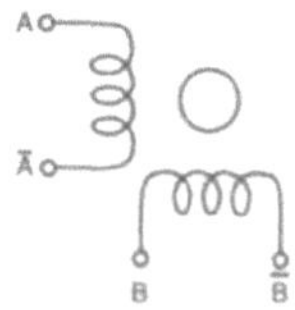 Bipolar (2-phase)	권선에 양쪽 방향으로 모두 전류가 흐른다.

유니폴라 구동 스텝 모터 여자 방식은 다음과 같다.

• 1상 여자

	스텝 1	스텝 2	스텝 3	스텝 4
A	1	0	0	0
B	0	1	0	0
/A	0	0	1	0
/B	0	0	0	1

• 2상 여자

	스텝 1	스텝 2	스텝 3	스텝 4
A	1	0	0	1
B	1	1	0	0
/A	0	1	1	0
/B	0	0	1	1

• 1-2상 여자

	스텝 1	스텝 2	스텝 3	스텝 4	스텝 5	스텝 6	스텝 7	스텝 8
A	1	1	0	0	0	0	0	1
B	0	1	1	1	0	0	0	0
/A	0	0	0	1	1	1	0	0
/B	0	0	0	0	0	1	1	1

2. 실험 목적

• myRIO 및 LabVIEW 프로그램으로, 스테핑 모터를 구동하는 실험을 한다. myRIO의 디지털 출력을 이용해서 스테핑 모터를 구동한다.

- 교육적인 목적으로 ULN2803을 이용해서 스테핑 모터를 직접 구동하는 연습을 한다.
- 다양한 여자 방식별로, 스테핑 모터의 구조 및 동작 특성을 터득한다.
- 스테핑 모터가 특정한 각도만 회전 후 정지하는 프로그램을 작성해본다.

3. 실험 준비

다음의 부품을 준비한다.

품명	규격	수량
스테핑 모터	유니폴라, KHL35LL16K	1
구동 IC	ULN2803	1
캐패시터	전해 220uF	1
브래드보드	myRIO Breadboard	1
와이어	Jumper Kit	1

4. 실험 단계

● 회로 구성

교육적인 목적으로 다음과 같이 회로를 구성한다.

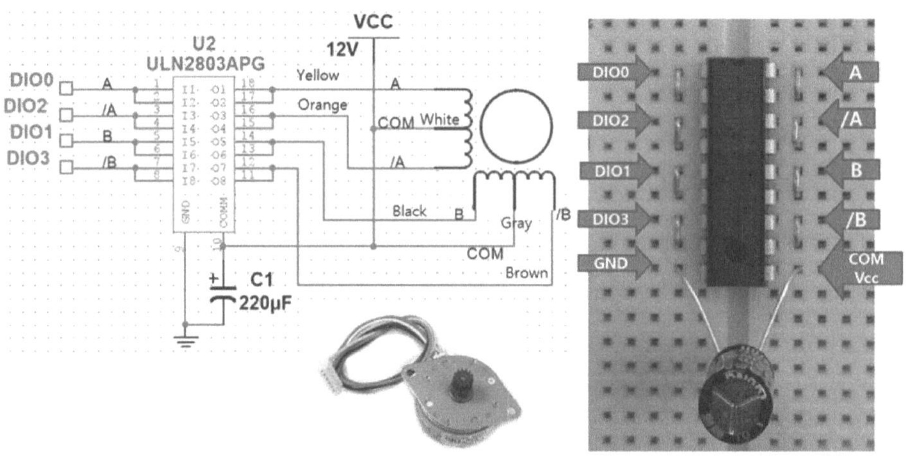

ULN2803은 달링턴(Darlington) 트랜지스터 IC로 산업에서 매우 다양한 형태로 사용되며, 다음과 같은 구조로 되어 있다.

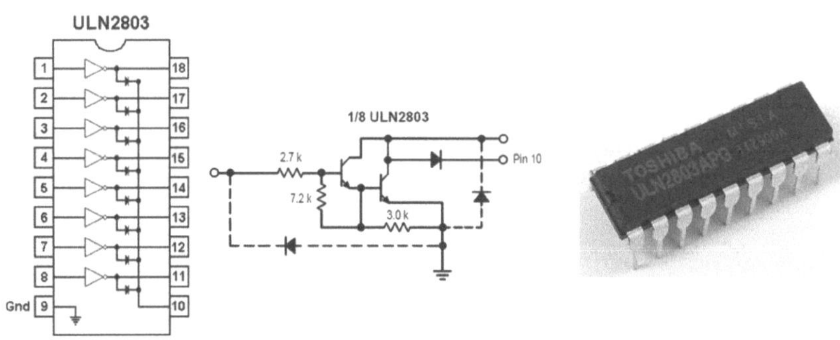

● LabVIEW 프로그램 작성

1 LabVIEW의 **Getting Started** 윈도우에서 **Create Project**를 클릭한다.

2 **템플릿▶myRIO**에서 **myRIO Project** 템플릿을 선택한다.

3 Project Name에 **"STEPPING"**을 입력한다.

4 Project Root는 프로젝트를 저장할 위치이다. LabVIEW는 모든 프로젝트 파일 및 VI를 이 디렉토리에 저장한다. 디렉토리에 **"STEPPING"**을 입력한다.

5 Select Target는 myRIO를 컴퓨터와 연결한 상태를 표시한다.

6 프로젝트 탐색기를 다음과 같이 확장한다. **Main.vi**를 **"Main-STEPPING.vi"**로 명칭을 변경한다.

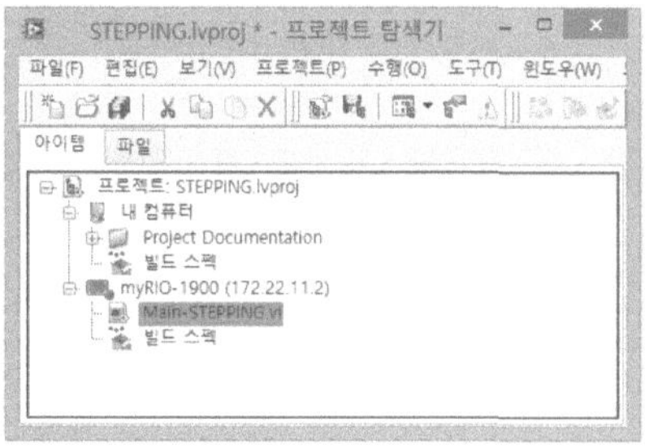

7 **Main-STEPPING.vi**를 더블 클릭해서 오픈한다. LabVIEW가 기본적으로 제공하는 템플릿이 표시된다.

8 **Main Loop** 내부의 프로그램을 수정해서 프로그램을 완성한다.

● 블록다이어그램

다음과 같이 블록다이어그램을 수정한다.

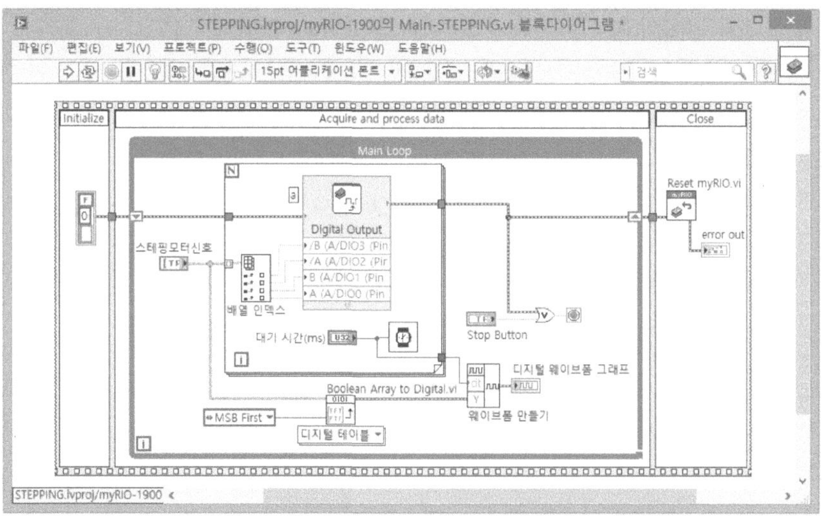

a 디지털 출력 익스프레스 VI를 이용해서 블록다이어그램을 작성한다. 다음과 같이 디지털 출력을 설정하고 "OK" 버튼을 클릭한다.

- Channel: A/DIO0~A/DIO3
- Custom Channel Name: A, B, /A, /B

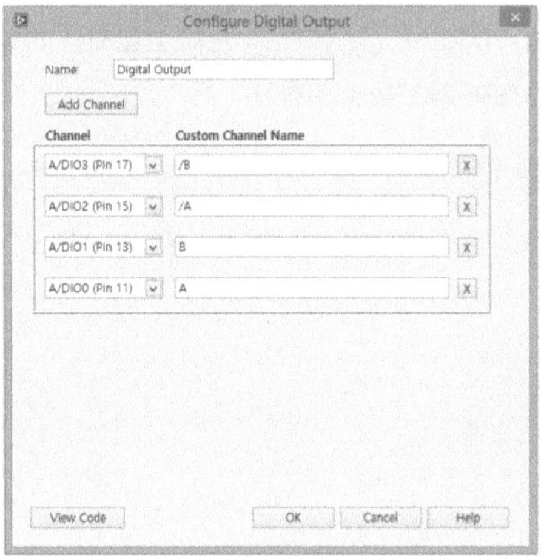

블록다이어그램에 사용된 주요 함수는 다음과 같다.

웨이브폼 만들기 함수는 디지털 웨이브폼을 만들거나 기존의 웨이브폼을 수정한다. 웨이브폼 입력을 연결하지 않은 경우, 이 함수는 연결한 구성요소를 바탕으로 새 웨이브폼을 만든다.

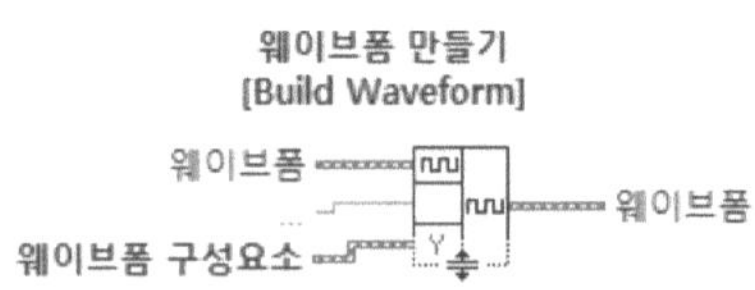

DTbl 불리언 배열을 디지털로 함수는 2D 불리언 배열을 디지털 웨이브폼이나 디지털 데이터로 변환한다. 반드시 사용할 다형성 인스턴트를 수동으로 선택해야 한다.

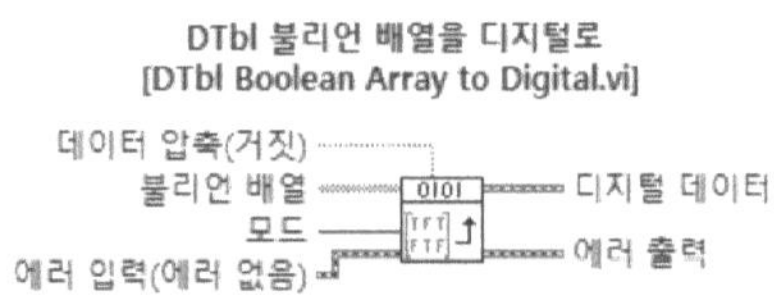

● **프런트패널**

다음과 같이 프런트패널을 작성하고, "스테핑모터신호", "대기 시간" 값을 10ms로 설정한다.

a 1상 여자 방식 스텝 모터 구동

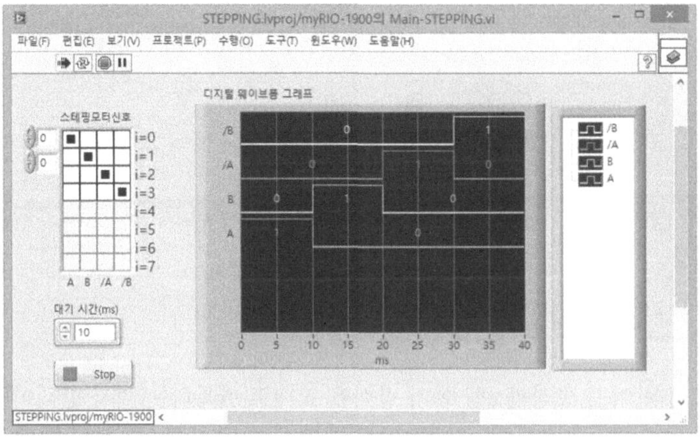

1상 여자 방식은 항상 하나의 상에만 전류를 흐르게 하는 방식으로, 입력이 1상뿐이므로 모터의 온도상승이 낮고, 전원의 용량이 낮아도 된다. 출력토크는 크지만 스텝이 진행되었을 때 감쇄진동이 크고 난조를 일으키기 쉬우므로 광범위한 스텝레이트로 회전시킬 때는 주의를 요한다.

b 2상 여자 방식 스텝 모터 구동

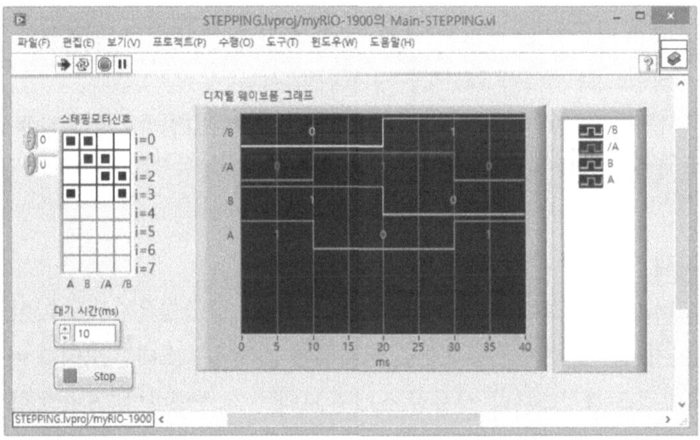

2상 여자 방식은 항상 2개의 상에 전류를 흐르게 하는 방식으로, 1상 여자 방식에 비해서 2배의 전류가 흐른다. 그러나 코일의 2상이 여자되어 있으므로 1상 여자에 비하여 정지할 때 오버슈트나 언더슈트가 작고 과도 특성이 좋아진다.

c 1-2상 여자 방식 스텝 모터 구동

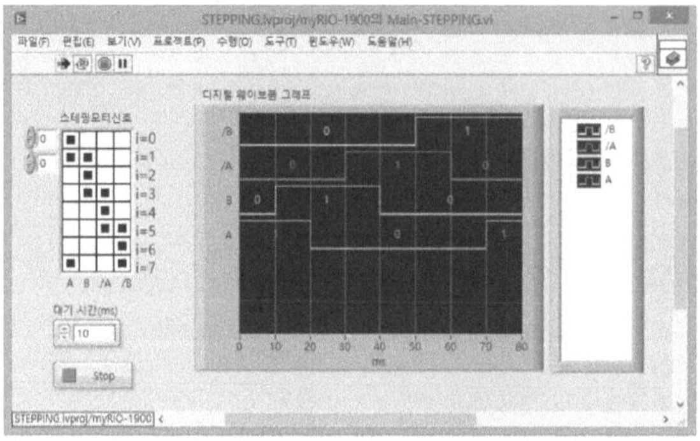

1-2상 여자 방식은 1상 여자 방식과 2상 여자 방식을 교대로 반복하는 여자 방식이다. 즉, 어떠한 스텝에서는 1상만이 여자되고, 다음 스텝에서는 2상이 여자되는 방식이다.

따라서 회전자는 스텝마다 45도만큼 회전한다. 즉, 스텝각은 모터 메이커가 표시하는 각도의 1/2이 된다. 그러므로 1-2상 여자 방식은 고분해능을 요구하는 제어의 경우에 사용된다. 이와 같은 여자 방식을 하프스텝(Half-Step) 운전이라 한다.

● **프로그램 실행**

- 도구 모음에 있는 Run 버튼 을 클릭하거나 Ctrl과 R을 동시에 눌러서 VI를 실행한다.
- 스테핑 모터가 정방향으로 모터가 회전하는지 확인한다.
- "대기 시간" 값을 1ms~100ms로 변경해본다. 변경된 스테핑 모터의 회전 속도를 체크한다.
- 프런트패널에 표시된 스테핑 모터의 타임 차트를 체크한다.

5. 실험 결과 및 과제

일반적인 스테핑 모터는 입력 펄스를 받아서 저가형은 1.8도, 중급형은 0.7도, 마이크로스텝은 0.072도 회전한다. 여기서는 교육적인 목적으로, 러프하게 동작되는 스테핑 모터를 이용해서 360도를 회전하는 프로그램을 작성해본다. 사용한 스테핑 모터는 각 스텝마다 7.5도씩 회전한다.

● **1상 여자 방식을 이용할 경우**

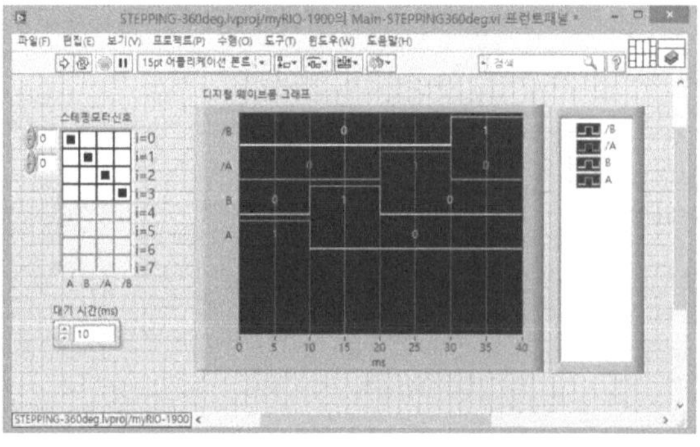

1상여자 방식의 경우, 각 스테핑 모터의 스텝별 회전 각도는 7.5도이다. 즉, 360도 회전하기 위해서는 360/7.5 = 48 스텝이 필요하다. A->B->/A->/B는 4개의 스텝이며, For 루프에 48/4 = 12를 입력하면 360도 회전하게 된다.

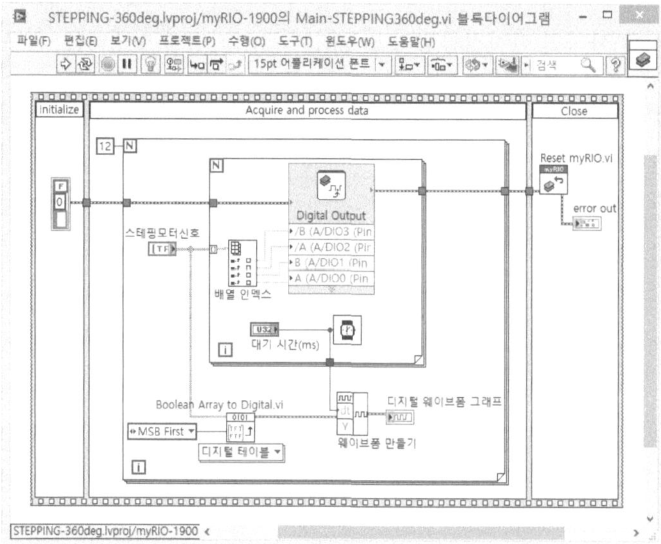

실제 스텝 모터가 360도 회전하였는지 확인한다.

예제 9 19 포토 다이오드 및 포토 트랜지스터의 응용

1. 기본 이론

포토 다이오드 및 포토 트랜지스터에 대한 기본 원리를 이해한다.

● 포토 다이오드

포토 다이오드는 빛에너지를 전기에너지로 변환하는 광센서의 한 종류이다. 이것은 반도체의 PN 접합부에 검출 기능을 추가한 것으로 그 회로기호는 다음과 같다.

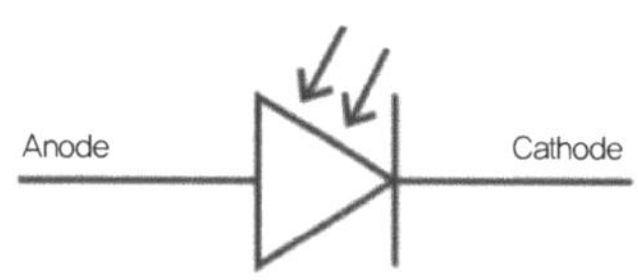

포토 다이오드는 발광 다이오드(LED: light emitting diode)와 유사하게 생겼으나 반대의 기능을 한다. 포토 다이오드는 빛에너지를 전기에너지로 전환하지만, 발광 다이오드는 전기에너지를 빛에너지로 전환한다. 회로기호 역시 유사한 모양이지만, 포토 다이오드는 화살표가 안으로 들어오는 모양이고, 발광 다이오드는 화살표가 밖으로 나가는 모양을 한다.

빛이 다이오드에 닿으면 전자와 정공이 생겨서 전류가 흐르며, 전압의 크기는 빛의 강도에 거의 비례한다. 이처럼 광전 효과의 결과 반도체의 접합부에 전압이 나타나는 현상을 광기전력(photovoltaic effect) 효과라고 한다.

포토 다이오드의 구조와 동작 원리는 다음과 같다.

- n형 실리콘 단결정의 표면에 p형 불순물(보통보론(B))을 선택 확산하여 1[um] 정도 깊이의 pn 접합을 형성한다.
- 빛을 p층 방향에서 조사하면 전자정공쌍이 발생하여 광기전력이 발생하고, 외부 회로를 통해서 광전류가 흐른다.

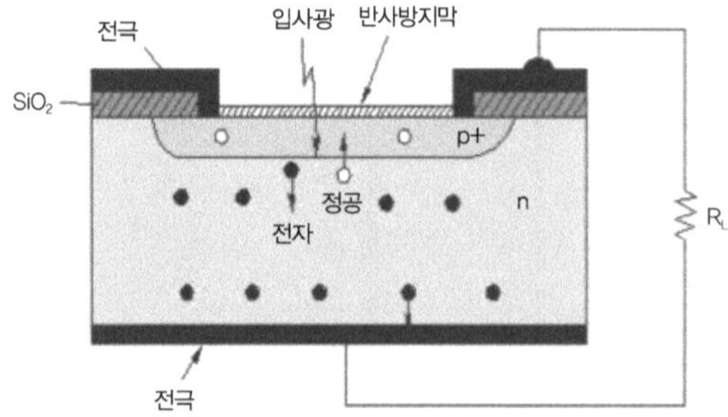

포토 다이오드의 전압과 전류 특성은 다음과 같다.

- 빛이 없는 상태에서 포토 다이오드에 전압을 인가하면 곡선 ⓐ와 같이 일반 다이오드의 정류 특성을 얻는다.
- 외부로부터 빛이 조사되면 광전류 I_{ph}가 발생하고, 곡선은 빛의 세기에 비례해서 ⓑ, ⓒ로 평행 이동한다.
- 이와 같이, 입사광의 세기(G_L)가 증가하면, 포토 다이오드의 출력 전압과 전류가 증가한다.

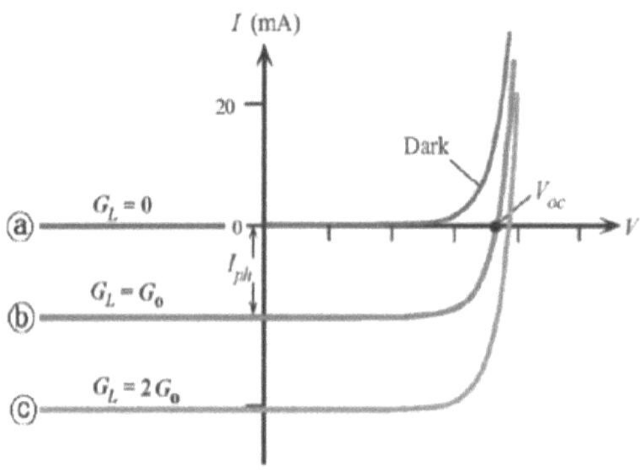

포토 다이오드는 응답속도가 빠르고, 감도 파장이 넓으며, 광전류의 직진성이 양호하다는 특징이 있다. 주로 CD 플레이어나 화재경보기, 텔레비전의 리모컨 수신부와 같은 전자제품 소자에 사용되며, 빛의 세기를 정확하게 측정하기 위하여 활용되기도 한다.

포토 다이오드의 일반적인 동작 특징은 다음과 같다.

- 광이 입사하지 않을 때는, 일반적인 다이오드 특성과 같다.
- 역 바이어스에 의한 동작
- 광이 입사할 때에는, 역방향 전류가 입사 광량에 비례하여 흐르게 된다. 한편, 수광소자에 입사광이 없을 때도 흐르는 전류를 암전류(Dark Current)라고 한다.
- 온도에 매우 민감하다. 즉, 매 5℃ 또는 10℃마다 2배씩 증가한다.

● 포토 트랜지스터

포토 트랜지스터(photo transistor)는 포토 다이오드와 함께 빛에너지를 전기에너지로 전환하는 기능면에서 유사하다. 그러나 포토 트랜지스터는 빛을 쪼였을 때 전류가 증폭되어 발생하기 때문에 포토 다이오드에 비해 빛에 더 민감하고 반응속도는 느리다.

포토 트랜지스터는 게르마늄을 재료로 사용한 pnp형과, 실리콘을 사용한 npn형이 있다. 외부의 빛에 잘 감응하도록 유리로 만든 용기에 넣어 있으며, 영화필름의 음성신호를 판독하거나, 컴퓨터의 천공카드 판독에 사용된다. 동작원리의 관계로 인해서 빠른 빛의 변화에는 추종하기 힘들며, 20 kHz 정도가 한계이다. 포토 다이오드에 비해 감도가 크다.

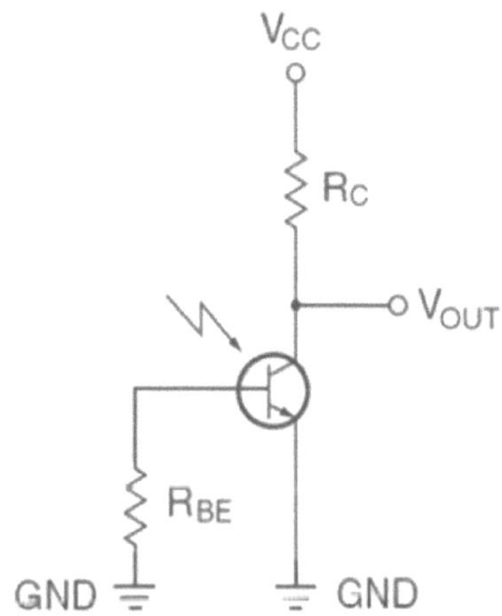

대표적인 포토 트랜지스터에는 ST-7L이 있다. 리드선이 긴 것과 짧은 것이 있는데 긴 쪽이 에미터, 짧은 쪽이 콜렉터다. 즉, 짧은 쪽으로 +, 긴 쪽으로 - 가 연결되어야 한다.

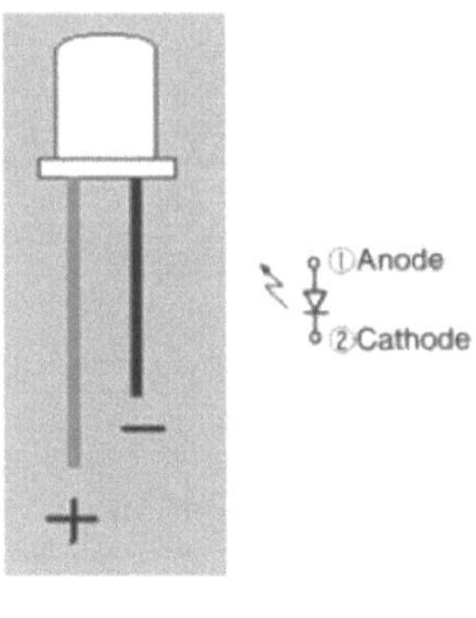

적외선발광센서(EL-7L)

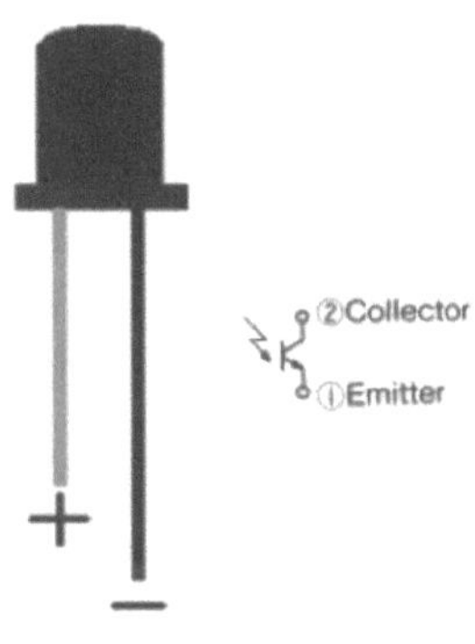

적외선수광센서(ST-7L)

일반적인 발광 LED는 긴 쪽이 + (에노드), 짧은 쪽이 - (캐소드)이므로 ST-7L은 반대의 경우라고 생각해야 한다.

2. 실험 목적

- myRIO를 이용해서 IR LED에 전원을 공급하고, 포토 트랜지스터로 빛의 세기를 LabVIEW로 측정한다.
- 포토 다이오드로 출력을 포토 트랜지스터로 측정한다. 흰색, 검은색 물체를 이들 위에 놓고 변화되는 빛의 양을 측정한다. 측정된 전압 값으로부터 어떤 색의 물체인지를 파악한다.
- 비교기 기능을 추가한다. 라인트레이서로 이용할 때 흰색, 검은색을 참, 거짓으로 판단할 수 있게 하는 아이디어를 추론한다.
- 상용 제품으로 판매되는 IR센서 모듈을 이용한 어플리케이션을 작성해본다.

3. 실험 준비

다음의 부품을 준비한다.

품명	규격	수량
저항	100Ω	1
	10kΩ	1
가변저항	10KΩ	1
비교기	LM339	1
포토 트랜지스터	ST-7L 또는 ST-3811	1
포토 다이오드	EL-7L	1
브래드보드	myRIO Breadboard	1
와이어	Jumper Kit	1

4. 실험 단계

● **회로 구성 1**

다음과 같이 회로를 구성한다.

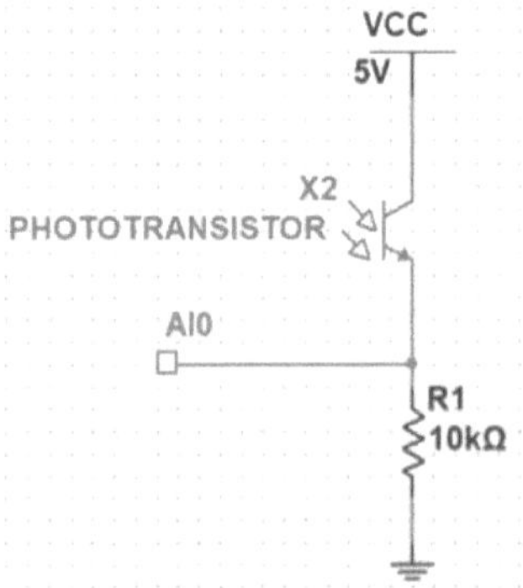

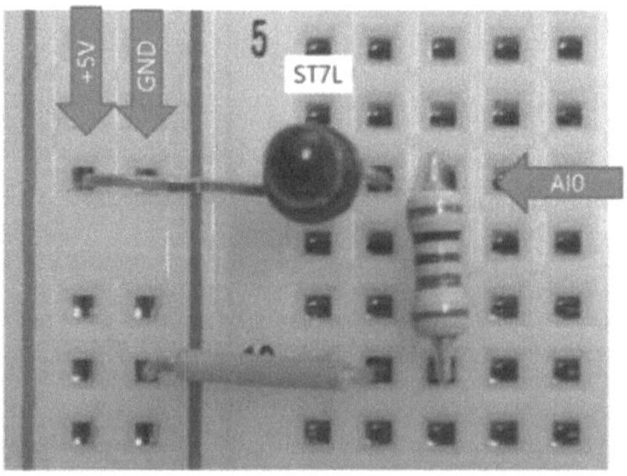

● LabVIEW 프로그램 작성 1

1 LabVIEW의 **Getting Started** 윈도우에서 **Create Project**를 클릭한다.

2 **템플릿▶myRIO**에서 **myRIO Project** 템플릿을 선택한다.

3 Project Name에 **"Photo Diode and TR"**을 입력한다.

4 Project Root는 프로젝트를 저장할 위치이다. LabVIEW는 모든 프로젝트 파일 및 VI를 이 디렉토리에 저장한다. 디렉토리에 **"Photo Diode and TR"**을 입력한다.

5 Select Target는 myRIO를 컴퓨터와 연결한 상태를 표시한다.

6 프로젝트 탐색기를 다음과 같이 확장한다. **Main.vi**를 **"Main-Photo Diode and TR.vi"**로 명칭을 변경한다.

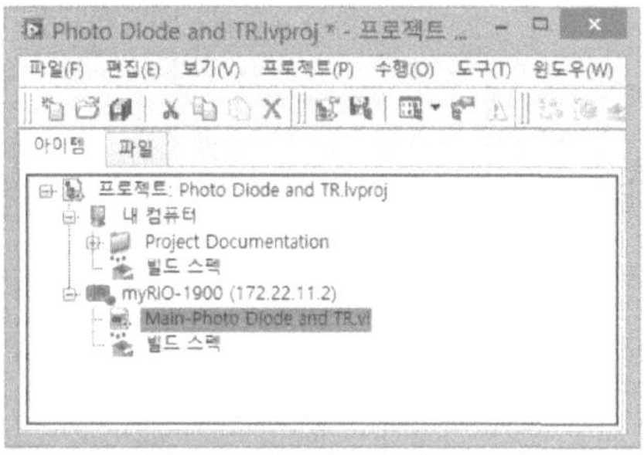

7 **Main-Photo Diode and TR.vi**를 더블 클릭해서 오픈한다. LabVIEW가 기본적으로 제공하는 템플릿이 표시된다.

8 **Main Loop** 내부의 프로그램을 수정해서 프로그램을 완성한다.

● **프런트패널 1**

다음과 같이 프런트패널을 작성한다.

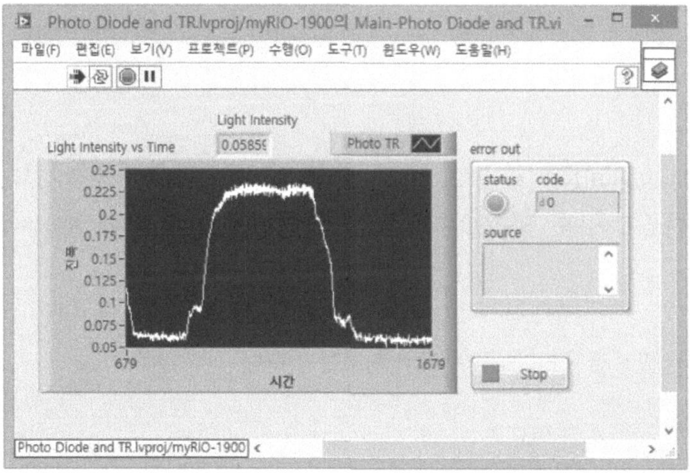

● **블록다이어그램 1**

다음과 같이 블록다이어그램을 수정한다.

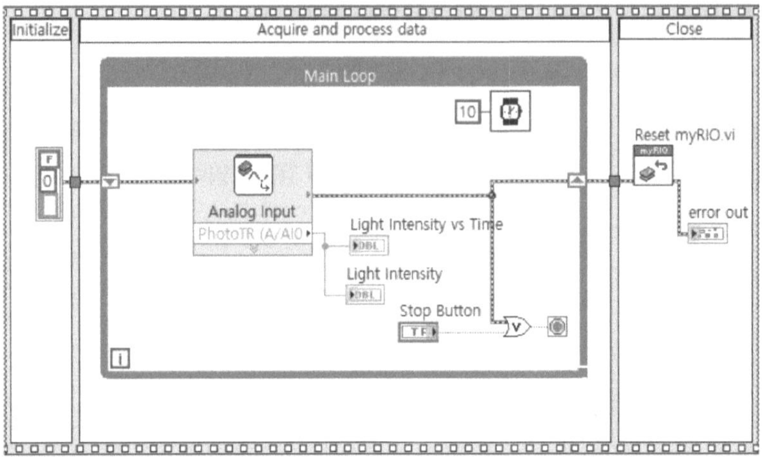

아날로그 입력 익스프레스 VI를 이용해서 블록다이어그램을 작성한다. 다음과 같이 아날로그 입력을 설정하고 "OK" 버튼을 클릭한다.

- Channel: A/AI0
- Custom Channel Name: PhotoTR

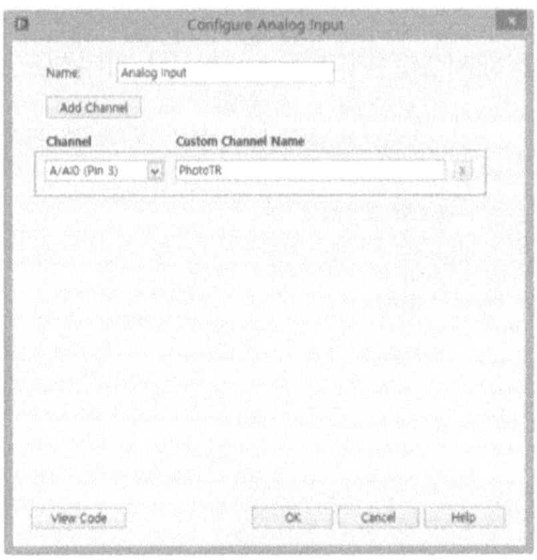

● **프로그램 실행 1**

- 도구 모음에 있는 Run 버튼 을 클릭하거나 Ctrl과 R을 동시에 눌러서 VI를 실행한다.
- 포토 트랜지스터로 들어가는 빛을 차단해본다. 측정한 전압 값이 어떻게 변하는가?

● **회로 구성 2**

다음과 같이 적외선 발광센서 EL-7L을 추가한 회로를 만든다.

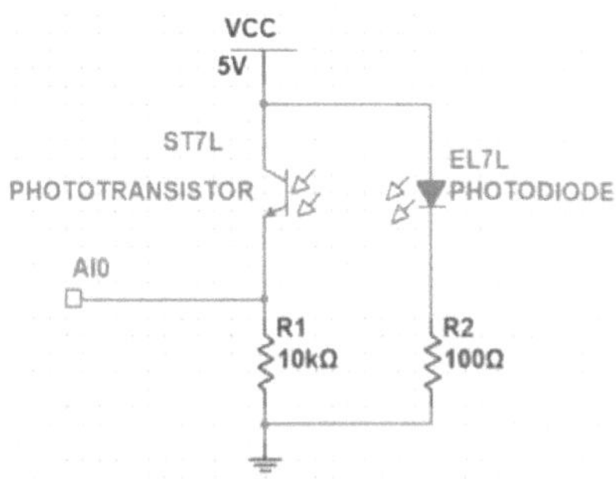

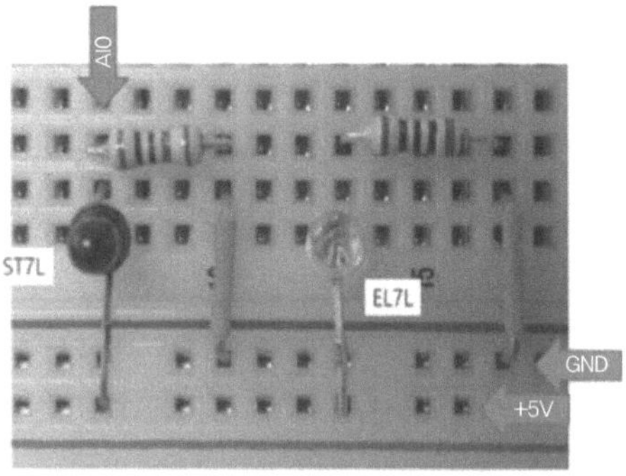

- **프로그램 실행 2**
  - 앞에서 작성한 Main-Photo Diode and TR.vi를 다시 실행한다.
  - EL7L에 점등이 되었는지 확인한다. EL7L은 적외선이기에 눈에는 안 보인다. 휴대폰의 카메라를 통해서는 점등된 것을 확인할 수 있다.

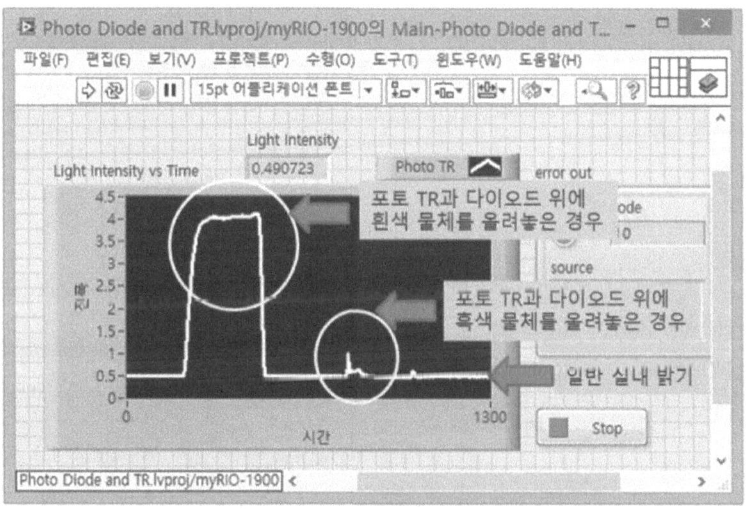

적외선 발광 센서(EL-7L)는 발광 다이오드와 원리가 동일한데 적외선이기 때문에 빛이 눈에 보이지 않는다. 적외선 발광 센서의 순방향 전류는 60mA이다. 여기서, 포토 트랜지스터 ST-7L로 입력되는 빛은 주변 조명 및 포토 다이오드 EL-7L의 영향을 동시에 받는다.

포토 다이오드와 포토 트랜지스터를 함께 사용하면 매우 유용한 어플리케이션을 작성할 수 있다.

라인트레이서나 마이크로 마우스 혹은 다른 마이크로 로봇에서 센서로 사용하는 것 중 가장 많이 사용하는 것이 photo sensor다. 거리의 측정에도 사용되지만 원거리는 잘 사용하지 않고 근거리를 측정하고자 할 때 사용되기도 하며 물체의 유/무 파악 등 많은 곳에서 사용되고 있다.

Photo sensor는 보통 적외선을 많이 이용하고 있으며, 발광부와 수광부로 나눌 수 있다. 발광부는 일반 LED와 비슷하지만 적외선을 발산한다. 수광부는 적외선이 들어온 양에 따라 아날로그 전압이 출력되게 된다. 이 아날로그 신호를 디지털 신호로 바꾸어 MCU에서 인식하여 사용한다. 수광부는 빛의 양에 따라서 저항값이 변하는 가변저항으로 생각해도 무방하다.

수광센서는 기본적으로 들어오는 빛의 양에 따라 전류량이 변하는 센서이다. 발광부와 수광부를 근접한 거리에 설치하고, 위에 흰색 면을 갖는 물체를 놓으면 많은 빛이 반사되며, 검은색 면을 갖는 물체를 놓으면 적은 양의 빛이 수광부로 도달된다. 즉, 반사되는 면의 성질에 따라 빛의 양이 달라지며 그것을 여러 위치에서 측정함으로써 라인트레이서의 위치를 측정할 수 있다.

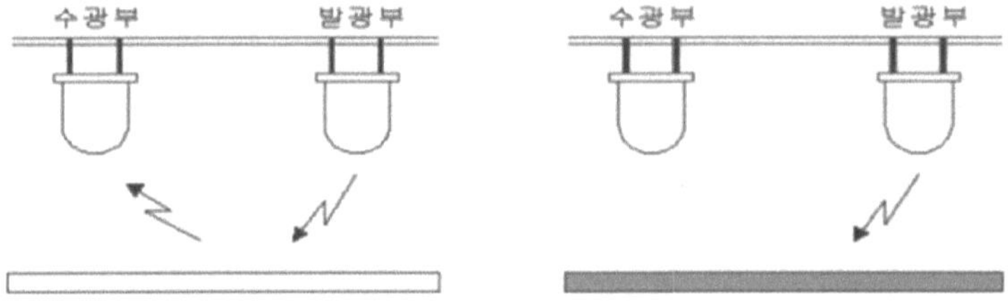

(a) 흰색(빛 반사) (b) 검정(빛 흡수)

- **회로 구성 3**

비교기 LM339를 추가해서 이용해서 회로를 다음과 같이 수정한다.

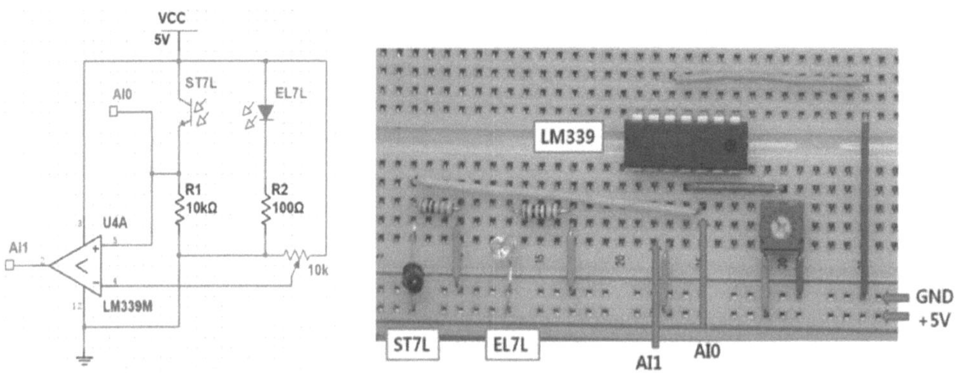

AI0에서 저항 R1의 양단전압은 빛에 따라서 고저의 전압은 나타나지만, 이 신호가 디지털회로에 맞는 TTL 레벨인 0V 또는 5V로 출력되지 않는다. 이를 위해 비교기를 사용하여 HIGH, LOW 로직을 만들어 주기 위해 LM339를 사용한다.

비교기 입력단의 (+)가 (-)보다 전압이 높으면 출력단(Out단자)에 5V의 전압이 출력된다. (+)가 (-)보다 전압이 낮으면 출력단에 0V의 전압이 출력된다.

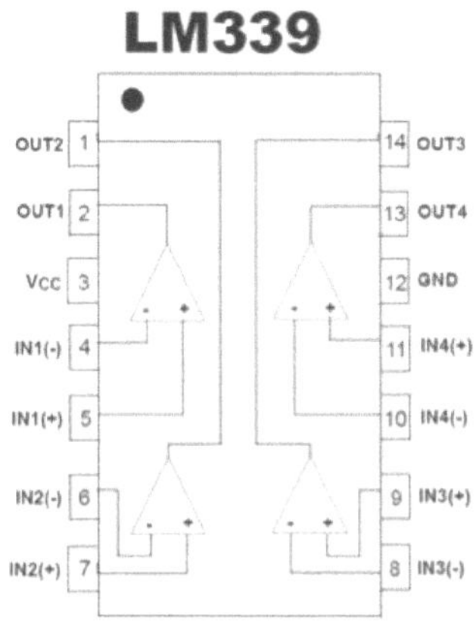

- **프런트패널 2**

프런트패널에는 기존에 측정하던 포토 트랜지스터의 전압 및 비교기 LM339를 통과한 전압이 동시에 표시한다.

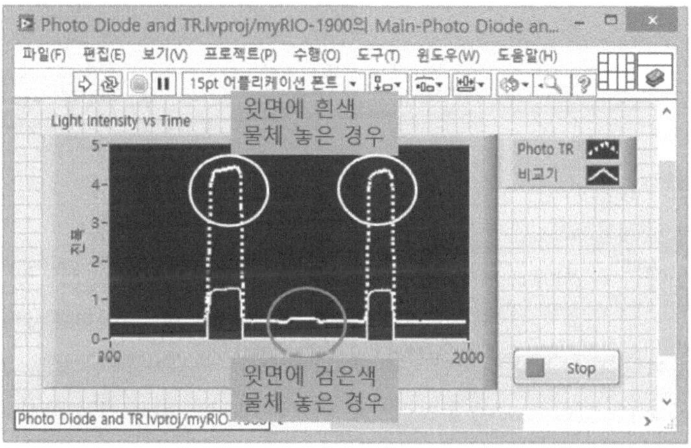

- **블록다이어그램 2**

다음과 같이 블록다이어그램에 내용을 추가한다.

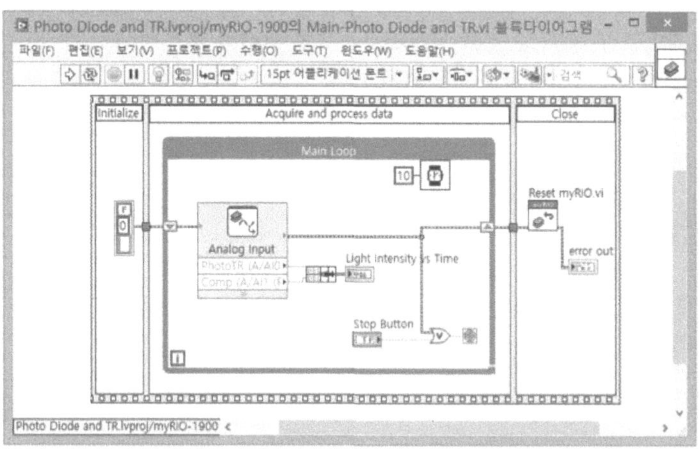

아날로그 입력 익스프레스 VI를 이용해서 블록다이어그램을 작성한다. 비교기에서 나오는 신호를 추가적으로 표시하기 위해, 다음과 같이 아날로그 입력을 설정하고 "OK" 버튼을 클릭한다. 추가된 내용은 "전압_비교기 출력"으로 AI1에 연결한다.

- Channel: A/AI0~A/AI1
- Custom Channel Name: PhotoTR, Comp

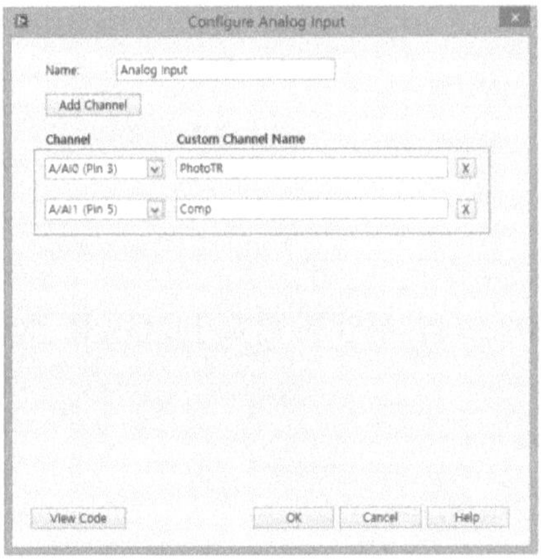

● **프로그램 실행 3**

- 수정한 VI를 실행한다.
- 흰 물체와 검정색 물체를 포토 센서 위에 놓았을 때 빛의 세기를 비교해본다.
- 비교기를 응용한 예는 라인트레이서에 응용할 수 있다. 예로서, 포토 다이오드로 빛을 바닥으로 발사하고, 반사된 빛을 포토 트랜지스터로 읽는 경우이다. 즉, 라인트레이서의 기본 원리는 빛반사율 차이다. 바닥의 바탕색인 검은색에 대해서는 반사가 잘 안 되고 흰라인에 대해서는 반사가 잘 된다. 그렇게 되면 흰라인상에 위치한 센서는 빛이 많이 반사되어 수광부로 들어올 것이고, 검은 바탕에 위치한 센서는 빛이 적게 들어올 것이다. 따라서 바닥의 상태에 따라서 검은 바탕은 0V, 흰색 라인은 5V로 표시할 수 있다.

5. 실험 결과 및 과제

상용 제품으로 판매되는 IR 센서 모듈은 일반적으로 4쌍 센서가 포함되어 있다. 이 모듈은 일반적으로 라인트레이서 어플리케이션에 사용된다.

먼저, myRIO의 DIO0~DIO3을 출력으로 설정하고 이를 DIO4~DIO7로 받아본다. 모듈에 있는 가변저항을 드라이버로 돌리면서 출력 값을 조정한다. IR센서 모듈위에 흰색, 검은색 물체에 따라 디지털 값이 HIGH, LOW만 갖게 조정한다.

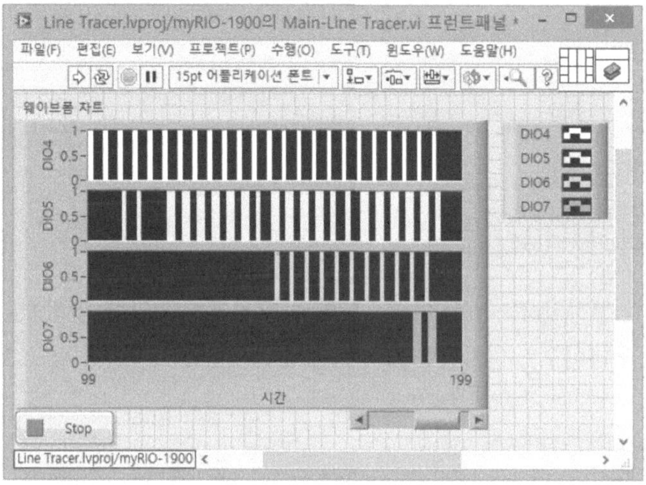

루프는 100ms마다 DIO0~DIO3으로 펄스를 순차적으로 출력한다. 앞의 프런트패널의 결과는 HIGH는 흰색 물체를 한쪽에서 다른 한쪽으로 이동시킨 결과이다. 동작 원리를 완벽히 이해한 후 루프의 속도를 높여서 실제 어플리케이션에 적용해본다.

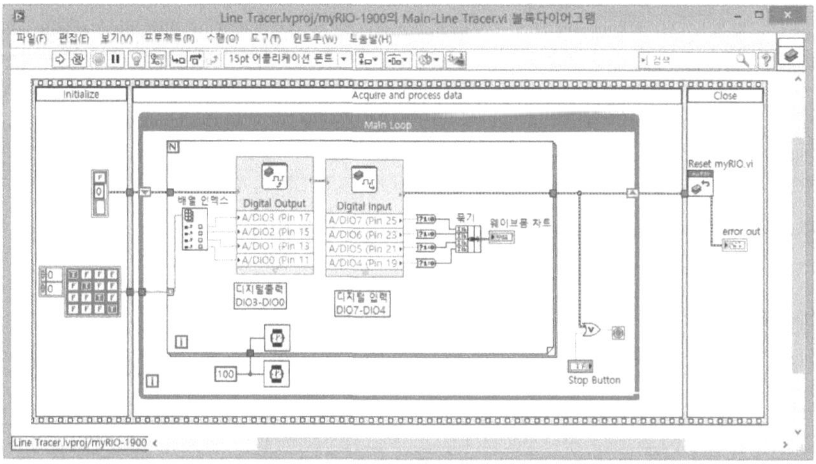

예제 9-20 포토 인터럽터(Photo Interrupt)의 응용

1. 기본 이론

포토 인터럽터는, 발광 소자와 수광 소자를 하우징 내에서 일체화하고 빛의 차단 또는 반사에 의하여 물체를 검출하는 것을 목적으로 한 디바이스이다.

투과형 포토 인터럽터의 동작원리는 일정 간격을 두고 발광 다이오드와 수광 소자를 마주보게

하여, 이 사이를 통과하는 물체를 수광측의 광량 변화에 의하여 비접촉식으로 검출한다.

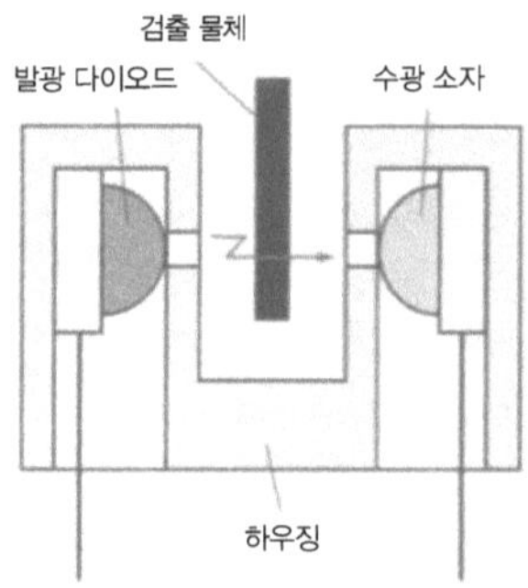

투과형 포토인터럽터의 구조

투과형 포토 인터럽터의 동작원리는 발광 다이오드와 수광 소자가 동일한 방향으로 향하게 배치한 디바이스이다. 발광 다이오드가 방사한 빛이 물체에 반사되면 이것은 수광 소자가 수광하여 물체를 검출한다.

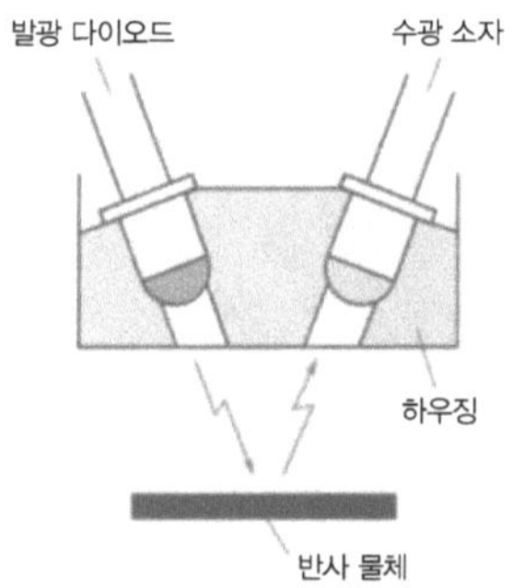

반사형 포토인터럽터의 구조

포토 인터럽터의 대표적인 사용 용도는 OA 기기(프린터, 복사기), AV 기기(VTR, 플레이어), 가전제품(전자레인지, 팬히터) 등으로 매우 다양하게 사용된다.

2. 실험 목적

- myRIO 및 LabVIEW 프로그램으로, 산업에 매우 다양하게 사용되는 포토 인터럽터의 구조와 원리를 이해하고, 사용법을 익힌다.
- 포토 인터럽터 이벤트를 카운트하는 소프트웨어 에지 감지 기능을 습득한다.
- 얇은 종이, 투명 물체 등 다양한 물체를 인터럽터 사이에 끼워서, 빛이 통과하는 물체를 확인한다.
- 포토 인터럽터를 이용해서 모터의 회전속도 측정을 시도해본다.

3. 실험 준비

다음의 부품을 준비한다.

품명	규격	수량
포토 인터럽터	Sharp, GP1A57HRJ00F	1
저항	470Ω	1
브래드보드	myRIO Breadboard	1
와이어	Jumper Kit	1

4. 실험 단계

● 회로 구성

다음과 같은 회로를 브래드보드에 구성한다.

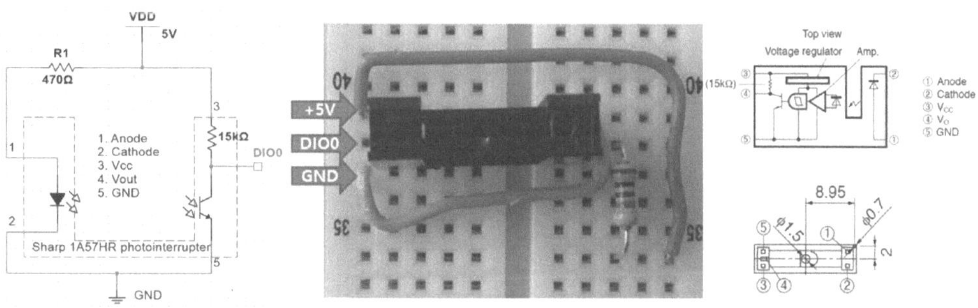

● LabVIEW 프로그램 작성

1 LabVIEW의 **Getting Started** 윈도우에서 **Create Project**를 클릭한다.

2 **템플릿▶myRIO**에서 **myRIO Project** 템플릿을 선택한다.

3 Project Name에 **"Photo Interrupt"**를 입력한다.

4 Project Root는 프로젝트를 저장할 위치이다. LabVIEW는 모든 프로젝트 파일 및 VI를 이 디렉토리에 저장한다. 디렉토리에 **"Photo Interrupt"**를 입력한다.

5 Select Target는 myRIO를 컴퓨터와 연결한 상태를 표시한다.

6 프로젝트 탐색기를 다음과 같이 확장한다. **Main.vi**를 **"Main-Photo Interrupt.vi"**로 명칭을 변경한다.

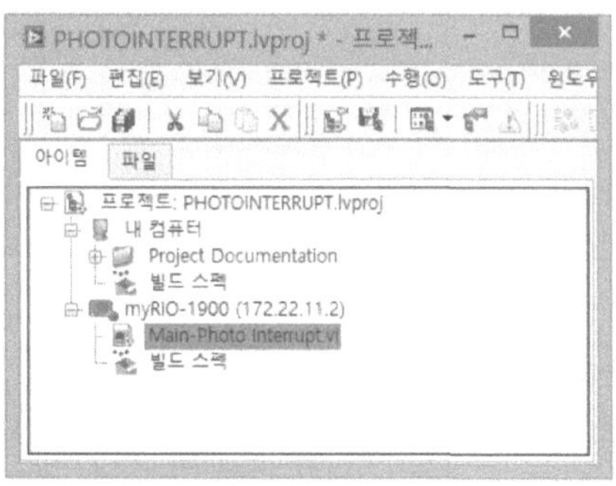

7 **Main-Photo Interrupt.vi**를 더블 클릭해서 오픈한다. LabVIEW가 기본적으로 제공하는 템플릿이 표시된다.

8 **Main Loop** 내부의 프로그램을 수정해서 프로그램을 완성한다.

● **프런트패널**

다음과 같이 프런트패널을 작성한다. 프런트패널에는 포토 인터럽트 사이에서 발생한 이벤트 수와 디지털 상태를 표시하는 LED가 있다.

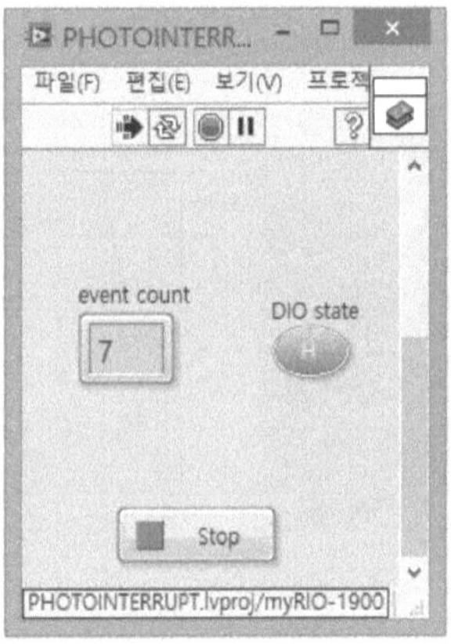

● **블록다이어그램**

다음과 같이 블록다이어그램을 수정한다.

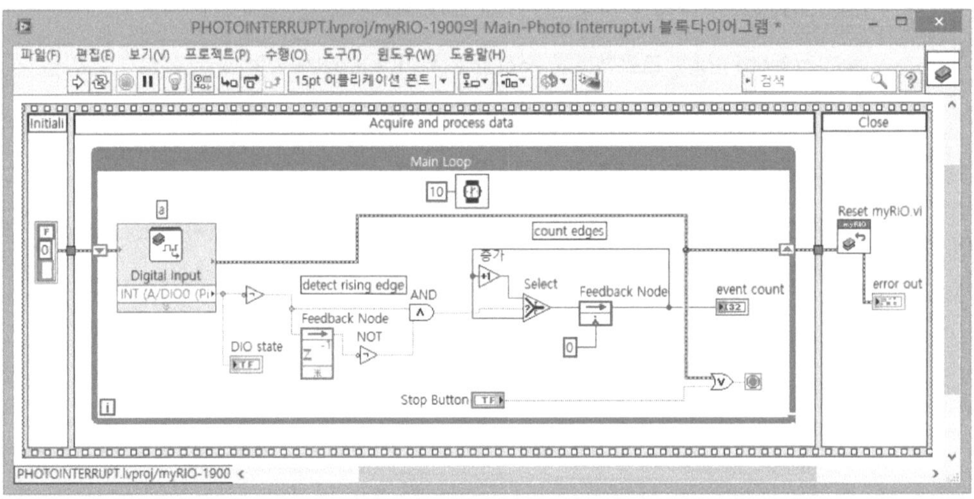

a 디지털 입력 익스프레스 VI를 이용해서 블록다이어그램을 작성한다. 다음과 같이 디지털 입력을 설정하고 "OK" 버튼을 클릭한다.

- Channel: A/DIO0
- Custom Channel Name: INT

블록다이어그램에 사용된 주요 함수는 다음과 같다.

피드백 노드 함수는 하나의 VI 실행이나 루프 반복에서 받은 데이터를 다음 실행이나 반복을 위해 저장한다.

피드백 노드
[Feedback Node]

● **프로그램 실행**

- 도구 모음에 있는 Run 버튼 을 클릭하거나 Ctrl과 R을 동시에 눌러서 VI를 실행한다.
- 포토 인터럽터 사이에 물체가 없으면 프런트패널에서 "DIO state"는 HIGH이다.
- 포토 인터럽터 사이에 불투명 물체를 통과시킬 때마다 이벤트 카운트 값이 증가한다.
- 투명 물체 또는 얇은 종이는 빛이 투과하기에 카운트 값이 증가하지 않는다.

5. 실험 결과 및 과제

포토 인터럽터를 이용해서 모터의 회전속도 측정을 시도해본다.

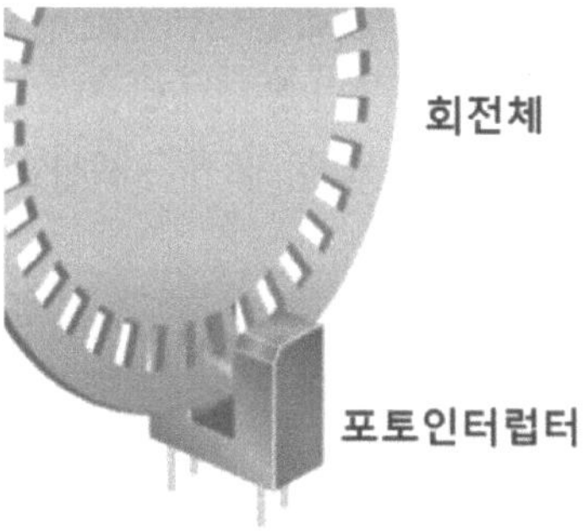

회전하는 모터에 슬롯이 있는 원판을 광 투과형 포토 인터럽터에 통과시키면 모터의 회전속도를 검출할 수 있다.

예제 9-21 인체 감지 센서의 응용

1. 기본 이론

아파트 복도 등 많은 곳에서 사람이 접근하면 전등이 들어 오고, 사람이 없으면 전등이 꺼지는 것을 경험하였을 것이다. 여기에는 인체 감지 센서를 이용한 응용회로가 구성되어 있다.

인체 감지 센서의 감지기본은 인체에서 발생되는 적외선(대략 파장 5um~14um)을 감지한다. 인체는 약 37도 정도의 온도를 가지는데 이 정도만 되어도 열선(적외선)을 발생시킨다. 즉, 인체 감지 센서는 인체의 적외선을 감지하는데 다만 그냥 감지가 아니라 움직임을 감지하는 것이다. 결국, 인체 온도 정도되는 열이 움직이면 초전 센서에서 신호가 출력되기에 인체를 감지할 수 있다. 이러한 원리 때문에, 가끔 더운 바람이 들어오면 오동작을 할 수 있다.

일반적인 인체 감지 센서는 3개의 다리로 구성되어 있다. 하지만, 감지 신호는 매우 작기 때문에 OPAMP로 증폭해서 사용한다. 또한, 센서의 앞부분에 적외선을 모아줄 수 있는 장치를 만들어야 한다. 적외선도 가시광선과 같은 전자기파의 일종이므로 렌즈로 모을 수 있다. 하지만, 유리는 적외선을 흡수하므로 쓸 수가 없으며, 적외선을 투과시킬 수 있는 물질로 렌즈를 만들어야 하기에 유리보다는 플라스틱을 많이 사용한다. 이러한 이유로 인체 감지 센서 앞에는 동그란 모양의 하얀 플라스틱으로 구성된 것을 많이 볼 수 있다.

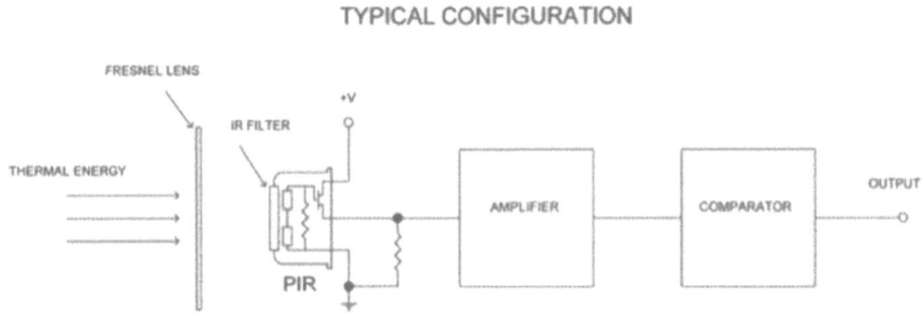

열에너지를 fresnel lens가 집광시켜 주고 IR Filter가 적외선 영역만 통과시켜 준다. 통과시킨 적외선을 센서가 받아 전류를 흐르게 해주고, Source에 흐르는 전압이 두 개의 센서로 인해 up & down한 파형이 된다.

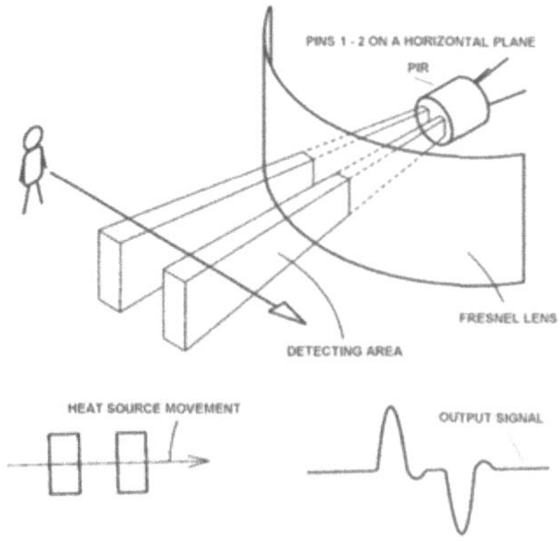

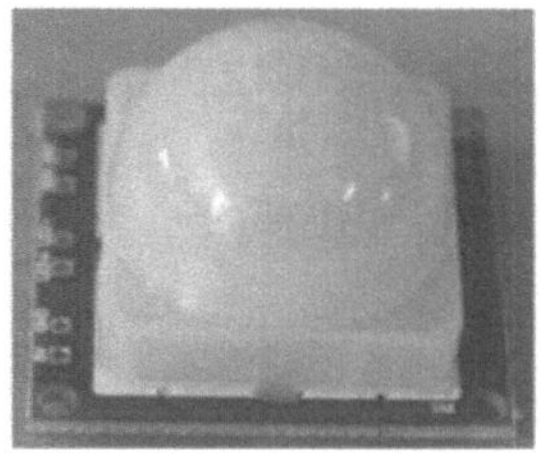

2. 실험 목적

- myRIO 및 LabVIEW 프로그램으로, 산업에 매우 다양하게 사용되는 PIR(Pyroelectric Infra-Red) 모션 센서의 특성을 실습한다.
- 단계별로 모션 센서의 파형을 분석함으로써, 유사 어플리케이션에 적용할 수 있게 한다.
- 모션 센서가 사람을 인지하면 LED를 점등/점멸하는 프로그램을 작성해본다.

3. 실험 준비

다음의 부품을 준비한다.

품명	규격	수량
인체 감지 센서	LHI878	1
저항	2.2kΩ	1
	3.3kΩ	1
	10kΩ	3
	22kΩ	1
	100kΩ	1
	1MΩ	3
캐패시터	세라믹 10nF	2
	전해 47uF	2
OPAMP	LM324(또는 3xLM741)	1
LED	5파이 LED(적색)	1
브래드보드	myRIO Breadboard	1
와이어	Jumper Kit	1

4. 실험 단계

● 회로 구성 1

1단계로, 다음과 같이 회로를 구성한다. Source를 Pull Down 시킨 47k을 반드시 연결시켜야 한다. PIR 센서의 신호를 직접 받아서 이를 차트에 표현해본다.

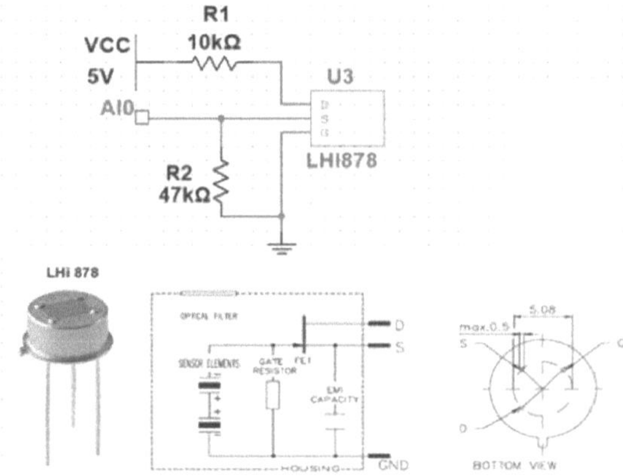

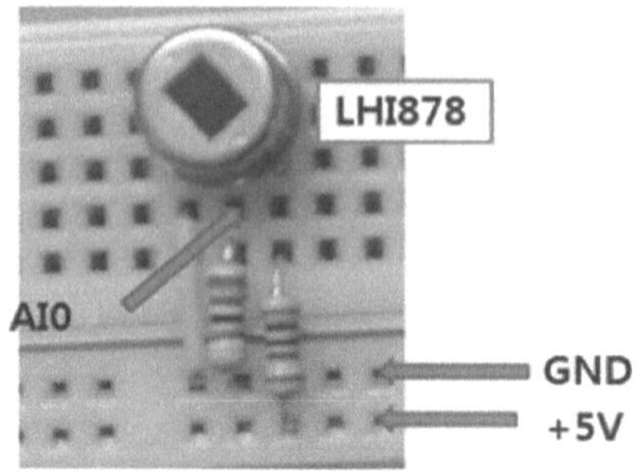

● LabVIEW **프로그램 작성 1**

1 LabVIEW의 **Getting Started** 윈도우에서 **Create Project**를 클릭한다.

2 **템플릿▶myRIO**에서 **myRIO Project** 템플릿을 선택한다.

3 Project Name에 **"PIR"**을 입력한다.

4 Project Root는 프로젝트를 저장할 위치이다. LabVIEW는 모든 프로젝트 파일 및 VI를 이 디렉토리에 저장한다. 디렉토리에 **"PIR"**을 입력한다.

5 Select Target는 myRIO를 컴퓨터와 연결한 상태를 표시한다.

6 프로젝트 탐색기를 다음과 같이 확장한다. **Main.vi**를 **"Main-PIR.vi"**로 명칭을 변경한다.

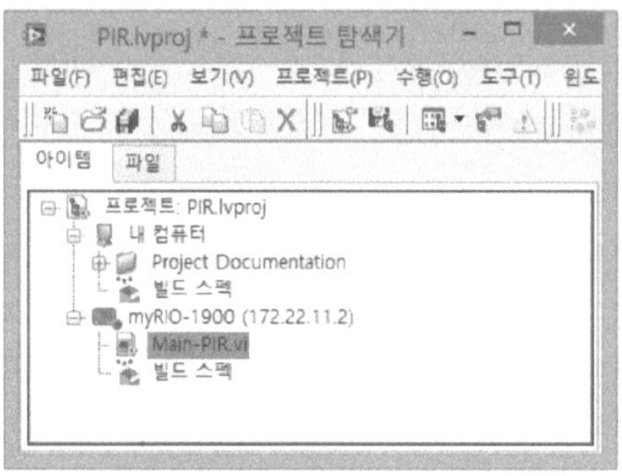

7 **Main-PIR.vi**를 더블 클릭해서 오픈한다.

8 LabVIEW가 기본적으로 제공하는 템플릿이 표시된다. **Main Loop** 내부의 프로그램을 수정해서 프로그램을 완성한다.

● **프런트패널 1**

다음과 같이 프런트패널을 작성한다. 인체 감지 센서의 신호를 그대로 받아서, 신호의 상태를 보기 위해서다.

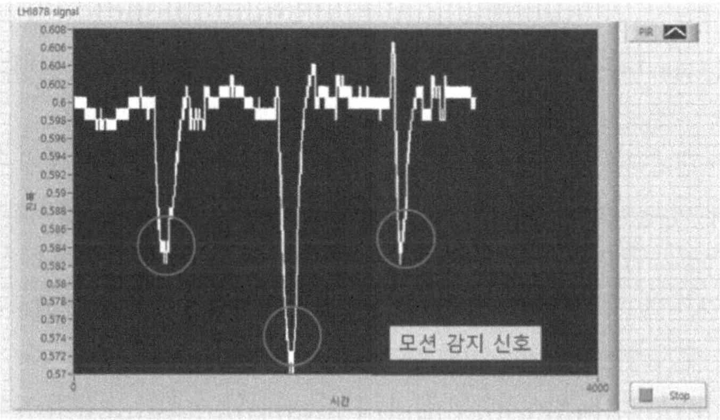

● **블록다이어그램 1**

다음과 같이 블록다이어그램을 작성한다.

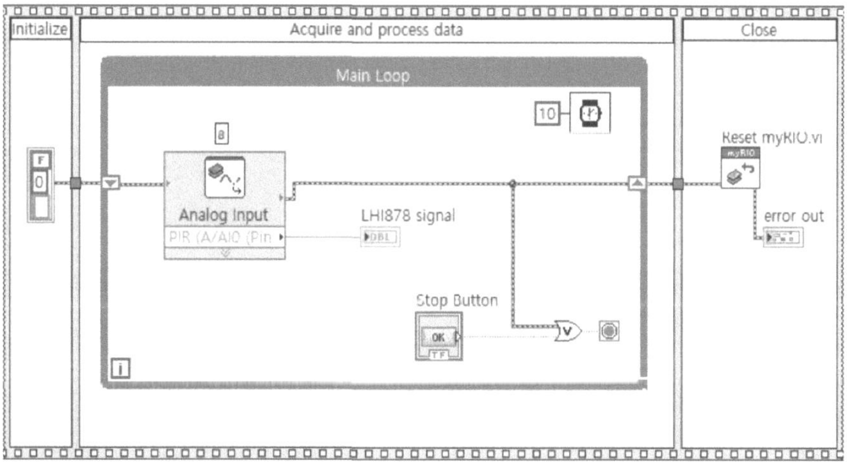

아날로그 입력 익스프레스 VI를 이용해서 블록다이어그램을 작성한다. 다음과 같이 아날로그 입력을 설정하고 "OK" 버튼을 클릭한다.

- Channel: A/AI0
- Custom Channel Name: PIR

● 프로그램 실행 1

- 도구 모음에 있는 Run 버튼 ⇨ 을 클릭하거나 Ctrl과 R을 동시에 눌러서 VI를 실행한다.
- 인체 감지 센서 근처로 손을 갖다 대면 센서의 출력 값이 변하는지 확인한다.
- 센서에서 측정한 데이터를 평균한 그래프가 표시된다. 인체가 지나갈 때마다 발생하는 신호 패턴을 파악한다. 이 실험에 사용한 센서는 600mV 근처에서 센서 전압을 출력한다. 만약 렌즈를 설치하면 특성이 변할 수 있지만, 여기서는 교육적인 목적으로 렌즈 없이 테스트를 한다.
- 이 일련의 변화량은 5V인가 시 약 ±20mV의 전압차이가 발생한다. 물론 적외선을 좀 더 가까이 오랜시간 노출시키면 전압차를 높일 수 있다.
- 물체가 PIR 센서를 지나갈 때 발생하는 파형의 형태를 관찰한다. 또한, 상대적으로 큰 피크는 PIR 센서에 좀 더 접근할 경우이다. 만약 적외선을 발생하지 않는 책자 등이 PIR 센서 위를 지나갈 때 피크가 어떻게 변하는지 실험해 본다.

● 회로 구성 2

PIR 센서 출력 값의 변화는 매우 작기 때문에 미약한 변화를 Amplifier에서 신호를 증폭시킨다. OpAmp로 LM324N을 사용해서 센서 신호를 증폭시킨다.

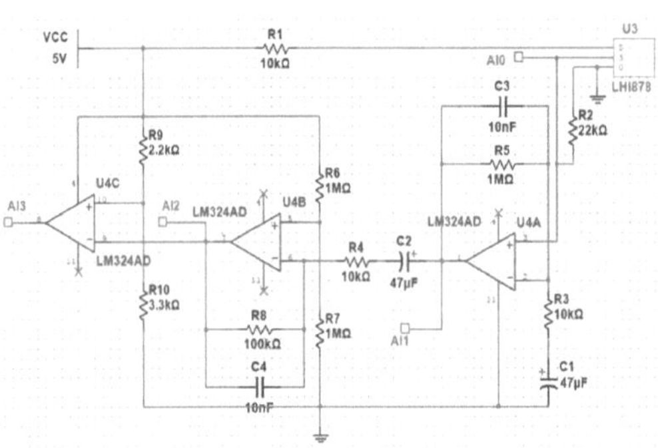

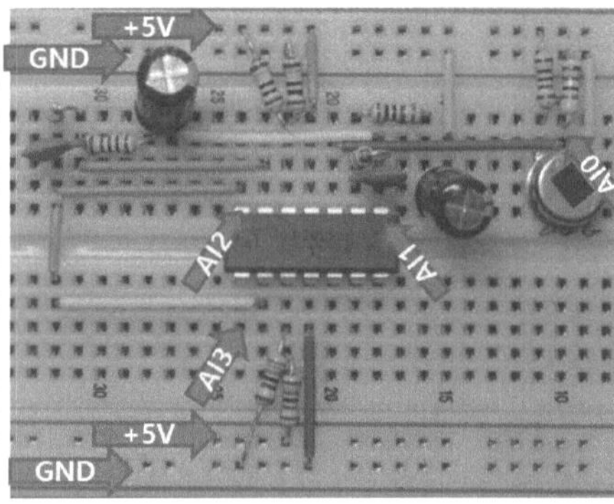

● 프런트패널 2

프런트패널을 다음과 같이 4개의 신호를 표시할 수 있게 수정한다.

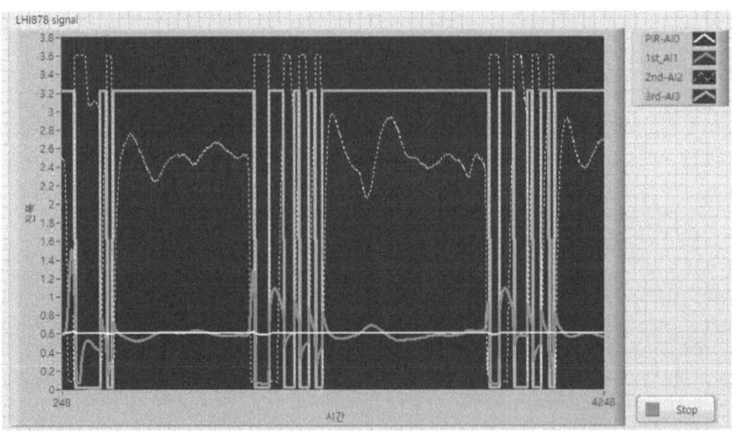

● **블록다이어그램 2**

블록다이어그램을 다음과 같이 수정한다.

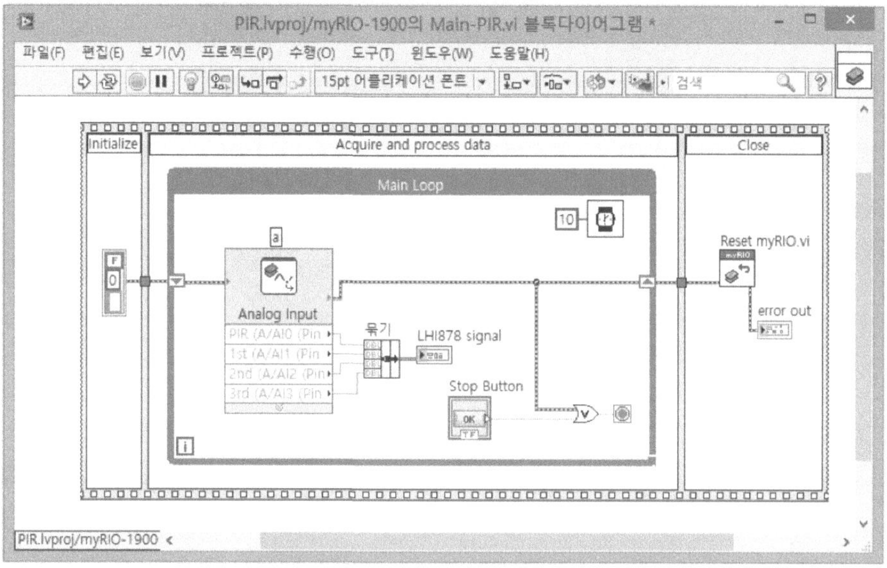

a 아날로그 입력 익스프레스 VI를 이용해서 블록다이어그램을 작성한다. 다음과 같이 아날로그 입력을 설정하고 "OK" 버튼을 클릭한다.

- Channel: A/AI0~A/AI3
- Custom Channel Name: PIR, 1st, 2nd, 3rd

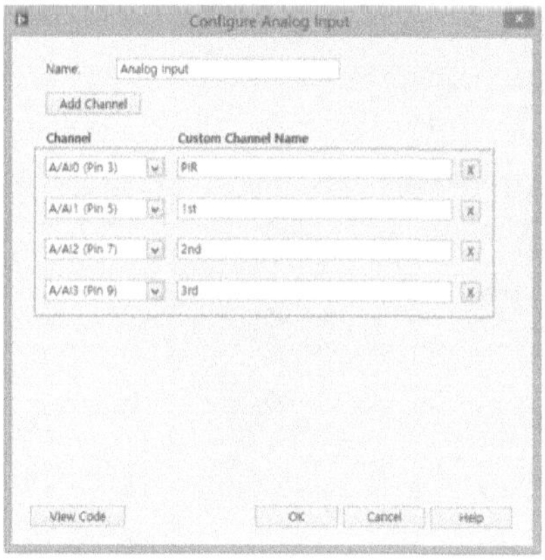

● **프로그램 실행 2**

- 수정한 VI를 실행한다. LM324의 각 번호의 특성을 단계별로 신호를 연결하고 관찰한다.
- 1번 핀(LHI878 센서)과 3번 핀(1차 증폭)의 비교는 신호를 증폭한다.

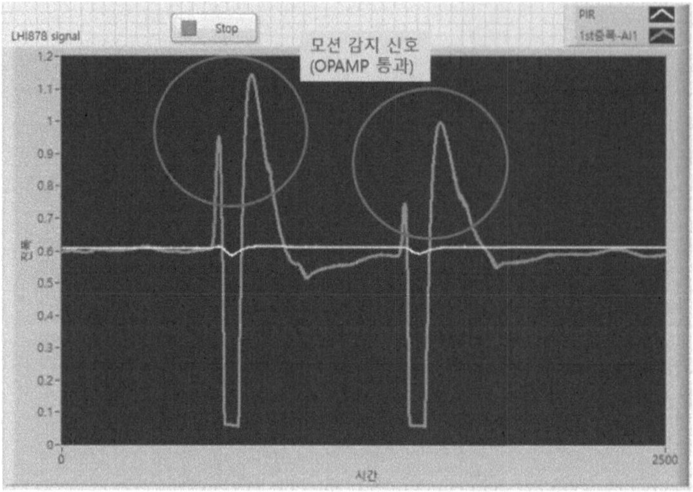

AI0에는 LHI878 센서가 연결되어 있다. 신호가 매우 미약하고, 변화가 작음에 주의한다.
AI1에는 1차 증폭된 신호로 LM324의 1번 핀에서 측정한 결과를 표시한다.

LM324에는 3개의 OPAmp가 내장되어 있다. U4A에 연결된 회로(C3, R5, R3, C1)는 센서에서 나온 미약한 신호를 1차적으로 증폭시켜 주는 역할을 한다.

- 1번 핀과 6번 핀 신호 비교는 원래 신호의 크기를 키운다.

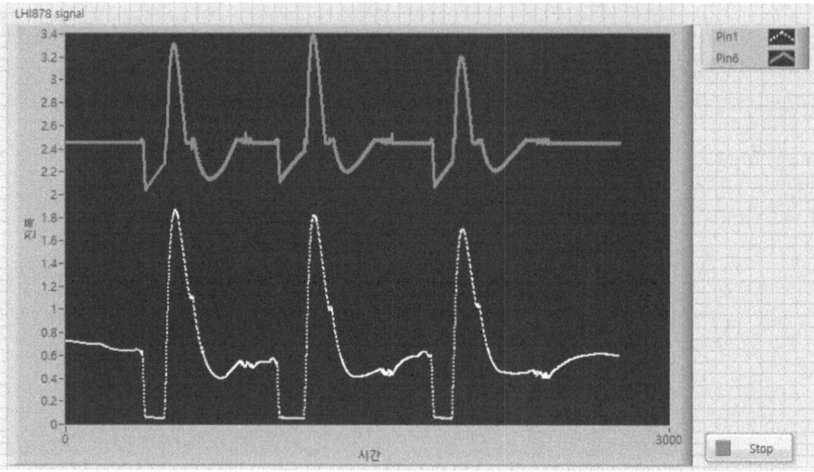

위의 C2, R4는 한 번 sensing된 후 딜레이시키는 데 사용된다. 또한 출력 파형을 조금이나마 안정되게 위함이다. 만약 더 큰 용량의 C2를 사용하면 센싱 간격이 길어진다.

- 6번 핀과 7번 핀 신호 비교는 반전 증폭이다.

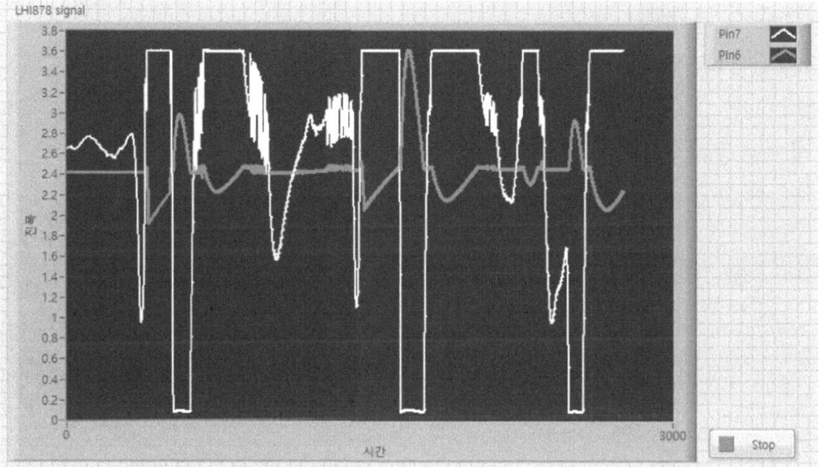

LM324의 7번 핀에서 측정한 신호로 반전 신호로 변경되었다. U4B 회로에서 R7을 가변저항으로 대체하면, 센서의 감지 거리를 제어할 수 있다.

- 7번 핀과 8번 핀 신호 비교는 비교기 기능이다.

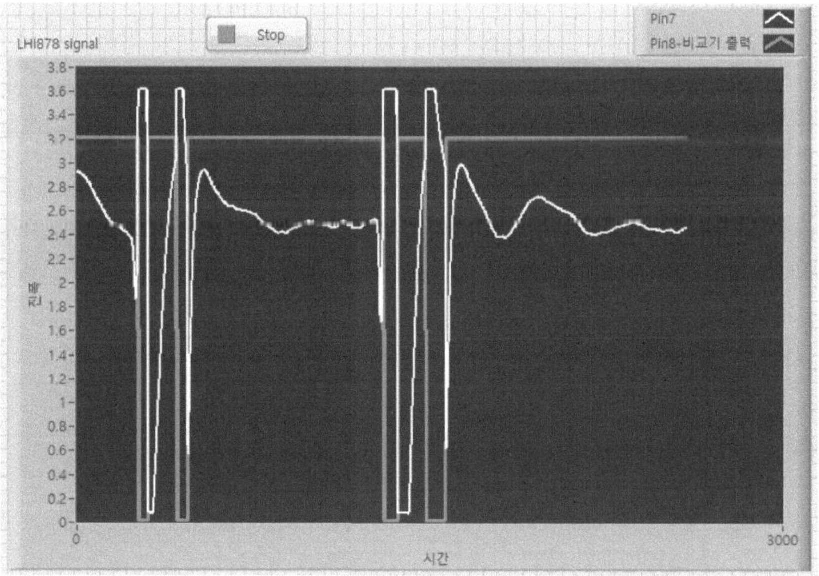

LM324의 8번 핀에서 측정한 신호는 비교기를 통과한 신호이다. 즉, 모션을 감지하지 않으면 3V 근처에 있다가, 모션을 감지하면 전압이 변한다. 8번 핀 출력은 LED를 ON/OFF할 것이다. 실제 어플리케이션에서는 너무 예민하기에 감도를 낮추거나 데이터 샘플을 더 많이 해서 오동작을 최소화한다.

5. 실험 결과 및 과제

8번 출력핀에 LED를 하나 추가한다.

로직상 LED는 ON 상태이며, 사람이 근접해서 인지하면 LED가 OFF되게 구성되어 있다. 반대의 로직으로 동작시키는 것은 추후 과제로 한다.

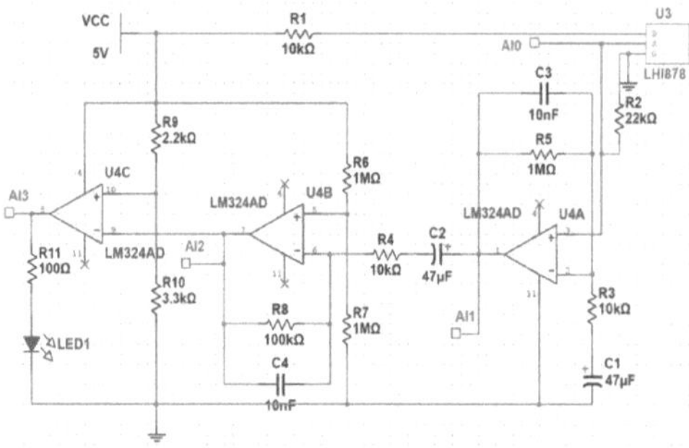

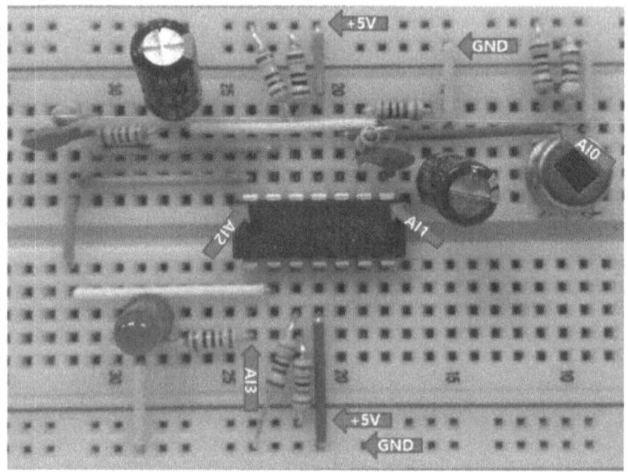

예제 9-22 거리 측정 어플리케이션(적외선 근접 센서)

1. 기본 이론

아날로그 방식의 근접 센서(Proximity Sensor)는 사물이 다른 사물에 접촉되기 이전에 근접하였는지 결정하는 데 사용된다. 무접촉 검출(Noncontact Sensing)은 회전자(Rotor)의 속도 측정에서부터 로봇의 운행 측정까지 많은 상황에 매우 유용하다.

2점 간의 거리를 측정하는 경우, 3각 측량 방식(적외선 이용식, 자연광 이용식), 초음파 방식 등이 있다. 종래의 3각 측량의 원리와 같이 2개의 경로에서 온 피측정물을 직각 프리즘으로 반사시켜 2개의 이미지 센서에 입사시켜 상대적 위치가 합치했을 때, 2점 간의 거리가 표시된다. 이 경우, 자연광으로 하는 방법(수동식)과 적외선을 발사하여 행하는 방법이 있다.

다음은 샤프사의 아날로그 방식 거리 센서를 기준으로 설명하였다.

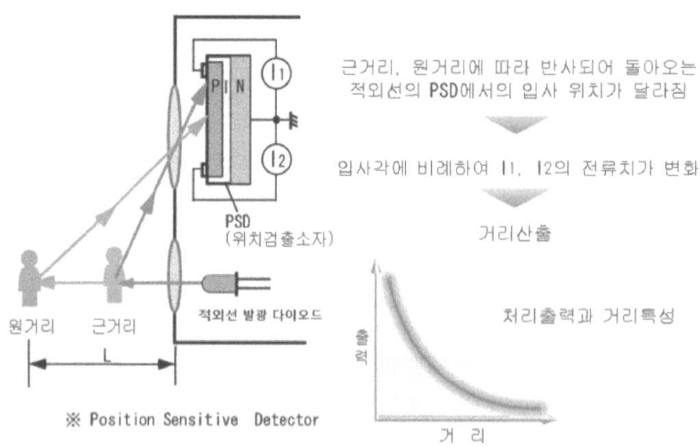

실험에 사용한 **샤프사의 GP2Y0A21YK0F는 거리 측정 센서로** PSD(position sensitive detector), IRED(infrared emitting diode) 및 시그널 프로세싱 회로가 내장되어 있다.

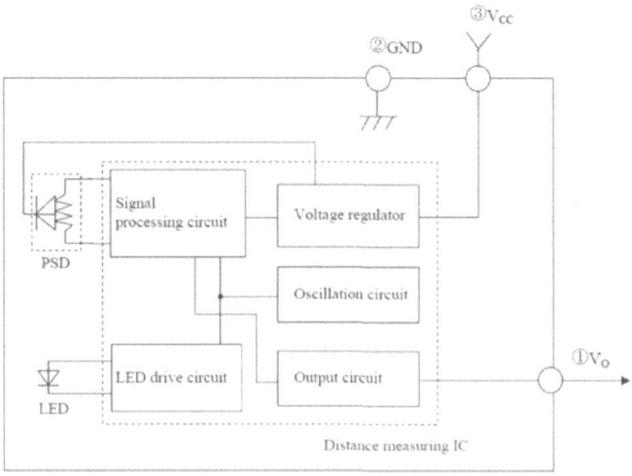

● **특징**

- 거리 측정: 10~80cm
- 아날로그 출력 타입
- 크기: 29.5×13×13.5 mm
- 전류 소비: 30mA
- 전원 공급: 4.5~5.5 V

초음파 방식의 거리 측정 센서는 피측정물에 지향성이 날카로운 초음파를 송신하여 피측정물로부터의 반사파를 수신하기까지의 시간을 측정하여 거리를 아는 방식인데, 수신 센서는 압전소자가 사용된다.

2. 실험 목적

샤프사의 거리 측정 근접 센서를 이용해서 물체와의 거리를 측정한다. 샤프사의 다양한 거리 측정 센서 중, GP2Y0A21YK0F를 사용하면 10~80cm를 측정할 수 있다. 센서를 myRIO에 연결하고 LabVIEW 프로그램을 작성한다.

- myRIO 및 LabVIEW 프로그램으로, 거리 측정 근접 센서를 이용한 물체와의 거리를 측정하는 실습을 한다.
- 샤프사의 거리 측정 센서로부터 측정한 전압을 거리로 변환하는 과정을 이해한다.
- 초음파 센서로부터 거리를 측정하는 실습을 한다.

3. 실험 준비

다음의 부품을 준비한다.

품명	규격	수량
거리측정 센서	GP2Y0A21YK0F, 샤프	1
브래드보드	myDAQ Breadboard	1
와이어	Jumper Kit	1

4. 실험 단계

● 회로 구성

다음과 같이 회로를 구성한다.

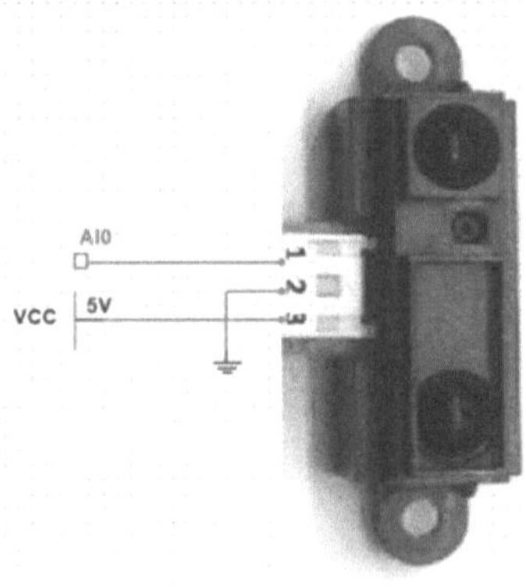

● LabVIEW 프로그램 작성

1 LabVIEW의 Getting Started 윈도우에서 Create Project를 클릭한다.

2 템플릿▶myRIO에서 myRIO Project 템플릿을 선택한다.

3 Project Name에 "SHARP SENSOR"를 입력한다.

4 Project Root는 프로젝트를 저장할 위치이다. LabVIEW는 모든 프로젝트 파일 및 VI를 이 디렉토리에 저장한다. 디렉토리에 "SHARP SENSOR"를 입력한다.

5 Select Target는 myRIO를 컴퓨터와 연결한 상태를 표시한다.

6 프로젝트 탐색기를 다음과 같이 확장한다. Main.vi를 "Main-SHARP SENSOR.vi"로 명칭을 변경한다.

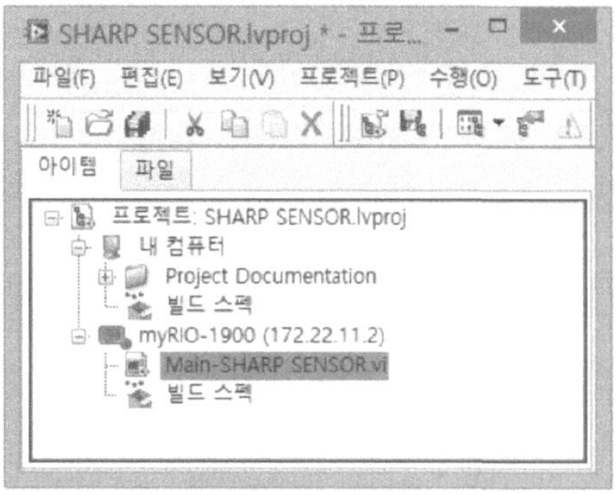

7 Main-SHARP SENSOR.vi를 더블 클릭해서 오픈한다. LabVIEW가 기본적으로 제공하는 템플릿이 표시된다.

8 Main Loop 내부의 프로그램을 수정해서 프로그램을 완성한다.

● **프런트패널**

다음과 같이 프런트패널에 2개의 차트를 표시한다. "Volatge Signal"은 센서로부터 읽은 전압이다. "거리"는 센서 값을 거리로 환산한 차트이다.

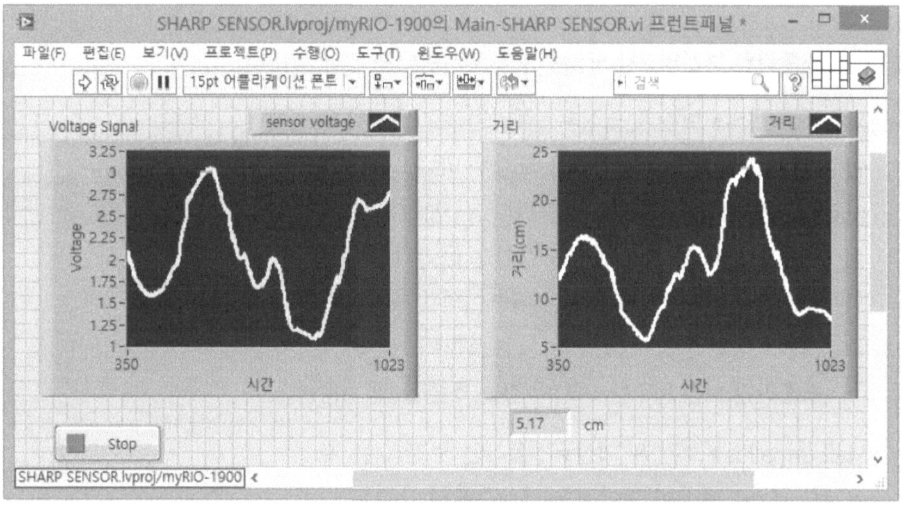

● **블록다이어그램**

다음과 같이 블록다이어그램을 수정한다.

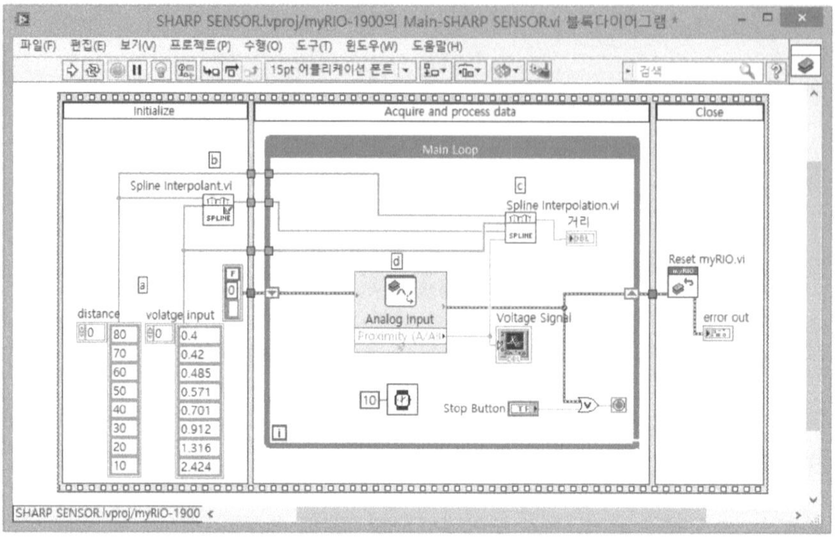

다음은 블록다이어그램에 사용된 주요 함수이다.

a 함수는 선형이 아니기에, 데이터 시트에서 전압과 거리에 대한 정보를 1차원 배열로 입력한다. "distance" 배열은 거리 cm이고, "voltage input" 배열은 전압 V이다.

b **스플라인 보간의 2차 도함수** VI를 While 루프 밖에 놓는다.

Mathermatics▶보간 & 외삽▶스플라인 보간의 2차 도함수 VI는 스플라인 보간의 2차 도함수 VI는 길이 n인 보간의 2차 도함수 배열을 반환한다. 이 보간은 표로 된 포인트 x[i]에서 스플라인 보간함수 g(x)의 2차 도함수를 포함하며, 여기서 i=0,1,..., n-1이다.

스플라인 보간의 2차 도함수
[NI_AALPro.lvlib:Spline Interpolant.vi]

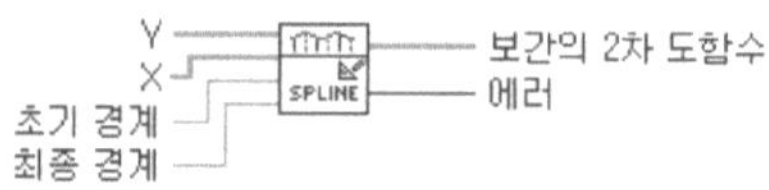

c **스플라인 보간** 함수는 미지의 값을 추론할 때 사용한다.

Mathermatics▶보간 & 외삽▶스플라인 보간 VI는 표로 된 값(x[i], y[i])이 주어졌을 때 x값에서 보간된 값과 VI가 [스플라인 보간의 2차 도함수] VI에서 얻은 2차 도함수 보관을 반환한다.

스플라인 보간
[NI_AALPro.lvlib:Spline Interpolation.vi]

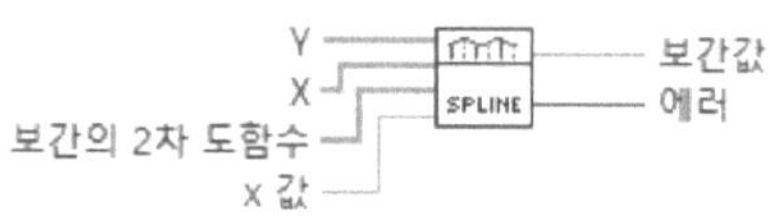

LabVIEW에 있는 스플라인 보간법(spline interpolation)을 이용하면 센서 출력 전압을 적절한 거리로 환산할 수 있다. 즉, 이 센서는 거리에 대응하는 아날로그 신호를 비선형적으로 출력하며 다음과 같은 특징을 갖고 있다.

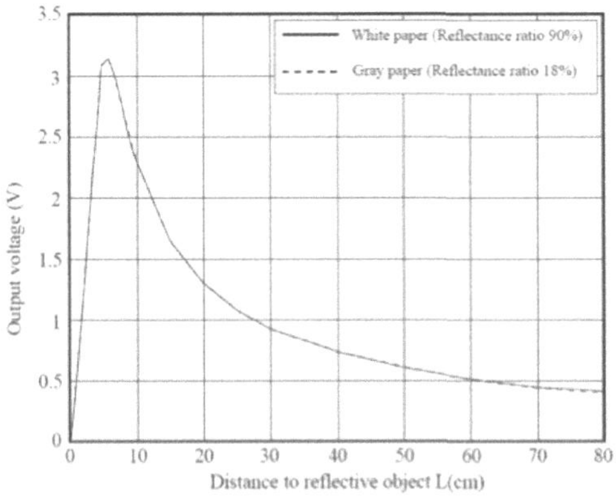

보간법을 사용하기 위해서는 여러 위치에서 전압 대 거리에 대한 값을 알아야, 미지의 위치 값을 추론할 수 있다. 다음의 테이블(실험 데이터이며, 제품마다 다를 수 있음)을 기반으로 거리 환산 프로그램을 작성한다.

cm	volts
10	2.42
20	1.32
30	0.91
40	0.70
50	0.57
60	0.49
70	0.42
80	0.40

d 아날로그 입력 익스프레스 VI를 이용해서 블록다이어그램을 작성한다. 다음과 같이 아날로그 입력을 설정하고 "OK" 버튼을 클릭한다.

- Channel: A/AI0
- Custom Channel Name: Proximity

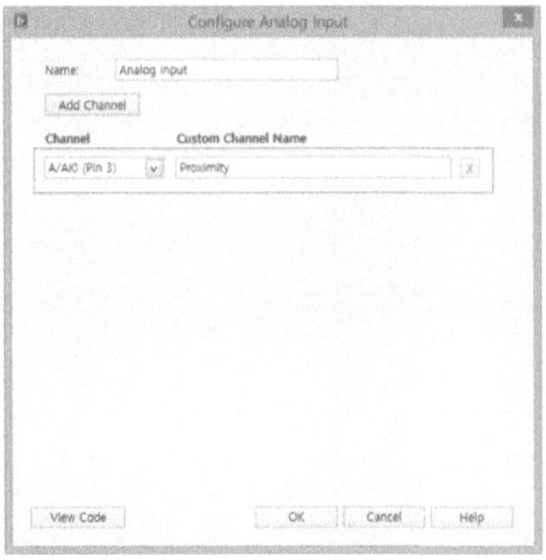

- **프로그램 실행**

- 도구 모음에 있는 Run 버튼을 클릭하거나 Ctrl과 R을 동시에 눌러서 VI를 실행한다.
- 센서로부터 출력한 값이 실제 거리와 유사한지 확인한다.

5. 실험 결과 및 과제

실험에 사용한 샤프 사의 GP2Y0A21YK0F 센서는 10~80cm의 거리를 측정하는 아날로그 방식의 거리 측정 센서이다.

쉽게 구할 수 있는 거리 측정 센서에는 초음파 거리 센서와 적외선 거리 센서가 있다. 적외선 거리 센서는 출력 신호가 거리에 따라 리니어하게 출력되지 않기 때문에 정밀한 거리 측정보다는 장애물을 검지하는 데에 유리하다. 초음파 거리 센서는 초음파가 장애물에 반사되어 돌아오는 시간으로 거리를 측정하고 정밀도는 1센티미터 이하이다. 초음파 거리 센서 SRF04의 트리거 핀에 10uS의 펄스 신호를 주고 에코 펄스 신호의 길이를 측정하면 거리가 나온다(에코 펄스의 길이는 장애물까지의 거리에 비례하고, 이 길이를 54로 나누면 거리를 센티미터로 환산할 수 있다).

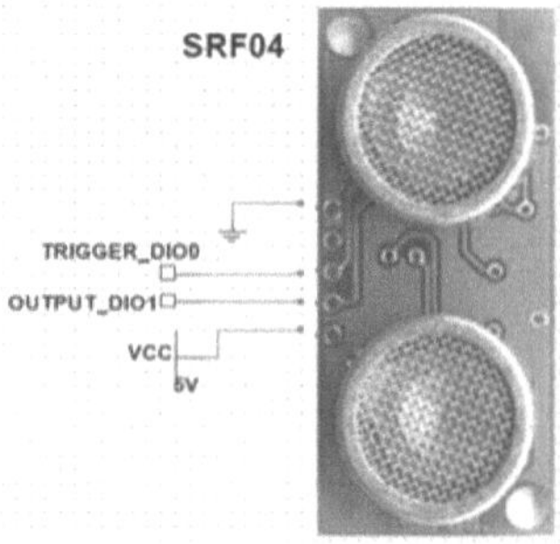

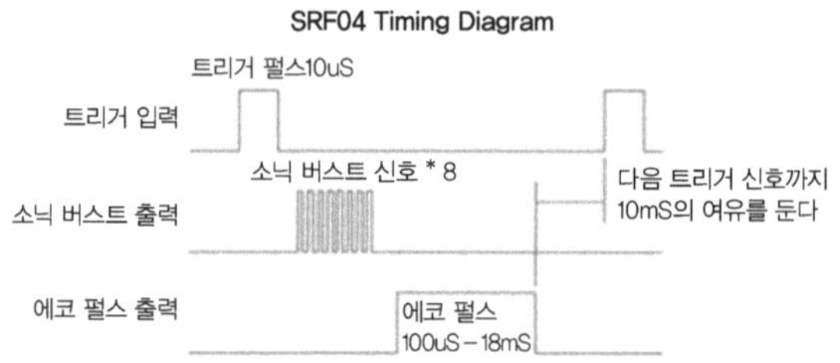

SRF04를 보유하고 있다면, SRF04 센서를 이용해서 LabVIEW로 거리 측정을 하는 프로그램을 작성한다. 다음은 SRF04를 이용한 거리 측정의 예이다.

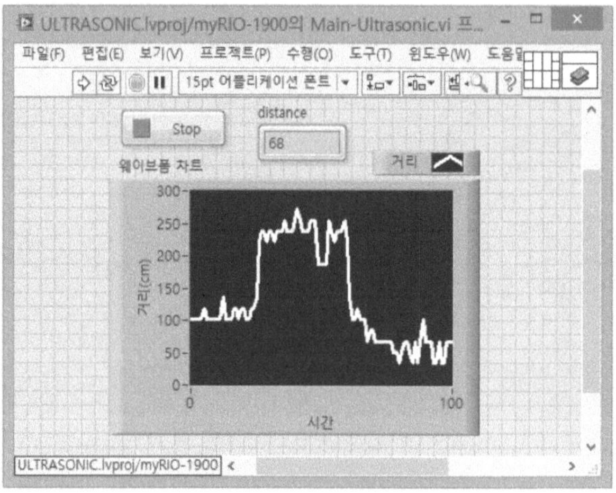

다음은 블록다이어그램이다.

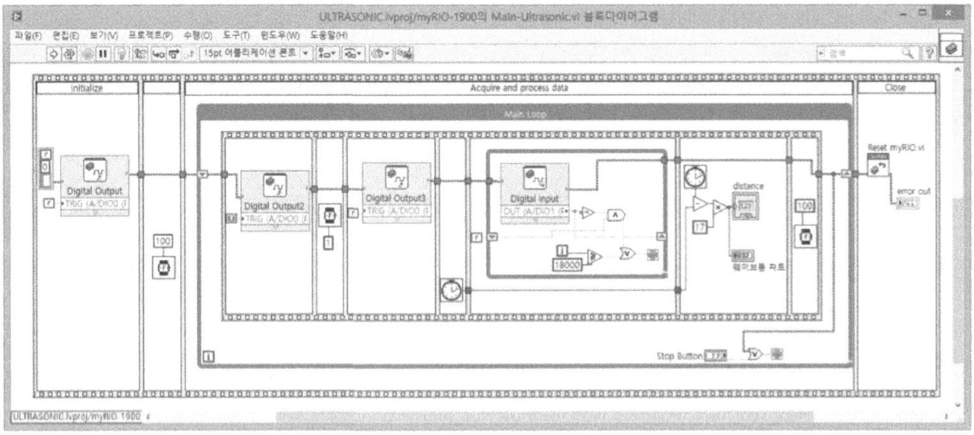
ULTRASONIC.lvproj/myRIO-1900의 Main-Ultrasonic.vi 블록다이어그램
Initialize
Acquire and process data
Close
Main Loop
Digital Output
Digital Output2
Digital Output3
Digital Input
distance
Reset myRIO.vi
error out
Stop Button
100
18000
17
웨이브폼 차트

Index

ㄱ

거리 측정 어플리케이션(적외선 근접 센서) 308
공유 변수 135
공유 변수 추가하기 133
글로벌 변수를 이용한 데이터 입, 출력 119

ㄴ – ㄹ

난수 발생 및 일치되는 실수 값 찾기 88
디지털/아날로그 신호의 이해 152
로컬 변수(Local Variable)와 글로벌 변수(Global Variable) 115
릴레이 구동하기 220

ㅁ

문자열(String) 컨트롤/인디케이터 32
문자열과 문자열 함수 35
문자열 타입 데이터 쓰기/읽기 140

ㅂ

배열(Array) 44
배열과 클러스터 데이터의 교환 63
배열 함수를 이용한 기본 예제 53
버저/스피커의 응용 252
복잡한 수식 연산 101
불리언(Boolean) 컨트롤/인디케이터 28
불리언 조건 입력의 케이스 구조 97
불리언 함수 연산 30
블록다이어그램(Block Diagram) 3

ㅅ

사용자 인터페이스 이벤트 106
서보 모터 구동 266
선택한 영역을 SubVI로 만들기 71
수식 노드를 이용해 A=tanh(X)+cos(X); Y=A**3+A; 작성 103
숫자형(Numeric) 컨트롤/인디케이터 20
숫자형 데이터를 문자열로 변환하기 42
스테핑 모터 구동 278
스프레드시트 147
스프레드시트 파일 입, 출력 연습 147
시퀀스(Sequence) 구조 110
시퀀스를 이용해서 특정 숫자를 찾을 때까지 필요한 시간을 측정 111
써미스터를 이용한 온도 측정 231

ㅇ

아이콘(Icon) 5
엔코더를 이용한 어플리케이션 225
웨이브폼(Waveform) 차트 122
웨이브폼 그래프 125
이벤트(Event) 구조 105
인체 감지 센서의 응용 300

ㅊ

차트에 여러 개의 데이터 그리기 124
차트와 그래프의 구성요소 128

ㅋ – ㅌ

커넥터(Connector) 5
케이스(Case) 구조 96
케이스 구조와 로컬 변수 100
클러스터(Cluster) 56
클러스터의 연산 이해 및 클러스터의 기본 함수 연습 61
텍스트 데이터의 저장 및 읽기 142

ㅍ

포토 다이오드 및 포토 트랜지스터의 응용 285
포토 인터럽터(Photo Interrupt)의 응용 295
프런트패널(Front Panel) 2
프로젝트에 VI 추가하기 133

B – D

Binary 타입 데이터 쓰기/읽기 144
CdS 센서를 이용한 조도 측정 238
DC 모터 제어 271
DIP SW를 이용한 디지털 입, 출력 179

F

FND(7–Segment LED) 구동하기 184
FND 배열 동적 구동하기 190
For 루프 84
For 루프를 이용한 배열 만들기 46
For 루프를 이용한 원 그리기 127

L

LabVIEW의 3가지 팔레트 6
LabVIEW의 기본 팔레트를 이용해서 간단한 연산하기 10
LabVIEW의 도구 바 9
LabVIEW 프로그램의 디버깅 기법 14

M

myRIO를 이용한 LED 출력 172
myRIO의 아날로그 및 디지털 입출력 158
myRIO 프로그램 시작하기 160
myRIO 하드웨어 구성 156

O – S

OP AMP(연산증폭기)의 응용 243
SubVI의 기본 아이디어 68
SubVI의 커넥터 할당 및 아이콘창을 이용한 SubVI 작성 연습 69

T – V

Timed 루프 93
VI 스니핏 74
VI 재귀(Recursion) 78
VI 프로퍼티 76
VI 프로퍼티 및 VI 재귀(Recursion) 연습 79

W – X

While 루프 88
While 루프와 Timed 루프의 타이밍 94
XY 그래프 127

숫자

1개의 컨트롤로 2개의 루프 제어 116
8x8 DOT 매트릭스 구동하기 196
16x2 문자 LCD 구동 208
555 타이머 IC를 이용한 4비트 디지털 카운터 만들기 256
555 타이머의 PWM으로 LED 배열 컨트롤하기 262

MEMO

LabVIEW로 시작하는

임베디드 시스템

myRIO를 이용한 하드웨어 실습

인　　쇄 2014년 7월 9일 초판 1쇄
발　　행 2014년 7월 16일 초판 1쇄

저　　자 장현오
발 행 인 채희만
출판기획 안성일
영　　업 김우연
편집진행 우지연
관　　리 최은정
북디자인 디자인허브
발 행 처 INFINITYBOOKS
주　　소 경기도 고양시 일산동구 하늘마을로 158
대방트리플라온 C동 209호

대표전화 02)302-8441
팩　　스 02)6085-0777

Homepage www.infinitybooks.co.kr
E-mail helloworld@infinitybooks.co.kr

I S B N 979-11-85578-07-1
등록번호 제25100-2013-152호
판매정가 25,000원

「이 도서의 국립중앙도서관 출판시도서목록(CIP)은 서지정보유통지원시스템 홈페이지(http://seoji.nl.go.kr)와 국가자료공동목록시스템(http://www.nl.go.kr/kolisnet)에서 이용하실 수 있습니다.(CIP제어번호: 2014019433)」